대중과 흐름

대중과 계급의 정치사회학

대중과 흐름— 대중과 계급의 정치사회학

초판1쇄 펴냄 2012년 10월 15일
초판2쇄 펴냄 2022년 5월 27일

지은이 이진경
펴낸이 유재건
펴낸곳 그린비
주소 서울시 마포구 와우산로 180, 4층
대표전화 02-702-2717 | **팩스** 02-703-0272
홈페이지 www.greenbee.co.kr
원고투고 및 문의 editor@greenbee.co.kr

주간 임유진 | **편집** 홍민기, 신효섭, 구세주, 송예진 | **디자인** 권희원, 이은솔
마케팅 유하나, 육소연 | **물류유통** 유재영, 한동훈 | **경영관리** 유수진

ISBN 978-89-7682-387-8 03100

學問思辨行: 배우고 묻고 생각하고 판단하고 행동하고

독자의 학문사변행을 돕는 든든한 가이드 _ 그린비 출판그룹

그린비 철학, 예술, 고전, 인문교양 브랜드
엑스북스 책읽기, 글쓰기에 대한 거의 모든 것
곰세마리 책으로 통하는 세대공감, 가족이 함께 읽는 책

트랜스 소시올로지
Trans Sociology 016

대중과 흐름

대중과 계급의 정치사회학

이진경 지음

그린비

서문

세상의 절반은 노래
나머지는 안 들리는 노래
— 진은영, 「세상의 절반」 중에서[1]

한국에서 2002년은 대중운동의 역사에서 하나의 분기점이었음이 분명하다. 1980년에도, 1987년에도 장대한 대중운동이 있었지만, 2002년 출현한 대중은 이전과 무언가 달랐다. 월드컵에 '미친' 대중, 미군 장갑차에 깔려 죽은 여중생을 추모하는 반미시위의 대중, 노무현에 열광하는 대중. 1년 내내 우리는 그런 '미친' 대중의 도래를 목격했다. 아니, 그 '미친 대중' 속에 있었다. 이후 우리는 이 '미친' 대중의 도래를 매우 빈번히 목격하게 된다. 노무현의 탄핵에 항의하는 성난 대중, 2008년 촛불시위의 유쾌한 대중, 경찰차로 막힌 거리의 대기 속을 숨은 듯 떠돌다 '안철수'라는 이름에 휘말려 들어가는 '점잖은' 대중. 이것만이 아니다. 규모나 형태에서 차이가 있지만, 목숨을 걸고 고공 크레인에 매달렸던 김진숙 씨와 한진중공업 노동자들을 향해 '희망의 버스'를 타고 달려갔던 대중도, '평화의 비행기'를 타고 제주도 강정마을의 구럼비로 달려갔던 대중도 대중운동의 새로운 양상을 보여 주는 사례일 것이다. 여기에 더해, 황우석에 열광하던 대중도, 「나는 꼼수다」에 열광하던 대중도 넣어야 할 것이다.

---

1) 진은영, 『훔쳐가는 노래』, 민음사, 2012, 76쪽.

한국에서 유난히 두드러지는 양상으로 출현하던 이 대중이 단지 한국에 국한된 현상이 아님을 이제는 잘 알고 있다. 미국 최초의 흑인 대통령을 만들어 낸 열광적인 대중, 이집트와 리비아 등에서 오랜 철권통치를 끝장낸, '재스민'의 향기에서 시작해 짙은 피의 냄새로까지 밀고 간 대중, 그리고 '월스트리트를 점령하라!'라는 슬로건으로 시작하여 미국 전역을 점거했고 전 세계로 점거의 기운을 확산시켰던 '아큐파이 운동'의 대중이 있었다. 거슬러 올라가면 1999년 시애틀에 모여 전지구화의 이름으로 지구를 장악하려던 부르주아지에게 대대적인 전투를 선언했던 대중이 있었음을 기억해야 할 것이다.

대중이 흐름으로서 존재하고 움직인다는 사실이나, 대중운동의 양상이 특이점의 분포에 따라 규정되고 변화된다는 사실, 그리고 지위나 소속에서 이탈하는 방식으로 대중이 형성되며 그런 것과 무관한 어떤 비인칭성이 대중운동의 리더십을 형성한다는 사실 등 대중의 특징이나 양상이라고 할 수 있는 것들이 2002년을 전후하여 달라졌다고는 말할 수 없다. 가령 광주항쟁의 초기에 대중운동이 진행된 과정을 보면, 이런 특징이 아주 두드러지게 나타난다. 그렇지만 이전에는 혁명적인 정세나 혁명적 사건을 통해서만 일시적으로 가시화되던 대중이 지금은 그보다 훨씬 '작은' 사안들을 계기로, 아주 쉽게 출현한다. 어쩌면 일상 속에 존재한다고 해야 할 만큼 항상-존재한다는 점에서 이전과 다르다고 해야 한다.

덕분에 운동에 대해서는 물론, 정치에 대해 생각을 하려고 하든, 사회에 대해 생각을 하려고 하든 대중을 고려하지 않을 수 없게 된 것 같다. 대중은 이제 새로운 신체와 새로운 '정신'을 갖는 거대한 집합적 군체로서 존재한다. 신경과 마찬가지로 전기적인 신호로 작동하는 거대한 네트워크와 그에 연결된 무수한 모바일 단말기-감각장치들, 그에 따라 모이고 움직이는 신체들이 존재한다. 기억과 변조, 합성과 전파의 강력한 능력을 가능하게 해주는 통신망과 일상적으로 접속되어 있는, 고립된 이성을 대신하는 '집합지성'이, 전문가들에 의해 독점된 지식을 대신하는 '대중지성'이 존재한다. 거대한 집합적인 사이보그적 신체를 갖는 새로운 종류의 존재가 출현한 것이다.

*   *   *

이 책에서 나는 대중을 하나의 '흐름'으로서 다루고자 한다. 100여 년 전부터 대중은 많은 사람들의 관심사였고, 그래서 이런저런 방식으로 연구되고 개념화된 바 있다. '군중심리'를 다룬 구스타프 르봉의 고전적인 책이, '공중'과 구별되는 '동물적인' 양상의 '무리'(meute)를 다룬 가브리엘 타르드의 물리학적 이론이 있다. 또 언제나 익명의 '그들'로서 존재하는 '세인'(das Man)들에 대한 마르틴 하이데거의 존재론적 분석이 있었다. 오르테가 이 가세트나 데이비드 리스먼이 본 대중이나 군중의 모습은 이런 세인의 모습과 가까이 있다. 대중이 정치의 전면에 나서는 현상에서 '전체주의'가 출현하게 된 이유 중 하나를 찾았던 한나 아렌트 역시 여기서 그리 멀리 떨어져 있지 않다. 많은 경우 대중은 익명이기에 무책임하고 떼거리를 지어 움직이기에 생각 없이 행동하는, 그러면서도 다수의 힘에 의해 사태 전체를 장악하고 있는 자들이라는 부정적인 이미지를 갖고 있었던 것 같다.

이런 면에서 보면, 타르드가 취한 입장은 이런 '시대정신'에 반하는 반시대성을 갖고 있었던 것 같다. 그는 '신체적이고 동물적인' 특징을 갖는 '무리'가 갖는 '위험'을 보면서도, 그런 부정성에 가려지기 쉬운 힘과 잠재성 또한 본다. 가령 타르드에게 '무리'란 여론에 의해 조종되면서도

'그들'의 생각(여론)을 자신의 생각으로 착각하는 '공중'(publique)들과는 다른 어떤 긍정성을 갖는 것이었다. 타르드가 그럴 수 있었던 것은 자신을 덮쳐 온 하나의 인상에 사로잡히지 않고, '대중'이란 현상 안에 존재하는 상이한 양태를 구별하고, 그것들의 존재 방식과 행동 방식에 대해 쿨하게 심리적이고 물리적인 분석을 했다는 사실에 따른 것일 터이다.

파시즘의 물결 속에서, 그 안에 있는 대중을 보았기에 그 위험을 누구보다 명료하게 인식했으면서도, 그 속에서 다시금 혁명적 가능성을 찾고자 했던 빌헬름 라이히는 다른 누구보다 타르드의 이런 섬세한 분석에 가까이 있다고 해야 할 것이다. 나아가 그는 그러한 대중을 분석하기 위해 착목해야 할 지점이 그들의 '생각'이나 '의식'이 아니라 '욕망'임을 알아챘다는 점에서, 대중에 대한 연구에 결정적인 일보를 내디뎠다고 할 것이다. 대중에 대한 들뢰즈와 가타리의 입론은 모방과 전염에 의해 형성되는 흐름으로서의 대중이라는 타르드의 개념과 욕망에 의해 그 움직임의 방향이나 양상이 결정되는 대중이라는 라이히의 개념의 종합 속에서 구성된 것이다.

이 책은 이런 대중 개념의 역사를 따로 다루지 않는다. 그보다는 우리가 현실 속에서 대면했고 그 속으로 말려들어 갔던 대중이란 현상을 분석하고자 한다. 이런 분석을 위해 나는 타르드와 라이히, 들뢰즈/가타리로 이어지는 이론적 유산을 자원으로 삼고자 했다. 그 각각은 알다시피 프랑스 혁명과 파시즘, 68혁명이라는 현실적 사태 속에서 형성된 것이었고, 그 사태를 통해 이전의 자원에 무언가를 더하는 방식으로 구성된 것이다. 이러한 개념을 통해 이 책에서는 2002년 이후 새로운 양상으로 출현했던 대중에 대해 분석하고자 했다. 하지만 그들이 제시한 개념으로 우리가 경험한 사태를 환원하려 하기보다는, 그 경험적 사건의 장 속으로 그 개념들을 불러내 다시 작동하게 하고 싶었고, 그럼으로써 새로이 변화된 사태들이 그 개념 속에 밀고 들어갈 수 있는 통로를 만들고 싶었다.

*　*　*

하지만 지금 '흐름으로서의 대중' 개념을 좀더 밀고 나가는 것만으로는 지금 우리가 당면하고 있는 정치적·사회적 양상을 포착하기에 충분하지 않다. 그것은 대중과 관련된 사회적 변화의 양상이 좀더 광범위하고 심층적이기 때문이다. 대중과 계급 사이에 존재하는 차이에 대해서는 이미 이론적인 토론이 있었지만, 지금은 노동자계급 자체 내부에 발생하고 있는 변화가 이런 대중의 개념과 밀접하게 관련되어 있음을 특별히 주목할 필요가 있다. 그것은 직접적으로는 정규직과 비정규직으로 노동자계급 자체가 분할 내지 분해되며 양극화되는 현상과 결부된 것이다. 우리는 지난 10여 년간, "노동자는 하나다"라는 잘 알려진 구호를 무색하게 하는 이러한 분할 현상 속에서, '프레카리오'(precario, 불안정한)와 '프롤레타리아트'(proletariat)라는 단어가 합성되어 '프레카리아트'(precariat)라고 명명되는 새로운 집단이 형성되고 있음을, 또한 정규직 노동자층은 이전의 신중산층을 대신하는 새로운 사회적 위상을 향해 나아가며 이들과 대립되는 영역을 형성하고 있음을 안타까움을 갖고 지켜보아야 했다. 노동자계급과 프롤레타리아트의 개념에 간극과 이탈이 발생했으며, 프롤레타리아트란 이런 조건에서 새로이 정의되어야 한다.

　이러한 엇갈림 속에서 새로이 등장한 '프레카리아트'는 소속에 의해 정의되는 계급과 달리 소속 없는 사람들의 집합이란 점에서, 소속에서 이탈되는 방식으로 존재하는 자들의 집합인 대중의 정의와 매우 근접해 있다. 대중을 정의하는 성분이 계급 자체 속으로 침투하여 계급적 관계 자체를, 혹은 계급적 구성 자체를 변화시키고 있는 것이다. '공장의 계급'과 대비하여 프레카리아트가 '거리의 계급'임을 강조하면서, 대중운동을 생각하는 데 어떤 근본적인 변화가 필요함을 강조하고자 했던 것은 이 때문이다. 이런 사실을 고려한다면, 2011년 미국의 아큐파이 운동이 프레카리아트의 운동이라는 주장에 대해 쉽게 수긍할 수 있을 것이며, 김진숙의 크레인 농성투쟁에서 '희망의 버스'가 갖는 의미 또한 좀더 분명하게 이해할 수 있을 것이다.

노동자계급의 경계 내부에 출현한 이 '외부자'들에 대해 반복하여 다루는 것은 이런 점에서 충분한 이유가 있다고 믿는다. 이러한 외부자에 여전히 '외국인 노동자'로 불리는 이주노동자들이 포함된다는 점 또한 의문의 여지가 없을 것이다. 명확하게 가시적인 이런 외부자들만이 아니라, 우리의 감각 바깥에 있는 외부자들이 광범하게 존재한다. 있어도 보이지 않고, 보이지 않기에 목숨을 잃어도 죽음으로 세어지지 않는 그런 외부자들이. 자크 랑시에르나 다니가와 간의 말처럼 정치란 이처럼 보이지 않는 것을 보이게 하는 것이라고 할 때, 이들 '아웃사이더'들이야말로 정치라는 활동이 작동할 실제적 조건이라고 해야 할 것이다. 세상의 절반, 저 안 들리는 목소리를 들리게 하는 것.

'외부'라는 개념은 이들 아웃사이더들과 대중의 인접성을 보이게 해준다. 대중은 주어진 자리나 소속에서 이탈하여 모이는 자들의 집합이란 점에서 이탈의 벡터를 가지며, 외부성을 그 본질적 요소로 한다. 소속을 통해 귀속되며 벽으로 구획된 경계 안에 가두는 방식으로 유지되는 것이 기존 질서라면, 대중이란 언제나 소속에서 이탈하고 벽이나 경계를 넘어가는 방식으로 움직이는 흐름이란 점에서 모든 질서의 외부자들이다.

이런 이유에서 나는 이 책에서 '외부성'이란 개념을 통해 대중과 외부자(아웃사이더)들을 하나로 연결하고자 했고, 외부성이란 개념을 통해 정치 자체를 다시 사유하고자 했다. 외부성에 의한 사유라는 유물론의 정의가 정치적 사유의 모든 층위에서 가동될 수 있게 하고 싶었다. 정치의 일차 과정을 이루는 것이 바로 대중이란 흐름임을 분명하게 하고자 했고, 정치란 외부에 있기에 보이지 않는 것들을 보이게 하는 것임을 주목하며 정치 자체가 언제나 내부와 외부의 경계선에서 발생하는 것임을 강조하고자 했다. 또한 코뮨주의라는 외부가 '지금 현재'의 시제 속에서 항상 정치적 힘과 흐름을 방향 짓는 성분이 되어야 함을 주장하고자 했다. 이런 식으로 정치 자체를 정치적으로 사유해야 함을 강조하고자 했다. '정의' (justice)라는 개념을 이런 외부성이 항상 가동되는 내재적인 대결의 장으로 이해하려는 시도 또한 이런 맥락에서 이해해 주길 바란다.

*　　*　　*

대중은 언제나 하나의 흐름으로서 존재한다. 이는 근대의 분기점을 이루는 몇몇 혁명 이후 어디서나 분명했다. 그런 점에서 19세기가 '혁명의 시대'였다면 그 시대는 정확히 그와 동일한 이유에서 '대중의 시대'이기도 했다. '민주주의'란 개념을 통해 대중이 정치 전반의 형식적 전제조건이 된 20세기도, 거대한 흐름의 공간을 통해 대중이 항상적인 존재자가 되었던 지금 시기도 '대중의 시대'라는 사실에선 다르지 않다. 어느 시기에도 대중은 항상 '흐름'이었다. 다른 건 흐름이 형성되고 흘러가는 양상들이었다. 그들이 사는 조건에 따라 그때그때 다른 목소리로 터져 나오고 다른 욕망의 흐름으로 표현되는 상이한 흐름들. 어디선가 파열구를 발견할 때마다 대중은 그렇게 다른 노래를 부르며 솟아오르고, 그 노래 속에서 새로운 삶의 출구를 연다. "세상의 절반은 삶, 나머지 반은 노래"(진은영,

「세상의 절반」중에서). 그렇다면 대중을 통해 가동되는 정치란 그 들리지 않는 노래에 귀 기울이고, 그 소리 나지 않는 함성들을 소리 나게 하는 것일 게다. "세상의 절반은 노래, 나머지는 안 들리는 노래"임을 안다면, 세상은 언제나 노래로 가득하다는 것을 안다면, 우리는 항상 우리의 어깨를 흔들고 다리를 춤추게 하는 노래 속에 살게 될 것이다.

　　그러나 대중은 흐름이기에, 언제나 머물지 않고 흘러가 버린다. 혁명은 대중이 수행한 것이었지만, 대중은 자신이 혁명으로 비워 버린 자리에 조차 머물지 않고 흘러가 버린다. 어떤 것도 자신의 것으로 소유하지 않은 채. 그들이 흘러가 버린 자리를 재빨리 차지한 자들이 혁명을 자기 것으로 가져갔다. 그렇기에 대중은 필경 다시 돌아왔던 것일 게다. 혁명이라고 불리는 반복되는 사건들로. 대중이 흐름일 뿐이고, 대중이 혁명을 자기 것으로 할 수 없는 한, 대중은 영원히 되돌아올 것이다. 매번 다른 계기와 조건 속에서, 매번 다른 모습, 다른 양상으로 되돌아올 것이다. 대중의 '영원성'이란 게 있다면, 이와 다른 어떤 것일 수 있을까?

2012년 9월 8일
이진경

차례

1부

대중의 흐름과 정치

1 | 정치와 대중
정치에서 유물론이란 어떤 것인가?

1. 정치에서 외부성의 문제

이 책에서 나는 '외부' 내지 '외부성'이란 개념을 통해 정치의 문제를 다루고자 한다. 정치의 문제를 다루기 위해 '외부'라는 개념을 선택한 것은 두 가지 이유에서다. 하나는 그 개념만큼 사유의 정치적 성격을 잘 보여주는 것이 없다는 생각에서다. 단순화해서 말하자면, 가령 헤겔은 '외화'(Entäußerung)라는 개념을 통해 이성의 '외부'에 있다고 보이는 모든 것을 이성의 내부로 귀속시켰다. 이 경우 '외화'란 '내부화'의 다른 이름에 지나지 않는다. 모든 이질적인 것을 내부화하는 이 운동이 이성의 제국주의적 포섭의 과정을 너무도 비슷하게 닮았다는 것은 긴 설명을 필요로 하지 않는다. 하이데거는 '불안'(Angst)이라는 개념을 통해 존재자 전체가 낯설게 되는 경험을 말하면서도, '세계-내-존재'(In-der-Welt-Sein)가 갖는 내부성 ── '안에-있음'(In-Sein) ── 이 존재의 본질에 속함을 지적하면서, 자신이 속한 '세계'의 내부성을 지키기 위해 "죽음으로 미리 달려가 보는 결단"을 촉구한다. 이러한 사유가 '고향' 혹은 '조국'을 지키기 위한, 그것을 위협하는 외부자들에 대한 적대를 표현한다는 것은 하이데거 자신이 여러 가지 방식으로 보여 준 바 있다. 내부화하는 사유, 내부성을 지키려는 사유가 갖는 이러한 정치적 성격은, 그에 반하는 사유로서 외부성의 사유에 함축된 정치적 성격 또한 암묵적으로 시사한다고 할 것이다.

다른 하나는 흔히 '전지구화'(globalization)라고 명명되는 현재의 조건과 결부된 것이다. 알다시피 전지구화로 명명되는 이 시대는 생산과 유통과 관련된 상품의 흐름과 더불어 노동력의 흐름이 전지구적으로 탈영토화된 시대고, 그런 만큼 자본의 착취가 전지구적으로 확장된 시대다. 사람들의 활동의 흐름이, 노동력의 흐름이 국민국가의 경계를 밀고 들어가는 시대고, 국민국가 내부에 그 외부가 급속히 확장되어 가는 시대다. 한국의 경우 1980년대 후반 이전에는 '외국인 노동자'를 거의 찾아볼 수 없었고, 우스운 '순혈주의'를 자랑삼는 '민족적 동질성'을 갖고 있었지만, 지금은 100만 명이 넘는 외국인 노동자가 전국의 공장에서 일하고 있고, 외국인과의 결혼이 급증하고 있다. 자본 자신에 의해 요구된 이러한 외부자들의 유입을 통제하기 위해 만들어 낸 또 다른 외부자(이른바 '불법취업자')가 20~30만 명을 오르내리고 있다. 그와 나란히 대중의 흐름 역시 국내적으로는 물론 국제적으로도 전에 없이 확장되고 '일반화'되었다. 최근 몇 년간 대중운동은 이전과는 다른 빈도와 속도, 강도로 급속히 확장되었고, 이는 이전의 조직화된 운동을 초과하여 운동의 장 자체에 근본적인 변화를 야기한 것처럼 보인다.

다른 한편 노동력의 흐름과 관련된 외부성의 확장이 단지 국적과 결부된 '외연적' 문제만은 아니다. 전지구적 경쟁과 축적에 수반되는 고용의 유연화는 비정규직 노동자의 급속한 증가를 초래하여, 한국의 경우 이미 노동자 전체의 반 정도를 비정규직 노동자가 차지하고 있다. 그리고 정규직 노동자들은 이들이 자신들의 '조합'에 들어오는 것을 거절하거나 저지하려 하며, 이들의 투쟁과 연대하기보다는 거기에 재를 뿌린다. 그들은 노동자이지만 노동자로부터 배제된 노동자, 노동의 외부자인 노동자들이다. 이들 비정규 노동자는 생산과 경쟁의 전지구화에 따른 고용의 유연화에 따라 급격히 양산되었다. 전지구화는 노동자계급 내부에 또 다른 외부자들을 생산하고 있는 것이다. 그 결과 국민국가 수준에서뿐만 아니라 노동자계급 안에서 내부와 외부를 분할하는 새로운 구획이 정치적 쟁점으로 떠오르고 있다. 한국에서 이른바 '민주노조'들은 물론 진보적 노동운동의 상징이었던 민주노총마저 이주노동자나 비정규직 노동자에 대한 소극적 태도로 인해 근본적인 비판의 대상이 되고 있다는 사실이 이를 단적으로 보여 준다.

요컨대 전지구화의 시대는 좋든 싫든 **내부와 외부의 경계를 넘어 외부와의 만남이 일반화된 시대**고, 내부적 고유성(property)이 외부에 의해 일상적으로 교란되고 침범되는 시대다. 그렇기에 확장되는 외부자에 대한 경계가 강화되고 새로운 분할의 선이 구획되는 시대기도 하다. 따라서 내부성에 안주하고자 하는 성향이 강화된 시대지만, 거꾸로 외부와의 만남을 통해 내부적 고유성(property, 소유!)을 극복해 갈 가능성이 확장된 시대라고도 할 수 있을 것이다. 내부성에 안주하는 것과 외부성을 통해 자신을 변환시키는 것이 이른바 '보수'와 '진보'라는 상반되는 방향을 가리키게 된 시대인 것이다.

이는 정치적 사유에서 외부성의 문제가 중심적인 주제가 되었음을 의미하는 것일 터이다. 그런데 외부성의 문제를 제대로 다루기 위해선 그보다 먼저 정치에 대한 사유 자체 속에서 외부성이 작동할 수 있게 해야 한다. 외부성이 작동하지 못하는 사유가 외부성의 문제를 올바르게 다룰 순 없을 것이기 때문이다. 요컨대 우리는 외부성을 통해 정치적 사유를 할 수 있어야 한다. 외부성의 정치학을 좀더 적극적으로 정의하고자 하는 것은 이런 이유에서다.

나는 예전에 맑스의 철학적 저작을 검토하면서, 통상 '역사유물론'이라고 불리는 그의 유물론을 "외부에 의한 사유"로 재정의한 바 있다.[1] 또한 그의 핵심적인 저작 『자본』을 '외부에 의한 사유'라는 관점에서 일관되게 읽을 수 있음을 주장한 바 있다.[2] 이와 유사한 관점에서 나는 "정치에서의 유물론이란 외부성을 통해 정치를 사유하는 것"이라고 정의하고자 한다. 철학적 유물론과 동일한 의미를 갖는다고 할 순 없지만, 외부성을 통해 정치를 사유하려는 시도가 이러한 맑스적 사유와 일정한 연속성을 가질 것이라고 믿는다.

외부성을 통해 정치를 사유한다는 것을 여기서는 일단 세 가지의 문제와 관련해서 생각해 보고 싶다. 첫째는 정치의 '일차적 과정'을 형성하는 일종의 '질료적 흐름'으로서 대중과 관련된 것이다. 즉 정치를 모든 정치적 질서의 외부로서의 대중을 통해 사유하는 것이 그것이다. 둘째는 체제화된 질서와 그 외부의 관계에 관한 것으로, 주어진 체제 안에서 외부성을 가동시키는 것이다. 셋째는 외부성의 정치가 나아가는 방향과 관계된 것으로, 자본주의의 외부로서 코뮨주의를 창출하는 것이다. 일단 이 장에서는 첫번째 문제인 정치와 대중의 문제를 다루고, 다른 두 가지 문제는 침범과 코뮨주의를 통해 외부성의 정치학을 정의하는 6장에서 다룰 것이다.

---

1) 이진경, 『미-래의 맑스주의』, 그린비, 2006, 17쪽 이하.
2) 이진경, 『자본을 넘어선 자본』, 그린비, 2004.

2. 대중의 흐름

정치를 치안과 구별하고자 했던 랑시에르를 언급하며 시작하자. 랑시에르는 사회 안에 자리와 위계를 분배하고, 그에 따라 자격과 권리를 할당하여 주어진 권리를 행사하게 하는 것을, 어떤 몫을 받을 자격이 있는 자와 없는 자를 분할하고 그 분할을 유지하는 것을 '치안'(police)이라고 정의한다. 그것은 주어진 사회의 고유성을 유지하기 위한 '통치' 활동일 뿐이며, 그것을 위해 이미 특정한 양상으로 분배된 권력을 행사하는 것이다.[3] 반면 그에 따르면 정치는 이와 달리 몫이 없는 자가 자신의 몫을 요구하는 것이고, 권리 없는 자가 권리를 요구하는 것이다. 나는 정치가 치안이나 통치와 구별되어야 한다는 랑시에르의 주장에는 적극 동의하지만, 정치가 단지 그것만은 아니라고 생각한다. 물론 랑시에르의 정치 개념은 외부자를 통해 정치를 정의하는 것이란 점에서, 그리고 현실적으로 비-국민, 비-시민, 비-계급의 문제를 다룰 개념을 제공한다는 점에서 중요하다(이에 대해서는 6장에서 다시 언급할 것이다). 그러나 그보다 더 근본적인 것은 외부성을 외부성으로 지속하는 방식으로, 혹은 내부자마저 외부성의 지대로 끌어내는 방식으로 정치를 정의하는 것이다.

'대중'에 주목해야 하는 것은, '흐름'으로서의 대중[4]을 통해 정치를 사유해야 하는 것은 이와 관련되어 있다. 대중이란 무엇인가? 이 질문이 실질적인 의미를 가지려면, 정치적인 의미에서 대중이라는 현상은 어떻

---

3) 자크 랑시에르, 『정치적인 것의 가장자리에서』, 양창렬 옮김, 길, 2008, 133~138쪽. 이런 점에서 랑시에르는 오이코스로부터 분리된 '폴리스'(polis)를 모델로 하는 한나 아렌트의 정치학은 정치를 폴리스(police), 즉 치안의 문제로 대체하는 것이라고 비판하는 셈이다.

게 형성되는가를 보아야 한다. 먼저 대중이란 원래 '덩어리'를 뜻하는 말이고, 통상 '숫자가 많음'을 표시하는 말이지만, 단지 그것만으로는 '대중'이라는 정치적 현상을 이해할 수 없다. 아무리 숫자가 많아도 사람들이 자신에게 주어진 지위와 역할에 충실한 한, 그들을 '대중'이라고 말하기는 힘들다. 매스게임에 동원된 수만 명의 주민들이 그렇듯이, 주어진 역할에 머물러 있는 한 정치적으로 유의미한 '대중'을 형성하지 않는다. 노동자들 역시 그렇다. '근로 대중'이니 '노동자 대중'이니 하는 말을 관용적으로 쓰긴 하지만, 노동자들의 수가 아무리 많아도 주어진 업무를 열심히 하고 있는 한, 그들은 노동자들일 뿐 대중을 형성하지 않는다. 그들은 먹고살기 위해 자기에게 주어진 일을 충실히 하는 개체들의 집합이란 의미에서(생물학적 의미에서) '개체군'(population)이다. 이를 대중과 구별하여 '군중'(crowd)이란 개념으로 명명하는 게 좋을 듯하다. '노동자 군중', '군중집회', 이는 대중이란 현상과 아주 다른 것이다.

자신에게 주어진 자리를 벗어나서, 옆에 함께-선 사람에 감응하여 일정한 방향으로 함께 움직이기 시작할 때, 감응의 전염이 하나의 흐름을 형성할 때, 우리는 그 흐름을 대중이라고 부를 수 있다. 이는 1980년 5월 18일 이후 광주항쟁에서도, 1987년의 투쟁에서도, 그리고 2002년의 월드컵이나 반미시위, 대통령선거에서도, 2008년의 촛불시위에서도 마찬가지로 발견된다. 월드컵의 경우가 보여 주듯이, 대중이란 반드시 정치적

---

4) 대중을 하나의 흐름으로서 정의하여 다루었던 것은 들뢰즈와 가타리였다. 그들의 개념에 따르면 사람들의 흐름뿐만 아니라 '통화량'이라고 번역되는 화폐의 흐름도, 도시라는 홈 패인 공간을 흐르는 자동차들의 흐름도 모두 '대중'이다(질 들뢰즈·펠릭스 가타리, 『천의 고원』, 이진경 외 옮김, 연구공간 너머 자료실, 2000, 9장, 12장; 이진경, 『노마디즘 1』, 휴머니스트, 2002, 708~716쪽 참조). 나는 이러한 일반화된 대중의 개념, 탈-인간화된 대중의 개념에 대해 동의하지만, 여기서는 주제의 성격상 대개는 인간-대중을 뜻하는 것이 될 것 같다.

사안에 의해 움직이는 것도 아니고, 반정부적 방향으로 움직이는 것만도 아니다. 주어진 자리에서 이탈하여 여러 방향으로 범람하기 시작할 때, 그 범람이 직무와 소속, 이름을 지우며 하나의 흐름이 될 때, 그것은 목적이나 이유, 방향이 무엇이든 모두 대중이다. 이는 반드시 숫자가 많아야 하는 것은 아니다. 100명도 안 되는 사람들이 모여 새로운 행동의 흐름을 형성하기 시작할 때, 그들은 대중이라는 말에 충분히 값한다. 2008년 촛불시위가 시작되었을 때의 대중이 그랬다.

따라서 대중을 정의해 주는 것은 어떤 정치적 목적이나 경제적 이해관계, 수의 다수성이 아니라, **주어진 자리에서 벗어나려는 이탈의 벡터**라고 해야 한다. 따라서 **개인적인 수준에서도** '대중'이 되는 현상을 규정할 수 있다. 즉 한 개인이 자신에게 주어진 자리에서 이탈하려는 벡터에 의해 움직일 때, 그는 대중이 된다. 주어진 직업, 주어진 업무, 주어진 삶의 방식, 주어진 행동 방식에서 이탈하려는 자는 이미 잠재적으로 대중이 되고 있는 것이다. 이러한 이탈의 성분이 집합적인 양상으로 진행되며 일정한 수의 사람들을 모으기 시작할 때, 그리고 그 사람들 사이에 어떤 감응이 발생하여 전염되기 시작할 때, 그리하여 집합적인 움직임을 만들기 시작할 때, 대중이라고 말할 수 있는 충분한 조건이 갖춰진다고 하겠다.

여기에서 대중을 수와 분리하여 개체적 수준에서까지 정의하고자 하는 것은, 그것을 **개체 이전의** 어떤 것을 통해 포착하기 위해서다. 어떤 자리와 임무를 할당하고 그것을 수행하게 하는 권력에 반하여, 그로부터 이탈하여 무언가 다른 방향으로 움직이고자 하는 의지, 혹은 힘과 에너지의 흐름, 대개는 개인들의 정해진 자리와 움직임에 갇혀 보이지 않지만, 어떤 식으로든 그 주어진 틀이나 자리를 벗어나 움직이려는, 결코 고정될 수 없는 힘과 욕망의 흐름. 그것이 개인(개체)을 대중으로 밀고 가는 일차적인 성분이고, 그렇게 모인 개인들이 서로에 대해 감응하게 만드는 일차적인 힘이며, 그 개인들이 개체성을 잃고 하나의 집합적 흐름이 되게 하는 힘이다.

대중을 형성하는 이런 벡터는 어디에나 있다. 노동자에게도 있지만, 농민에게도, 학생에게도, 연구하고 강의하는 지식인에게도, 그리고 부르주아에게도 있다. 이런 점에서 대중은 랑시에르가 말하는 데모스(demos)나 인민[5]과는 다르다. 데모스는 말 그대로 자격 없는 자들, 몫 없는 자들을 지칭한다. 물론 그들은 자격이 없고 몫이 없기에 이탈하려는 성분이 더 강할 수 있다. 그러나 그렇기에 오히려 복종에 길들어 이탈의 성분을 억압하고 있을 수도 있다. 더 중요한 차이는 데모스 아닌, **자격 있는 자들 가운데에도** 어디나 대중은 있을 수 있다는 것이다.

이처럼 이탈의 벡터들이 모여 형성하는 흐름인 대중은 주어진 자리, 주어진 질서의 '외부'다. 치안의 외부, 질서의 외부, 체제의 외부, 주어진 삶의 방식의 외부. 그것은 모든 질서, 모든 체제의 외부다. 물의 흐름이 범람하는 것은 수로가 있기 때문이 아니라 애초에 정해진 방향이 있는 게 아니기 때문이다. 흐름은 처음부터 항상-이미 모든 방향으로 흐른다. 이런 점에서 흐름은 모든 수로, 모든 질서의 절대적 외부다. 이와 동일한 의미에서 대중은 **모든 질서, 모든 체제의 절대적 외부**다. 수로나 댐으로 대중의 흐름을 통제하고 조절하는 것, 혹은 분리하여 주어진 자리에 고정함으로써 흐름 자체를 제거하는 것, 그것이 통치나 치안이 대중을 대상으로 삼을 때 겨냥하는 바이다. 대중이 어디에나 있을 수 있다면, 범람도 어디에나 있을 수 있다고 해야 한다. 범람의 양상이야 다를 수 있다고 해도.

---

5) 자크 랑시에르, 『정치적인 것의 가장자리에서』, 241쪽.

때론 현행화되고 때론 잠재적인 채 존재하는 대중의 흐름, 그것은 정치를 가능하게 하는 일차적 흐름이고, 모든 정치가 일차적인 대상으로 삼아야 하는 '질료적 흐름'이다. 외부성을 통해 정치를 사유한다는 것은 절대적 외부로서 대중을 통해 정치를 사유하는 것이다. 이런 의미에서 정치란 치안의 구획이나 통치의 수로 바깥으로 대중적 힘과 에너지가 흘러넘치게 만드는 것이고, 그러한 에너지가 새로운 삶의 방식을 창조하게 하는 것이며, 그러기 위해 각자의 영역에서 '자기 나름의' 대중을 형성하는 것이다. 그것은 치안과 통치가 작동하는 모든 영역에서 주어진 자리의 외부로, 주어진 질서의 외부로 욕망의 흐름을, 활동의 흐름을, 에너지의 흐름을 끌어내는 것이다. 잠재적으로 존재하는 절대적 외부를 가시적인 형태로 변환시키는 것이다. 정치가 운동(대중운동)이 되는 것은 이런 이유에서다.

3. 대중의 창안

대중을 형성한다는 것, 혹은 '대중을 갖는다'는 것은 노동자나 민중과 만나거나 그들 속으로 들어가는 것을 뜻하지 않는다. 대중이 어디에나 있는 것이라면, 어디서도 '자기 나름의' 대중을 형성할 수 있다. 부연하자면, 주어진 자리와 일, 주어진 삶의 방식에 대해 거리를 두고자 하는 움직임, 무언가 다른 것을 찾고자 하는 욕망이나 에너지를 포착하고 촉발하여 이탈의 벡터로 변환시키는 것, 그리고 그런 것들이 모여 하나의 흐름이 될 수 있는 조건을 형성하는 것, 그것이 바로 대중을 형성하는 것이다. '대중을 갖는다'는 것은 가시적인 움직임에 가려 보이지 않는 비가시적 힘을 촉발하여 그 에너지가 **출구를 찾게**(혹은 만들게) 하는 장을 갖는다는 것이다. 그 장

속에서 촉발적인 특이점이 되는 것이고, 분산된 에너지를 유인하여 흐름으로 모아 내는 '매력적인' 특이점이 되는 것이다. 이것이 노동조합처럼 흔히 말하는 '대중조직'을 만드는 것과 동일한 것은 아니며, 그런 것으로 국한될 수 있는 것도 아님은 길게 말할 필요가 없을 것이다.

따라서 대중을 형성하는 것, 즉 정치란 어디에서나 가능하다. 노동운동을 하려는 사람에겐 노동자 대중이 있듯이, 지식인 운동을 하려는 사람에겐 지식인 대중이 있고, 동성애 운동을 하려는 사람에겐 동성애 대중이 있다. 또한 대중이 이탈의 벡터에 의해 정의되는 한, 노동자 대중은 단지 직업적 노동자에 국한되지 않으며, 지식인 대중은 단지 직업적 지식인에 국한되지 않는다. 노동자 아닌 수많은 사람이 노동운동으로 끌려들어 가는 이탈의 선을 그렸던 것처럼, 지식인 아닌 사람이 지식이나 공부에 끌려 이탈의 선을 그리게 될 때, 그는 지식인 대중이 되는 것이다.

여기서 정말 중요한 것은, 대중은 이미 존재하는 것이 아니라 그런 촉발과 유인에 따라, 특이점들에 의해 각이한 방식으로, 즉 새로운 방식으로 '만들어지는/창출되는' 것이라는 사실이다. 대중이란 그때마다의 각이한 모습으로, 새로운 모습으로 도래하는 것이다. 이런 점에서 대중은 거대한 숫자로 이미 저기 존재하는 '군중'과 다르다. 대중이란 이탈의 벡터가 가동하여 어떤 감응의 전염에 의해 하나의 흐름을 형성할 때 비로소 존재하게 된다. 그렇게 작동하고 활동하기 이전에는, 가령 노동자나 조합원이 아무리 많은 숫자로 저기 있어도, 그것은 대중이 아니다. 대중은 심지어 조직된 노동자를 대상으로 할 때조차 매번 새로 창출되어야 한다. 이런 점에서 조합에 속한 군중이 조직의 힘에 의해 움직이는 것을 대중운동이라고 생각하는 것은 착각이다. 그러한 군중은 아무리 많은 수가 모여도 결코 대중운동이 갖는 고유한 역동적 힘과 에너지를 갖지 못하기 때문이고, 새로운 대중을 창출하는 촉발적인 힘을 갖지 못한 채 일회적인 '행사'로 끝나기 때문이다. 따라서 대중운동이란 이미 저기 있는 대중을 가서 챙겨 오거나 조직을 가동해 '동원'하는 그런 운동이 아니라, 부재하는 대중을 창출하는 운동이다.

대중이 새로이 창출되는 것이며, 이를 위해 새로운 방식이 필요하다는 것을 잘 보여 준 것은 노무현이었다. 노무현은 진실성 내지 도덕성과 같은, 이른바 '정치'의 세계에서는 근본적으로 무력하며 찾아보기 힘들다는 점에서 '비정치적인 것'이라고 부르게 되는 어떤 것들을 일관되게 견지함으로써, 그 '정치'의 세계에 염증을 느낀 사람들에게 이탈의 벡터를 가동시켜 하나의 거대한 흐름으로 모을 수 있었다. 그것이 그가 낡은 정치의 장에서 새로운 대중을 창출한 핵심적인 '방법'이었다. '노사모'(노무현을 사랑하는 사람들의 모임)라는 이름으로 표상되는, 그러나 그 조직으로 국한되지 않는 하나의 새로운 대중을 '만들어 낸' 것이다. 그 대중은 계급이나 계층, 직업이나 지역, 세대 등 사회를 분할하는 기존의 구획들을 가로지르면서 전통적인 정치적 분절의 방식을 뒤엎어 버렸고, 급속한 감응의 전염을 따라 확산되어 갔다. 통계학에서 말하는 '큰 수의 법칙'을 뒤집은 대통령선거에서의 이변, '탄핵 사태'를 단번에 뒤집어 버린 강력한 결속, 그리고 대통령이 된 이후의 행적에 대한 수많은 비판과 '비리 수사'라는 곤혹스런 사태에도 불구하고 자살 이후 다시 드러난 애정 어린 지지의 대중-흐름은 그가 만들어 낸 대중이 결코 일시적인 것도, 무력한 것도, 허구적 환영도 아니었음을 잘 보여 준다. 그는 다른 대중을 만들어 냄으로써 다른 정치의 가능성을 보여 주었던 것이다. 비정치적인 것의 정치성, 비정치적인 것이 갖는 유례없이 강력한 정치적 힘, 그것이 그가 보여 준 새로운 정치의 가능성이다. 기존의 보수층이 노무현에 대해 통상적인 적대감뿐만 아니라 인간적인 증오의 감정마저 갖고 있었던 것은, 한편으로는 자신들이 알고 있는 정치인의 행동 패턴과 너무도 다른 그의 행동 방식에, 다른 한편으로는 자신들이 예상할 수도 없었고 이해할 수도 없었던 대중-정치의 이러한 새로운 양상에서 기인하는 게 아니었을까?

2008년 촛불시위의 대중 역시 기존의 '정치적' 분절을 가로지르면서 출현했다는 점에서 —— 누가 '만들어 낸' 게 아니라 대중 스스로 만들어 냈다는 점에서 —— 새로운 대중의 탄생을 보여 준다. 이명박 정권의 경쟁적 교육정책에 반대하는 중고생들의 이탈의 벡터가 모이며 시작된 시위가 쇠고기 수입 문제로 연결되면서 주부들과 이른바 '소시민'의 이탈을 끌어들이며 가속되었고, 이후에는 대운하 공사 계획이나 공공기업 민영화에 대한 반대 등 이명박 정부의 이런저런 정책에 대한 불만과 반대의 에너지가 반정부적 감응의 전염 양상을 통해 모든 층으로 확산되었다. 그 결과 격한 대결이나 감응의 고양이 없었음에도 100일 이상 거의 매일 시위를 지속하는 놀라운 대중이 자신의 존재를 드러냈다. 어린아이들, 유모차를 끌고 나온 사람들, 자가용을 끌고 나와 차량시위대를 만든 사람들 등은 이 대중이 또다시 기존의 '정치적' 분절을 가로지르며 형성되었음을 보여 주는 단적인 사례일 것이다.

여기서 주목할 것은 한편으로는 분노를 야기하는 부정적 요인들이 강하게 작용한다는 점, 다른 한편으로는 인터넷이라는 흐름의 공간이 이른바 '특별한 사람'이 아닌 사람들을 촉발적인 특이점이 될 수 있게 했다는 점, 다시 말해 대중의 형성이 매우 용이해졌다는 점이다. 부정적 요인의 과잉이 하나의 이슈에서 다른 이슈로 끊임없이 이동하게 했고, 그 결과 매우 상이한 이슈와 이해, 관심이 뒤섞여 공존하고 상호 촉발하는 형태로 대중의 흐름이 형성된 것이다. 그리고 '특별한' 사람이 아니어도 특이점을 쉽게 형성할 수 있었다는 점으로 인해, 이 경우 대중은 마치 '스스로' 형성된 것처럼 보인다. 그러나 특이점이라는 것이 명망가나 유력인사와 동치되는 것도 아니고 조직적 세력과는 다른 방식으로 형성되는 것이기에, 눈에 띄는 사람들에 의해서 형성된 것은 아니지만 사람들로 하여금 이탈의 벡터를 가동하게 만든 특이점이 없었던 것은 아니었다고 해야 한다. 이 경우에도 대중은 새로이 발명되고 창안된 것이다.

그러나 발명과 창안이라는 말이 대중의 '자발성'과 대립되는 것은 아니다. 대중은 자발적이기에, 어떤 촉발이 있으면 스스로 이탈의 벡터를 가동시키며 자발적으로 형성된다. 그러나 어떤 촉발 없이도 그렇게 되는 것은 아니다. 대중이 자발적이라는 말은 대중이 이탈의 벡터를 **스스로 가동시킨**다는 말이지, 대중이 자동적으로 형성된다는 것을 뜻하지는 않는다. 부정적 요인에 의해서든 긍정적인 특이점에 의해서든, 어떤 촉발이 주어지면 그것을 계기로 대중은 자발적으로 형성되며 자발적으로 움직인다. 종종 애초에 이탈을 촉발했던 특이점에서 벗어나 다른 방향으로 흐르기도 한다. 즉 이탈을 촉발한다는 것은 '전위'가 되어 대중을 '지도'하는 것과 다르다. 그것은 다만 촉발하고 하나의 방향으로 이끄는 특이점을 형성하는 것이다. 대중의 흐름은 이로 인해 시작되지만, 이를 초과하거나 전혀 다른 방향으로 나아가기도 한다. 알다시피 이는 대중을 '동원'하고 통제하려는 조직의 힘조차 무력화시키는 경우가 많다. 이런 점에서 '대중을 창안한다'는 것은 대중을 인위적으로 조직하고 통제하는 게 아니라, 대중이 자발적으로 형성될 수 있는 촉발을 창안하는 것, 대중의 흐름을 만들어 내는 특이점을 발명하는 것을 뜻한다.

이런 의미에서 대중은 그 양적인 크기를 절대적 요건으로 하지 않는다. 단지 그것은 기존에 자신들이 서 있는 자리에서 이탈하는 어떤 **누수**

의 지대를 창안하는 것이고, 그렇게 누수되는 흐름을 끌어들이는 특이점을 통해 그 흐름에 어떤 특이성을 부여하는 것이다. 부재하는 대중을 만드는 이런 시도들은 종종 잘 보이지 않는 작은 규모의 구멍을 내는 것으로 시작하기도 하고, 일시적인 사건으로 시작하기도 한다. 나는 내가 동료들과 함께하고 있는 일(지식과 정치를 연결하여 정의되는 '연구자'들의 코뮨)을 이런 맥락에서 이해한다. 대학이라는 체제 안에 만족하지 못하는 욕망이나 에너지를 촉발하여 끌어 모아 대학 체제 외부에 지식인들의 새로운 코뮨을 만들었고[6] 그렇게 구성된 코뮨을 가동시킴으로써, 대학이란 제도에서, 혹은 공부나 지식에 대한 욕망을 잊거나 지우며 사는 통상적인 삶의 방식에서 벗어나려는 욕망을 촉발할 수 있었다고 나는 믿는다. 그럼으로써 그런 제도, 그런 삶의 방식에서 벗어나는 작은 누수의 지대를 만들었다고. 그 누수하는 작은 통로를 통해 그런 출구가 있을 수 있음을 가시화했다고 생각하며, 그런 식으로 우리 나름의 대중을 '만들었다'고 나는 생각한다. 이를 통해 다양한 종류의 다른 코뮨적 시도들을 촉발할 수 있었다고 생각한다면 지나친 나르시시즘일까?

4. 노동운동과 대중정치

대중은 언제나 새로이 '발명'되고 새로운 모습으로 출현한다. 대중이란 치안의 체제가 만들어 놓은 기존의 질서, 기존의 분절 방식을 가로지르는 잠재적 흐름이고, 그런 흐름이 조건에 따라 다른 모습으로 드러나는 것이

---

6) 공동체나 코뮨은 많이 있었지만 연구자들의 공동체, 지식인들의 코뮨은 별로 없었던 것으로 알고 있다.

기 때문이다. 대중이 치안뿐만 아니라 정치에 대해서도 절대적 외부인 것은 이런 의미에서다. 치안이 대중을, 그것의 외부성을 기존의 격자 안으로 내부화하고 분절하여 주어진 틀 안에 머물게 하려는 활동이라면, 정치란 대중이 갖는 이러한 외부성으로 하여금 기존의 격자를 가로지르고 때로는 그것을 와해시키는 방식으로 도래하게 하는 활동이다. 역으로, 이처럼 대중의 외부성을 가동시켜 이탈의 벡터를 어떤 활동의 흐름으로 변환시키는 것이라면, 어떤 것이든 정치라고 말할 수 있을 것이다. 비정치적이라고 간주되는 영역조차 모두 정치적인 것으로 변환될 수 있을 것이다. 대중은 어디에나 존재한다는 말과 상응하여, 정치란 어디에나 존재하며 어디서나 가능하다고 말할 수 있는 것은 이런 의미에서다.

정확하게 동일한 의미에서 대중은 어디에도 없다고 해야 한다. 수십만 조합원을 가진 거대한 규모의 노동조합에도, 인구의 40% 이상을 차지하는 거대한 노동자들 속에도, 노동조합에서 조직한 대규모 군중집회에도 그 자체로 대중은 존재하지 않는다. 이는 2008년 촛불집회에서 아주 명료하게 드러난 바 있다. 처음엔 움직이지 않던 조직된 노동자들이 민주노총의 참여 결정 이후 조직적으로 시위에 참여했다. 그들은 자신들을 표시하는 동일한 복장을 하고 자신들끼리 모여 줄지어 앉아 있었으며, 선창하는 목소리를 따라 구호를 외치긴 했지만, 집회나 시위에 대한 어떠한 자발적 열정도 보여 주지 않았고, 대중적 감응에 대해 무덤덤한 거리를 유지했으며, 주어진 자리를 지키고 주어진 대열을 따라다녔을 뿐이다. 이런 이유에서 그들은 많은 숫자가 동원되어 참석한 이후에도 촛불시위에서 이니셔티브를 보여 준 적이 거의 없었다. 그들은 대중의 흐름 속에 있으면서도 대중 아닌 군중으로, 노동조합원으로 움직였을 뿐이다. 대중운동이 한창인 그때에 노동운동에 정말 필요했던 것은 대중을 창출하는 것이었던 것이다!

좀더 일반화하여 말하자면, 지금 노동운동에 결정적으로 중요한 것, 그것은 바로 대중을 창출하는 새로운 운동이다! 그러나 조직된 군중이 있을 때, 동원 가능한 군중이 있을 때, 가장 잊어버리기 쉬운 것은 그런 경우에도 대중은 아직 부재하다는 것이며, 그 군중 속에서 대중을 매번 새로이 창출해야 한다는 점이다. 과거 대중운동의 산물로 출현한 군중조차도, 재창출의 성분이 없다면 창출된 대중은 시간이 지남에 따라 대중이기를 그치고 또 다른 군중으로 되돌아가기 때문이다.

한편 1970년대 후반의 우치게바[7]를 계기로 대중운동이 거의 소진 내지 소멸의 길을 걸었던 일본에서 비정규 노동자들의 운동이 대중운동의 양상으로 확대되는 것을 이런 관점에서 이해할 수 있을 것이다. 무언가 새로운 대중이 '만들어지기' 시작한 것이다.[8] 정규직 노동자의 거부감이 강한 상황에서, 비정규직 노동자가 정규직 노동조합에 들어가려는 게 아니라 반대 방향으로 나아가면서 실업자나 노숙자, 히키코모리까지 끌어들이는 것, 기존 노동조합의 시·공간적 형식에서 벗어나 전혀 다른

---

7) 내부를 뜻하는 우치(內)와 독일어로 폭력을 뜻하는 게발트(Gewalt)의 약자 게바(ゲバ)의 합성어. 운동 내부에서 행사된 폭력이나 폭력적 분파 투쟁을 지칭한다. 운동 외부는 물론 내부에서의 열정이나 의지를 치명적으로 잠식했던 것은 연합적군파의 아사마 산장 사건이었을 것이다. 일본 전공투 운동의 말기인 1972년 2월, 적군파와 혁명좌파의 공동투쟁조직으로 만들어진 연합적군파가 아사마 산장에서 경찰기동대와 10일간 총격전을 벌이다 체포되는데, 체포자들의 진술에 의해 산장 안에서 폭력적인 내부 린치(숙청!)로 14명이 사망하였다는 충격적 사건이 알려지게 된다. 또 1970년 안보투쟁 이후 혁마르파(혁명적마르크스주의자동맹)와 중핵파의 대립이 심각해지는데, 1970년 4월 중핵파가 혁마르파의 멤버를 살해하고 중핵파가 이에 대한 보복을 선언하면서 양파의 내분이 격화되고, 1972년 혁마르파가 와세다대 학생을 린치하면서 혁마르파와 다른 파들 간의 대립이 격화된다. 급기야 1975년 3월, 중핵파 서기장 혼다 노부요시 살해사건으로까지 이어지게 된다(다카자와 고지 외, 『전공투』, 현대평론 옮김, 백산서당, 1985, 138~143쪽).
8) 이에 대해서는 이진경·신지영, 『만국의 프레카리아트여, 공모하라!』, 그린비, 2012 참조.

시·공간적 형식의 조직을 구성하는 것, 언제나 파업으로 귀착되는 투쟁 형태에서 벗어나 다양한 투쟁 형태를 창안하는 것, 조직된 군중의 대열과 상투적인 구호, 대표자들이 나와 돌아가며 소개하고 발언하는 무겁고 고착화된 집회 형식이 아니라 코스프레와 사운드데모, 농담같이 가볍고 즐거운 시위의 형식 등은 이들의 운동이 새로운 대중을 창출하고 있음을 보여 주는 것 같다.[9)]

그렇다면 이제 노동운동은, 그에 대한 기대는 포기해야 하는 것일까? 그건 결코 아니라고 나는 믿는다. 한국이나 일본이나 이미 거대한 노동조합 조직이 있지만, 노동운동의 '진보성'을 포기하지 않았다면, 거기에서야말로 대중운동을 다시 시작해야 하는 게 아닐까 생각한다. 노동자들, 그 군중 속에서 새로이 대중을 (재)창출해야 한다. 그러나 그렇게 창출되는 대중이 예전과 다른 새로운 대중이어야 한다는 것을, 이미 조직화된 틀과 상투화된 투쟁의 방식으론 자발적 힘과 에너지를 촉발하여 요동치고 흐르게 만들 수 없다는 것을 잊어선 안 될 것이다. 기존의 노동운동과 전혀 다른 방식으로 노동자 대중운동을 창안하고 촉발할 수 있을 때, 노동자 속에서 대중의 새로운 탄생을 볼 수 있을 것이다.

노동자의 경우만이 그렇다고 말할 수 있을까? 이는 대중운동이 없었던 곳이나 대중운동이 성공적으로 있었던 곳, 혹은 이런저런 운동의 시도들이 있는 곳이라면 어디에나 해당되는 얘기 아닐까? 대중은 언제나 부재하는 동시에 존재한다. 조직화된 군중이 눈에 보일 때도 대중은 부재하

---

9) 이에 대해서는 이진경·신지영, 『만국의 프레카리아트여, 공모하라!』 참조. 한편 마쓰모토 하지메는 이처럼 새로운 스타일로 대중을 발명할 수 있음을 아주 창의적인 방식으로 보여 준다. 마쓰모토 하지메, 『가난뱅이의 역습』, 김경원 옮김, 이루, 2009 참조.

는 것처럼, 전혀 보이지 않는 것 같은 상황 속에서도 사실은 존재한다. 대중을 창출하려는 촉발적인 시도들 속에서, 느린 속도로 시동되는 대중적 흐름의 시간을 그런 시도들이 버텨 내며 주파할 수 있을 때, 대중은 어디에나 있는 것이다. 그들은 이탈의 벡터를 몰래 감춘 채, 자신들에게 다가올 촉발을 기다리고 있는 것이다.

어디서나, 자신이 활동하고자 하는 곳에서, 우리는 대중을 새로이 발명해야 한다. 그리하여 여기저기에서, 뜻하지 않은 곳에서, 불가능하다고 포기한 곳에서, 혹은 대중이란 말과 무관하다고 믿었던 곳에서, 새로운 대중을 만들어야 한다. 정치란, 정치에서 외부성을 가동한다는 것이란 무엇보다 이런 것이다. 개개 분자들의 움직임이 하나의 흐름이 되는 데 필요한 약간의 시간을 견디어 낼 수만 있다면, 정치란 어디서나 개시되고 재개될 수 있을 것이다.

2 | 대중의 신체와 지성
흐름의 공간과 대중의 흐름

1. 대중의 시대

앞서 「서문」에서 말했던 것처럼 2002년 이래, 한국에서 '대중'이라 명명되는 존재는 정치는 물론 사회 전반의 영역에서 정치의 일차적 과정을 형성하는 요인으로서 분명하게 가시화된 것 같다. 2002년은 하나의 뚜렷한 분기점을 표시한다고 하기에 충분할 정도로 이 대중이라는 존재가 지극히 강한 정도와 빈도로 등장한 해인 것 같다. 이미 우리에겐 충분히 익숙해졌고 이젠 최근의 아랍의 혁명이나 아큐파이 운동에 이르기까지 전세계적으로 반복되어 발견되는 이런 대중의 이름을 여기서 다시 나열할 필요는 없을 것 같다. 거대한 혁명적 사건으로까지 어느새 밀려 가곤 하는 이 대중이란 존재는 이젠 놀라는 것마저 민망할 정도로 일상화되었다. 그러나 마치 어디 숨어서 웅크리고 지켜보다 튀어나온 것 같은 이 거대한 존재의 출현은 약간만 진지하게 생각해 보면 지극히 놀랍고 경이로운 것이다. 이는 단지 그동안 미약하게 존재하거나 감추어져 존재하던 것이 장막을 걷어내며 주인공으로 화려하게 등장하는 것이라고는 할 수 없다.

전에는 뜸하게 출현하던 것이[1] 이제 빈번하게 출현하게 된 것이라고도 할 수 없다.

　지금 대중이 존재하고 출현하는 양상이 이전과 크게 달라졌다는 사실은 특별히 주목할 필요가 있다. 이전에 대중이 명확하게 가시화되는 것은 혁명적인 상황이나 그에 준하는 사건을 통해서였다. 그러나 지금 대중은 너무 '쉽게' 형성되고 너무 쉽게 출현한다. 이전과 달리 어쩌면 사소하다 싶은 것에 의해 촉발되는 것만으로도 쉽게 가시화된다. 또한 혁명적 시기에만 그 존재를 명확한 형태로 확인할 수 있었던 이전의 대중과 달리, 지금 대중은 가시화되지 않아도 항상적으로 그것의 존재감을 충분히 느낄 수 있는 방식으로 존재한다. 이로 인해 둔감한 정치인들조차 대중의 존재를 항상 의식하지 않을 수 없게 되었고, 그 결과 대중은 사회정치적 변화의 '상수'로 자리 잡게 된 것 같다. 또 하나는 이전에는 대중이 심각하고 비극적인 사건을 통해 분노하며 출현했기에 통상 비장한 감응 속에서 움직였다면, 오늘날의 대중에게는 그런 무거움과 비장함보다는 스스로의 존재를 즐기는 듯한 쾌활함과 가벼움의 감응이 일반적이라는 점이다. 행동의 양상이 적을 향해 집중하여 돌진하는 것과 다르게, 어찌 보면 '대체 뭐하는 거야?'라고 의문을 갖게 만드는, 자족적이고 자기과시적인 모습을 취하는 경우가 적지 않음은 이 때문일 터이다.

　대중이 비가시적인 경우에조차 항상적인 존재가 된 것, 사소한 것에도 쉽게 촉발되는 강한 전염성과 민감성을 갖게 된 것, 가볍고 자기-표현적이며 자족적인 듯한 양상으로 존재하게 된 것, 이 모두는 예전과 달리

---

1) 홉스봄이 '혁명의 시대'라고 불렀던 19세기에조차 100년 동안 4~5차례의 혁명적 대중이 출현했음을 안다면 지금 10년 사이에 대중이 출현하는 빈도는 유례없는 것이다.

지금 대중이 인터넷과 휴대전화 등의 통신망을 통해 항상 연결되어 있으며, 그 연결망 안에서 끊임없이 정보를 검색하고 주고받으며 공유하고 토론하고 변조한다는 사실과 밀접한 관련을 갖고 있다. 거대한 통신망에 의해 하나로 연결된 대중, 이는 그것이 없었다면 개개의 분리된 '원자'에 지나지 않았을 사람들로 하여금 서로 감염되고 촉발하며 하나처럼 모이고 행동하는 거대한 집합적 신체를, 지극히 유연하고 가변적인 흐름을 형성하게 한다. 이 점이 이전 시대의 대중과 지금 대중을 근본적으로 다르게 만들어 준 요인이다.

이 새로운 대중의 양상을 이전의 대중과 대조적인 형상으로 잘 보여주었던 것은 2008년 촛불시위의 대중일 것이다. 100일 넘게 지속된 촛불시위가 대체 무엇을 가져다주었는가를 물으며 자본주의적 소비대중의 무용한 놀이에 지나지 않았다고 하는, 패배주의와 냉소주의가 바탕에 깔린, '성과'라는 낡은 도식에 따른 비판[2]에 괘념할 이유는 없다고 나는 믿는다. 그런 비판을 자세히 반박하기 위해 시간을 버릴 이유는 없다고 생각한다. 운동의 결과를 운동을 통해 얻어 낸 가시적이고 제도적인 성과만으로 판단하는 실용적인 공리주의자들과 반대로, 얻기는커녕 무요해 보이거나 심지어 많은 것을 잃은 거대한 패배에서조차 우리는 많은 것을 얻을 수 있다는 것을 상기하게 하는 것이면 족할 것이다. 이게 아니라면 '기껏해야 "근로기준법을 지켜라!"라고 외쳤지만 어떤 가시적 성과도 얻어 내지 못했던 전태일의 죽음이 한국 노동운동의 역사에서 어떤 의미를 갖는지 이해할 수 없을 것이다. 아무런 성과 없이 실패로 끝난 작은 파업, 아니 파업은커녕 노동조합을 결성하는 것조차 성공하지 못한 채 끝

---

2) 당대비평 기획위원회 엮음, 『그대는 왜 촛불을 끄셨나요』, 산책자, 2009.

나고 만 1970년대의 몇몇 노동자들의 시도들이 대체 무슨 의미가 있었던 것인지 이해할 수 없을 것이다. 그러나 수많은 노동조합들이 전국적 연합체를 이루고 있으며 충분히 제도화된 지위마저 갖고 있는 민주노총의 '총파업' 이상으로 1970년대의 그런 시도들이 훨씬 더 '불온하게' 여겨지고 기이할 정도로 극렬한 탄압을 받아야 했던 이유에 대해 이해할 수 없을 것이다.

대중에게 무엇보다 중요한 것은 대중 자신이 그런 식으로 모여서 무언가를 하는 경험이며, 그런 집결을 통해 다른 이들과 나누는 공동성의 경험, 거기서 느끼는 기쁨과 해방감이다. 깨지고 패배했을 때조차 결코 소멸되거나 무화될 수 없는 그 감응과 체험, 바로 그것이 머지않아 "자, 다시 한번!" 하며 새로이 시작하게 하는 힘이기 때문이다. 그렇기에 평화적인 '놀이'와 '축제'로 일관했다고 비난받기도 하는 그 시위에 정부는 그토록 놀라고 두려워했던 것이며, 그래서 어떤 집회나 시위에 대해서도 거대한 차벽을 두르고 저지하는 극심한 금지와 차단으로 대처하고, 혹은 쌍용자동차나 용산에서처럼 전쟁과도 같은 과도한 폭력을 사용했던 것일 게다. 촛불을 비판하는 좌파적 평론가들보다, 그것을 상대해야 했던 우파적 정부가 대중운동의 힘에 대해 더 잘 알고 있었던 것이다.

극심한 금지와 차단이 지속되었기에, 그리고 1980년대와 같은 전투적인 돌파력을 갖는 조직된 세력을 갖지 못했기에, 2008년 촛불시위 이후 대중운동은 새로운 시작의 지점을 쉽게 찾지 못했고, 그래서 유사한 양상의 사건의 반복을 기대하던 사람들로 하여금 패배주의적 평가에 고개를 끄덕이게 했음을 부정할 순 없을 것 같다. 그러나 경찰과 차벽이 빼곡이 막아선 거리나 광장 대신에 대중들이 출구를 찾아냈음을 보지 못한다면, 대중에 대해 아무것도 보지 못한 것이라고 해야 한다. 몇 번의 선거에서 여론조사기관의 예측을 뒤엎었던 대중의 '지혜', 그리고 포퓰리즘을 비난하던 서울시장을 '디스'해 버린 대중의 거대한 웃음, 그리고 「나는 꼼수다」나 이런저런 음악 없는 '콘서트'에서 위로를 찾고자 했던 대중의 슬픔, 그리고 확고한 대선 주자를 곤혹스런 심연에 몰아넣은 '안철수 현상'이 그렇다. 통계적 예측을 웃으며 뒤집었던 지방선거에서 승리한 '민주당'만을 본다면 아무것도 보지 못한 것이듯이, 나꼼수 현상에서 앞에 선 사람만을 보고 안철수 현상에서 안철수라는 인물만을 본다면, 그 모든 특이한 현상을 야기한 가장 일차적이고 중심적인 것을 보지 못한 것이다. 안철수 현상에서조차 중요한 것은 안철수라는 인물이나 그의 견해 같은 게 아니라, 예상하지 못했던 뜻밖의 한 인물을 통해 다시금 열정과 분노의 출구를 찾아내고 그것을 새로운 기쁨의 감응으로 바꾸어 냄으로써 막힌 거리에서 못 찾았던 어떤 출구를 찾아낸 대중이란 흐름이다. 그런 대중의 지혜다.

하나 더 간단히 덧붙이자면, 2008년의 촛불시위든 이리저리 변형되며 출현한 2002년의 대중이든, **참가자들의 계급적 소속이나 기반을 추적하여 평가하는 것**은 대중이란 현상을 이해하는 가장 잘못된 방식이라는 점이다. 이미 앞에서도 말한 것처럼, 명확한 소속을 갖는 계급과 달리 대중은 그로부터 이탈하며 형성되고 소속을 지우면서 '하나의' 신체를 이루고 '하나처럼' 움직인다. 대중들이 제기하는 이슈나 그들이 쏠려 가는 지점은, 그 구성원의 계급적 성분에 의해서가 아니라 소속으로 귀속될 구성원을 **넘어서게 하는** 요인에 의해 결정되는 것이다.

이 새로운 양상의 대중에서 본질적인 것은 그것이 하나의 흐름이라는 사실이고, 그것의 '계급적 성격'은 흐름이 쏠려 가는 특이점에 의해 규정된다는 것이다. 그러한 특이점의 분포에 의해 그때마다 다른 특이성을 갖는 집합적 신체가 형성된다. 또한 이들 신체는 거대한 통신망에 의해 연결되어 '사고하는' 집합적 지성을 갖는다. 대중이야 본래 프랑스 혁명에서 그랬듯이 존재하는 한 언제나 '흐름'이었다고 해야 하지만, 지금은 통신망이 제공하는 흐름의 공간을 통해 **항상적으로** 존재하는 **잠재적 흐름**으로, 그래서 어떤 사건이나 촉발이 있으면 금세 현행화되어 벽을 넘어 범람해 버리는 존재가 되었다는 점에서 다르다고 해야 한다. 2008년의 촛불시위를 통해 지금 우리가 대면했고 또한 우리가 그 속에 속한 대중의 존재 양상에 대해 거친 초상화를 그려 보는 것은, 이 적지 않은 차이를 이해하는 데 중요할 것이라는 생각이다.

2. 2008년 5월 서울

이명박 정부 출범 2개월 만에 시작되어 4개월 가까이 지속된 촛불시위는 대중운동 발전의 새로운 양상을 아주 극명하게 보여 준다. 애초에 문제가 되었던 것은 미국산 쇠고기의 수입 문제였지만, 이후 교육 문제와 대운하, 의료 민영화, 공기업 민영화(사유화!) 등 모든 문제로 확대되었고, 급기야 이명박 대통령의 퇴진 내지 '독재 타도'를 외치는 지점에까지 이르렀다. 애당초 시위 대중의 70~80%가 놀랍게도 중고생이었지만, 노동자를 포함한 다른 세대로 확대되었고 소위 '386세대'의 참여가 크게 늘었다. 나아가 유모차에 아이를 끌고 나온 시민들, 옷이나 명품에 대한 쇼핑 정보를 나누는 인터넷카페까지 돈을 모아 정치광고를 하고 시위에 참여했다. 5천 내지 7천 명 정도에서 시작했지만, 6월 10일에는 50만이 넘는 사람이 모였고, 이후 증감이 수반되며 지속되다가 6월 말에는 다시 30~40만 명이라는 거대한 인원이 모였다. 대개 주말이면 집회가 진행되었지만, 7월 중순 정도까지는 일주일에 세 번 이상의 집회가 열렸다. 사실은 거의 매일 집회가 열리고 1만 명 이상의 사람들이 지속적으로 참여하는 형태로 진행된 셈이다.

시위의 양상은 초기에는 정해진 장소에 모여 촛불집회를 열고 자발적으로 나서서 발언·성토하는 정도에 그쳤지만, 조금 지나면서 차도를 포함하여 거리를 활보하며 청와대 주변을 배회하는 가두시위가 시작되었다. 그리고 곧이어 광화문네거리 인근을 점유하고는 새벽 4~6시까지 휘젓고 다니는 시위가 매번 이어졌다. 경찰들은 전경버스로, 때로는 컨테이너 박스로 거대한 바리케이트를 치고 그 뒤에 물러서서 대응했는데, 이는 바리케이트가 본래 경찰들로부터 방어하기 위해 시위대가 치던 것임을 안다면 매우 역설적인 사태였다고 할 수 있을 것이다.

경찰의 강경 진압이 시작된 6월 말, 그리고 시위대의 규모가 줄어든 7월 하순 이후에는 사태가 어느 정도 달라지기는 했지만, 시위대의 움직임은 대부분 '독재 타도'를 외치며 돌을 던지고 경찰과 대결하던 이전의 형태와 많이 달랐다. 집회는 시종일관 밝고 즐거운 분위기여서 전투적인 치열함과는 거리가 멀었다. 사람들은 분노했지만 그 분노는 결코 비장하지 않았으며, 정권에 대한 비판은 가볍고 유쾌했다. 5월 28일 촛불집회에서는 마치 무슨 연주회라도 온 양 발언자를 향해 "앵콜, 앵콜"을 외치는 일도 있었다. 경찰이 강제해산을 포기하고 버스-바리케이트 뒤에서 방어만 하고 있는 상황에서, 일종의 해방구를 만들어 공동의 집회나 행진이 끝난 뒤에는 무리 지어 토론이나 노래를 하기도 하고, 김밥을 먹거나 술을 마시며 노는 일종의 축제를 벌였다. 혹은 바리케이트를 무너뜨리기 위해 전경버스를 줄다리기하듯 끌어내는 '투쟁'이 빈번했지만, 그것조차 체육대회의 줄다리기 게임을 하는 듯한 분위기였다.

중고생에서부터 소위 '386세대'의 아줌마 아저씨들, 정장을 입은 직장인들, 심지어 시위에 그토록 무관심하던 대학생들이나 쇼핑동호회까지 너무도 이질적인 사람들이 한데 모여, 그 이질적인 면들이 사라지지 않은 채 서로 섞이며 하나의 흐름을 형성했다. 누구도 하나의 색깔, 하나의 방향으로 이들을 통합하는 것은 불가능했을 것이다. 시위를 조직하고 그 방향을 인도하는 조직된 지도부도 없었다. '대책회의' 같은 게 있긴 했지만, '지도부'라기보다는 일종의 '사회자'일 뿐이었다. 가두시위의 양상조차 이전과 아주 달랐다. 경찰과 전투적으로 대결하기보다는 경찰 앞에서 돌아서 버리고, 경찰 없는 곳으로 우회하며 행진한다. 행진하는 사람 자신도 어디로 어떻게 갈지 전혀 예측할 수 없었다. 시위대의 분위기도 이전처럼 전투적이지 않았고 마치 놀러 나온 사람들처럼 밝고 즐거웠다. 차도를 차지하여 행진하지만, 연인과 손을 잡고 여유 있게 놀멘놀멘 걷는 이들이 많았다. '벽'을 만들며 막아선 경찰들이나 메가폰을 들고 해산을 종용하는 경찰들에겐 "노래해, 노래해"라든가 "개인기, 개인기"라고 합창하며 웃기는 놀이로 대응하기도 했다.

이처럼 '촛불시위'에서 대중운동의 양상은 이전의 대중운동과 확연히 달랐다. 그래서 대중운동을 항상 생각하고 살던 사람들조차 초반에는 이런 대중에 대해 당혹스러워 했던 것 같다. 아마도 그들이 생각하는 대중이란 변혁을 꿈꾸는 계급적 대중 내지 민중적 대중이기에, "계급적 기반 없이 갑자기 모여든", 진지하다고 하기엔 너무 가벼워 보이는 이 대중이, 어떤 조직적 기반도 없이 갑자기 쉽게 모이고 어떤 조직에도 쉽게 지도되지 않는 이 대중이 쉽게 이해되지 않았던 것일 게다. 그런데 이런 모습이 처음으로 나타난 것은 아니다. 이미 2002년에 대중들은 월드컵의 응원 대중이 되었다가, 조금 뒤엔 미군 장갑차에 치여 죽은 여중생 추모

시위 대중이 되었으며, 그리고 또 조금 뒤엔 대통령선거에서 노무현 후보를 지지하는 선거 대중이 되는 등 아주 다른 양상으로 급속하게 바뀌며 흘러갔다. 계급적 성격의 일관성은 물론, 진보와 보수의 일관성마저 없어 보일 정도로 급속하게 변화하며 움직이는 이러한 양상을 어떻게 이해할 것인가?

이 새로운 양상의 대중을 흔히 말하듯이 네그리와 하트가 말하는 '다중'(multitude)이라고 불러야 할까? 그러나 그들이 말하는 '다중'은 한편으로는 모든 성분이 뒤섞여 회색의 무차별적 집단이 되는 '대중'과 대비되는 개념이며, 또한 다양한 생산의 주체를 포함하는 개방적 존재란 점에서 '계급'과 대비되는 개념이고, 무수한 내적 차이로 구성되어 있다는 점에서 하나의 통일성을 갖는 '민중'과 대비되는 개념이다. 그리고 무엇보다도 '제국'이라고 불리는 주권 아래 생존하고 있는 일상적인 '시민' 전체를 지칭하는 개념이다. 즉 일상적인 상태에서 정치적·경제적으로 조직되어 살아가는 '제국의 주민' 전체를 지칭하는 일반적 개념이다.[3] 따라서 이는 항상적이지만 일상적이라곤 할 수 없으며, 특정한 사안과 상황에 의해 그때마다 다르게 가시화되는 이때의 시위 대중을 이해하는 데는 그다지 적절해 보이지 않는다.

대중이란 주어진 구분선을 범람하며 만들어지는 하나의 흐름이다. 때로는 분노가, 때로는 열광이나 기쁨이 다양한 경로로 전염되면서 만들어지는 흐름. 머물 광장이 있으면 머물고, 길이 있으면 흘러가고 벽(경찰!)이 있으면 우회하거나 흘러넘치고, 거스르며 덤비면 싸우며 돌파하는 흐름, 그것이 대중이다. 대중이 '무차별적'으로 보이는 것은 대중이란

---

3) 안토니오 네그리·마이클 하트, 『다중』, 조정환·정남영·서창현 옮김, 세종서적, 2008, 18~20쪽.

주어진 일상적 지위나 소속, 신원이나 이름에서 이탈하며 만들어지는 하나의 흐름이기 때문이다. 소속의 차이, 지위의 차이, 이름의 차이들이 지워지며 합류하여 형성되는 '하나의' 흐름, 기존의 소속이나 자리에서 이탈한 것들이 모이며 만들어지는 '하나의 집합체'란 점에서, 대중이란 "모든 차이가 지워진 무차별적 집합체"라고 해도 좋을 것이다. 그들은 모방이나 전염의 형태로 '하나의' 생각이나 감정을 공유하며, 현행적 활동을 통해 구성되는 그런 공동성[4]을 통해 반복하여 다시 모인다. 물론 '하나처럼' 움직이고 '하나처럼' 행동하지만, 그 '하나'란 그것을 구성하는 상이한 성분들이 모여서 '하나처럼' 작동하는 양상을 지칭한다. 하나의 결과를 산출하는 특이점들의 집합이 하나의 특이성/단수성(singularity)을 형성하듯이.

이는 지위와 소속에 의해 정의되는 계급이나 '신분'(학생, 직장인, 주부 등)과 다르다. 개인은 자신이 속한 지위나 소속에서 벗어나는 방식으로 대중이 된다. 중고생과 소위 '386세대', 그리고 쇼핑동호회처럼 너무도 이질적인 사람들이, 동질화되었다고는 할 수 없지만 적어도 애초에 서 있던 자리에서 이탈하지 않고선, 자신의 '고유성'(property)을 상실하지 않고선, 하나로 묶이며 행동하는 게 불가능하기 때문이다. 물론 사태의 진행에 따라 그들 각각이 움직이는 양상은 달라지겠지만, 그렇다고 예전의 분류에 따라 움직이지는 않을 것이다. 대중이라는 흐름에 들어서서 움직이기 시작한 순간, 그들 각각을 묶어 주던 이전의 공통성들은 사라지고 대중으로서 새로이 경험하는 공동성이 그들의 특이성에 새로운 위상을

---

4) 공동성은 공통된 성질을 뜻하는 '공통성'이 아니다. 이에 대해서는 이진경, 「코뮨주의에서 공동성과 특이성」, 『코뮨주의: 공동성과 평등성의 존재론』, 그린비, 2010, 2장 참조.

부여하고 그들에게 이전과 다른 특이적 지위를 분배하게 될 것이다.

애초의 자리에서 이탈하여 참여하는 것은 원래 집단의 경계를 유지하면서였겠지만, 대중의 흐름 안에서 움직이거나 떨어져 나가는 것은 아마도 각각 다르게일 것이다. 대중 안에서의 경험이 그들을 그렇게 바꿔놓는 것이다. '다중'의 색채를 구성하는 각자의 고유성을 흐름으로서의 대중의 '공동성'(commun-ity)이 초과하는 것이다. 네그리와 하트에게 대중이 회색의 무차별적 집단으로 보이는 것은 이 때문일 것이다. 그러나 흐름은 하나지만 결코 하나라고 할 수 없는 이질성을 포함한다. 애초의 주어진 자리를 이탈했지만 그와 무관하지 않은 특이성(singularity)이 하나의 특이점으로서 무리들을 형성하고, 그것은 다른 특이점들과 마주치고 만나며 새로운 대중의 특이성을 형성한다. 그리고 그 특이점들조차 조건과 사안에 따라 새로운 양상으로 이합집산하며 다른 특이성들을 구성한다. 산만해 보일 정도로 다양한 방향으로 향하는 것도 이 때문이다.

그러나 대중은 지금에 와서 흐름이 된 것은 아니다. 대중은 그 탄생의 시기부터 하나의 흐름으로서 존재했다. 지금 다른 것은 '흐름의 경제'를 축으로 하는 현금의 자본주의로 인해서 거대한 '흐름의 공간'이 형성되었고, 이로 인해 대중이 흐름으로 형성되는 것이 매우 용이하게 되었다는 사실이다. 나아가 이전에는 혁명적 시기에만 가시적인 흐름으로 출현할 수 있었던 것에 반해, 지금은 흐름의 공간을 통해 개개인이 일상적으로 연결되어 있으며, 그로 인해 예전과는 비교할 수 없을 정도로 쉽게 출현하고 쉽게 움직이게 되었다. 또한 '혁명적 정세'라고 하기 어려운 시기에, 뜻하지 않은 곳에서, 예상치 못한 방식으로 움직이는 흐름으로 존재하고 있다는 점 또한 이전과 크게 달라진 것이라고 해야 할 것이다.

이것이 대중운동의 양상을 크게 변화시켰다. 가령 비장함보다는 가벼움이, 전투성보다는 유머가 두드러진 것은, 물론 일차적으로는 비극적 사건에 의해 시작된 게 아니라는 점, 다음으로 대중의 '적'인 대통령이 어떤 각오나 결단을 요구하는 두려움의 대상이라기보다는 경멸과 조소의 대상이라는 점에 기인하는 것이겠지만, 흐름의 공간이 일상에 너무 가까이 접해 있고 대중집회가 너무도 쉽게 이루어진다는 점과 무관하지 않을 것이다. 대중운동의 조건이 크게 달라진 것이다. 대중에게 다가가기 위한 통로뿐 아니라 대중이 움직이는 방식도 크게 달라진 것이다. 광야에 들불을 놓는 하나의 가열찬 '불꽃'(이스크라!)이 아니라, 중고등학생의 손에 들린 '촛불'이 새로운 대중운동의 상징이 되고 있다. 이러한 변화를 깊이 이해하지 못한다면, 운동을 이끌어가기는커녕 운동의 뒤를 따라가기도 힘들지 모른다.

이 대중이라는 현상을 이해하기 위해서는 지금 생산과 유통은 물론 정보와 지식의 흐름, 그리고 대중의 흐름을 연결하고 있는 '흐름의 공간'에 대해, 그것을 통해 작동하는 '흐름의 경제'에 대해 이해해야 한다. 하지만 좀더 거슬러 올라가 대중이 하나의 흐름으로서 탄생하게 되는 지점을 자본의 운동 방식의 변화와 결부하여 검토하는 것이 좋을 것 같다.

3. 노동력의 흐름과 대중의 흐름

대중이 하나의 흐름으로서 출현한 것은 근대적 노동력의 출현과 결부되어 있다. 중세적 조건에서 노동력은 토지에 부속되어 있었고, 신분적인 코드에 매여 있었다. 토지와 신분의 '이중구속'에서 노동력을 이탈하게 한 것은 맑스가 지적한 것처럼 소위 '본원적 축적'에 의해서였다. 영국의 경우 엔클로저 운동이 진행됨에 따라 토지로부터 분리된 '자유로운' 노동력, 다시 말해 '탈영토화된' 노동력이 산출되었다. 그러나 그것은 어느 경우든 자본의 흡수 능력을 크게 초과하기 마련이고, 이는 나라마다 다르긴 하지만 대개 부랑하거나 유랑할 수밖에 없는 빈민들, 부랑자들을 양산했다. 영국의 경우에는 이 '사회적 해충'들의 이동으로 인해 야기되는 불안정과 공포를 처리하기 위해 부랑을 금지하는 끔찍한 '빈민법'을 만들었고,[5] 프랑스의 경우에는 파리 시민 100명당 1명꼴로 감옥에 가둔 '대감금'으로 대처했다.[6] 당시의 자본이나 국가는 그 정도의 이동을 감당할 능력을 아직 갖지 못했던 것이다. 이로 인해 이동의 흐름은 절단되어 개별적 및 제한적으로 자본에 흡수될 수 있었다.

　이 시기에도 맹아적 형태의 '자본'은 있었지만, 그것은 근본적으로 **코드의 경제**에 기초하고 있었다. 우선 상인자본의 경우 도시 간에 행해지는 교역을 통해 이윤을 얻었다. 흔히 '원격지 교역'이라고 불리는, 도시들의 네트워크를 통해 이루어진 이러한 교역에서 자본이 잉여가치를 얻는 가장 일반적인 방법은 지역마다 상이한 상품들의 '사용가치'의 차이를 이용하는 것이었다. 원격지 교역을 해서 얻는 이득, 혹은 좀더 일반화해서 도시 간 교역을 통해 얻는 이윤은 상품의 사용가치를 규정하는 하나의 코드 체계에서 다른 코드 체계로 상품을 이전시켜 그 코드를 바꿈으로써 얻는 잉여가치다. 가령 소의 뼈나 내장은 그것을 먹지 않는 미국에선 쓰레기로 버려지지만, 그것을 한국에 들여오면 상당한 가격에 팔 수 있게 된다. 이는 상품 사용의 코드 체계의 차이를 이용하여, 즉 다른 코드 체계 속으로 상품을 이전시켜 얻는 잉여가치다. 즉 상품의 코드 변환을

---

5) 칼 마르크스, 『자본론 I』 하권, 제2개역판, 김수행 옮김, 비봉출판사, 2001, 1009쪽 이하.
6) 미셸 푸코, 『광기의 역사』, 이규현 옮김, 나남출판, 2003, 117쪽.

통해 얻어지는 잉여가치다. 이를 '코드 변환의 잉여가치'라고 부르자. 이것이 도시 간 교역을 통해 상인들이 거대한 이윤을 얻어 부를 집적할 수 있었던 원천이었다. 이는 각각의 지역에 존재하는 상품화의 코드를 이용하는 것이라는 점에서 '코드의 잉여가치'에 속한다.[7] 다음으로, 수공업이나 매뉴팩처의 경우에도 코드의 잉여가치를 영유했다. 거기에서 작업은 장인이나 도제에 의해 장인적인 방식으로 행해졌고, 노동 자체는 장인적인 기예(art)에 의해 '비기'(秘技)란 형태로 '코드화'(coding)되어 있었다.

이처럼 코드화된 생산, 코드화된 교역에 기초한 경제를 '코드의 경제'라고 부르기로 하자. 코드의 경제는 코드화/코드변환을 통해 작동하고, 이로써 발생하는 잉여가치를 통해 작동한다. 탈영토화를 제한하는 것조차 법이나 규칙 같은 코드적 규칙에 따라 이루어졌으며, 코드화의 범위 안에 제약되어 있었다. 여기서 대중들이 탈코드화되는 것은 '도망'이라는 형식으로만 가능했고, 대중들이 탈영토화되는 것은 전쟁이나 순례라는 재영토화의 형식으로만 가능했다. 따라서 '본원적 축적'을 통해 토지로부터 탈영토화되고 신분에서 탈코드화된 대중이 형성되었고, 이들의 탈영토화를 저지할 순 없었지만, 그것은 주로 걸식이나 부랑이라는 '비정상적'이고 '범죄적인' 형태로만 진행되었다. 통제되고 제한되지 않은 형태로는 어떤 탈코드화·탈영토화된 흐름도 허용할 수 없는 것, 그것이 코드의 경제가 갖는 또 다른 특징이다.

---

7) '코드의 잉여가치'와 뒤에 언급할 '흐름의 잉여가치'라는 개념은 원래 들뢰즈와 가타리가 사용했던 것이지만, 개념적 의미는 동일하지 않다. 그들이 말하는 주 개념에 대해서는 Gilles Deleuze and Félix Guattari, *Anti-Oedipus*, trans. Robert Hurley et al., University of Minnesota Press, 1983, p.228; 질 들뢰즈·펠릭스 가타리, 『천의 고원』 2권, 이진경 외 옮김, 연구공간 너머 자료실, 2000, 238~240쪽 참조.

산업혁명은 사태를 근본적으로 바꾸어 놓았다. 산업혁명은 기계의 발명을 넘어서 이러한 노동을 기계적인 단순한 동작들로 분할함으로써 장인적 기예로부터 '탈코드화'(decoding)했다. 이로 인해 제대로 된 노동을 위해 7년이 아니라 7시간이면 충분하게 되었다. 즉 별다른 숙련 없이 누구나 노동자가 될 수 있게 된 것이고, 한 사람이 그만두면 그것을 대신할 사람들이 항상 대기하는 사태로 변화되었다. 이로써 노동력은 탈영토화된 생산자들이 거대하게 존재함에도 불구하고 여전히 개별적으로 존재하고 선별되던 이전과 달리, 언제 어디서나 특정한 노동자에 의존하지 않는, 얼마든지 대체 가능한 노동력의 흐름이 창출된 것이다.

그 결과 노동시간은 이전에 비해 극도로 증가했고, 노동의 강도나 생산성 역시 비할 수 없이 증가했다. 전례 없이 증가된 이 절대적 및 상대적 잉여가치의 착취는 이처럼 노동력을 하나의 흐름으로 만들어 냄으로써 개별 노동력이 아니라 **노동력의 흐름 자체**를 착취할 수 있게 되었다는 점에 기인한다. 코드화된 노동의 산물을 판매하여 잉여가치를 획득하는 게 아니라, 흐름으로서의 노동력이란 상품을 구매하여 생산하는 것으로 잉여가치를 획득하게 된다. **흐름의 잉여가치가 코드의 잉여가치를 대신하게 된 것이다.** 얼마든지 대체 가능한 노동력이 있기에 임금을 낮추거나 노동시간을 늘리는 것이 생물학적 한계치까지 가능하게 되었고, 노동과정의 주도권이 기계를 장악한 자본가의 손에 넘어갔기 때문에, 노동방식에 대한 통제, 생산의 통제권을 자본가가 장악하게 된다. 맑스가 '자본에 의한 노동의 실질적 포섭'이라고 명명한 사태는 이러한 일련의 사건들의 결과다.[8] 산업혁명 이후 노동시간이 전례 없이 늘어나고 노동강도가 증가한 것은 이를 단적으로 보여 준다.

그러나 이러한 변화는 그보다 앞서 진행된 일련의 사태 속에서만 가능했던 것이다. 그것은 도시의 자본과 대비되는 영토국가의 새로운 헤게모니와 결부되어 있었다. 17세기를 전후해 영국, 프랑스, 스페인은 봉건 영주들에 의해 분할된 동시에 도시들의 네트워크에 의해 국지적으로 점거되어 있는 자국 영토에 대해 통일적인 지배를 수립하고자 하게 된다. 이를 위해 도시적 교역의 네트워크에 주어졌던 면세조치를 철회하고 자국 내부의 상인들을 보호하고 타국의 상인들을 배제하면서 도시 간의 '국제적' 네트워크를 절단하려 하는 한편, 전국적 범위에서 시장이나 교역을 만들어 내기 위해 도로 등을 비롯한 교통 및 유통의 체계를 수립했다.[9] 이러한 체제가 수립된 곳에 관한 한 도시들의 네트워크는 절단되고 무력화되며, 자본이나 상품의 흐름은 영토적인 방식의 새로운 회로를 구성하게 된다. 그리고 자본의 흐름에서 배제되어 있던 도시 외부의 지역들은 구석진 외지까지 포함하여 이 전국적 범위의 경제권 안에 포함되게 되고 자본의 운동에 포섭되게 된다. 18세기 말엽에 새로이 출현한 기술이나 생산체제는 이런 전국적 시장, 전국적 경제권을 조건으로 하여 비로소 '산업혁명'이 될 수 있었다.[10] 자본이 자신의 직접적 관할 범위를 넘어서 사회 전반에 규정적인 영향력을 행사하게 된 것은, 그리하여 '자본주의'라고 불리는 하나의 사회구성체가 된 것은 국민적 범위의 영토국가와의 결합을 통해서였다.

　　이러한 변화를 우리는 코드의 경제에서 **공간의 경제**로의 전환으로

8) 칼 마르크스, 『자본론 I』 하권, 제2개역판, 529쪽 이하; 칼 마르크스, 「직접적 생산과정의 제결과」, 김호균 편역, 『경제학 노트』, 이론과실천, 1988, 2부 참조.
9) 칼 폴라니, 『거대한 전환』, 홍기빈 옮김, 길, 2009, 225~226쪽.
10) 페르낭 브로델, 『물질문명과 자본주의 III: 세계의 시간』 상권, 주경철 옮김, 까치, 1997, 410~413쪽 참조.

이해할 수 있을 것이다. 자본의 흐름이나 교역의 흐름은 코드를 달리하는 상이한 두 지역을 연결하여 그 코드 체계의 차이를 이용하는 것이 아니라 전국적 시장이라는 국민적 공간으로 이동하며, 국민국가가 제공하는 보호막을 이용하여 다른 국적의 자본가들에 대해 특권적인 지위를 확보하는 방식으로 이루어진다. 공간의 내부와 외부를 강력하게 분절하여 보호벽 내지 장애물을 만들고, 자국 영토 내부에 대해서는 봉건적 형태든 도시적 형태든 특권적 구획을 제거하고 전국적인 교통·통신망을 만들어 이동을 가로막는 장애물을 제거함으로써 국민국가 내지 영토국가는 자본의 흐름은 물론 경제적 활동 전반을 분절하는 공간적 단위가 된다. '국민경제', '민족자본'이라는 관념이 탄생하는 것은 이러한 사태를 단적으로 보여 준다. 자본에 국적이 생긴 것이고, 국적 내지 국경을 이용하여 증식하는 체제가 성립된 것이다. 이 경우 나라 간, 지역 간 코드 체계의 차이를 이용하여 증식하는 게 아니라, 국지적인 코드의 차이가 소멸하거나 '평균화'되는 전국화된 공간 안에서 새로운 잉여가치의 원천을 찾아내야 한다. 산업혁명을 통해 형성된 탈코드화된 노동력, 얼마든지 대체 가능한 노동력의 흐름이 그것이었다.

노동력의 흐름과 구별되는 대중의 흐름이 범죄나 도망과 같은 추방적 형태가 아니라 정치적 행위의 주체를 만들어 내는 긍정적 형태로 형성된 것은 공간의 경제라고 명명된 이 시기의 또 하나의 중요한 사실이다. 폴 비릴리오의 말처럼 프랑스 혁명이 이동의 권리를 위한 투쟁이었는지는[11] 모르지만, 적어도 그것이 노동력의 자유로운 이동과는 다른 차원에서, 새로운 이동의 흐름이 정치적인 존재로 부상하도록 만드는 계기가

---

11) 폴 비릴리오, 『속도와 정치』, 이재원 옮김, 그린비, 2004, 90~92쪽.

되었다는 점은 분명하다. 프랑스 혁명은 다양한 제한의 조건들을 범람하고 혁파하면서 흘러넘치는 '대중'이라는 흐름이 형성되는 결정적인 계기가 되었다. 이는 아마 대중이 하나의 정치적 세력으로 작용하기 시작했던 영국혁명의 경우에 대해서도 마찬가지로 말해야 할 것이다. 즉 산업혁명이 농촌에서 도시로, 이 공장에서 저 공장으로 이동하는 노동력의 흐름을 만들었다면, 사회혁명은 제한의 조건들을 혁파하며 흘러넘치는 대중의 흐름을 만들었던 것이다. 노동력의 흐름과 대중의 흐름, 이 두 개의 흐름이 이후 근대 세계의 '일차적인 과정'을 형성한다.

그런데 노동력의 흐름과 대중의 흐름이 겹쳐지고 포개지는 한, 노동력의 흐름을 그대로 방치한다는 것은 정치적인 전복의 위험을 자초하는 것이 될 수 있다. 흐름 자체를 통제하고 포섭하지 못하는 한, 노동력의 흐름이 자본에 반하는 대중의 흐름으로 전환되는 것을 막을 수 없기 때문이다. '공장'이라는 19세기적 장치의 발명에서 우리는 노동력의 흐름 자체를 적절하게 절단하고 통제하기 위한 일반적 수단을 발견한다.[12] 더불어 노동자의 신체를 공장에서 요구하는 노동의 흐름에 맞추기 위한 근대적 훈육의 체제가 수립된다.[13]

그러나 대중의 흐름은 노동력의 흐름과 동일한 절단과 분절의 양상을 갖지 않는다. 가령 그것은 공장 바깥에서, 길거리나 선술집에서, 혹은 모임이나 집회의 장소에서도 조건만 갖추어지면 얼마든지 형성될 수 있는 것이다. 19세기 내내 끊임없이 발생했던 프랑스 혁명은 이것이 단지 추상적 가능성이 아니라 현실적 잠재성임을 보여 주었다.[14]

---

12) 칼 마르크스, 『자본론 I』 하권, 제2개역판, 562~573쪽.
13) 미셸 푸코, 『감시와 처벌』, 오생근 옮김, 나남출판, 2004, 213~266쪽.

4. 흐름의 경제와 흐름의 공간

20세기 후반에 서서히 준비되기 시작하여 20세기 말에 이르러 본격적으
로 가동되기 시작한 이른바 '정보통신혁명' 내지 '디지털혁명'은 이전에
비해 삶이나 생산의 이동성, 자본 및 노동력의 이동성이 비할 수 없이 빨
라진 새로운 양상의 자본주의 경제 유형을 추동한다. 이를 우리는 '흐름
의 경제'라고 명명할 것이다.

흐름의 경제는 일차적으로 또 한 번의 산업혁명을 통해 가능하게 된
다. 이는 '정보통신혁명', '극소전자혁명' 등의 다양한 이름으로 불리는데,
1970년대부터 서서히 가시화되어 1980년대 후반 이후 본격화된다. 아마
도 '자동화'와 '정보화'가 이 산업혁명을 요약해 주는 단어일 것이다. 이
전의 산업혁명이 기계를 통해 육체노동을 기계화했다면, 컴퓨터와 마이
크로프로세서의 광범위한 사용을 통한 새로운 기술은 정신노동을 기계
화한다. 또 포드주의에서 일반화한 어셈블리 라인이 분업화된 육체노동
의 결합을 기계화했다면, 디지털이란 표현 형식과 인터넷으로 표상되는
새로운 통신 공간은 정신노동을 포함한 모든 종류의 결합노동을 기계화
했다. 자동화를 육체노동의 기계화와 결합노동의 기계화의 합으로 요약
할 수 있다면, 정보화란 정신노동의 기계화와 결합노동의 기계화의 합이
라고 요약할 수 있을 것이다.[15]

---

14) 이러한 위험에 대처하기 위해 19세기 후반 부르주아지는 가족을 새로운 통치의 수단으로 사
   용하는 전략을 발명한다(Jacques Donzelot, *The Policing of Families*, trans. Robert Hurley,
   Pantheon Books, 1979, p.55). 가족의 삶을 책임져야 할 의무를 가장에게 부과하면서 동시에 자
   신의 모든 능력을 가족을 위해 바치라는 가족주의적 욕망을 생산하는 가족주의 전략이 그것
   이다(이진경, 『근대적 주거공간의 탄생』, 개정판, 그린비, 2007, 424~431쪽).

여기서 정신노동의 기계화는 개인의 지적 능력의 제한을 넘어서 정신노동을 인공두뇌학적으로 탈코드화했다. 이전에 산업혁명이 육체노동을 기계론적(mechanical)으로 탈코드화함으로써 노동력을 대체 가능한 하나의 흐름으로 변환시켰듯이, 정신노동의 탈코드화는 모든 종류의 정신노동을 대체 가능한 하나의 흐름으로 변환시켰다. 더불어 디지털이라는 형식은 모든 종류의 정신적 프로세스를 하나로 결합할 수 있는 일반적 표현 형식을 제공했고, 이를 전송하는 네트워크와 통신 공간은 다양한 종류의 정신노동이 이동하고 결합될 수 있는 공간을 제공했다. 이를 통해 정신노동, 아니 정신적 활동 일반이 실제로 하나의 흐름으로 흘러다니고 채취되어 결합되며 영유될 수 있는 실질적인 '흐름의 공간'이 만들어진 것이다.[16]

이로써 한편으로는 여러 나라나 멀리 떨어진 지역에서 행해지는 작업이 하나의 프로세스로 연결될 수 있는 가능성이 확대된다. 가령 도요타 자동차의 경우 태국에서 디젤엔진이나 전기장치를, 필리핀에서 트랜스미션을, 말레이시아에서 조향장치 부품을, 인도네시아에서 가솔린엔진과 금형부품을 만들어 자동차를 생산해 낸다.[17] 생산된 것이 전지구적 규모에서 판매되는 게 아니라 생산 자체가 전지구적 규모에서 진행되고 있는 것이다. 따라서 이제 잉여가치의 착취에서 네트워크로 연결된 흐름의 공간이 매우 결정적인 지위를 갖게 된다. 네트워크 없는 착취, 흐름의 공

---

15) 이에 대해서는 이진경, 「노동의 기계적 포섭과 기계적 잉여가치 개념에 관하여」, 『미-래의 맑스주의』, 그린비, 2006 참조.
16) '흐름의 공간'은 원래 카스텔이 사용한 개념이다(마누엘 카스텔, 『네트워크 사회의 도래』, 김묵한 외 옮김, 한울, 2003, 494~505쪽). 그러나 여기서는 그가 사용하는 개념을 그대로 따르지 않았다.
17) 프랑수아 셰네, 『자본의 세계화』, 서익진 옮김, 한울, 2003, 147쪽.

간 없는 생산이나 유통은 생각할 수 없게 되었다. 흐름의 공간은 생산, 유통, 소비 등 자본의 활동 전반에 걸쳐 필수적인 '하부구조'가 되었다. 자본은 이번에도 흐름을 저지하는 것이 아니라 가속화하면서 생산하고 착취한다.

더불어 이는 흐름의 공간이 고용된 노동력만이 아니라 고용과 무관한 대중들의 활동을 연결하는 기능을 할 때에만 가능하다. 즉 흐름의 공간은 구매와 소비는 물론 대중의 일상적인 활동을 연결하는 기능을 해야한다. 이제 대중은 흐름의 공간을 구성하는 네트워크와 결합되어 존재하고 활동하게 되며, 이를 위해 일상적 대중을 하나로 연결하는 네트워크의 발전이 더욱더 중요하게 된다. 전지구적 규모에서 다양한 활동을 접속 가능하게 해주는 네트워크의 발전은 그것을 통해 접속 가능한 범위로 대중의 외연을 확장한다. 시애틀 투쟁을 통해서 명확하게 가시화된 전지구적 대중의 흐름은 이제 대중의 외연이 국민국가라는 공간에 한정되지 않게 되었음을 보여 준다. 멕시코 치아파스 정글에서 벌어지는 사파티스타의 투쟁에 전 세계의 대중들이 동조하고 지지를 보내며, 그들의 투쟁에 동참하기 위해 대륙 간 연대회의를 개최하는 상황, 그리고 가령 다보스 포럼이나 G8 등 자본가나 국가의 전지구적 연합에 대항하여 벌어지는 전지구적 시위와 투쟁이 일반화된 상황이 이를 잘 보여 준다. 다른 한편 인터넷을 비롯한 정보망이 일상의 삶 내부로 깊숙이 침투함에 따라 대중의 개별적 활동이 다른 사람들과 접속하여 대중적 흐름을 형성하기 쉽게 된다. 대중의 흐름이 일상화되고 전에 없이 가속화된다. 정보적 네트워크는 생산이나 착취를 위한 네트워크를 제공할 뿐 아니라 대중의 활동을 위한 네트워크를 제공한다.

5. 흐름의 공간과 대중의 변환

흐름의 경제는 흐름의 공간을 통해 작동한다. 그 흐름의 공간을 통해 생산과 유통은 전지구화되었고 자본과 정보는 빛의 속도로 이동한다. 동시에 대중 또한 그 흐름의 공간에 일상적으로 접속하고 그것을 통해 정보와 지식, 감정과 판단을 공유한다. 매체의 발행을 장악한 지배계급이 여론이란 형식으로 제공하는 것을 받아들이는 게 아니라 대중 자신의 의견과 의사가 모이고 전염되는 방식으로 집합적인 지식과 판단의 흐름이 형성된다. 한 곳에서 발생한 사건은 빛의 속도로 전파되고, 한 곳에서 찍은 동영상이 모든 곳으로 확산된다. 이는 대중의 존재 방식이나 형성 방식, 행동 방식 모두에 아주 지대한 변화를 야기하고 있다.

1) 대중의 흐름

대중이란 주어진 자리에서 벗어나는 이탈의 벡터에 의해 미분적으로 정의된다. 이러한 이탈의 벡터에 의해 추동된 각각의 움직임이 하나의 흐름을 형성할 때 대중은 현행적인 존재로서 드러나게 된다. 이런 점에서 대중은 하나의 상황 속에 '존재'하는 것으로 포착될 때조차도 항상-이미 이탈의 벡터를, 하나의 흐름으로 모아 가는 움직임과 이동의 벡터를 그 본질로 한다. 정지된 대중, 하나의 상황에 귀속된 대중은 없다. 동시에 대중은 주어진 위치와 자리에서 벗어나는 데서 정의되는 만큼, 정해진 자리, 정해진 부분/몫에 머물지 않는다. 그런 점에서 대중은 하나의 상황에 소속되어 있으면서 포함되어 있는 '정규적인' 주민(population)이나 국민과도 다르고, 상황의 상태에 포함된 존재인 계급과도 다르다. 그것은 소속과 포함을 교차시킨 바디우 식 분류를 따라 정규나 돌출, 특이라는 범주에 집어넣을 수 있는 것이 아니다.[18] 대중은 소속되어 있지만 소속되어 있지 않은 존재고, 포함되어 있지만 포함되어 있지 않은 존재다.[19] 대중은 모든 상황을 가로지르는 흐름이고, 모든 소속에서 이탈하는 횡단이며, 모든 부분집합들을 흘러넘치는 범람이다.[20]

공간의 경제가 지배적이던 19세기, 인쇄물과 신문이 국경이라는 공간 안에 존재하는 사람들을 하나의 '국민'으로 만들고, 그 공간을 자본주의로 만들던 19세기[21]에 대중은 인쇄매체를 통해서 형성된 '여론'의 헤게모니 아래 일방적으로 주어지는 정보와 판단을 공유했었고, 이런 식으로 이른바 '공중'(public)이라는 형식 아래 포섭되며 해소되는 경우가 많았다.[22] 공중이란 가브리엘 타르드의 말을 빌리면 '앉아서 신문을 읽는, 흩어져 있는 청중들'에 지나지 않기에,[23] 직접적인 행동은 하지 않는다. 다만 특정 사안에 대해 '들은 얘기'를 말하면서 미디어를 통해 말해지고 쓰여진 것을 확산시키며 동일화할 뿐이다. 대중이 가시적인 형상으로 나타나는 것은 이러한 여론의 벽을 넘고 '공중'이란 물을 건너서 거리로 나

---

18) 알랭 바디우에 따르면 소속되어 있으면서 또한 포함되어 있는 것이 '정규', 소속되어 있지 않지만 포함되어 있는 것이 '돌출', 소속되어 있지만 포함되어 있지 않은 것이 '특이'다. 이에 대해서는 이진경, 『불온한 것들의 존재론』, 휴머니스트, 2011, 303~315쪽 참조.

19) 바디우의 이런 분류법은 집합론에 고유한 점적인 사유를 공유하고 있다. 집합론은 점과 점의 일대일 대응을 기본적인 셈법으로 삼는다. 이로 인해 하나의 선분과 무한한 직선이 동일한 농도를 갖는 것으로 계산된다. 그러나 대중은 운동을 본질로 하며, 이미 제논이 보여 준 것처럼 점적인 사유를 해결할 수 없는 역설을 야기한다. 대중이 흐름이라는 것은 점적인 사유로는 대중을 적절하게 포착할 수 없음을 함축한다. 점적인 사유와 대비되는 의미에서 '선적인 사유'가, 좀더 정확하게는 흐름의 사유가 필요한 것이다.

20) 이런 점에서 대중은 조직되어 있고, 조직적으로 움직이는 몰적 집합체인 군중(crowd)과 다르다. 이에 대해서는 이 책의 1장 참조.

21) 베네딕트 앤더슨, 『상상의 공동체』, 윤형숙 옮김, 나남, 2002.

22) 위르겐 하버마스, 『공론장의 구조변동』, 한승완 옮김, 나남, 2001.

23) ガブリエル タルド, 『世論と群集』, 稲葉三千男 譯, 未來社, 1964, 13쪽, 36쪽.

설 정도의 특별한 경우가 아니면 불가능했다. 그러한 특정한 사안에 한해서 대중은 직접적인 결집과 접촉을 통해서만 물질적 실체로서의 흐름을 형성할 수 있었다.

이런 점에서 대중은 무엇보다 우선 '신체적' 성격을 갖는다. 타르드는 이런 점에서 본질적으로 신체적인 성격을 갖는 무리(foules)와 '정신적' 성격을 갖는 공중을 대비한 적이 있다. 즉 공중이 신문이나 인쇄매체에 의해 정신적으로 동질화된 집단으로, "육체적으로는 분리되고 심리적으로만 결합되어 있는 개인들의 산란분포"라면, 무리란 "본질적으로 신체의 접촉에 의해 야기되는 심리적 전염을 통해 결속되는" 집단이고, 이런 점에서 '동물적'이다.[24] 대중이란 이런 무리들로 이루어진다. 따라서 대중 역시 신체적 성격을 갖는다.

대중이 신체적 성격을 갖는다는 것은 한편으로는 대중이란 결국 신체적 운동으로, 다시 말해 신체적 행동으로 귀착됨을 뜻한다. 이 점에서 대개는 듣고 말하는 것으로 끝나는 공중과는 확실히 다르다. 물론 공중역시 흥분의 정도가 높아지면 신체적 행동으로 나서게 되며, 적대적 관계속에서 대립하게 될 경우에도 그렇게 된다.[25] 이런 경우는 공중이 무리로, 결국은 대중으로 전환되는 것이라고 할 수 있는데, 이는 역으로 무리나 대중이란 신체적인 행동을 결정적인 성분으로 갖고 있음을 보여 준다. 그렇기에 타르드의 말과는 다른 의미에서, 무리나 대중은 '동물적'이다.

---

24) 같은 책, 12~13쪽. 전자는 신문 등을 통해 형성되는 여론에 의식하지 못한 채 설득되어 동질화되는데, 이로 인해 다수파나 엘리트의 판단에 동조하려고 노력한다(13쪽). 반면 후자는 유사성에 의해 눈사람처럼 증식하는데(24쪽), 공중은 신문의 필자에 의해 능숙하게 조종되기 쉬운 반면 무리는 공중만큼 동질성을 갖지는 않으며, 부화뇌동하는 기분으로 흡수·동화되며 불어나지만 얼마 후면 각자 흩어져 하나의 방향으로 인도하기 어렵다(27쪽).
25) 같은 책, 23쪽.

왜냐하면 동물이란 신체를 움직이는 것에 의해 정의되는 생물이기 때문이다.

대중은 하나의 흐름이지만, 그저 한 방향으로 흘러가는 동질적 연속체가 아니다. 대중은 특이적인 무리들의 양자적 흐름이다. 수다하게 경험하는 것이지만, 대중이란 흐름 안에는 그때마다 어떤 특이점들이 있다. 특이점이란 사람들이 모이게 만드는 끌개(attractor)고, 그렇게 모여든 사람들에게 특정한 색을 칠하고 특정한 방식으로 행동하게 만드는 '질점'이다. 그 특이점들의 분포로 인해 대중이란 흐름 속에는 소용돌이와 상이한 강도의 곡류, 치솟아 올라오는 흐름과 빨려 들어가는 흐름 등의 다양한 양상이 만들어진다. 이것이 그때마다의 대중의 특이성을 형성한다. 대중이 하나의 특이성을 갖는 단일한 흐름일 때조차도, 모든 색이 뒤섞이는 회색의 단일한 색채[26]를 갖지 않는 것은 이런 이유 때문이다.

특이점 주변에는 강한 힘에 이끌려 드는 밀집된 사람들의 무리가 형성되게 마련이다. 이들은 다른 부분과 구별되는 강도로 결집되며 함께 움직인다. 그것은 특이점으로 인해 형성된 하나의 특이적 집단을 이룬다. 2008년 촛불시위처럼 대중이 이런 특이적 집단들의 집합이라는 것을 잘 보여 준 사례는 없는 것 같다. 여기서는 중고생의 무리가, 저기서는 요리와 관련되어 모인 무리가, 또 저기서는 1980년대 운동권의 무리가, 코스프레를 하고 퍼포먼스를 하는 무리가, 노래를 가르치고 배우는 무리가……. 헤아릴 수 없을 정도로 많은 무리들이 하나하나의 특이적 집단으로서 촛불시위 대중이라는 하나의 흐름을 형성했다. 각각에 대해선 '개체성'이나 '특이성'이라고 해야 할 이 성분들이 모여서 또 다른 집합적 흐름

---

26) 안토니오 네그리·마이클 하트, 『다중』, 조정환·정남영·서창현 옮김, 세종서적, 2008, 19쪽.

을 형성할 때, 이 각각은 다시 그 흐름의 특이성을 규정하는 특이점으로 작용한다. 단지 그 경우만은 아닐 것이다. 프랑스 혁명이나 러시아 혁명 같은 고전적인 혁명의 대중도 특이점으로 작용하는 이질적인 무리들이 함께 모여 하나의 대중을, 그 대중의 특이성을 형성했다.

이처럼 대중이라는 흐름은 **각각의 무리들로 분리되는 불연속성을 갖고 있으면서도 하나의 흐름을 형성한다는 점에서** 양자적인 흐름이다. 상이한 무리들이 각자 따로 놀지 않고 하나의 흐름을 형성하는 것은 무리들이 서로의 촉발에 열려 있기 때문이고, 그런 촉발을 받아들이면서 서로 변화하기 때문이다. 그리고 그 다른 특이점들 사이에 존재하는, 그 모두에 이끌리며 다가갔다가 다른 특이점으로 다시 다가가는 사람들의 존재가 그 이질적인 무리들 사이를 연결한다. 이는 불연속적인 지대를 연결함으로써 전체의 흐름에 연속성을 부여한다. 그것은 이질적인 무리들에 전염되는 전염의 지대고, 그럼으로써 무리들 사이에서 새로운 전염을 야기하는 전염의 통로다. 아마도 타르드라면 그러한 전염에 대해 무리들이 각자 갖고 있는 파동이 섞이며 발생하는 '간섭'(interference)이라고 말할 것이다. 파동의 방향에 따라 서로를 **배증시키는 간섭**이 있을 수도 있고, 서로를 **완화시키거나 중화시키는 간섭**도 있을 수 있겠지만,[27] 강화된 파동은 강화됨으로써 더욱 강력한 힘을 가지고 이웃한 지대에 퍼져 나갈 것이고, 완화된 것은 완화된 형태로 공존 가능지대를 확장하며 퍼져 나갈 것이다.

다른 한편 대중이 신체적 성격을 갖는다는 것은 대중을 구성하는 요소들의 접촉이 무엇보다 신체적인 성격을 갖는다는 것을 뜻한다. 이는 접

---

27) ガブリエル タルド, 『模倣の法則』, 池田吉英 外 譯, 河出書房新社, 2007, 55쪽.

촉이 단지 신체적인 것만으로 이루어진다는 것이 아니라, 여러 가지 접촉을 통해 만나고 결집되지만, 결국은 어떤 식으로든 신체적 접촉과 결집을 수반한다는 것이다. 따라서 대중이 형성된다는 것은 접촉 가능한 신체적 근접성 속에서 서로가 만난다는 것을 뜻하며, 그러한 근접성 속에서 신체적 촉발을 주고받는다는 것을, 그리하여 신체적인 접촉과 만남에 의해 개인을 넘어서는 능력의 증가와 감소를 직접적으로 경험한다는 것을 뜻한다. 사람들 개개인의 이름이나 지위를 지우면서 이탈하는 이들을 하나로 연결해 주는 것은 이런 **감응의 전염**이다. 때로는 분노가 전염되기도 하고 때론 기쁨이, 때론 애도가, 때로는 격정이 사람에서 사람으로 분자적으로 전염되면서 참여하는 사람들을 '하나로 묶는다'. 지위나 소속이 지워지고 하나의 감응에 의해 하나로 묶인다고 해서, 그들이 갖는 차이가 지워져 '무차별한 집단'이 되는 것은 아니다. 특이성들의 혼합이 회색으로 보인다면 그것은 이런저런 색들이 끊임없이 서로 간에 섞이면서 각각의 색들이 그 고유성과 '순수성'을 잃고 다른 것과 혼합되기 때문일 것이다. 감응 역시 마찬가지여서, 각각의 고유한 감응이 전염을 통해 뒤섞이고 변조되며 '하나처럼' 뒤섞여 흘러간다고 해야 할 것이다.

그것은 함께 모여서 개인을 넘어서는 거대한 집합적 신체를 구성하는 공동의 경험이다. 공동의 사건을 통해 공동의 감응이 형성된다. 물론 그것은 동일한 사건도, 동일한 감응도 아니다. 심지어 각자마다 아주 다르게 해석되는 것이 될 수도 있다. 그럼에도 불구하고 하나의 사건에 함께-가담했다는 것은, 그리고 함께 걷고 함께 외치고 함께 분노하고 함께 웃는 경험은 신체적인 공동의 감응을 형성한다. 이는 가담한 자들을 하나로 묶어 주는 공동성을 형성한다. 이 공동성은 그 사건이나 경험을 어떻게 해석하는가와 다른 차원에서 유사한 상황에 다시 공동의 신체를 구성할 수 있는 잠재적 능력을 형성한다.

대중은 개인의 '개체성'을 지우며 형성되는 흐름이다. 개인은 자신의 '고유한' 지위에서 벗어나, 자신의 고유한 이름을 '상실하면서' 대중 속으로 들어간다. 그것은 자신의 고유성이라고 믿고 있었던 어떤 자아의 죽음이다. 블랑쇼라면 이런 상실, 이런 죽음을 '비인칭적 죽음'이라고 말했을 것이다.[28] 이 죽음을 통해 오히려 이름이나 지위, 소속에 묶여 드러나지 못하던 개인들의 능력이 특정한 상황마다 새로이 솟아나며 대중의 움직임을 규정하고 인도한다. 이름이 지워진 익명의 인물들이 떠오르며 투쟁에 필요한 요소를 그때그때 만들어 낸다. 그렇기에 지위나 명망과 상관없이 누구나 능력과 활동에 따라 지도자가 될 수 있고, 누구나 "내가 주동자다"라고 나설 수 있는 것이다. 2008년 쇠고기 수입반대 시위가 시작된 발화점은 한 고등학생이었다! 지위나 경력과 무관하게 "어떠어떠한 사람은 누구나" 리더가 될 수 있는 이런 종류의 리더십을 '비인칭적 리더십'이라고 부르자.

'대중'이라는 하나의 이름으로 불리지만, 어떤 사건을 계기로 어떤 종류의 사람들에 의해 형성되었는가 하는 것이 대중의 흐름의 양상을 크게 규정한다. 그리고 어떤 사건이 발생하는가에 따라 전혀 예측하지 못한 방향으로 움직인다. 카오스이론의 어법을 빌려 말하면, 대중이란 '초기조건에 민감한' 흐름이다. 1980년의 광주항쟁처럼 폭력적 권력과의 전투적 충돌로 형성되기 시작했다면 대중은 격렬한 전투적 파도가 될 것이고, 쇠고기 문제로 시작된 지금의 촛불시위처럼 중고생의 집회로 시작되

---

28) 모리스 블랑쇼, 『문학의 공간』, 박혜영 옮김, 책세상, 1990, 203~205쪽 [이달승 옮김, 그린비, 2010, 215~217쪽].

었다면 유쾌하고 가벼운 물결이 될 것이다. 소위 '386세대'가 끼어들었지만 돌을 들고 경찰과 충돌하는 예전의 시위 형태를 반복하지 않았던 것은 이런 초기조건 때문이다.

그렇지만 초기의 흐름과 다른 이질적 요소의 새로운 참여는 그간의 흐름에 작지 않은 변화를 만들어 낼 것이다. 추가되는 요소들의 이질성이 흐름에 미세한, 혹은 작지 않은 변화를 만들어 낸다. 여기에 어떤 사건, 가령 누군가 강경 진압으로 크게 다치거나 하는 사건이 하나 끼어들게 되면, 캘리포니아에 폭풍을 만들어 낸다는 그 유명한 '북경의 나비'처럼 전혀 예측할 수 없는 거대한 전변이 만들어질 것이다. 왜냐하면 이는 흐름의 공간을 통해 순식간에 확산되며 어떤 감응을 증폭시키며 전염시킬 것이 분명하기 때문이다. 흐름의 공간은 단순한 통과 공간이 아니라 전염의 공간이고 증폭의 공간이다. 이러한 전염과 증폭이 대중의 흐름에 거대한 가변성과 민감성을, 예측 불가능성을 야기한다.

따라서 대중에 대해 선험적으로 '혁명적'이라거나 '진보적'이라고 말하는 것은, 그와 반대로 말하는 것만큼이나 부적절하다. 대중은 하나의 흐름이고, 조건에 따라 때론 진보적인 방향으로 흘러가기도 하고 때론 반동적인 방향으로 흘러가기도 한다. 흐름에는 선악이 없으며, 진보와 반동도 없다. 2002년처럼 월드컵에 미쳤던 대중이 몇 달 뒤 반미시위로, 또 몇 달 뒤 대통령선거로 달려갔던 것은 이를 아주 잘 보여 준다. 지도부 없이 자연발생적으로 형성되는 대중이기에 이러한 양상은 더욱더 심하다. 아마도 중요한 것은 이러한 대중의 흐름이 반동적인 방향이 아니라 진보적인 방향으로 흘러가게 하는 것일 거고, 그 방향에 영향을 미치는 특이점을 형성하는 것일 게다.

2) 흐름의 공간과 대중

이질적 무리들의 양자적 흐름으로서, 그리고 신체적 감응의 공동체로서 이러한 대중의 개념은 단지 지금의 대중에게만 해당되는 것은 아닐 것이다. 그런데 인터넷과 휴대전화 등의 새로운 통신수단으로 상징되는 흐름의 공간을 통해, 그리고 휴대전화에 장착된 디지털카메라나 노트북컴퓨터 같은 분자적 미디어를 통해 대중은 새로운 양상의 존재로 재탄생했다.

무엇보다 먼저 흔히 '집합적 지성'이라고 명명하는 것이 지금 대중의 본질적인 요소 중 하나가 되었다는 사실이 지적되어야 할 것이다. 집합적 신체로서 대중은 이제 행동에 필요한 자료와 지식을 검색하고 가공하여 서로에게 전달하거나 타당성을 두고 논란을 벌이기도 하는 지성을 갖게 된 것이다. 무엇보다 인터넷이 대중의 모든 부분을 하나로 연결하여 집합적인 신체로서 움직일 수 있게 해주는 거대한 신경망을 제공하고 있기 때문이다.

이는 결코 은유가 아니다. 베르그손이 적절히 지적한 것처럼, 뇌나 신경계는 인식이나 표상을 위한 기관이 아니다. 그것은 운동을 위한 기관이다. 환경의 변용들을 포착하는 것이 감각기관의 역할이라면 그렇게 포착된 것을 전달하여 그러한 상황이나 변용에 어떻게 대응할 것인지를 준비하거나 결정하게 하는 것이 신경계의 역할이다. 뇌는 그런 신경세포들이 집적되어 만들어진 것이고, 그렇게 전달된 요소들을 적절하게 선택하여 다시 신경망을 통해 운동기관에 전달한다. 따라서 뇌는 "일종의 중앙전화국과 다른 것일 수가 없다. 그것의 역할은 연락을 보내거나 연락을 기다리게 하는 것이다. …… 뇌의 역할은 때로는 받아들인 운동을 선택된 반응기관으로 인도하는 것이고, 때로는 이 운동에다 운동 방식들 전체를 열어 놓아 자신 안에 있는 가능한 모든 반응들을 그려 보게 하고, 주의를 여러 갈래로 분산시키면서 자기 자신을 분석하게끔" 하는 것이다.[29] 식물에게 신경이나 뇌가 없는 것은 운동할 이유가 없었기 때문이고, 동물에게 있는 뇌란 모두 신경세포들이 집적된 것에 다름 아니다.

'지성'이란 사유하는 능력도 인식하는 능력도 아니다. 베르그손은 그것을 '인공적인 도구를 제작하고 변형시키는 능력'이라고 정의하면서 '유기적인 도구를 제작하고 사용하는 능력'인 본능과 대비하지만,[30] 동물행동학의 관점에서 보자면 이는 '본성의 차이'가 아니라 '정도의 차이'에 지나지 않는다. 그것은 본질적으로 행동하기 위해서, 운동하기 위해서 주위의 환경을 이용하고 변형시키는 능력을 뜻하는 것이다. 이는 지성을 담당한다고 간주되는 기관인 뇌가 운동기관이라는 사실에 직접적으로 연관되어 있는 것이다. 여기에 더해 신경계의 작동이 전기적인 신호의 전달을 통해 이루어진다는 점까지 덧붙인다면, 인터넷이나 전화 등의 통신망이 대중이라는 집합적 신체에 대해서 신경계의 역할을 한다는 것은 분명 은유 아닌 실재성을 갖는다. 생물의 신체 각 부분을 연결하여 행동에 필요한 요소들을 찾아내고 전달하고 선택하는 프로세스가 신경망과 뇌를 통해 진행된다면, 대중이라는 집합적 신체의 각 부분을 연결하여 행동에 필요한 요소를 찾아내고 전달하고 선택하는 프로세스가 인터넷이나 통신망을 통해 진행된다고 하는 말을 동일한 강도로 할 수 있지 않을까?

여기서 인터넷에서 만들어지고 '소통'되는 지식이 과학적이지 않다는 점을 들어 '대중지성'이니 '집합적 지성을 가진 대중'이니 하는 말을 반박하려는 시도[31]를 길게 비판할 필요는 없을 것이다. 우리 자신이나,

---

29) 앙리 베르그송, 『물질과 기억』, 박종원 옮김, 아카넷, 2005, 59쪽.
30) 앙리 베르그송, 『창조적 진화』, 황수영 옮김, 아카넷, 2005, 214쪽, 216쪽.

그런 반박을 하는 사람의 지성 역시 그다지 과학적이지 않으며, 잘못되거나 거짓된 지식을 전달하거나 생산하는 경우가 비일비재하다는 사실을 상기하는 것으로 충분할 것이기 때문이다. 대중에게 지성을 제공하는 통신망과 흐름의 공간, 그것은 개개인의 사람들을 하나로 연결하여 지식과 정보를 소통시키고 올바른 판단의 방향을 만들어 내는 거대한 종합기(synthesizer)이고, 흩어진 개인들을 하나로 연결하여 함께 묶어 주고 함께 행동하게 해주는 거대한 신경망이다.

2008년의 촛불시위는 이 신경망을 통해 '집합적 지성'이 작동하는 양상을 아주 잘 보여 준 바 있다. 그때 문제가 되었던 미국산 쇠고기나 광우병 등에 대해 대중들이 갖고 있는 지식은 '어린것들이 뭘 안다고'라며 비난하는 보수 언론이나 정부 관리, 그들이 동원하는 소위 '전문가'에 결코 모자라지 않는다. 그러한 지식이 얼마나 과학적인가 아닌가는 별도의 문제로 접어 둔다고 해도, 전문가라는 '자격'을 내세워 사람들의 입을 막고 판단을 흐리게 하려는 수많은 시도들이 대중 자신의 검색 능력과 종합 능력에 의해 무력화되었다는 사실은, 대중이 지성을 가동시키는 능력에서 '전문가'와 어떤 본성의 차이도 없음을 보여 준다. 아주 다양한 활동을 하는 대중들이 연결되어 있다는 사실, 그 연결망을 통해 각자가 갖고 있는 지식과 정보를 전달하고 검색하여 종합할 수 있다는 사실은 대중 전체가 갖고 있는 지식의 최대치를 각자가 이용하고 변형시켜 사용할 수 있는 가능성을 제공한다. 이는 한 사람의 지식을 모든 사람의 것으로 만든다. 예컨대 황우석 사태 때 '브릭'(BRIC)이라는 사이트의 회원들이 찾

---

31) 가령 백승욱, 「경계를 넘어선 연대로 나아가지 못하다」, 당대비평 편집위원회 엮음, 『그대는 왜 촛불을 끄셨나요?』, 산책자, 2009.

아낸 황우석 논문의 결함은 이 신경망을 통해 모든 곳으로 확산되었고, 이로써 국가와 과학자 집단, 병원과 자본 등이 모여 만들어 낸 거대 지식의 체계를 전복시키며 진실을 드러내는 데 결정적으로 기여했다. 한 사람의 지식을 대중 전체가 공유할 수 있게 된 것이다. 이로써 예전에는 정보의 흐름을 독점하고 있던 언론의 힘이 무력화된다.

더불어 인터넷은 거대한 저장장치의 역할을 하기에, 마치 인간의 지성이 기억을 이용해 판단하고 작동하듯, 과거의 사실들을 불러내서 이용하는 것을 가능하게 한다는 사실 또한 '대중지성'의 능력에 매우 중요하다.[32] 2008년의 쇠고기 문제의 경우 이는 또 하나의 두드러진 사례를 제공한다. 정부의 입장을 두둔하던 이른바 '조중동'은 자신들이 1년 전에 노무현 정부의 협상을 비판하면서 광우병이나 쇠고기 문제에 대해 우려를 표명했던 수많은 논설들을 썼다는 것을 '잊어버리고' 반대의 주장을 하는 논설들을 써서 대중을 비판했다. 그러나 인터넷의 검색 기능은 몇 분만에 이들이 예전에 썼던 논설들을 불러내어 지금의 주장과 한눈에 비교하게 함으로써 이들의 주장 전체를 의심과 불신의 대상으로 만들었고, 그 결과 이들은 대중으로부터 완전히 외면받고 쓰레기로 취급당하게 된다. 기억능력을 갖는 집합적 지성, 이는 결코 은유가 아니었던 것이다!

약간 추가하자면, 인터넷은 신문이나 방송 같은 이전의 미디어와 달리 개개인이 일방적으로 전달받고 동의하는 게 아니라 자신이 개입하여

---

32) 인터넷 이전에 기계적 기억의 가능성에 가장 먼저 주목했던 것은 발터 벤야민이었던 것 같다. 그는 카메라나 녹음장치 같은 기계적 기술이 '의지적 기억'(이는 프루스트가 사용했던 비자발적 기억, 무의지적 기억과 대비하여 사용하고 있는 말이다)의 영역을 확대하고 있음을 지적하면서, 카메라와 그 이후에 나타난 이러한 기술들이 "기계적 장치를 통해 언제든지 한 사건을 그 모습과 소리별로 고정시킬 수 있게 해준다"라고 쓰고 있다(발터 벤야민, 「보들레르의 몇 가지 모티브에 관해서」, 반성완 편역, 『발터 벤야민의 문예이론』, 민음사, 1983, 155~156쪽).

쓰고 발언할 수 있으며, 자신이 검색하여 비교 판단할 수 있고, 주어지는 발언에 대해 자신의 생각을 말하고 응수할 수 있다는 점에서 근본적으로 다른 관계 속에서 작동한다. 정보의 전달이란 이름으로 주어지는 '여론 주도층'의 주장을 받아들이거나 전달하는 이전의 **'공중'**의 미디어(매개!)가 아니라, 자기 자신이 원하는 방식으로 개입하여 어떤 의견이나 담론의 형성에 가담할 수 있는 **'대중'**의 미디어인 것이다.[33] 여기서 대중들이 미디어를 통해 정보를 소통함을 지적하는 것만으로는 매우 부족하고 부적절하다. 정보의 소통이란 발신자와 수신자가 있고 그 사이를 메시지가 매개한다고 하는 모델(주체-대상의 개념을 전제로 하는 모델)을 가정하고 있음에 반해, 인터넷에서는 발신자도 수신자도 어느새 사라져 버리고 메시지만 남으며, 그 메시지도 원래의 의미 그대로가 아니라 필요에 따라 선별되고 재구성되며 변형되는 방식으로만 전달된다는 점에서 그렇다. 그것은 개별 주체들이 서로 주고받는 교환의 관계가 아니라, 집합적인 메시지의 생산에 집합적으로 참여하고 그렇게 생산된 것을 자기의 필요에 따라 나누어 갖는 가담/분유(participation)의 관계를 통해 작동한다. 이전의 미디어가 대중이나 무리들을, 수신한 메시지를 재전달하거나 그에 대해 그저 말하는 거세된 '정신적' 공중으로 변형시켰다면, 지금의 미디어는 처음엔 그저 정보에만 관심이 있던 공중조차 사태에 반응하면서 담론의 생산에 가담하는 대중으로 변형시키고 있는 것이다.

　　미디어 자체의 이러한 변화를, 그리고 거기서 새로운 미디어의 헤게

---

33) 이런 관점에서 마우리치오 라차라토는 『사건의 정치학』(*La politica dell'evento*)에서 '소통'과 '표현'을 대비하며, 정보의 소통과 구별되는 대화(바흐친) 내지 회화(타르드)의 중요성을 강조한다(マウリツィオ・ラッツァラート, 『出来事のポリティクス』, 村澤眞保呂・中倉智德 譯, 洛北出版, 2008, 192쪽 이하 참조).

모니를 보여 주는 것은 아마도 '안티조선'과 '노사모'였을 것이다. 안티조선은 그 운동 방식에 대한 논란과는 다른 차원에서, 이전 형태의 미디어와 그것이 가정하고 있는 소통의 모델, 그리고 그에 상응하는 공중의 여론에 대하여, 새로운 미디어와 가담/분유의 모델, 대중지성의 저항을 단적으로 보여 줄 뿐 아니라 전자에서 후자로 헤게모니가 넘어가는 하나의 문턱을 표시하는 것 같다. 노사모는 이 새로운 미디어에 함축된 새로운 요소를 매우 극적인 방식으로, 그리고 성공적인 방식으로 보여 주었다. 노무현-담론의 생산에 가담하고 그것을 나누어 가지면서 단지 말하고 듣는 주체가 아니라 함께 행동하는 집합적 대중이 되는 양상, 그리고 그것을 저지하는 주류 언론에 대한 반격 등이 새로운 정치적 행동의 모델을 형성하며 진행되었던 것이다. 2008년의 촛불집회에서 '조중동'이란 이름의 주류 매체들에 대해 비난이 집중되면서 '찌라시'나 '쓰레기'라는 지위를 재할당하게 되었던 것은 이런 변화의 연속선상에 있는 것일 게다.

정보의 소통이라는 교환의 모델을 가담/분유의 모델로 대체하는 미디어의 새로운 양상은 인터넷이 신경망으로서 작동한다는 사실에 함축된 것인데, 이는 거꾸로 베르그손의 생각처럼 뇌나 신경망이 단순한 전화국처럼 어떤 것도 추가하지 않고 단지 전달하거나 대기하게 하는 역할에 머무는 것이 아니라 변형과 생산의 양상으로 무언가를 '추가'하면서 작동한다는 것을 보여 주는 것 같다. 물론 인터넷이 추가하는 것은 없다. 그러나 리좀적인 연결망으로 존재하는 새로운 신경망은 거기 접속되어 작동하는 사람들로 하여금 있는 정보와 지식을 검색하고 변형하고 올리거나 내리는 방식의 생산활동을 가능하게 함으로써 실질적으로는 생산과 '추가'의 장으로 작동한다고 해야 할 것 같다.

인터넷과 통신망 등의 흐름의 공간을 통해 대중은 새로운 차원의 집합적 신체를 획득하게 되었을 뿐 아니라 집합적 지성을 갖고 작동하는 새로운 존재 방식을 획득하게 되었다. 그것은 인간의 '자연적인' 뇌와 신경망이 통신망의 '인공적인' 뇌와 신경망과 직접적으로 연결되어 작동하게 되었음을 뜻한다. 자연적인 신체와 인공적인 신체가 직접적으로 접속하여 동시에 작동하는 이 새로운 신체에 대해서 우리는 강한 의미에서 '사이보그'라는 말을 사용해도 좋을 것이다. 우리는 여기에 휴대전화마다 장착된 디지털카메라를 비롯해 대중화된 시각적 및 청각적 매체들을 추가해야 한다. 개개인의 손에 장착되어 항상 잠재적 작동 상태에 있게 된 이런 미디어를 '분자적 미디어'(molecular media)라고 할 수 있을 것이다. 이는 인터넷 등의 거대한 신경망에 직접 접속되어 작동하는 감각적 단말기로서 작동한다. 물론 이 감각적 단말기에는 인간의 감각기관이 항상-이미 접속되어 있다. **사이보그화된 감각기관과 사이보그화된 신경망을 갖는 '지성', 이를 통해 작동하는 사이보그화된 대중**, 그것이 흐름의 공간을 통해 탄생한 새로운 대중의 형상이다.

이처럼 네트워크화된 흐름의 공간에 의해 서로 연결되어 있고, 분자적 미디어에 의해 포착되는 것들이 그 네트워크를 통해 마치 컴퓨터나 인공두뇌가 '병렬화'(parellelization)되듯 공유되고 전파된다는 점, 이로써 지식과 정보, 감정과 판단이 쉽게 생산되고 공유/분유될 수 있다는 사실은 대중의 행동 양상에서도 예전과 다른 면모를 갖게 한다. 먼저 개개인이 주어진 지위에서 이탈하여 하나의 흐름으로 묶이는 것이 매우 쉬워지고 그러한 일이 훨씬 빈번하게 되었음을 지적해야 할 것이다. 그리고 이전과 달리 어떤 사안을 주도하는 지도부가 없이도, 대중의 흐름을 주도하는 지배층의 여론에서 쉽게 이탈하여 자발적인 대중의 흐름이 급속하게 만들어진다는 것 역시 중요한 변화일 것이다. 2002년 이후 알려진 수많은 대중적 사건들이 이름을 알기도 힘든, 결코 특별한 지위를 갖지 않은 사람들의 가벼운 촉발로 시작되었다는 것은 이를 잘 보여 준다. 익명의 시민, 혹은 고등학생이 거대한 대중의 흐름을 촉발하는 작은 '방아쇠'로서 작동하게 된 것은, 대중의 자발성이란 말에 이전과 다른 강도의 무게를 더해 준다.

뿐만 아니라 카메라를 손에 든 대중들은 휴대전화와 인터넷으로 연결되어 자신이 있는 상황을 다른 곳에 전달하고 다른 곳의 상황에 대한 정보를 끊임없이 주고받으며 움직인다. 이전에는 경찰들만이 무전기로 연결되어 있었기에 경찰은 대중의 흐름을 파악하여 움직일 수 있었지만 대중들은 그러지 못했다. 하지만 지금은 광범위한 네트워크와 개인들 손에 들린 분자적 미디어로 인해 그런 비대칭성이 소멸되고 있는 것이다. 나아가 카메라와 노트북을 연결하여 시위 현장을 생중계하는 게 가능해짐에 따라, 시위에 참여하지 못한 대중에게 현장성 있는 정보를 전달하고 있다. 이것이 휴대전화로 이어지면 시위에 참여한 대중으로 하여금 새로운 사건이나 진행 상황에 대해 정보를 공유하고 다음 행동의 방향을 설정하여 함께 움직이게 하는 데 중요한 매개 역할을 하기도 한다.

인터넷에 휴대전화와 카메라라는 분자적 미디어가 더해지면서 나타난 또 다른 양상은 먼저 경찰의 감시와 반대로 경찰을 감시하는 '대항감시'(counter-surveillance)가 가능하게 되었다는 점이다. 경찰이 폭력을 행사하는 경우, 대중들은 그에 대항하기 위해 몽둥이나 돌멩이를 드는 게 아니라 휴대전화에 장착된 카메라를 일제히 들이댄다. 군홧발로 여대생의 머리를 밟는 동영상 하나가 경찰 전체의 폭력을 무력화시키다시피 했던 것은 아주 좋은 사례일 것이다. 사람들 손에 들린 카메라는 쇠파이프보다 더 강한 무기가 되었고, 경찰의 폭력은 거대한 장애물에 맞닥뜨리게 되었으며, 인터넷으로 연결된 대중은 폭력 앞에서 분노하지만 그 분노가 공포가 되는 정도는 매우 미약하게 되었다. 공포란 고립 속에서 혼자 감당해야 할 때 극대화되지만, 반대로 공유되고 나누어질 때 현저히 가벼워지고 축소되기 때문이다. 가령 경찰이 '주동자'를 색출하려 했을 때, 수많은 사람이 "내가 주동자니 나를 구속하라"라면서 '자수운동'을 벌이며 달려들고, 시위대를 연행하려 하면 "그래 내가 했으니 잡아가라"라며 자진해서 연행되는 놀라운 현상은 이를 보여 주는 사례라고 할 것이다. 반대로 기쁨과 즐거움, 유쾌함과 유머가 대중의 새로운 정서로 자리 잡게 된다. 그것은 공동성의 증가로 인해 발생하는 감응이고, 역으로 새로운 공동 행동을 촉발하는 포텐셜이라고 해야 할 것이다.

흐름의 경제를 통해 자본은 빛의 속도로 이동하며 착취하지만, 흐름의 공간은 단지 거기에 머물지 않는다. 흐름의 공간을 통해 하나로 묶이는 흐름으로서의 대중, 그것이 지금 대중을 예전에 비해 훨씬 더 지성적이고 집합적이게 만든다. 집합적 지성을 갖는 거대한 집합체로서의 대중을 흐름의 경제 속에서 대중 자신이 창안한 것이다. 물론 대중의 흐름에 대해 사전에 선악과 호불호를 정할 수 없는 것이 사실이라고는 해도, 적어도 이 대중의 흐름에 기초하지 않고는 국가에 대항하는 투쟁도, 자본의 착취 체제를 전복하려는 시도도 가능하지 않으리라는 것은 분명하다.

3 | 대중과 사건
정치적 사건화와 센세이션의 정치학

2011년 7월 9~10일, 2차 '희망의 버스'를 타기로 했었다. 2011년 1월 6일, 김진숙 씨가 한진중공업의 정리해고 철회를 주장하며, 이전의 동료들 두 명이 아니 세 명이 죽었던 85호 크레인, 35미터 상공에서 농성을 시작한 지 185일째 되는 날이었다. 이미 6월 11~12일 1차 희망의 버스가 있었지만, 그때는 크게 주의를 기울이지 않아서, 그 전날 반값등록금 집회에 나갔다 만난 후배에게 듣고서야 '아, 그런 게 있었지!' 했었다. 희망의 버스를 탈 사람을 모은다는 메일을 받은 적이 있었지만, 그냥 흘려보내고 말았던 것이 그제야 생각났던 것이다. 그래서 2차 희망의 버스가 간다고 할 때, 이번에는 꼭 가야지 하고 마음을 먹었고, '수유너머N'의 동료들이나 내 강의를 듣던 수강생들에게도 함께 가자고 '선동'을 해놓은 터였다. 다들 바쁜 일정이 있었음에도 상당히 많은 사람들이 표를 샀다. 나도 샀다.

　그러나 난감하게도 7월 초가 되면서 고질적인 편두통의 위험신호가 오기 시작했고, 7월 7일 지방에 강연을 다녀온 뒤, 편두통이 시작되었다. 9일 오전에 예정되어 있었던 연구실 강의도 휴강시켰고, 그다음 주까지 쓰기로 되어 있던 원고 두 개마저 못 쓰겠다고 연락을 해야 했다. 9~10일

희망의 버스를 타고 부산에 갔다 오면, 편두통이 극심해질 게 뻔했기 때문이다. 그렇게 강의와 원고를 포기하고서라도 희망의 버스는 타려고 했다. 안 가면 후회할 것 같다는 생각이 너무 강하게 들었던 것이다. 그러나 버스를 타야 했던 토요일 아침, 이미 편두통은 충분히 심해져서 아무리 생각해도 갈 수 없는 정도가 되었다. 지금 이 상태인데, 갔다 오면 극심해져서 몇 주를 아무것도 못하고 앓기만 할 게 뻔했다. 그래서 결국 버스를 타러 가지 못했다. 그러나 두통으로 집에 누워 있는 내내 '가야 하는데' 하는 번민이 계속되었다. 이미 버스는 떠났지만 동요와 망설임에 계속 고민하다가, 급기야 인터넷을 뒤져 기차 시간표를 검색했다. KTX를 타면 7시에 시작하는 부산역의 집회에 맞춰 갈 수 있었다. 다시 약간의 망설임이 있었지만, 결국 기차표를 끊고 말았다. 그리고 뛰듯이 나가서 KTX를 탔고, 시간에 맞춰 부산역에 도착할 수 있었다.

대체 왜 그랬던 걸까? 내가 가든 안 가든 희망의 버스에도, 무박 이일의 투쟁에도 어떤 지장도 없었을 것이다. 이미 버스는 열화와 같은 호응으로 인해 목표로 했던 185대를 넘었다고 들었으니, 참가자 하나 더 보태주는 작은 미덕에 연연할 이유도 없었다. 가자고 선동해 놓고 혼자 빠지는 것이 미안했던 것일까? 그렇지도 않은 것 같다. 많은 동료들이 함께 갔기에 내가 없다고 특별히 서운해할 사람도 없을 것 같았다. 그런데도 왜 나는 그토록 무리를 해가면서 뭐에 끌려가듯 가야 했던 것일까? 나로서도 이해하기 힘든 일이었다. 덕분에 예상했던 대로 갔다 와서 몇 주를 진통제를 몇 배 강하게 먹어야 하는 극심한 편두통에 시달려야 했다. 최루액 때문에 얻은 감염과 상처까지 더해져, 몇 주를 병원에만 다녔다. 그러나 가지 않았으면 정말 오랫동안 상처처럼 후회를 안고 지냈을 것 같다. 머리의 통증은 가슴에 남았을 후회를 갈음하는 대가였던 셈이다.

이 글을 쓰게 만든 것은 바로 이 의문, 무엇이 나로 하여금 정말 무리를 하면서까지 부산에 가게 했던 것일까 하는 의문이었다. 무엇 때문에 나는 아무리 생각해도 이해할 수 없는 짓을 했던 것일까? 정말 무언가에 휘말려 끌려간 것 같았다. 한 달 전만 해도 크게 관심을 갖지 않았던 김진숙 씨의 크레인 농성이었다. 아마도 1차 희망의 버스를 탄다던, 시를 쓰는 후배의 얘기를 듣고서부터였던 것 같다. 매일 트위터에 올라오는 글들에 시선을 빼앗겼던 것은. 그래서 용역들과 경찰들이 크레인 밑에서 농성하던 노조원들을 쫓아내고 강제진압을 시작했다는 소식에 놀라 시내에서 있던 집회에까지 얼른 쫓아 나가기도 했다. 거기서 김여진 씨의 연설을 영상으로 보며 눈물을 흘리기도 했다. 그렇게 말려들어 가기 시작해서 결국은 평소 같으면 결코 하지 않았을 일을 끝내 하고 말았던 거다.

생각해 보면 나처럼 그렇게 휘말려 들어 무언가에 끌려들어 가듯 버스를 탄 사람이 대부분이었을 것 같다. 어린애들을 안고 온 분들, 순박해 보이는 얼굴의 고등학생과 대학생, 시를 쓰고 음악을 하는 사람들……. 평소에 노동운동에 관심을 갖고 있던 분이나 적극적인 관계자도 있었겠지만, 그런 분들이야 1차 희망의 버스 7대 안에 대충 포함되어 있었을 것이다. 그게 한 달 만에 아마도 반쯤은 허언이었을 목표 '185대'를 넘어 195대로, 만 명 가까운 사람들로, 25배 이상으로 증폭된 것이다! 그것은 직접적인 관계가 없는 사람들이 대대적으로 끼어들지 않고선 있을 수 없는 일이다. '대중'이 형성된 것이다. 무언가에 휘말려 부산까지 끌려들어 간 '대중'이. 그리고 그 대중은 7월 30~31일 3차 희망의 버스를 다시 타고 내려갔다.

내 자신이 대중의 일부가 되어 휘말려 들어간 그 과정을 보면서, 우리가 말하는 '사건'이란, 정치적 의미에서의 '사건'이란 이렇게 일어나는 것이 아닐까 생각했다. 변혁을 꿈꾸며 운동을 하는 사람들에게 '희망'이 될 수 있는 사건이란 이런 식으로 일어나는 것이 아닌가 생각했다. 무언가 진실을 '폭로'하고 사람들을 '의식화'하는 것이 아니라, 이유도 잘 모르는 채 무언가에 매혹되고, 무언가에 휘말려 들어가게 만드는 것, 그래서 힘든 몸도, 바쁜 일정도 제쳐 두고 그 무언가를 향해 끌려들어 가게 하는 것, 그것이야말로 혁명적인 흐름을 만들어 내는 방법이 아닌가 생각했다. 이런 점에서 이런 '사건'의 개념이, 통상적인 사건의 개념과, 혹은 신문이나 방송에서 '지배자'들이 만들어 내는 사건과 구별되어 정의되어야 한다고 생각했다. 이런 점에서 이 글은, 이 글에서 다루려는 것처럼, 어떤 '휘말림'에 의해 쓰여진 것이다.

여기에 또 하나의 휘말림이 추가되어야 한다. 그것은 '휘말림'이란 말이 내게 다가온 작은 사건이었다. 2011년 2월 '수유너머N'에서 있었던 국제워크숍에서 도미야마 이치로 선생이 했던 강연이 그것이었는데, 거기서 그가 사용한 '휘말림'이란 말이 귀에 꽂혔다. 그리고 나를 휘감았던 저 이해할 수 없는 사건을 스스로에게 설명하려는 시도 속에서 나는 다시 그 단어에 휘말렸던 것 같다.

1. 사건의 철학, 사건의 정치학

사건이란 말을 처음으로 중요한 철학적 개념으로 사용했던 것은 아마도 하이데거였을 것이다. 그는 통상적으로 '사건'을 뜻하던 단어 'Ereignis'를 '존재'를 주는 것의 자리에 위치 지운다.[1] 그것이 존재를 주고(Es gibt

---

1) 마르틴 하이데거, 「시간과 존재」, 신상희, 『시간과 존재의 빛』, 한길사, 2000, 178~182쪽.

Sein), 그것이 시간을 준다(Es gibt die Zeit). 하지만 이렇게 중요한 개념적 위상을 부여하기 위해 그는 'Ereignis'가 '사건'이라는 통상적인 말로 이해되어선 안 된다는 단서를 단다. 단지 '타오'(Tao)라고 음역될 수 있을 뿐인 '도'(道)라는 말처럼, 번역할 수 없는 복합적이고 중의적인 의미를 부여하고 싶었을 것이다. 결국 그가 사건을 철학적 개념으로 만든 것은 사건이 아닌 것으로 제한하는 방식으로써였고, 통상적인 '사건'이란 의미로부터 분리해 내는 방식으로써였다. 그는 '사건'을 사건 아닌 개념으로서 정의했던 것이다. 따라서 그가 사건이란 말을 개념화했다고 하는 것은 맞다고 하는 순간 틀리게 되는 문장이 되고 만 것 같다.

사건이란 개념을 '사건'이라는 통상적인 의미 그대로 개념화하고 거기에 중심적인 자리를 부여했던 것은 아마도 들뢰즈였던 것 같다. 『의미의 논리』라는 책 전체는 '사건'이란 개념을 위한 것이라고 해도 좋을 정도로 사건의 개념은 그 책에서 중심적인 위치를 갖고 있다. 사실과 구별되는 것으로서의 사건, 그것은 사실들의 계열화에 의해 의미가 발생하는 지점이고, 신체적인 것의 표면에서 신체적인 것들을 하나로 잡아당겨 묶어 주는 표면장력 같은 것이다. 그것은 또한 두 가지 사물의 상태 사이에 있는 것이고, 그런 점에서 생성/되기(devenir)의 차원에서 의미가 형성되는 양상을 보여 준다.[2]

그러나 들뢰즈가 사건이란 개념을 정의할 때, 거기에는 상반되는 두 가지 상이한 위상이 겹치면서 만들어지는, 서로 상충되는 듯이 보이는 어떤 모호성이 있는 것처럼 보인다. 하나는 수많은 사실들 가운데서 '사건'이라고 부를 만한, 눈에 확연하게 들어오는 어떤 특이성을 염두에 두고

---

2) 질 들뢰즈, 『의미의 논리』, 이정우 옮김, 한길사, 1999.

있는 것 같다. 그렇지만 동시에 '커지다', '붉어지다' 등과 같은 일반적인 의미 전반과 관련된 일반적 개념으로서, 생성의 차원에서 의미의 논리를 보여 주는 일반적인 개념으로서 사건을 정의하고자 하기도 한다. 이때 어떤 사건이 갖는 유별난 점, 특이한 점은 매우 약화되고 마는 것 같다. 이는 반복을 차이의 반복으로서 정의한다고 해서, 그래서 사건과 구별하여 '이념적 사건'의 개념을 도입한다고 해서 쉽게 해결될 문제 같지는 않다. 역으로 이러한 다의성이 '사건' 개념의 또 다른 포텐셜이라고 할 수도 있을 것이다.

나는 '사건'이라는 말이 갖는 통상적인 의미를 좀더 부각시킬 수 있는 방식으로 사건의 개념을 정의하고 싶다. 사실들의 계열화에 의해 발생한, 특이적인 의미를 갖는 어떤 '사건'이 대부분의 사람들에 의해 주목받거나 그들에게 알려지지 않은 채 묻혀 버리는 많은 경우들과 달리, 수많은 사람들이 주목할 뿐 아니라 어떤 식으로든 그것을 향해 휘말려 들어가게 되는 그런 사건이 있다. 심지어 동일한 '사건'이 어떤 시점 이전에는 주목받지 못한 채 묻혀 있다가, 어느 시점부터 사람들의 중심적인 관심사로 크게 부상하는 경우도 있다. 가령 김진숙 씨가 한진중공업의 85호 크레인에 올라간 것은 2011년 1월 6일이었지만, 농성을 시작하고 거의 5개월 가까이 될 때까지는, 노동운동에 관심이 있는 사람들의 제한된 관심사에 머물러 있었다. 그러나 5월 중순 정도를 지나면서 김진숙 씨의 크레인 농성은 한국 사회 전체가 관심을 갖고 지켜보는 중심적인 사건이 되었다. 사실 이러한 양상은 예외적이라기보다는 오히려 일반적이다. 가령 2002년 미군 장갑차에 깔려 죽은 여중생들의 경우도 그랬고, 멀리는 전태일의 분신 또한 그랬다.

이런 의미에서의 사건은 사회적으로 알려지고 정치적으로 파급력

내지 영향력을 갖는다. 이는 단지 사실들의 계열화에 의해 의미가 생성되는 것과 다른 것이다. 흔히 '사건'이라고 말할 때, 그것은 이처럼 사회적으로 널리 알려지고 정치적으로 파급력을 갖는 어떤 것을 지칭한다. 나는 이런 특징적 요소가 '사건'의 개념에 매우 중요하다고 믿는다. 왜냐하면 사회운동이나 대중운동과 관련하여 생각할 때, 혹은 사회정치적 정황에 대해 분석할 때, 중요한 것은 어떤 '사건'이 말 그대로 넓은 범위에서 '**사건화'되는 것**이고, 사회·정치적 파급력을 갖게 되는 것이기 때문이다. 이런 방식으로 '사건'과 '사건화'를 구별한다면, 사건화되는 것으로서의 사건은, 사건화된 이후의 사건과 같은 것인 경우에조차 같다고 할 수 없을 것이다. 사건화는 이미 존재하던 사건을 다른 사건으로, 다른 층위에서 다른 의미와 효과를 갖는 다른 사건으로 변환시킨다.

증폭되고 확산되며 사건화되기 이전의 사건 역시 그 자체로 사건임은 분명하다. 가령 김진숙 씨가 이전의 동료들이 농성하다 죽었던 크레인에 올라갔다는 것은 그 자체로 사건이라 하기에 충분하다. 여중생의 죽음도, 전태일의 분신도 마찬가지다. 그것이 어떤 사건화의 잠재성을 갖는 하나의 사건이라고 해야 한다. 아무 일도 일어난 것 같지 않은 것으로서의 '사건', 고독한 고립 속에 존재하는 것으로서의 '사건', 그것은 '아직' **펼쳐지기 이전의 잠재성**(virtuality) **속에 존재하는 사건**이다. 반면 어떤 조건으로 인해 폭발적인 방식으로, 혹은 강한 파급력을 갖는 방식으로 그것이 확대될 때, 그것이 갖는 여러 가지 잠재성이 **현행화**(actualization)**되는 것**이라고 할 수 있을 것이다. 편의적이긴 하지만, 사건화되는 것으로서의 사건을, 현행화된 것으로서의 사건을 일반적 의미의 사건과 구별하여 '정치적 개념으로서의 사건'이라고 정의할 수도 있을 것 같다. 이 글에서 내가 하고 싶은 것은 사건화와 더불어 '정치적 개념으로서의 사건'을 개념화하는 것이다. 이는 사건의 철학과 다른 차원에서, 사건의 정치학을 개념적으로 사유하는 데 중요한 요소가 될 것이라고 생각한다.

2. 사건의 매혹

잠재성 속의 사건, 고립과 고독 속의 사건조차 누군가 그에 매혹당해 끌려들어 가는 자가 있을 때 사건이 된다. 아무도 시선을 주지 않고 아무도 관심을 갖지 않는다면, 어떤 사건도 사건화되지 못한다. 그것은 오랜 시간 죽은 채 이승을 떠돌아다니지만 세상과 마주치지 못한 사냥꾼 그라쿠스의 운명과 같은 것이다. "내가 여기에 쓰고 있는 것을 아무도 읽지 못할 겁니다. 나를 도우러 아무도 오지 않을 겁니다. 설사 나를 도우라는 과제가 주어졌다 하더라도, 모든 집의 문들은 언제까지나 잠겨 있을 것이며, 모든 창문들 역시 잠겨 있을 것이며, …… 아무도 나에 관해서 모르며, 설사 안다 하더라도 나의 소재를 모를 것이며, 설사 나의 소재를 안다 하더라도 거기서 나를 붙잡을 길을 모를 터이고, 어떻게 나를 도울지 모를 것이니 말입니다."[3]

　그렇게 누구와도 마주치지 못하고 누구에게도 발견되지 못한다면, 누구에게도 영향을 미치지 못할 것이다. 누구에게도 영향을 미치지 못하는 한, 그것은 '존재한다'고 말하기도 어렵다. 누구와도 마주치지 못하고 누구도 관심을 갖지 않는 사건은 사실 존재하지 않는 것에 가까운 것이 되어 버린다. 이런 일은 일상적으로 아주 흔하게 일어난다. 그라쿠스가 15세기 만에 만난 한 신사가 말한다. "당신은 생리적으로 온 세

---

3) 프란츠 카프카, 「사냥꾼 그라쿠스」, 『변신: 카프카 전집 1』, 이주동 옮김, 솔, 1997, 505쪽.

상 일에 대해 알아야 한다고 생각하지만, 세상 사람들은 이 짧은 삶 속에서 …… 자신과 자기 가족을 부양하기 위해 두 손 가득히 해야 할 일이 있어요. 비록 사냥꾼 그라쿠스가 흥미롭기는 하지만…… 그를 생각할, 그의 안부에 대해 물어볼, 아니면 그에 대해 걱정할 시간적 여유가 없어요."[4] 굳이 자신과 가족의 부양 때문만은 아닐 것이다. 운동을 하는 사람은 자신이 하는 운동으로 인해, 연구를 하는 사람은 자신의 연구로 인해, 종종 어떤 이가 목숨을 걸고 벌이는 사건에조차 참여하기 어렵고 관심을 가질 여유마저 없는 경우도 있는 것은 누구나 겪는 일 아닌가?

그래서 도시 사람들은 많은 것들에 대해 얘기하지만 그라쿠스는 그들의 대화 대상이 아니다. "세상은 자기 갈 길을 가고 있고, 당신은 당신의 항해를 하고 있어요."[5] 그렇게 엇갈려 지나가고 만나지 못할 때, 그들은 사실 다른 세상에 살고 있는 것이다. 도시인들이 사는 세계에 그라쿠스는 존재하지 않는 것이다. 그렇게 홀로 노도 없는 나룻배에 실려 떠다닌 지 15세기 만에 카프카가, 혹은 그의 화신인 누군가가 그라쿠스에게 다가가 말을 걸고 그의 말을 전할 때 비로소 그라쿠스는 부재와도 같은 고독과 고립으로부터 사건의 장 속으로 한 발 들여놓게 된다.

카프카는 왜 15세기 동안 아무도 관심을 갖지 않던 그라쿠스에게 다가간 것일까? 무언가에 이끌려 갔을 것이다. 그의 시선을 잡아채는 무엇에 이끌려, 그의 마음에 와 닿아 달라붙어 있는, 떨구기 힘든 어떤 손길에 이끌려 간 것일 게다. 그것은 그라쿠스의 고독 때문이었을 수도 있고, 죽

---

4) 이는 「사냥꾼 그라쿠스」의 여러 미완성 판본 중 하나에 나오는 내용이다. 프란츠 카프카, 『꿈 같은 삶의 기록: 카프카 전집 2』, 이주동 옮김, 솔, 2004, 330~331쪽.
5) 같은 책, 331쪽.

은 채 이승을 떠돌아다니는 그의 운명 때문이었을 수도 있다. 혹은 노가 없어 흘러가는 대로 갈 수밖에 없는 기이한 유동성 때문이었는지도 모른다. 이유를 카프카 자신이 알 것이라고 쉽게 말할 수 없다. 무언지 알지 못한 채, 알 수 없는 어떤 힘에 매혹되어 그라쿠스의 배로 끌려들어 간 것이다. 그라쿠스의 기이한 운명에 그렇게 다가간 것이다.

사건은 아무리 고립되어 있을 경우에조차, 비록 극히 소수라고 하더라도 누군가를 끌어들일 수 있는 어떤 힘을 가질 때, 어떤 잠재성을 갖는 사건이 될 수 있다. 그라쿠스, 혹은 죽었지만 사공의 잘못으로 저승으로 가지 못한 채 이승과 저승 사이에서 물결 따라 흘러가는 것은 결코 통상적이지 않은 '사실'이며, 그런 점에서 특이적인 하나의 사건이다. 누구도 주목하지 않았지만, 카프카처럼 누군가 그것을 볼 수 있는 자가 있다면, 그의 시선이나 관심을 끌 충분한 힘을 갖고 있다. 누군가에게 다가가 그의 몸을 건드리거나 그의 시선을 잡아채 끌어당길 수 있는 이런 힘을 '매력'이라고 부를 수 있다면, 그 매력에 이끌려 이유도 알지 못한 채 끌려가는 것을 '매혹'이라고 부를 수 있을 것이다. 사건은 누군가를 매혹한다. 그리고 뜻하지 않은 곳으로 끌고 간다. 매혹과 끌림.

그러나 매혹한다는 말은 유혹과 달리 적극적인 능동성을 갖지 않는다. 많은 경우 사건은 누구를 부르거나 누구에게 손을 내밀려는 의도도 없이 일어난다. 그저 일어날 뿐이다. 아무도 부르지 않는다. 그것에 매혹되는 자는 부르지 않은 부름에 응하는 것이다. 그에게도 매혹은 적극적 능동성을 갖지 않는다. 매혹되고 싶어서 매혹되는 자는 없기 때문이다. 매혹이란 어쩔 수 없이 끌려들어 가는 수동성을 가질 뿐이다. 사건은 뜻하지 않게 일어나고, 뜻하지 않게 누군가가 끌려들어 간다. 사건의 매혹은 기이한 수동성 속에서 누군가를 끌어들인다.

어떤 안타까움이나 분노, 고통이나 억울함 등에 의해 무언가 호소하고자 하여 일어난 사건조차, 누군가를 부르고자 하지만, 그 '누군가'는 정확한 대상을 갖지 않는다. 단지 '누군가' 시선을 주었으면, '누군가' 이 얘기를 들어주었으면, '누군가' 손을 잡아 주었으면 하고 손을 내밀 뿐이다. 전태일이 자신의 몸을 불사를 때에도, 김진숙이 크레인에 올라갈 때에도, 무언가 목숨을 걸고 호소하려는 것이지만, 그것은 들어줄 누군가를 향해, 그러나 특정할 수 없는 '누군가'를 향해, 대상 없는 대상을 향해 외치는 것이다. 그래서 그런 외침은 잘 들리지 않고, 금세 답해지지 않는다. 그들은 운명 같은 고독 속에 있다.

그리고 누군가 이 고립된 사건에 매혹된다. '누군가'의 비인칭성은, 사건이 부르는 소리에 누구나 매혹될 수 있음을, 누구나 대답할 수 있음을 뜻하지만, 고립 속에서 그 사건의 매력을 감지할 수 있는 자, 그 사건에 매혹될 수 있는 자는 아마도 희소할 것이 틀림없다. 그것은 통상적인 감각을, 또한 '부양'의 삶 속에서 많은 것을 잊고 살아야 하는 사람들을 피해 간다. 그렇지만 매혹되는 자들이 있다. 뒤늦게 혹은 빠르게 그 고독한 사건 속에 끌려들어 가는 자들이 있다. 이런 매혹에 대해 누구보다 정확하게 지적했던 것은 아마도 블랑쇼였던 것 같다. "매혹당한 자가 보는 것은 엄밀한 의미에서 본다고 할 수 없다. 오히려 즉각적인 인접한 거리에서 그것이 직접 그에게 손을 대는 것이다."[6] 그렇게 닿은 손에 이끌려, 뜻하지 않은 사건 속으로 끌려들어 가는 것이다.

블랑쇼는 사건뿐만 아니라 사물에 매혹되는 자들이 있음을 잘 안다. 가령 시인들은 최소한의 의미에서의 '사건'이라고도 부를 수 없는 어떤

---

6) 모리스 블랑쇼, 『문학의 공간』, 박혜영 옮김, 책세상, 1998, 35쪽 [이달승 옮김, 그린비, 2010, 33쪽].

것에, 단지 거기 존재하는 하나의 사물에조차 매혹되어 끌려들어 간다. 그가 사물에 매혹될 때, 그는 내가 보는 사물과 다른 것을 보는 것일 게다. 그때 그가 매혹되는 것은 우리의 일상적인 눈에 보이는 어떤 사물이 아니라, 그런 사물이 사라지며 나타나는 어떤 것일 게다. 그런 점에서 그런 매혹 속에서 그는 단지 '사물'에 매혹되었다고 할 수 없고, 사물 또한 '사물'이라고 할 수 없다. 그것은 **내가 아는 사물의 사라짐과 내 눈에 보이지 않는 어떤 '사물'의 출현이 교차하는 사건**이고, 그 교차 속에서 열리는 새로운 잠재성의 공간이다.

따라서 그는 사물을 보는 것이라기보다는 차라리 사물의 부재를 보는 것이다. 사물이 사물을 가려 버리는 어떤 모호한 깊이 속에 떨어져 버려 보이지 않게 된 부재의 자리를 보는 것이고, 사물을 더 이상 이전의 사물이라고 할 수 없게 만드는 그 모호한 공간을 보는 것이며, 그 공간을 채우며 들어설, 아직 뭐라 말할 수 없는 모호한 어떤 가능성들을 예감하는 것이다. 그 모호성이란 기존의 사물이 갖고 있던 규정을 지우고 그것을 대신할 새로운 규정 가능성의 장이 출현하는 공간의 이름이다. "매혹당한 자는 누구나 현실적인 물체나 현실적인 모습을 전혀 보지 않는다고 말할 수 있다. 왜냐하면 그가 보는 것은 현실의 이 세상에 속한 것이 아니라, 매혹이라는 불확실한 공간에 속한 것이기 때문이다. 이 공간은 말하자면 절대적인 공간이다."[7] 그것은 필경 기존의 사물의 위상을 변경시키는 다른 종류의 계열화를, 다른 종류의 사건을 예감하는 것이다. 즉 그들은 사물에 매혹될 때부터 항상-이미 사건에 매혹되는 것이다.

그 매혹에는 어떤 심각한 결심도 없고, 어떤 대가나 희생을 각오하는

---

7) 같은 책, 34쪽 [32쪽].

단호한 결단도 없다. 사건의 매혹은 결단이나 결심보다 먼저 온다. 결단이나 결심의 무거움과 반대로, 잘 떨쳐지지 않는 가벼운 끌림에서 시작한다. 물론 매혹의 힘에 끌려 결단을 하는 사람도 있을 것이다. 그러나 매혹이 그런 길로만 향해 있다고 한다면, 분명 잘못일 것이다. 매혹이란 차라리 쉽게 축소되지 않을 것 같은 어떤 거리를 사이에 두고 다가온다. 그 거리는 여러 방향, 여러 가지 가능성이 끼어들 수 있는 공간이다. 사물이나 사건의 잠재성이란 그 사물 내지 사건을 향해 상이한 것들이 다가올 수 있는 길들의 복수성을 뜻한다. 수많은 길들로 열려 있음을 뜻한다.

매혹이란 고독한 사건의 영혼이다. 그 영혼으로 인해, 그 영혼의 잡아끄는 힘에 의해 사건은 세상 속으로 들어갈 수 있다. 세상과의 엇갈림, 헛되이 반복되는 손짓에서 벗어나 세상과 만나고 사람들과 대면한다. 비록 그렇게 끌리는 자가 희소하다고 해도, 그렇게 끌리는 자 자신도 왜 끌리는지 모르는 모호함 속에 있다고 해도, 그런 모호함이야말로 그를 잡아끄는 힘이라고 해도. 매혹을 야기하는 것의 모호함, 그것은 **사건의 잠재성이 갖는 미규정성**을 뜻하는 것이며, 그 사건의 잠재성의 폭을, 크기를 뜻하는 것일 게다. 사냥꾼 그라쿠스의 나룻배가 물결에 따라 떠도는 그 모호하고 미규정적인 공간, 누군가를 부르고 잡아끄는 그 모호한 매혹의 공간, 그것이 바로 사건이 사건으로서 존재할 수 있고, 사건으로서 누군가와 조우할 수 있는 지대라고 해야 할 것이다.

3. 사건화와 휘말림

세상 속의 고독, 혹은 세상으로부터의 고독, 그것이 아직은 잠재성 속에 있는 사건의 운명이다. 우리의 평이한 감각은 그것을 감지하지 못한다.

그렇기에 그것에 매혹되어 끌려들어 가는 자들 또한 고독하다. 그러나 거기서 본질적인 것은 세상 사람들이 보지 못하는 것을 본다는, 혹은 세상 사람들과 다른 길을 간다는 의미에서의 고독이라기보다는, 이유도 알지 못한 채 끌려들어 가는 자의 고독, 그 어찌할 수 없음이다. '세상을 등지는' 데서 오는 고독이 아니라, 사건과 만나는 데서 오는 고독이다. 사건 앞에서의 고독이다. 매혹에서 오는 고독이다.

사건이 고독한 공간에서 벗어나 세상 속으로 들어오는 것은 증폭에 의해 '사건화'됨으로써다. 소수의 사람이 아니라 수많은 사람들이 시선을 줄 수밖에 없고, 수많은 사람들이 좋든 싫든, 어떤 방향에서든 관심을 가질 수밖에 없도록 만드는 확산과 증폭을 통해 그것은 비로소 '사건이 된다'. 사회적으로 확대되고 정치적으로 파급력을 갖는 사건이 된다. 증폭을 통해 사건은 우리가 통상 사용하는 의미의 사건이 된다. 증폭에 의한 사건화가 사건을 '사건'이 되게 만드는 것이다.

증폭을 통해 '사건'은 끌어들이는 힘과 다른 종류의 힘을 갖게 된다. 다른 것들, 다른 영역으로 퍼지고 확산되는 힘, 다른 어떤 것들에 작용하여 변용시키는 힘, 그리하여 사람들이 집단적으로 무언가를 하게 하거나 생각하게 하는 힘을. 이는 끌어들이는 힘과 달리 원심적인 힘이고, 무언가를 하도록 추동하는 힘이다. 이로 인해 관심 없이 흩어져 있던 것들을 하나로 모으고, 모인 것들을 결합하여 일종의 집합적 신체로 만들어 내며, 그 신체를 움직여 어딘가로 나아간다. 이런 의미에서 매혹이 사건의 영혼이라면, **증폭은 '정치적 사건'의 심장이다.**

예를 들어 전태일의 분신은 죽음 이상으로 고독한 사건이었다. "근로기준법을 지켜라!"라고 외치며 몸을 불사른 그의 죽음은 크게 보도도 되지 않았다. "대학생 친구가 하나 있었다면" 하는 생전의 고독은 불사른 뒤에도 금세 사라지지 않았다. 그렇지만 그 가슴 저미는 고독한 외침에 사로잡혀 불러 들어간 이들이 있었다. 이미 죽은 이의 친구가 되기 위해 달려간 뒤늦은 '대학생 친구'들이 있었다. 그 외침에 매혹된 소수의 사람들이 있었다. 그러나 시간이 지나면서 그 사건에 매혹된 사람들은 늘어갔고, 그 사람들에 의해 옆으로 전해지고 전달되면서 매혹의 힘은 강한 전파력을 갖게 되었고, 그런 전염을 통해 수많은 영역으로 확산되었다. 명확한 증폭기가 따로 없었음에도, 그 사건이 갖는 호소력과 끌어들이는 힘이 워낙 강력했기에, 얘기를 전해 듣는 것만으로도 강력한 파급력을 갖고 퍼져 갔던 것일 게다. 이런 증폭의 과정을 통해 그 사건은 한국에서 노동자나 민중의 삶을 진지하게 생각하는 사람이라면 누구라도, 어떤 식으로든 말려들 수밖에 없는 결정적인 사건이 되었다.

전태일의 분신이 분기점을 특정할 수 없는 어떤 연속성 속에서 증폭되며 사건화되었다면, 김진숙의 크레인 농성은 증폭과 사건화의 분기점을 확인할 수 있는 방식으로 사건화되었다. 2011년 1월 6일 그가 크레인에 올라갔을 때, 한진중공업이나 노동운동에 관심이 있던 사람들 말고는 아무도 그 사건에 관심을 갖지 않았다. 한진중공업 노동조합 동료들이나 다른 노동조합, 사회운동가들의 지지와 연대가 있었음에도 농성은 고독하게 진행되었다. 그 크레인에서 120일 이상을 농성하다 죽은 김주익 씨의 고독을 반복할 수도 있었을 것이다. 그러나 농성이 5개월을 넘어가면서, 그리고 김진숙 씨의 스마트폰에서 발신되는 트윗이 점차 체증적으로 리트윗되면서 그 사건은 새로운 증폭의 경로를 발견했다. 이런 증폭의 과정에서 특히 중요한 변곡점을 형성했던 것은 '김여진과 날라리 외부세력'의 적극적인 개입이었다. 이들로 인해 이 사건은 노동운동가나 사회운동가들만이 아니라 일반인 모두의 관심사로 영역이 확대되었고, 연예인이라는 김여진 씨의 '신분'은 증폭의 강도를 배가하는 효과를 발휘했다. 그리고 트윗이나 리트윗 이외에 직접적인 방문과 진정성이 담겨 있는 감동적인 연설 등이 더해지고 그 동영상이 리트윗되면서, 이 사건은 이제 사실의 전달과는 다른 차원에서 감성적 전염의 경로를 형성하게 되었다. 이를 계기로 김진숙 씨의 농성은 죽음과도 같은 고독 속에서 벗어나 세상 속으로, 세상사의 한가운데로 들어서게 되었다.

물론 이런 종류의 사건이 사건화의 일반적 양상을 보여 준다고 할 순 없다. 흔히 접하는 통상적인 사건들이 있다. 통상적인 방향에서 사회·정치적 파급력을 갖는. 이런 통상적인 사건 역시 증폭에 의해 사건화된다. 이러한 사건화에서 증폭작용을 하는 것은 이른바 '대중매체'들이다. 신문이나 라디오, 텔레비전은 어떤 국지적인 장소에서 벌어진 고립된 사건을 다수의 '대중' 속에 전달하며 일시에 증폭시킨다. 그것을 계기로 전국에서 수많은 사람들이 비슷한 방식으로 말하고 반응하는 사건이 된다. 그리고 '여론'이란 이름으로 사건의 의미는 이해되고 공유된다.

그러나 교통사고나 강도, 폭발사고 등 뉴스에서 보는 수많은 사건들이 그렇듯이, 매력을 갖지 못하는 사건들은 그런 증폭을 통해서도 사회·정치적 파급력을 갖는 사건이 되지 못한다. 그것들은 증폭기를 통해 사람들을 대대적으로 끌어들일 수 있는 '영혼'을 갖지 못한 것이고, 사람들의 정신이나 신체를 물들이는 전염력을 갖지 못한 것이다. 이와 달리 매체를 통해 전달하는 자들의 의지가 부가되면서 사람들의 관심을 잡아먹는 사건이 되는 경우도 있다. 반면 전태일의 분신이나 '광주항쟁', 혹은 김진숙의 크레인 농성처럼 이른바 '여론 주도층'에 의해 무시되거나 의도적으로 배제되는 경우에도, 강력한 '영혼'을 갖는 사건, 강력한 매혹의 힘을 발산하는 사건들은 기어코 언젠가 사건화되고 만다. 이는 매혹의 힘이 없는 것은 증폭되어도 사건화되지 못하는 반면, 매혹의 힘이 강한 것은 무시해도 결국은 증폭되며 사건화된다는 것을 보여 준다(사건화가 증폭에 의한 것이라고 해도, 사건의 본질적 요소는 매혹임을 확인할 수 있다).

이는 대중매체와는 다른 증폭의 경로가 있기 때문이다. 이른바 '유언비어'는 매혹의 힘을 갖는 사건이 정상적인 증폭기로부터 배제되거나 그것을 통해 증폭되지 않았을 때, 가장 통상적으로 발생하는 고전적인 언더그라운드 증폭기다. 인터넷이나 휴대전화, 그리고 최근의 SNS는 이전에는 '유언비어'라는 음습하고 병리적인 이름을 갖고 있던 모호한 성격의 지하 증폭기에, 밝고 첨단적인 이미지와 더불어 강력한 기계적 장치를 제공했다. 이 새로운 증폭기의 강력한 성능은 2002년 이래 무수히 반복되었던 대중적 사건들, 앞서 말한 김진숙 씨의 농성 등 전통적인 대중매체의 '여론'이나 권력을 뒤엎으며 강력하게 진행되었던 사건들이 보여 준다. 이는 지금 이집트를 비롯한 이슬람권에서의 대중혁명들, 인도에서의 혁명적 사건 등에 의해 국경을 넘어서 일반화되었다.

따라서 두 가지 상이한 증폭의 양상을 구별하는 것이 좋을 것 같다. 하나는 전국적인 방송망이나 보급망을 갖는 대중매체들을 통해 이른바 '여론 주도층'이 사건화를 하고, 그것을 보거나 읽는 독자들이 그에 **공명하는 방식의 증폭**이다. 중앙의 거대한 증폭기와 그것을 장악한 자들의 사건화, 그리고 그것에 공명하며 사건의 의미를 공유하는 이른바 '공중'(public)과 공유된 판단의 집합으로서의 '여론'이라는 하나의 계열이 형성된다. 다른 하나는 유언비어나 인터넷, 트위터나 페이스북 등의 SNS처럼, 중심화된 증폭장치를 갖지 않고 **옆에서 옆으로 전염되며 횡단적으로 전파되는 방식의 증폭**이다. 중앙의 증폭기에 의한 공명이 단번에 이루어진다면, 옆에서 옆으로 전달되는 증폭의 방식은 단번에 이루어지지 않으며 개별적인 의견의 전염이란 형식으로 진행된다. 따라서 전달과 증폭의 속도는 더디고 특히 초기에는 불가피한 지체가 발생하지만, 일단 전염의 흐름이 형성되면 체증적인 속도와 강도로 확산된다. 전자가 증폭장치를 장악한 중앙의 '여론 주도층'에 의해 일방적으로 이루어진다면, 후자는 옆에서 옆으로 횡단으로 진행될 뿐 아니라 중첩되고 부가되거나 덧칠되고 변조되는 양상으로 진행된다. 따라서 전달되는 내용 또한 '여론'과 달리 상이한 정보와 이질적인 목소리들이 뒤섞여 있어서 '소란스럽다'.

중앙에서 증폭된 것에 공명하고 동일시하는 공중은 받아들인 것을 자신의 생각이라고 동조하는 수동적 일방성에 머물러 있다. 반면 옆에서 옆으로, 아니 좀더 정확히는 주어진 영역이나 경계들을 횡단하는 방식으로 전염되며 형성되는 대중[8]은 트위터의 리트윗이 보여 주듯이 다시 전달하는 경우에조차 자기 나름의 선별과 변조를 더하며 주동적으로 전염의 과정에 관여한다. 중앙의 '여론'에 공명한 공중에 비해 전염에 의해 형성되는 대중이 훨씬 적극적이고 주동적이라는 점은 이와 무관하지 않을 것이다. 2002년의 대통령선거에서부터 노무현 탄핵에 대한 반대 투쟁, 2008년의 촛불시위, 그리고 최근의 희망의 버스나 무상급식 주민투표 등은 지배적인 중앙매체의 권력이나 그들이 형성한 여론 및 공중의 힘을, 인터넷과 SNS 등의 경로로 횡단적 전염에 의해 형성된 대중의 힘이 크게 능가한다는 것을 보여 준 단적인 사례들이다.

공명에 의한 증폭은 일방적으로 주어지는 여론에 대한 반작용들이

---

8) 가브리엘 타르드는 이를 '공중'(publique)과 대비해 '무리'(meute)라고 지칭한다(ガブリエル タルド, 『世論と群集』, 稲葉三千男 譯, 未來社, 1964, 12~13쪽). 하지만 나는 이를 '(흐름으로서의) 대중'이라고 명명할 것이다.

피드백되면서 어느 정도 '균형 있고' 안정된 것으로 조정된다는 점에서 **네거티브 피드백의 체감적 메커니즘**을 갖고 있다. 반면 전염에 의한 증폭은 복제되고 증식되는 횟수가 많을수록 다시 복제되고 재증식되기 쉽다는 점에서 **포지티브 피드백의 체증적인 메커니즘**을 특징으로 한다. 이처럼 포지티브 피드백의 메커니즘을 갖는 것은 증폭이나 증식이 정상적이고 안정적인 상태를 초과해 버리는 경우가 일반적이다. 그래서 나중에 보면 '그 정도로 문제는 아니었는데' 싶은 것도, 그런 체증적 증폭 과정에 들어가면 당장 사활이 걸린 문제인 것처럼 증폭되면서 실제의 문제를 초과해 버린다. 예컨대 2008년 촛불시위를 촉발시킨 광우병 쇠고기 문제는 생사가 걸린 절박한 문제로 증폭되었고, 그래서 한참의 시간이 지난 지금, 그때 그렇게 난리를 치더니 언제 그랬냐는 듯 쇠고기를 사 먹고 있다고 비난하는 이들도 종종 있다. 이에 대해 전적으로 동의할 수 없다고 해도, 어느 정도 진실을 담고 있음 또한 부정할 수 없다. 그렇지만 그것을 들어 대중이나 대중운동이 거짓선동에 의해 만들어진다고 한다면 그 또한 잘못된 것이다. 대중적 전염에 의해 사건화가 진행될 때면, 그 증폭의 방식 자체로 인해 흔히 발생하는 것이 바로 이런 **초과 현상**이기 때문이다. 이는 사태를 호도하고 속이는 거짓과 기만이라기보다는, 무언가를 강조하기 위해 흔히 사용하는 강세, 혹은 설득을 위해 사용하는 과장의 수사학에 가깝다고 하겠다.

전염을 통해 우리는 사건화되는 것에 휘말려 들어간다. 옆에서 들은 것을 다른 쪽 옆에 있는 이웃에게 말하고, 옆에서 읽은 것을 다른 곳에 복제하거나 퍼 나르면서, 혹은 타임라인에서 본 것을 리트윗하면서 우리 자신이 그렇게 사건화되는 사건 속에 휘말려 들어간다. 스스로가 사건의 일부가 되는 방식으로 사건의 증폭에 가담하고 그렇게 가담하여 만들어 낸 사건에 다시금 휘말려 들어간다. **체증적인 휘말림**, 그것은 필경 전염적인 경로를 통해 이루어지는 '성공적인' 사건화의 필수 조건일 것이다. 휘말림은 사건을 고독에서 꺼내 세상 속으로 밀어 넣는 사건화의 끈이다. 그것은 사건화에 휘말리는 수많은 사람들을 하나의 집합체로 묶으며, 사건화에 반응하고 사건화를 증폭시키는 자기-증식적 무리를 만들어 낸다. 대중이란 이런 식으로 증식되는 무리를 지칭하는 말이다.

사실 대중적인 사건화의 증폭이 전염이라면, 전염이란 처음부터 '휘말림'의 벡터를 포함하고 있다고 해야 한다. 전염이란 내게 와 닿은 어떤 말이나 감정 혹은 판단이 나의 정신과 신체를 관통하는 것이고, 그렇게 와 닿은 무언가에 내가 말려들어 가는 것이다. 또한 그것은 내가 복제하거나 퍼 나른 것에 다른 누군가가 말려드는 것이다. 고립된 어떤 '사건'에 끌려들어 가는 것이 사건이 갖는 매력에 매혹되는 것이라면, 이처럼 사건화하는 증폭 과정 속에서 전염되며 말려들어 가는 것은 사건화되는 사건 이상으로 증폭 과정 자체에 휘말려 드는 것이다. 아마도 복제하고 퍼 나르는 사람은, 그런 증폭 과정 이전에는 사건 자체에 끌려가지 않았을 것이다. 전염이란 증폭되며 나에게 다가오는 사건 이상으로 내 옆을 스쳐가는 사건화의 과정에 내가 무언가를 더하며 증폭하는 방식으로 말려드는 것이고, 그렇게 증폭되는 사건에 휘말려 드는 것이다.

따라서 매혹과 휘말림을 구별해야 할 것 같다. **사건**이 내게 와서 나를 건드리고 손을 대는 것과 달리 휘말림은 **이웃의 다른** 이들이 건넨 것에 사로잡히는 것이고 그런 식의 증폭 과정에 사로잡히는 것이다. 고립된 사건에 매혹되는 것이 사물이 **사라진 자리**를 보는 것이고, 그 자리를 채우며 들어설 무언가의 **예감** 속으로 들어가는 것이라면, 정치적 차원의 사건화에서 휘말림은 사물의 표면에 칠해진 말들에 새로운 말들을 **덧붙이는 것**

이고, 그렇게 덧붙여져 온 것들에 또 다른 것들을 덧붙이는 것이며, 그렇게 겹겹이 덧붙여진 것들 속에서 도래하는 것들에 대한 **공감** 속으로 들어가는 것이다. 매혹이 비어 있는 곳에, 홀로 있는 것에 처음 다가가는 것을 통해 이루어진다면, 휘말림은 거듭 채워져서 범람하는 것에, 그 범람하는 흐름에 휩쓸려 가는 것이고, 무수히 달라붙어 있는 것들의 다수성에, 그 다수의 소란스런 목소리에 사로잡히는 것이고, 그렇게 휘말린 것들에 매료되어 다시 휘말려 들어가는 것이다. 휘말림은 휘말림에 의해 휘말려 들어간다. 휘말림을 야기하는 증폭이 복제의 복제를 통해 이루어진다는 것은 이와 무관하지 않을 것이다.

대중이란 그렇게 휘말려 들어간 것들의 집합, 휘말림에 휘말려 들어가는 방식으로 휘말림을 배가시키면서 증식되는 것들의 집합이다. 휘말림에 의해 대중은 정보와 생각, 판단과 감정에 전염되며 소란스런 차이들로 가득한 하나의 흐름을 형성한다. 생각과 판단, 감정을 전달하며 형성되는 수많은 이들의 집합은 하나의 거대한 신체이지만, 동시에 전달되고 전염되는 것들 속의 차이에 의해, 그 차이들의 '소란'과 동요에 의해 가변화되는, 때론 쉽게 절단되기도 하고 때론 방향과 성격을 바꾸어 버리기도 하는 흐름이다. 휘말림은 복수의 개별적이고 고체적인 요소들을 하나로 엮어 액체적 집합체로, 거대한 흐름으로 변환시키는 성분이다. 그 고체적 요소들을 하나로 묶어 움직이게 하는 표면장력이다.

대중이 하나의 흐름이라고 했을 때, 그 흐름의 방향과 강도, 구체적 양상을 결정하는 것은 전염적으로 작동하는 휘말림의 벡터들이다. 그리고 그 휘말리며 흘러가는 흐름을 끌어들이는 특이점들이다. 사건이란 대중의 흐름을 끌어들이는 특이점이다. 사건이 갖는 매혹의 힘, 그 힘이 사건화의 증폭에 의해 가동시키는 휘말림의 벡터들, 그 벡터들에 의해 그 구체적 양상이 결정되는 대중의 흐름, 그것이 하나의 사건이 현행화되는 사건화의 결정적 성분들이다. 이런 성분들에 의해 규정되는 대중의 흐름이란 휘말림의 벡터들이 작용하는 하나의 장이다. 그 안에 들어가는 모든 것이 휘말림의 벡터들을 따라 다시 휘말려 들어가도록 만드는. 그렇다면 대중의 흐름과 짝하는 사건화의 공간, 그것을 '휘말림의 공간'이라고 불러도 좋을 것이다.

4. 센세이션의 정치학

두 가지 상이한 사건화의 방식이 있다. 중앙의 증폭장치에서 때리고 그것에 공명하고 동일시하면서 일거에 사건화되는 것이 하나고, 옆에서 옆으로 혹은 횡단적으로 복제·변조·추가 등의 방식으로 전달되고 전염되는 사건화가 다른 하나다. 전자가 발신하는 메시지에 대한 의미화와 해석을 통해 듣는 대상인 공중의 의식에 특정한 내용을 기입하고자 한다면, 후자는 전하고자 하는 메시지의 세세한 전달보다는 문제가 되는 사안에 대한 자신의 '즉자적인' 반응을, 대개는 간단하고 간결한 논평을 덧붙인 자신의 느낌이나 판단을 전염시킨다. 즉 전염에 의한 사건적 증폭은 의식보다는 감각을 촉발하고 감각에 기입되는 양상을 취하는 경향이 있다.

　전통적 대중매체 역시 읽거나 보고 듣는 사람들의 감각에 작용한다. 그러나 비교해 보자면, 이른바 '여론'을 형성하는 뉴스 같은 프로그램은 보고 듣는 이의 의식을 겨냥하고 있다는 점에서 '의식화'의 **형식**을 취하고 있으며, 감각적인 전달은 쇼나 드라마, 혹은 광고 등 합목적적인 사건적 증폭의 경로에서 벗어난 영역에서 발생한다. 그것은 뜻하지 않은 방식으로만 감각의 경로를 따라간다. 반면 인터넷이나 SNS는 정보를 퍼 나르거나 전달할 때조차도 복제하거나 변조하는 사람의 감각적인 단상이나 판단이 덧붙여진다.

그렇게 덧붙여지는 것이 없다고 하더라도, 옆에서 옆으로 전염되는 것은 언제나 인접성을 갖는 경로로 진행된다. **인접한 것을 넘길 때, 우리는 나의 감각과 시선을 함께 넘긴다.** 인접한 이에게서 무언가를 넘겨받을 때, 우리는 그의 시선이나 생각을 같이 넘겨받으며, 그의 감각이나 감정의 움직임을 감지한다. 그리고 그 감정이나 감각에 전염된다. 그럼으로써 우리는 이웃한 자들의 '실감'을 공유하게 된다. 감각적인 상호 침투 혹은 감정적 간섭의 지대가 형성된다. 휘말림이란 이 상호 침투와 간섭의 지대 속으로 휘말려 들어가는 것이다. 휘말림이란 **인접한 감각이나 감정의 전염**이고 그런 전염에 의해 발생하는 침윤 내지 혼합이다. 전염은 의식적이기 이전에 감각적이고, 휘말림은 객관적이고 합리적이기 이전에 주관적이고 감정적이다.

물론 전염에 의한 동조가 유사성을 중요한 특징으로 한다는 것은 사실이다. 수많은 사람들을 하나로 묶어 주는 유사성, 이는 먼저 동일성과 구별된다. 공명과 동일시가, 개별적인 차이가 있을 때조차도 근본적으로 동일성을 특징으로 하는 것과 달리, 전염은 복제의 형태로 동일한 '메시지'를 이웃한 이에게 전달할 때에도 자신의 느낌이나 감정을 실어서 보내기에 동일성에 변조가 더해져 단지 유사성의 형태로만 전해진다. 유사성의 **틈새로 끼어드는 감각적인 차이들**이 증폭의 과정을 통해 증폭되면서 동일성에서 크게 이탈해 애초의 것을 초과하는 지점에까지 이르는 것이다. 그렇지만 이러한 유사성은, 비슷한 면이든 다른 면이든 모두 인접성의 산물이고, 인접한 거리에서 전염되는 전달의 형식 자체에 기인하는 것이다. 따라서 유사성에 비해 인접성이 일차적이다. 그러한 인접성은 유사성의 한계를 넘어 사건화의 실감을 증폭시킨다. 휘말림은 생각이나 감정의 유사성으로 인해 발생하는 것이 아니라, 반대로 유사성이 휘말림에 의해, 인접한 것들의 상호적인 침윤과 간섭으로 인해 만들어지는 것이다.

여기에 더해 휘말림에, 인접한 것들의 전염 과정에 본질적인 또 하나의 현상이 지적되어야 한다. 리듬이 그것이다. 리듬이란 상이한 신체들이 함께 '하나처럼' 움직이는 것이고, 그러기 위해 서로 간의 운동과 정지, 속도와 강도들 간에 어떤 '통일성'을 만들어 내는 것이다. 이러한 통일성은 통상 반복적인 어떤 움직임에 의해 이루어지지만, 리듬적인 '통일성'이란 동일한 움직임, 동일한 속도를 뜻하지 않는다. 오케스트라가 연주하는 곡이 하나의 단일한 리듬을 갖는 경우에도, 각각의 악기들은 다른 속도와 강도, 운동과 정지의 양상을 갖는다. 신체 기관들 역시 그렇다. 하나의 신체로 유기적인 움직임을 갖는 경우에도, 심장과 위장, 간과 신장은 동일한 속도와 강도로 움직이지 않는다. 부분적인 움직임들 간의 움직임의 차이를 갖고 또한 새로운 차이가 끼어들 여백을 가지면서도 '하나처럼', 하나의 신체라도 되는 양 움직이게 하는 것, 그것이 리듬이다.

인접한 신체들이 침윤과 혼합에 의해 서로 휘말려 하나의 신체처럼 움직이는 것, 그것은 무엇보다 리듬적인 '공조'(共調)에 의해 이루어진다. 아니, 그 이전에 감각적인 휘말림은 신체적인 리듬의 공조에 의해 이루어진다. 인접한 신체의 움직임에 공조됨에 따라, 그 신체의 감각이나 감정에 전염되고 그것에 침윤되며 거기에 뒤섞여 들어간다. 휘말림이란 이런 전염과 침윤에 의해 하나처럼 움직이는 리듬적 공조를 통해 시작된다. 감각 이전에 신체적 움직임에 대한 리듬적 공조가 선행한다. 그러한 리듬적 공조가 시작되면서, 신체적 감각이나 감정이 '하나처럼' 공조된 신체를 관통하며 흘러가는 것은 극히 자연스런 일이다. 그러한 신체적 공조가 공유된 감각이나 감정을 양적으로 증폭시키는 것 또한 자연학적/물리학적 현상이다. 그 움직임의 파동이 어떻게 중첩되는가에 따라, 공조를 통한 혼합의 양상이 어떠한가에 따라, 증폭되는 진폭은 커질 수도 있고 작아질 수도 있지만, 더해지는 신체의 수에 따른 양적 증폭은 어긋난 파동조차 공조시키며 진폭의 크기를 증폭시킬 가능성이 크다는 것은 쉽게 추측할 수 있는 것이다. 리듬, "모든 감각 영역에 걸쳐 있고 그들을 모두 다 통과하는 어떤 생생한 힘", 이것이 '감각의 논리'를 구성한다. "궁극적인 것은 바로 리듬과 감각 사이의 관계"이다.[9]

이처럼 휘말림에 의해 신체적 감각이나 감정이 전염되고 혼합되며 마치 '하나인 것 같은' 복합 신체를 구성하는 과정이 바로 사건화를 통해 대중이라는 거대 신체가 구성되는 과정이다. 이 리듬을 통해 세상은, 리듬이 주파하는 나의 이웃들은 나를 사로잡고, 나는 세상을 향해, 그 이웃들을 향해 열리게 된다. 이 과정은 물론 감성과 지성 모두에 걸쳐서 일어나지만, 신체적인 공조에 따른 감각적 휘말림이 일차적이라는 점에서 '감각화'라는 동적인 의미 속에서 감각을 뜻하는 '센세이션'(sensation)의 양상을 취한다고 해야 할 것이다. 양식에 따른 분별력, 건전하고 정상적인 감각을 뜻하는 감각(sense)보다는, 감흥이나 감동 같은 증폭된 강도의 감응의 양상들을 함축하며 놀라게 할 정도로 증폭된 사건화로서 '센세이션'을 직접 뜻하기도 하는 그런 감각을 뜻하는 감각(sensation)임을 강조해 둘 필요가 있다. 그런 방식으로 인접한 사람들을 하나로 묶으며 '하나의' 감각이나 감정 속으로 휘말려 들게 하는 감각화(sensation), 그것이 전염적인 사건화와 그것을 가동시키는 휘말림에 본질적인 또 하나의 특징이다. 대

---

9) 질 들뢰즈, 『감각의 논리』, 하태환 옮김, 민음사, 2008, 54~55쪽.

중이 각각의 독자적인 신체를 갖는 개인들의 거대한 집합임에도, 그것이 하나의 흐름이 되어 하나의 리듬, 하나의 파동을 갖고 마치 하나의 신체처럼 움직이는 것은 이런 리듬적인 감각화/센세이션의 작용에 의한 것이라고 해야 할 것이다.

이런 점에서 우리는 의식(화)의 **정치학**과 감각(화)의 **정치학**을 구별할 수 있을 것 같다. 의식(화)의 정치학은 인민들의 지성에 대한 신뢰 속에서, '진실'을 있는 그대로 드러내고 폭로하여 그들의 의식을 '진리'로 일깨우고 의식화시킴으로써 올바른 정치적 방향으로 나아갈 수 있으리라고 본다. 오랫동안 맑스주의 정치학을 지배해 왔을 뿐 아니라, 사실은 인민들에게 '진실'을 알려주고 그것을 통해 '여론'을 형성하여 그에 공명하는 의식화된 공중을 형성하려는 부르주아지의 오래된 정치학 역시 이런 의식화의 정치학에 속한다. 이러한 정치학이 진리와 허위, 진실과 거짓이라는 철학적인 관념을 전제하고 그것에 근거하고 있다는 것은 길게 말할 필요가 없을 것이다. 맑스주의적인 의식화의 정치학이 부르주아지의 그것과 다른 것이 있다면, 지배적인 의식은 언제나 지배계급의 의식이고, 그것은 프롤레타리아트에겐 허위의식이기에 부르주아 정치는 언제나 프롤레타리아트를 속이는 허위의 정치학이라는 가정, 그렇기에 항상 진실을 일깨우고 알려주는 의식화가 모든 활동의 시작과 끝이라는 관념일 것이다.

반면 감각(화)의 정치학은 정치의 문제, 집합적인 행동의 문제란 일차적으로 의식이 아니라 감각의 문제고, 중요한 것은 의식을 일깨우는 것이라기보다는 오히려 집합적인 어떤 감각을 형성해 내는 것이라고 보는 그런 정치학일 것이다. '여론'이란 이름으로 의식에 기입되는 사건화 방식에 대해 거리를 두게 만들고 그 거리 속에서 만들어지는 다른 사건화

방식에 휘말려 들게 하는 어떤 감각의 형성과 전염, 눈에 보이는 현실 속에 감추어진 어떤 진실을 드러내는 것 자체가 아니라, 현행적인 현실에 대해 불편하게 느끼고 당연한 듯 주어진 세상과 불화하게 하는 어떤 감각의 출현에 주목하는 것, 그런 감각의 증폭이 갖는 가능성을 주시하면서 그것에 리듬을 맞추어 따라가면서 그것의 흐름을 끌어들이는 어떤 매혹적인 특이점을 찾아내는 것, 그런 방식으로 새로운 사건화의 길을 찾아내는 것.

여기서 **중요한 것은 폭로하는 것이 아니라 매혹하는 것이다.** 고독한 사건에서 대중의 감각을 끌어들일 수 있는 매혹의 공간을 감지하고 찾아내는 것이고, **그런 매혹의 공간을 휘말림의 공간으로 증폭시키는 것이다.** 대중적인 센세이션/감각화의 장을 형성하는 것이다. 가령 김진숙 씨의 농성에 사람들이 휘말려 들어간 것은, 그가 주장하는 바, 즉 정리해고 철회라는 주장 때문이라고만은 할 수 없다. 그 문제는 쌍용자동차에서도, 그 이전의 많은 사건들에서도 제기된 것이다. 물론 거기 휘말려 들어간 사람들은 대부분 정리해고의 부당성이나 철회의 정당성에 대해 의심하지 않는 사람들이다. 그러나 그렇게 휘말려 들어가기 전에도 그들은 대부분 정리해고가 부당하다는 것이나 한진중공업 문제가 해결되려면 그게 철회되어야 한다는 것에 동의하는 사람들이었다. 대중적인 휘말림이 발생하기 이전이나 이후에 거기서 달라진 것은 없다. 달라진 것은 이미 장기화되고 있는 김진숙 씨 농성의 고됨과 그 고됨을 견디는 결연함, 그리고 해결 전에는 정말 내려오지 않겠다는, 목숨을 걸었다는 사실의 진정성이 감각적으로 전염되고, 그렇게 전염된 사람의 감각이, 결코 죽어서 내려오게 해선 안 된다는 **안타까움과 절박함의 감각**이 다시 전달되기 시작하면서였다. 김여진 씨가 결코 부분적이라고만은 할 수 없는 매우 결정적인 역할을 했던 것은 바로 이런 감각화와 감각의 전염의 물꼬를 텄다는 사실에 기인한다. 전염에 의한 증폭과 휘말림을 통한 대중적 흐름의 형성에서 결정적인 것은 의식화와 다른 이러한 감각화의 과정이다.

이러한 감각화(sens-ation)는 리듬을 타는 것, 대중적인 휘말림의 과정 속으로 들어가는 것 없이는 불가능할 것이다. 중요한 것은 그렇게 휘말려 들어가면서 대중적 흐름의 리듬을 타고 공조하면서, 그 리듬 속에서 파동을 변조시킬 수 있는 차이를 끼워 넣는 것, 사건적 특이점의 매혹을 그 흐름에 실어서 새로이 가동하게 하는 것이다. 감각적인 공감을 형성해 내는 것, 그런 감각이 리듬적인 공조를 통해 전염되면서 사람들을 하나의 파동, 하나의 흐름으로 휘말려 들게 하는 것, 그럼으로써 인민 내지 주민들 속에서 하나의 신체처럼 움직이는 대중의 흐름을 만들어 내는 것. 이것이 유려하게 진행될 때, 우리는 하나의 새로운 '센세이션'을 만들어 내는 데 성공했다고 말할 수 있지 않을까? 감각화의 정치학이란 이런 점에서 정확하게 '센세이션'의 정치학이다.

하지만 의식화의 정치학이 감각적인 요소를 전적으로 무시한다거나 그것을 다룰 수 없다고 말한다면, 그것을 과소평가하는 것이다. 공중과 여론의 정치학 역시 마찬가지다. 특히 매일 발행되는 신문이나 그날의 일을 보도하는 방송은, **현재시제에 준하는 속도**로 보도함으로써, 저 멀리 어딘가에서 벌어진 사건을 그것을 보는 사람들의 현재 속으로 끌어들인다. 시간상의 차이를 극소화함으로써 공간상의 거리가 만드는 거리감을 축소하는 것이다. 그러나 이는 SNS에 의해 즉각적으로 알려지고 그에 대한 반응이 전염되는 것의 효과를 입증하는 것이며, 현재시제로 전파되는 그 사건의 현재성을 따라갈 수 없다. 누구 말대로 "피가 아직 뚝뚝 떨어지는 그대로"를 폭로하고 알려준다고 해도, 그것을 알려주는 보도는 피를 흘리지 않으며 피를 느끼게 하기도 어렵다. 그것은 피가 떨어진다고 알려줄 뿐이다. 그것은 감각적이고 감성적인 것을 의식 속에 기입하는 것이고, 그런 한에서 의식화의 한계 안에 있다. 부르주아 언론이 흔히 하듯이 거기에 감정적인 논평이나 언표를 실어서 '여론화'하여 보도한다고 해도, 그리고 그런 감정을 보고 듣는 공중이 그것을 공유한다고 해도, 그것은 감각이 아니라 '지성화된 감각'이고, 의식 속에 기입된 감각일 뿐이다.

그것은 감각인 듯한 가상을 만들지만, 여전히 감각 아닌 의식 속의 언표들일 뿐이다. 전통적인 대중매체의 보도는 중앙에서 일거에 때리기 때문에 항상 큰 거리를 사이에 두고 있다. 인접한 곳에서 벌어진 일, 바로 옆의 이웃이 전해 주는 얘기는 감정이 명확하게 실리지 않아도 감정의 움직임이 전해지고 감정적으로 전염되지만, 그처럼 먼 거리에서 알려주는 감정을 감성이나 감각을 통해 받아들이기는 어렵다. 단지 의식의 영역에 기입될 뿐이다. 그 거리를 넘어서기 위해, 의식의 영역을 흘러넘쳐 감성의 영역으로 그것이 흘러들어 가게 하기 위해 극도로 과장된 감정적인 언표를 사용하게 된다. 감정을 자극하는 지나친 언표들이 사실들을 덮으며 범람하게 된다. 휘말려 들지 않는 사람을 억지로 휘감기 위해, 보고 듣는 사람의 삶을 위협하는 언표들이 사용되고, 그것에 대해 쓰고 말하는 자의 감정적 판단이 눈에 띄게 덧칠된다. 그리고 이런 목적을 위해 사실을 은폐하거나 변형·조작하고, 턱없는 과장이나 거짓된 사실의 보도마저 과감하게 사용된다.

이러한 식의 증폭의 전술을 통상 '센세이셔널리즘'이라고 부른다. 이는 감각을 전염시키며 사람들의 신체를 휘말려 들게 할 수 없다는 무능력 지대에서, 자신들이 사건화하려는 것을 감정적으로 증폭시켜 억지로 센세이션으로 만들기 위해 감각적인 가상을 만들고 **감정적인 언표들을**

덕지덕지 덧붙여서 '알려주는' 의식화 전술의 이름이다. 그것은 의식화의 정치학이 근거하고 있는 진리와 허위, 진실과 거짓이란 전제마저 위반하며 억지로 센세이션을 만들어 내고자 한다. 그것이 언론이나 정치에서 가장 격렬한 비난을 사는 것은 이런 이유에서일 것이다. 그러나 그런 비난 속에서도 자신이 할 수 없는 것을 하고자 하는 한, 반복하여 다시 사용하게 되는 가장 손쉬운 전술이다. 이것이 센세이션의 정치학과 근본적으로 다르다는 사실을 길게 설명할 필요는 없을 것이다.

5. 무엇이 대중정치학에서 좌우를 구별해 주는가?

대중의 혁명성을 경험해 보지 못했다면, 아직 대중을 알고 있지 못한 것이다. 그러나 대중의 반동성을 경험해 보지 못했다면, 그 또한 아직 대중을 알고 있지 못한 것이다. 대중은 혁명을 향한 방향의 극한에 이르며, 반대로 반동을 향한 방향에서도 그 극한에 이른다. 러시아나 중국은 물론, 한국에서도 혁명적 사건의 주역은 대중이었다. 그러나 독일의 나치즘이 잘 보여 준 것처럼 파시즘적 사건의 주역 또한 대중이었다. 멀리 외국으로 나갈 이유도 없다. 통계학에서 말하는 '큰 수의 법칙'을 뒤집으면서 노무현을 대통령으로 만든 대중과 범죄적 사실이 명백하게 가시화되었음에도 불구하고 '닥치고 경제'를 외치며 이명박을 대통령으로 만든 대중, 이 상반되는 극한으로 달려간 대중이 물리적으로 보자면 '하나의' 대중이었다는 것이다. 이명박을 대통령으로 뽑아 놓고 3개월 만에 시청광장에 모여 100일 이상 시위를 한 대중 또한 그렇다. 뿐만 아니라 보수적인 태도로서도 하나의 극한을 보여 주며, 진보적인 태도로서도 하나의 극한을 보여 준다. 그래서 누구는 대중을 익명의 다수 속에 자신을 가린 채

'그들'의 일부로서 행동하는 비겁하고 어리석은 존재로 서술하기도 하고, 누구는 철벽같은 권력의 벽에조차 전신으로 대면하며 새로운 출구를 찾는 용감하고 지혜로운 존재로 그리기도 한다. 그렇기에 누구는 무엇보다 두려운 존재라고 생각하지만, 누구는 인간이 희망을 걸 수 있는 유일한 존재라고 믿는다.

분명한 것은 대중은 선험적으로 혁명적인 존재가 아니며 또한 선험적으로 반동적인 존재가 아니란 사실이다. 대중이란 하나의 흐름이며, 그 흐름에는 정해진 방향성이 없다. 그때마다 다른 방향으로 흘러갈 뿐이다. 때론 오른쪽으로, 때론 왼쪽으로. 때론 '전위'들도 생각하지 못한 지혜를 발휘하지만, 때론 모든 지성적인 판단을 무시하거나 짓밟으며 어이없는 폭력을 행사하기도 한다. 그렇기에 대중에 대한 찬사나 대중에 대한 경멸 모두 이유가 있으며, 또한 그런 만큼 그것만으론 부적절하다. 따라서 거대 매체에 의한 증폭을 통해 형성되는 대중은 '보수적'이거나 '반동적'이고, 전염적 증폭 내지 감각화에 의해 형성되는 대중은 진보적이거나 혁명적이라고 생각하는 것처럼 어리석은 일은 없을 것이다. 전자의 대중도 때론 진보적이지만 때론 보수적이고, 후자의 대중도 때론 혁명적이지만 때론 반동적이다. 다만 사건적인 증폭의 방식이나 대중의 형성 방식이 다른 만큼, 움직이고 작동하는 방식이 다른 것이다. 전염에 의해 형성되는 대중은 그것이 초과적인 쏠림이나 과장적인 증폭이 쉬운 만큼, 오른쪽을 향해 흐르는 경우 공중적인 성격의 대중보다 훨씬 폭력적이고 위험할 수 있다. 나치즘의 대중이 항상 대중에 대한 위험의 징표로 상징되는 것은 이런 이유에서일 것이다.

대중의 흐름에 좌우는 없다. 그러나 대중정치학에, 감각화의 정치학에 좌우가 없다면, 그것은 더 이상 정치학이길 그칠 것이다. 왜냐하면 대중의 흐름에 대한 포착과 분석은 좌우에 대한 선판단을 벗어나서 있는 그대로 보아야 하지만, 그 흐름에 대해 정치적인 판단을 하는 것은 어떤 식으로든 그것의 방향에 대해 가치판단을 하지 않을 수 없기 때문이고, 그 흐름을 가속하는 방향으로 나아가야 할 것인지 아니면 저지하거나 감속하는 방향으로 나아가야 할 것인지를 판단해야 하기 때문이다. 그렇다면 무엇이 대중정치학에서 좌우를 구별해 주는가? 무엇이 대중의 흐름에 대해 좌우를 구별하게 해주는가?

진보적인 것인지 보수적인 것인지, 혹은 혁명적인 것이지 반동적인 것이지를 구별하는 최소 기준에는 두 가치 층위가 있는 것 같다. 하나는 감성 내지 감각의 차원이고, 다른 하나는 인식 내지 '지성'의 차원이다. 첫째, 감성의 차원. 대중의 흐름은, 특히 전염에 의한 대중의 흐름은 일차적으로 감각화에 의해 형성되고 그것에 따라 움직인다. 감성의 차원에서 보수적인 대중정치학은 대중이 갖고 있는 기존의 감성이나 감각에 편승하며 그것을 증폭시키고 강화하는 방향으로 가고자 한다. 반면 혁명적인 대중정치학은 현재적 감각의 흐름을 타고 가지만, 그 감각 속에서 이전에 보지 못하던 것을 포착하고 그것을 증폭시켜 새로운 주도적 감각으로 확장하고자 한다. 벤야민 식으로 말하면, 일종의 '세속적 각성'[10]을 대중적 차원에서 가동시키려 하는 것, 그리하여 이전에는 지각하지 못하던 것을 지각하게 하고 이전에 보지 못하던 것을 보게 하는 것이다. 아니, 사실은 **대중을 통해 이전에 보지 못하던 것이 가시화되었을 때, 그것을 정확하게 포착하고 받아들이며 그것을 통해 자신의 감각을 바꾸는 것이고, 그러한 감각**

---

10) 발터 벤야민, 「초현실주의」, 최성만 옮김, 『역사의 개념에 대하여, 폭력비판을 위하여, 초현실주의 등: 발터 벤야민 선집 5』, 길, 2008, 143~167쪽.

의 변화를 확장하여 대중적인 흐름으로 더욱 멀리 밀고 나아가는 것이다.

가령 노무현이나 안철수가 대부분의 사람들의 예상을 깨고 부상해 올라왔던 것은 통상적인 정치적 감각으론 보이지 않던 것을 대중이 포착하고 있었음을 의미하는 것일 게다. 이에 대해 이미 우파들이 잘 보여 주었듯이 보수적 대중정치학은 그러한 사실 자체에 당혹해하며 그것의 부당성을 증명하려 하고, 정치적 순진성 등과 같은 것을 들어 그것의 비현실성을 보여 주려 한다. 반면 진보적 대중정치학은 그러한 사태를 통해 자신이 보지 못했던 것을 보고 그것을 찾아낸 '대중의 지혜'를 받아들이며, 그 지혜가 함축하고 있는 것을 펼치고 확장하여 그 방향으로 더 멀리 밀고 나가려 한다. 촛불집회나 아큐파이 운동에 대해서도 마찬가지로 말할 수 있을 것이다.

둘째, 인식 내지 지성의 차원. 감각화의 차원에서 대중을 촉발하기 위해 진실과 거짓에 구애받지 않고 자신에게 유리한 것이라면 무엇이든 대중적 감각화를 위해 끼워 넣고 과장하는 것이 우파의 대중정치학을 특징짓는다면, **감각적 판단에 머물지 않고** 그것이 사태의 진실과 대면하고 진실을 향해 나아가도록 촉발하려는 시도가 좌파의 대중정치학을 특징짓는다. 전자가 센세이셔널리즘의 형태로 흔히 반복되어 왔음을 이미 지적한 바 있지만, 전염적인 증폭의 경우에도 대중의 감각적 환상을 자극하기 위해서라면 진실과 무관한 것을 끼워 넣거나 곡해하며 그 흐름에 실어 보낸다. 반면 좌파들은 대중의 힘을 형성하는 감각화가 진실에 반하는 경우, 그 감각화된 힘에 대해 심지어 싸우고 그로 인해 상처받거나 외면당하는 경우가 있더라도 그 거짓된 환상과 대결하려 한다.

물론 모든 좌파가 이렇게 한다는 의미는 아니다. 정치적 판단이나 행동의 방향, 가치판단을 함축하는 의미의 대중정치학이 그렇다는 것이다.

현실 속에서 보는 좌파들 가운데는 이런 규범적 판단에 집착하여 대중의 감각이나 '환상'에 함축된 것을 놓치고 비난에 머무는 경우가 적지 않다. 맑스주의 안에서 '진실의 정치학'이 감각의 정치학과 줄곧 대립되어 온 것은 이런 맥락에서 그 이유를 이해할 수 있을 것이다. 반면 탁월한 대중적 감각을 갖고 대중이 갖는 환상에 충실하게 따라가며 그것을 증폭시키려는 경우도 적지 않다. 하지만 이는 종종 우파적인 센세이셔널리즘의 영역으로 들어가거나 우파적인 대중정치학과 방법의 면에서는 구별 불가능한 것이 되는 대가를 치르게 된다.

영화 「부러진 화살」을 둘러싸고 벌어진 논쟁은 이를 잘 보여 주는 것 같다. 「나는 꼼수다」를 비롯해 그 영화를 한국 사법부의 불공정성에 대한 단적인 사례라고 주장하던 이들은, 이명박 정권 이후 사법부의 정치적이고 편향적인 태도와 불공정성에 대한 대중적 비판을 증폭하기 위해 영화를 '다큐멘터리적인 사실'로 간주하여 감각화의 정치 속으로 밀어 넣었다. 반면 진중권은 재판기록에 대한 검토 위에서 그것이 재판 과정의 진실과 다르며, 그 영화는 다큐멘터리가 아니라 픽션이라는 것, 심지어 다큐멘터리조차 하나의 허구일 수 있음을 지적하면서 대중적인 감각에 반하여 대결의 선을 펼쳤다. 실제 공판기록을 살펴본 사람들에 따르면, 한국의 사법부가 공정한지 여부와 무관하게, 그 영화는 재판 과정의 진실보다는 일방적인 극화에 더 가까웠다고 보인다. 여기서 대중의 감각적 판단에 반하여 진실 그 자체에 몸 전체를 실었다는 점에서 진중권은 누구보다 '좌파적'이었다고 해야 한다. 그것이 종종 대중이 그러한 판단이나 감각을 갖게 된 이유를 잊게 만들고 만다는 점에서나, 그런 식으로 감각화의 대중정치학과 진실의 맑스주의 정치학이 양립할 수 없는 이항대립의 구도 속으로 반복하여 되돌아가고 만다는 점에서도.

이는 논쟁의 과정에서 발생하는 피하기 어려운 단순화와 이항적 대립구도로 인해, 사법부가 공정하다는 주장으로 이어지기도 하고, 또 사실이 아닌 것조차 사실로 믿고 싶게 만들었던, 사법부의 불공정성에 대한 대중적 감각의 흐름을 놓치게 하기도 했던 것 같다. 반면 「나는 꼼수다」처럼 대중의 감각화된 흐름을 그대로 따라가거나 이른바 '진영의 논리'에 따른 정치적 판단에 힘을 싣기 위해 그것을 증폭시키고 센세이셔널리즘에 근접하는 인신공격성 비판이나 음모론적 비판마저 동원하는 것은 우파의 대중정치학과 구별 가능한 지반을 떠나는 것이란 점에서 매우 치명적인 대가를 치르게 된다.[11] 대중의 움직임에 대한 감각은, 그것이 탁월한 만큼 정치적으로 치명적인 결과로 귀착될 수 있음을 잊어선 안 될 것이다.

확실히 좌파들의 정치학이 '진실'이란 관념과 쉽게 이별할 수는 없는 것 같다. 그렇게 되는 순간, 대중정치학은 좌우의 방향이나 애초의 목표를 상실한 채, 대중의 흐름 속에 부유하거나 그것에 편승하고 말 것이 분명하다. 대중이 가령 전쟁이나 파시즘, 소수자의 학대나 외부자의 배제 등처럼 잘못된 방향으로 나아갈 경우, 대중의 외면을 받거나 대중의 공격과 대면하게 되는 경우가 있어도 그것과 대결하고 그 방향을 바꾸거나 저지하려 하지 않는다면, 그것은 어떤 의미에서도 '진보적'이라거나 '좌파적'이라는 말과는 무관한 것이 될 것이다. 그런데 그처럼 '진실'이 중요하다고 할 때 그 '중요함'이란 거짓된 것을 폭로하고 진실을 드러내는 것

---

11) 「나는 꼼수다」의 입장에 대한 이해와 그것의 긍정성을 지적하면서도 그것과 『월간조선』(!)의 유사성을 여러 가지 측면에서 지적하는, '좌파적' 신문의 기자가 썼던 글은 이런 점에서 매우 시사적이다. 「30대 이하에게 '나꼼수'는 '월간조선'이다」, 『한겨레신문』, 2012년 3월 6일자 참조.

이상임이 강조되어야 한다. 정치적 개입이란 그 진실이 대중적인 힘을 갖게 하는 것이다. 폭로와 의식화만으로 진실은 힘을 갖지 못한다. 문제는 **그 진실이 대중의 흐름을 타고 감각화되도록 하는 것이다.** 단지 대중의 환상을 깨고 '진실'을 드러내고 의식하게 하는 것이 아니라, 그 '진실'을 대중의 감각 속에서, 혹은 감각적 환상이라고 하면 그 환상 속에서 작동하도록 끼워 넣는 것이고, 그 '진실'이 그 감각의 흐름을 타고 흐르게 하며 그 감각을 끌어당기는 특이점이 되게 하는 것일 게다.[12]

6. 사건과 공동성

사건의 매혹하는 힘은 모호하고 미규정적이다. 심지어 어떤 규정성과 방향성을 갖는 경우에조차 사건의 경험은 매혹의 공간만큼이나 다양한 방향으로 열려 있다. 사건에 동시에 끌려들어 간 사람에게도, 사건에 함께 다가간 사람에게도 사건은 다른 의미를 갖는 다른 사건일 수 있다. 이에 비하면 정치적 사건화는 좀더 명확한 의미와 방향을 갖는다. 사건화하는 증폭은 이런 방향과 의미의 규정과 제한 없이는 일어나기 어렵다. 더구나 그것은 사건화된 의미나 내용뿐만 아니라 그에 부가된 감각이나 감정의 전염을 통해 이루어지기에, 거기에 휘말린 자들이 경험한 사건은 인접성만큼이나 유사성을 갖는다.

　　이처럼 증폭된 하나의 현행적 사건을 통해 거기 휘말려 들어간 이들

---

12) 진중권은, 그가 대중의 거대한 수나 힘에 묻히지 않고 대립적인 위치 속의 자신을 충분히 부각시키는 방식으로 존재하는 것을 보면, 진실과 대중의 감각적 판단이라는 대립적 구도 속에서 대중과 싸우는 와중에서도 사실은 어떤 식으로든 그러한 역할에 가까이 있는 것 같다.

이 공유하게 되는 어떤 것을 '공동성'이라고 정의할 수 있을 것이다. 공동의 경험을 통해 갖게 된 어떤 공동의 감각과 공동의 생각, 공유된 의미들이 뚜렷하지 않은 외연을 갖는, '가족유사성'을 갖는 공동의 경험으로 침전된다. 신체에, 의식에, 그리고 감각에. 이런 공동성에서 일차적인 것은 아마도 **감각적인 공동성**일 것이다. 전염이나 휘말림은 일차적으로 감각적인 선을 따라 진행되기에, 휘말리며 무언가를 공유하게 되었을 때, 그것이 무엇보다 감각적인 것이리라는 것은 매우 자명하다.

감각적인 공동성은 무언가 함께 공유하는 경우에도 공유된 것이 동일한 것이리라고는 생각하기 어렵다. 전염되는 경로의 인접성이나 전염되는 것의 유사성이 있다고는 해도, 감각이란 동일한 방식으로 공유되기 어려운 것이기 때문이다. 전염과 공감을 통해 형성된 의견이나 생각, 판단이나 가치평가는 차라리 유사성 이상으로 동일할 수도 있다. 그러나 그런 것을 공유하고 있는 경우에도 감각 내용이 동일하리라고는 생각하기 어렵다. 그런 점에서 감각적 공동성은 동일성과 거리가 멀다. 그것은 다만 무언가 공감하고 뒤섞이며 휘말려 들어갔다는 모호하고 막연한 공동성이며, 그렇게 휘말려 하나의 리듬으로 공조하며 '하나처럼' 움직였다는 것, 그런 경험을 통해서 서로가 동질적이고 동일하리라는, **필경 오인임이 분명할** 느낌이나 관념이다. 그렇지만 그로 인해 무언가 유사한 종류의 사건화 과정이 발생한다면, 이전보다 훨씬 쉽게 공조하며 침윤되고 서로에게 휘말려 하나처럼 느끼고 움직이게 될 것 또한 분명하다. 이는 심지어 이념이나 생각, 이해관계나 의견이 달라도, 전염 과정에 쉽게 휘말려 들어 하나처럼 움직이며 하나의 신체, 하나의 흐름을 형성할 가능성이 크다. 대중을 개개인으로 뜯어보면 지극히 다른 신분과 지위, 입장과 이해관계, 그리고 그 이상으로 다른 이념과 생각을 갖고 있음에도 불구하고 그들이 하나처럼 움직일 수 있는 것은, 감각적 공동성이 그런 차이를 넘어서 그들을 하나로 묶어 주기 때문일 것이다.

여기서 공동성과 공통성이란 개념을 구별하는 것이 중요하다. 어떤 것들 사이에 존재하는 공통성이란 그것들이 모두 동일하게 갖고 있는 동일한 성질(property), '공통된 성질'을 지칭한다. 사람들은 누구나 직립해서 걷는다든가, 언어를 사용한다든가, 이성이 있다든가 하는 공통된 성질을 갖는다. 소위 '민족'은 혈연적인 공통성, 언어적인 공통성을 갖는다고들 한다. 반면 공동성은 무언가를 공동으로 수행하는 경험이나 활동의 반복에 의해 서로를 하나로 묶어 주는 감각이나 느낌을 공유하는 것이고, 상이한 신체가 호흡을 맞추어 하나처럼 움직일 수 있게 해주는 리듬감 같은 것을 공유하는 것이다. 따라서 이는 어떤 공통된 성질이 아니라, 서로를 하나처럼 움직이도록 묶어 주는 모호한 감각들의 집합이다. 가령 말과 기수의 관계와 광대와 기수의 관계를 비교하면, 말과 기수는 다리 수도 다르고, 사용하는 언어도 동일하지 않으며, '이성'을 공통으로 갖지 않는다는 점에서 광대와 기수보다 훨씬 적은 공통성을 갖는다. 그러나 공동성이란 측면에서 보면, 즉 서로 호흡을 맞추어 하나의 신체처럼 움직일 수 있는 능력이란 점에서 보면, 말과 기수의 공동성은 광대와 기수 간의 공동성과는 비교할 수 없이 크다. 이때 말과 기수가 공유하는 공동성이란 어떤 의미에서도 동일한 성질을 뜻하는 공통성일 리는 없다. 그런 점에서 말과 기수를 하나로 묶어 주는 것은 공동성이지 공통성이 아니다.

이는 의식화의 정치학과 감각화의 정치학 사이에 또 하나의 중요한 구별 지점을 표시한다. 의식화의 정치학은 생각이나 판단, 이념이나 가치평가 등에 대한 공통성을 추구한다. 서로 다른 의견이나 판단이 가로놓여 있을 때는 '진실'을 알려주고 의식화하여 동일한 것으로 접근시키고

자 한다. 그렇기에 이런 정치학에서 무언가를 함께하려면, 혹은 '연대'를 하려면 이념이나 이해관계, 정치적 성향에서 어떤 최소한의 공통성이 있어야 한다. 그게 없다면 함께하다가도 분열되고 대립하며 흩어져 버린다. 사실 이러한 동일성의 요구는 비슷한 집단일수록, 가까이 있는 집단일수록, 그리고 자주 대면하는 집단일수록 강해지고 엄격해진다. 성향의 동일성에서 이념의 동일성으로, 이념의 동일성에서 강령의 동일성으로……. 단지 전술의 동일성만으로는 만족하지 못한다. 가령 노동자가 부르주아나 소상인들에게 자신들과 이념이나 판단과의 공통성을 기대할 리는 없을 것이다. 그것은 역으로 그들과의 차이를 쉽게 용인하게 한다. 반면 노동운동을 하려 한다면, 노동운동에 대한 생각·이념·방향·전술목표 등이 다르면 그때마다 대립하고 분열한다. 그래서 비슷하거나 이해관계가 비슷한 집단일수록 많이 싸우고 대립한다. 좌파들의 끝도 없는 분열의 역사가 이를 아주 잘 보여 준다.

　물론 사건화되는 것에 대한 판단이나 가치평가 등이 전염되면서 공통된 요소들이 그 증폭 과정에서 확대될 것이다. 그러나 감각화의 정치학에서 그보다 더 중요한 것은 그렇게 휘말리는 자들을 하나로 묶어 주는 감각적 공동성이다. 그것은 이념이나 이해관계가 달라도, 정치적 성향이나 노선이 달라도, 그리고 지위나 이해관계가 달라도 무언가를 함께하도록 묶어 주며, 그렇게 묶으면서 다시 휘말리기 쉽게 만든다. 김진숙 씨의 투쟁에 휘말려 들어 희망의 버스를 타고 몰려든 사람들은, 노동조합의 간부들이나 노동자 정치조직에 속한 사람들에서부터 정당인, 신부와 목사, 승려, 대학생과 백수, 고등학생이나 아이를 데리고 나온 주부 등등 어떻게 보아도 이념이나 가치관, 정치적 성향이나 이해관계가 크게 다를, 이질적이고 다종다양한 사람들이다. 이는 촛불집회에 모여든 사람들도 그

렸고, 노무현에 '미쳐' 몰려든 사람들도 그랬다. 이들이 하나처럼 움직이고 하나의 흐름, 하나의 신체를 이루어 행동하는 데 있어 이념이나 판단, 성향이나 노선의 차이는 별다른 문제가 되지 않았다. 중요한 것은 하나처럼 움직이게 해주는 감각적 공동성, 리듬적인 공동성이었다. 그리고 일단 이런 사건화와 휘말림이 발생하면, 전혀 다른 종류의 사건화에서도 다시 휘말려 하나처럼 움직일 가능성이 커진다는 것은 익히 겪어 온 것이다. 지금 사람들을 묶어 주는 공동성은 현재의 사건화 과정이 종결되면, 이후 다시 하나처럼 묶여 행동할 수 있게 해주는 포텐셜로 변환되어 남는 것이다.

사건의 공동성이란 바로 이런 잠재화된 포텐셜을 뜻하는 것일 게다. 하나의 사건화 과정 속에 휘말려 들어가며 우리는 공동으로 무언가를 한다. 그리고 그 사건화 과정이 끝나면, 각자 자신이 소속된 자리로 되돌아간다. 그렇게 되돌아갈 때, 우리는 각자 다른 경험, 다른 의미, 다른 결과, 다른 사건들을 갖고 되돌아간다. 희망의 버스를 타고 돌아올 때, 민주노총 간부와 고등학생이, 민교협(민주화를위한전국교수협의회)에 속한 대학교수와 아이를 데리고 왔던 주부가 동일한 경험이나 의미, 동일한 결과를 갖고 돌아올 리는 없다. 그런 점에서 전염에 의해 진행되는 사건화조차, 거기 휘말린 자들에게 동일한 사건으로 공유되지 않는다. 따라서 사건의 공통성 같은 것은 있을 리 없다. 그렇지만 그렇게 다른 것을 갖고 돌아간 사람들이, 다음에 유사한 감각의 사건이 벌어질 경우 다시 비슷하게 모여들 가능성은 크다고, 적어도 이전보다 매우 커졌다고 말할 수 있을 것이다. 제주도 강정마을의 미군기지화를 반대하는 평화의 버스, 평화의 비행기가 얼마나 신속하고 빠르게 조직되었는지는 희망의 버스를 함께했던 공동성 없이는 이해할 수 없을 것이다. 어떤 공통성도 공유하지 않아도 하나처럼 묶여서 행동할 수 있는 포텐셜, 그것이 사건의 공동성이고, 휘말림의 공동성이며, 감각적인 공동성이다. 감각화의 정치학, 그것은 항상 이 공동성이 형성되는 모호한 사건화의 공간을 맴돌고 있는 것이다.

4 | 혁명과 대중
혁명과 대중
흐름의 공동체와 이름 없는 혁명: 광주항쟁에서 혁명적 대중정치의 요소들[1]

1. 혁명, 혹은 항쟁의 일차성

1980년대의 문자가 새겨진 모든 시간에 항상적 긴장을 제공했고, 그 긴장 속에서 사회를, '민중'이라고 불리던 소수자들을 자신의 삶의 문제로 사유하게 만들었던 것의 한가운데에는 '광주사태' 혹은 '광주항쟁'이 자리 잡고 있었다. 그때 '광주'란 결코 하나의 고유명사라고 말할 수 없는 특이한 '일반성'을 갖고 있었다. 그것은 하나의 이름이라기보다는 혁명과 운동, 새로운 삶의 꿈을 지칭하는 하나의 강밀한 상징이었다. 그 이름으로 불러내어지는 것들, 그 이름과 함께 배회하던 유령들, '원혼'이라고 하기엔 너무도 전투적이고 너무도 능동적인 유령들이 중무장한 살아 있는 자들의 국가권력을 동요시켰고, 그 동요 속에서 새로운 삶의 가능성들을 창출해 냈다. 우리는 강력한 파동을 갖는 그 진동 속에서 살았고, 그 진

---

1) 이 글은 조원광 군과 함께 쓴 글이다. 여기 게재하도록 허락해 준 조원광 군에게 감사의 인사를 전한다.

동이 만들어 낸 삶의 공간에서 살고 있다.

그 거대한 동요를 통해 광주항쟁은 국가의 역사에 거대한 균열을 만들어 냈고, 그 균열 속으로 지워진 기억들을, 그러나 결코 사라지지 않고 끊임없이 되불려 나왔던 기억들을 밀어 넣었다. 그 힘으로, 광주항쟁은 결국 국가가 공식적으로 인정하는 '민주화운동'이 되었고, 전사들의 무덤은 '국립묘지'가 되었다. 변혁을 꿈꾸던 사람들이 경찰의 눈을 피해 몰래 찾아가던 그곳을, 이제는 대통령과 여야 국회의원들이 경찰의 호위를 받으며 참배한다. 2008년의 기념식은 더욱 그러했다. '기업 프렌들리'를 내세워 당선된 대통령은 국립묘지에 들어서고, 대중들은 경찰들의 담에 밀려 그 바깥으로 밀려나 대치하는 상황처럼 망월동 묘지에서 아이러니한 것이 또 있을까?

그리고 입에서 입으로 전해지며 해석되고 전파되던 '광주의 진실'은 어느덧 표준적인 해석에 의해 역사 속에 자리 잡게 된 듯하다. 군부독재의 폭력적 탄압과 그에 저항하며 일어선 광주 시민들의 저항, 그리고 무참한 폭력에 의한 희생이 일반적 해석의 색채를 형성하고 있는 것처럼 보인다. 거룩한 희생과 비극적 이미지 안에서 광주 시민의 저항은 군사적 폭력에 대한 '반작용'(reaction)으로 위치 지어진다. "다시는 반복되지 말아야 할 비극", 그것이 광주항쟁을 요약하는 이미지가 되어 버린 듯하다.

그러나 정말 광주항쟁은 군사적 폭력에 대한 '반작용'으로 시작된 것일까? 사실은 처음부터 반대가 아니었을까? 10·26 이후 계속되던 전국적 투쟁이 5월 15일 서울에서 "군사정권에 빌미를 주지 않기 위하여"라는 패배주의적인 이유를 들어 중단되었을 때에도, 그에 호응하듯 계엄령의 확대로 군사정권이 공세를 펼치던 시기에도, 광주 지역만은 이전과 다름없이, 아니 이전보다 더 강력하게 투쟁을 펼쳤다는 사실이 "왜 하필 광주인가?"라는 질문에 대한 답이라고 해야 할 것이다. 다시 말해 광주 지역의 투쟁이 군사적 행동보다 먼저였고, 투쟁이 권력보다 일차적이었다는 것이다. 군사적 폭력은 그러한 투쟁에 대해 가해진 반작용적(reactive, 반동적!) 폭력이었다. 이런 점에서 광주항쟁은 반동 아닌 능동적(active) 힘이었고, 2차적이 아닌 1차적 힘이었다. 그것은 국가권력이 가한 폭력의 희생자라는 비극이기 이전에, 군사정권보다 먼저 시작한, 민주화와 자유를 위한 투쟁이라는 능동적 운동이었다. 당황한 군부에 의해 어떠한 주저나 절제도 없이 가해진 군사적 폭력의 참혹함은 이 능동적 투쟁의 강력함을 반증하는 것이라고 해야 할지도 모른다. 그게 아니라면 전체 인구 80만 명 중 30만 명이 시위에 참여하고, 그 맨손의 시민들을 진압하기 위해 완전무장한 공수부대 정예병력 2만이 투입되는 사태를 대체 어떻게 이해할 수 있을 것인가?

단지 이것만은 아니다. 예전에 맑스는 '무엇을'보다 더 중요한 것은 '어떻게'라는 질문이라고 말한 적이 있지만, 광주항쟁이야말로 "무엇을 위해 싸웠나"보다 "어떻게 싸웠나"가 더 중요한 경우를 보여 준다. 민주화를 위한 학생들의 투쟁으로 시작한 것이지만, 투쟁이 확대되면서 민주화는 물론 '전두환'이란 이름도 잘 모르던 시민들, 심지어 술집에서 일하는 아가씨들마저 동참한 투쟁이었다. 상인들은 빵과 음료수를 주었고, 시장의 행상 아주머니들은 김밥을 싸다 날랐다. 부상자들에게 수혈할 피가 모자라자 헌혈 행렬이 잇따랐다. 서로를 위해 자신이 가진 것을 내주고 함께 나누는 새로운 관계가, 새로운 세계가 출현했다. 이것이 무장한 공수부대를 맨손의 시민들이 몰아낼 수 있게 했던 놀라운 힘의 비밀이었을 것이다.

이런 점에서 최정운처럼 이러한 세계를 '공동체'라고 명명하는 것은 충분히 이유가 있다. 공수부대에 의해 자행된 '인간 존엄성의 파괴'와 이에 대한 분노와 결단이, 어쩌면 '종교적 합일'의 느낌마저 느끼게 하는 '절대공동체'를 형성했다는 것이다.[2] 특히 이는 도청을 수복한 뒤 해방구가 형성된 상황으로부터 최종진압에 이르는 과정을 주목하는 통상적 해석에 비해, 공수부대와 거리에서 대결했던 전반기 광주항쟁을 강조한다는 점에서, 참혹한 폭력에도 불구하고 공수부대와 싸워 승리한 광주항쟁의 '비밀'을 주목하게 한다는 점에서 중요하다. 우리는 이것이 5월 21일까지 진행된 항쟁의 첫번째 시기를 이해하는 데 매우 중요하다고 생각한다. 다만 그의 말대로 '인간의 존엄성'이 일종의 묵시적 '이념'이 되었던 것인지, 종교적 숭고의 느낌마저 동반하는 어떤 고양된 합일의 감정이 사람들을 하나로 만들었던 것인지, 그리고 그것이 총으로 무장하는 순간 와해되기 시작했던 것인지는 좀더 신중하게 생각해 보아야 할 것 같다.

또 하나 미묘한 논점은 그 시기 공수부대와 대항해 투쟁하는 대중들을 '공동체'라는 말로 개념화하는 것이 적절한가 하는 점이다. 집합적 신체를 형성했고, 공동체적인 나눔과 공명이 있었으며, 서로가 서로를 위하여 자신이 가진 능력이나 소유물을 아낌없이 내주고 나누던 것을 안다면, 공동체란 말을 사용하는 데 아무런 이의를 가질 수 없다. 하지만 통념에 따르면 그 관계가 지속 가능한 어떤 안정적 형태나 조직은커녕 어떠한 정체성도, 외연적 경계도 없었으며, 너무도 이질적인 요소들이 이질적인 채 그대로 연결되며 확장되고 끊임없이 변해 갔다는 점에서, '공동체'라는 개념과 어떤 어긋남 같은 것이 있는 것처럼 느껴진다. 그것은 '공동체'란 말이, 심지어 공동의 목표를 상정하지 않는 경우에도, 어떤 경계를

---

2) 최정운, 『오월의 사회과학』, 풀빛, 1999.

갖는 조직된 실체를 지칭하는 통상적인 어법에 크게 기인한다.

　개인들 간의 구별이 사라지면서 개인들이 대중이라는 하나의 거대한 흐름 속에 동화되면서, 분리되어도 만나는 즉시 다시 결합하는 일종의 집합적 신체가 구성되는 이러한 양상은 말 그대로 '흐름'이라고 명명하는 게 더 적절할 것 같다. 대중의 흐름, 혹은 흐름으로서의 대중이 그 최대의 강도를 갖고 출현했던 것이라고 해야 할 것 같다. 그러면서도 단지 그것만으론 충분하지 않은 것은, 공수부대라는 적과 싸우기 위해 흐름 안에서 필요한 여러 가지 역할과 활동의 분화가 발생했고 그것들을 분배하는 '조직화'의 양상이 자연발생적으로 진행되었기 때문이다. 그 과정에서 '지도자'들 또한, 물론 통상적인 것과는 아주 다른 양상으로지만, 나타났다. 이로 인해 대중의 흐름은 아주 강한 결속력을 갖게 되었고, 이런 점에서 단지 '흐름'이라는 말을 넘어서는 집합적 차원의 신체를 갖게 된 것으로 보인다. 다시 말해 그때 광주에서 출현한 '그것'은 어떤 유기적으로 분화된 안정적이고 체계화된 집단으로서 '공동체'라고 하긴 어렵지만, 그렇다고 단순히 '흐름'이라고만 말하기엔 너무나도 강력한 상호인력과 접착력, 일체감과 지속성을 갖고 있었고, 일정 정도 기능과 역할의 분화조차 수반하고 있었던 것이다. 이는 '공동체'라는 개념을 쉽게 포기할 수 없게 만드는 요인이다.

　요컨대 5월 21일까지 진행된 광주항쟁의 첫번째 시기에 출현한 대중은 한편으로는 '흐름'이면서도 다른 한편으로는 강력한 혁명적 감응이 자연발생적 조직화로까지 나아가며 '공동체'라고 명명해 마땅한 강력한 집합적 신체를 형성했음이 틀림없다. 이러한 이중성이 이 시기 대중의 힘을, 그것의 '비밀'을 형성하는 한 측면이라고 해야 할 것 같다. 즉 개별적인 특성이 소멸하면서 결합되고, 이질적인 요소들이 끊임없이 더해지거나 이탈하면서 흘러가고, 강력한 적을 만나면 절단되고 흩어지지만 다른 흐름과 만나면 다시 거기에 흡수되며 끊임없이 새로운 형태로 변환된다는 점에서 흐름인 동시에, '공동체'라는 말을 떠올리게 만드는 강력한 결합력과 일체성을 갖는 집합적 신체였다는 것이다. 흐름인 동시에 집합적 신체를 갖는다는 이 이중성을 표현하기 위해 이를 일단 '흐름의 공동체'라고 명명하자.

우리는 이 흐름의 공동체가 광주항쟁의 '일차 과정'을 형성한다고 생각한다. 이 일차 과정이 21일까지의 상황 전체를 특징짓고 있었고, 이것이 광주항쟁의 일차적 힘이고 놀라운 진행의 '비밀'이라고 믿는다. 공수부대가 밀려 나간 뒤 이 흐름의 공동체는 명시적으로는 소실되는 것처럼 보이지만, 사태를 '수습'하려는 사람들이 이전의 상태로 되돌리려 할 때조차도, 그것은 사태를 규정하는 일차 과정으로서 지속되었고, 이것이 사태를 단지 '수습'하고 '문제 없던' 과거로 되돌아가지 못하게 만드는 일차적 힘이었다고 해야 한다. 따라서 이것이야말로 광주항쟁에 대한 모든 '평가'나 해석에서 일차적 준거가 되어야 한다고 우리는 확신한다.

2. 흐름의 공동체와 비인칭적 특이성

1) 감응과 전염

도청에 집결하여 목숨을 걸고 공수부대와 대결하던 광주항쟁의 '마지막 장'은 "패배가 명백하게 예견됨에도 불구하고 싸워야 할 때가 있으며, 그 패배 속에서 영웅은 죽고, 목숨 걸고 전하고자 했던 어떤 가르침이 남아 많은 이들로 하여금 새로운 어떤 과정을 시작하게 할 것이다"라는 고전적 비극의 구조를 가지고 있다. 그리고 목숨을 걸고 해야 했던 만큼 투쟁의 이유나 목적, 방향 역시 뚜렷하다. 그러나 21일 이전 광주항쟁의 첫째 국면에서, 정말 총칼 아래 목숨이 위태로운 상황인데도 각자가 투쟁에 참여한 동기는 그처럼 명확하지 않으며 많은 경우 '이해하기 어렵다'. 가령 전옥주와 함께 시위대의 선전방송을 이끌었던 차명숙의 증언이 그렇다. "광주도 궁금하고 그리고 사실 호기심도 많은 때였어요. …… 구경을 하러 다녔어요. 구경하니까 옆에서 빵도 주고 그래서 먹고 그리고 재미도 있었어요. 아무튼 나는 재미있었어요."[3] 알다시피 당시 선전방송은 참여를 선동하는 무기였을 뿐 아니라 시위대의 투쟁에 방향성을 부여하는 역할을 했고, 이런 점에서 첫째 국면의 항쟁에서 핵심적인 지도부의 역할을 담당했다고 할 수 있다. 따라서 계엄군이 '모란꽃'이란 이름의 간첩으로 몰던 차명숙은 이 시기 가장 핵심적인 인물이었음이 분명하다. 그러나 이런 인물이 시위에 참여하게 된 동기를 설명하는 증언은 어찌 보면 적지 않이 당혹스럽다. "구경하다가 빵도 주고 재미도 있고 해서" 참여했다는 것이다. 목숨을 건 결단과 너무도 대비되는 색조의 가벼운 이유다. 어떤 이념은 물론 군사독재나 민주화 등에 대한 문제의식과도 거리가 멀다.

『광주오월민중항쟁사료전집』에 나타난 증언자들을 대충 분류해 보면, 이는 단지 차명숙 한 사람에게만 해당되는 게 아니라 일반적인 것임이 드러난다. 거칠게 분류한 것이지만, 〈표 1〉[4]은 학생들이 대개 '이념적

---

3) 박병기 엮음, 『5·18 항쟁 증언자료집 III』, 전남대학교 출판부, 2003, 218쪽.

4) 이 표는 한국현대사사료연구소에서 발간한 『광주오월민중항쟁사료전집』(풀빛, 1990)에 기록된 증언자들을 우리의 편의적인 기준에 따라 분류한 것이다. '이념적 참여'는 과거 정당 활동 경험이 있거나, 독재 종식이나 신군부 타도 혹은 민주화 같은 명확한 운동권의 해석틀을 가지고 있는 증언자들이다. '무이념적 참여'는 시위 참여에도 불구하고, 현장에서 느끼는 감정 이외에 명확한 동기나 전통적으로 나타나는 이념적 해석틀이 발견되지 않는 증언자들이다. '방관형'은 시위에 참여하지 않았거나 구경만 한 증언자들, '적대형'은 시위에 부정적인 입장을 밝힌 증언자들이다.

<표 1> 『광주오월민중항쟁사료전집』에 나타난 증언자들 성향 분류

	각종 위원회 활동*	무장조직 활동	시민항쟁1 (학내)	시민항쟁2 (학외)	선전 활동	계
이념적 참여	24명	3명	26명	9명	12명	74명 (31.8%)
무이념적 참여	21명	37명	0명	60명	7명	125명 (53.6%)
방관	3명	0명	0명	27명	2명	32명 (13.7%)
적대	0명	1명	0명	1명	0명	2명 (0.9%)
합계	48명	41명	26명	97명**	21명	233명 (100.0%)

* 각종 위원회에는 시민수습대책위원회, 학생수습대책위원회, 시민학생투쟁위원회가 포함된다.
** 이에 해당하는 증언자 수는 98명이었지만, 성향이 불분명한 1명은 통계에서 제외하였다.

인' 이유로 참여했음에 반해, 무장조직이나 학교 바깥의 시민항쟁에 참여했던 사람들, 나아가 여러 위원회에 참여했던 사람들의 반 정도는 군부독재의 종식, 민주화, 대통령 직선제와 같은 해석틀[5]을 가지고 있지 않았음을 보여 준다. 즉 이념적 내지 정치적 동기에 상응하는 어떤 '목적'과는 다른 무엇이 이들로 하여금 투쟁에 참여하게 했던 것이다.

그렇다면 무엇으로 인해 이들은 "인공도, 6·25도 겪었지만, 저런 놈들은 처음 본다"라는 한 노인의 절규처럼 끔찍한 상황임에도 불구하고 투쟁에 참여한 것일까? 차명숙의 증언은 '목적'보다는 오히려 **투쟁이 진행되는 양상 자체**가 그를 투쟁으로 끌어들였음을 짐작하게 한다. "빵을 나누어 준다"에서 중요한 것은 빵이 아니라 '나누어 준다'는 것일 게다.

---

5) 김두식, 「'5·18'에 관한 의미구성의 변화과정과 지역사회의 변화」, 5·18기념재단 엮음, 『5·18민중항쟁과 정치, 역사, 사회 1』, 5·18기념재단, 2007, 499쪽.

그리고 '재미'라는 말은 두려움마저 초과하게 하는, 무언가 사람을 잡아끄는 '흥미'와 '매력'을 뜻하는 것일 터이다. 다른 사람들과 무언가를 공유하고 함께 나눈다는, 결코 흔하지 않은 사태가 주는 어떤 '재미'가, 그 **매혹의 힘**이 그를 투쟁으로 잡아끌었을 것이다. 투쟁의 목적보다는 오히려 투쟁의 방식이, 투쟁의 과정이 진행되며 나타난 어떤 면들이 그들을 잡아끌었을 것이다.

사람들이 투쟁에 참여하는 것은 무언가에 공감하기 때문이다. 그런데 공감하게 하는 것은 단지 목적이나 이념, 혹은 이해관계 같은 것만은 아니다. 오히려 대중적인 투쟁의 경우에 개인들의 공감을 야기하는 것은 그보다 더 직접적인 것이다. 광주항쟁의 경우 공수부대의 참혹한 폭력이, 그 폭력의 부당성과 그에 대한 분노의 공감이 이러한 요소였을 것이다. 그러나 폭력에 대한 분노만으로는 투쟁에 나서기 힘들다. 그것은 일차적으로 공포를 야기하기 때문이다. 공포를 넘어서게 하는 무언가가 있을 때에만 분노는 투쟁으로 인도한다. 다음의 증언은 이를 잘 보여 준다.

> 1980년 들어 들뜨기 시작한 분위기는 운동권 활동도, 조직활동도 안 해 본 나를 자연스럽게 시위에 참여하게 했다. …… 닥치는 대로 치고 발로 걷어차고, …… '저럴 수가 있을까?'라는 생각과 함께 분노가 치밀어 올랐지만 당장은 도망치기에 바빴다. …… 시민들이 주춤하고 뒤로 물러섰다. 내가 외쳤다. "저것은 공포탄이다. 아무 상관없으니 밀고 나가자!" (위성삼의 증언, 295쪽)[6]

---

6) 한국현대사사료연구소, 『광주오월민중항쟁사료전집』, 295쪽. 이하 이 책에서의 증언 인용은 본문에 증언자와 쪽수만 표기했다.

그렇다면 무엇이 공포를 이기게 하는가? 하이데거라면 "죽음으로 미리 달려가 보는 결단"을 통해[7] 그 공포의 감정을 극복하는 것이라고 말할지도 모른다. 이는 극도의 참혹한 상황에서 광주 시민들이 투쟁에 참여한 것을 설명하는 데서 비슷하게 반복되어 나타난다. 이는 나중에 보겠지만, 도청의 마지막 결전을 앞두고 '결단'을 한 사람들, 아니 무기를 내놓으라는 '수습위원'들의 요구에 무기를 들고 계속 싸울 것인지 아니면 내려놓고 집으로 돌아갈 것인지를 고심해야 했던 사람들의 행동을 설명하는 데는 타당하다고 보인다. 그러나 거대한 힘을 만들어 냈던 21일까지의 항쟁에서 그 많은 사람들이 그런 식으로 개인적인 결단을 했다고보기는 어렵다. 반대로 그런 결단이 요구되는 개인적 상황이 되면 공포감을 이기지 못하고 투쟁에서 멀어지는 경우가 훨씬 더 일반적이라고 해야할 것이다. 가령 다음의 증언이 그렇다.

나는 너무 무서워 밖에 나갈 수가 없었다. …… 서서 한참을 구경하고 있는데 갑자기 뒤에서 퍽 하고 뒷덜미를 잡았다. …… 그 일을 당하고 그날은 집 밖으로 나가지 않았다. …… 실업야구를 중계해 주고 있었는데 순간 전기가 나갔다. 사방이 깜깜해졌다. 나는 놀라서 밖으로 뛰어나갔다. 사람들이 웅성거리며 MBC 방송국이 불에 타고 있다고 했다. …… 사람들 틈에 끼어서 가고 있는데 …… 계속 사람들이 불어났다. …… 나는 가두방송을 하는 전옥주의 앞에 서서 각목을 휘두르며 길을 터 주었다. …… 거기 있던 사람들은 분을 이기지 못해 퍽퍽 우는 사람도 있고, 모두가 공수부[대]에게 이를 갈았다. 그 광경은 나를 참지 못하게 했다.

---

7) 마르틴 하이데거, 『존재와 시간』, 이기상 옮김, 까치, 1998, 354쪽 참조.

공수부대를 다 때려죽이고 싶었다. (김영봉의 증언, 403~404쪽)

증언자가 혼자서 공수부대의 폭력을 대면해야 했을 때, 혹은 그 폭력으로 예상되는 죽음을 떠올렸을 때, 그는 "무서워 밖에 나갈 수가 없었다". 그러나 사람들과 함께 있을 때, 그리고 사람들이 불어나게 되었을 때, 그는 각목을 들고 전투적으로 투쟁할 수 있었다. 이는 증언자 개인에 특별한 경우는 결코 아닐 것이다. 누구나 미친 듯이 난무하며 닥쳐오는 죽음 앞에서 공포에 떨고 있었다. 다음의 증언은 반대로 사람들과 함께 있을 때는 서슴없이 선두에 서던 사람이 혼자가 되었을 때 대면하게 되는 공포의 감정을 잘 보여 준다.

어느 누구 하나 선뜻 차 선두에 서겠다고 나서는 사람이 없어서 출발은 더욱 늦어졌다. 나는 서슴지 않고 최선두로 나아갔다. …… 그런데 한참을 달리다 뒤를 돌아보니 이게 웬일인가 나 혼자만 온 게 아닌가? 그렇다고 혼자서만 떠날 수는 없는 일이었다. 나 역시도 적에 대한 공포와 두려움을 느끼고 있었으므로 불안한 것은 마찬가지였다. 오던 길로 다시 돌아갔다. (구성주의 증언, 225쪽)

여기서 공포를 이기게 하는 것은 죽음과 대면하여 결단해야 하는 고독한 상황이 아니라 대중과 함께 있는 것이고, 혼자가 아니라 대중과 함께임을 확인하는 상황이다. 스피노자라면 이를 좀더 개념적으로 설명할 것이다. 그는 감정(sentiment)을 야기하는 감응(affect)을 크게 두 가지로 나눈다. 기쁨의 감응과 슬픔의 감응이 그것이다.[8] 기쁨의 감응이란 나 아닌 다른 것과 만남으로써 나의 힘이 증가할 때 발생하는 감응을 총칭한다. 신명이나 희열 등은 모두 기쁨의 감응에 속하는 감정이다. 슬픔의 감응이란 반대로 만남을 통해 힘이 감소하는 경우에 발생하는 감응의 총칭이다. 분노는 물론 공포나 불안, 두려움은 모두 슬픔의 감응에 속한다. 개인이 대중이라고 불리는 수많은 사람들과 만남으로써 힘이 증가하리라는 것은 분명하다. 그처럼 힘의 증가로 인해 야기된 긍정적 감응이 개인적인 공포나 불안의 감응을 초과할 때, 공포를 넘어서 투쟁으로 나서는 게 가능하게 된다.

요컨대 공포의 감응을 넘어서는 것은 그와 상반되는 개별적인 기쁨의 긍정적 감응이 그것을 초과하는 경우, 아니면 서로 공감하는 비슷한 신체들이 만남으로써 발생하는 힘의 증가가 개별적 공포를 넘어서는 감응을 야기하는 경우다. 특히 공감하는 대중들과의 만남은 개별적인 신체들의 단순한 만남과는 비교할 수 없을 정도로 긍정적 감응의 비약적 증가를 야기한다. 개인적 역량의 누승적인 결집을 통해 발생하는 비약적 고양감은, 죽음의 공포마저 쉽게 넘어서게 한다. 여기서 후자가 전자를 포함한다는 것은 이해하기 어렵지 않다. 광주항쟁에 참여한 사람들의 경우에는, 아마도 당연한 것이겠지만, 모두 후자와 결부되어 있다.

군인들의 행패를 보니 기운도 없고 몸이 아파 곧바로 화순으로 왔다. …… 시위 차량이 많아 도로는 차의 왕래가 어려웠다. 나도 빠져나가지 못하고 있는데, 시위대원 한 사람이 "지금 광주에서는 군인들로 인해 많은 사람이 죽어가고 있으니 당신도 함께 참여합시다"라고 했다. 나는 시위대를 보는 순간 굉장히 신이 났고…… (신만식의 증언, 320~321쪽)

---

8) 바뤼흐 드 스피노자, 『에티카』, 강영계 옮김, 서광사, 1990, 142쪽의 3부 정리 11 및 그 증명.

군인들의 행패는 분명 분노를 야기했을 터이지만, 그것은 증언자로 하여금 기운이 빠지게 했다. 그러나 시위대를 보는 순간 "굉장히 신이 났고", 그 신명의 감정이 공포를 쉽게 넘어서게 했다.

시내에서는 이미 산발적인 시위가 진행되고 있었다. 1백~2백 명 정도 되는 소규모의 시위대가 10여 군데 있었다. 시위대는 이리 밀리고 저리 몰리다가 시위대끼리 만나기도 하였는데, 이럴 때면 서로 반가움에 함성을 지르면서 합쳐지곤 했다. 이렇게 해서 규모가 1천 명에 달할 만큼 커진 시위대였지만 군인들이 쫓아오면 꼼짝없이 밀리곤 했다. (천영진의 증언, 784쪽)

이 증언은 개인만이 아니라 시위대라는 집합체의 경우에도 공포의 집합적 감응을 가질 수 있으며, 이 감응 역시 몰리고 분리되며 약화되면 공포가 더해지고, 다른 시위대를 만나 "반가움에 함성을 지르면서 합쳐지"면 공포가 완화되리라는 것을 보여 준다. 직접 싸우는 사람뿐만 아니라 밥을 해주거나 헌혈을 하는 것 등 투쟁을 원조하는 모든 종류의 활동 역시 그들이 무언가를 행하고 함께한다는 기쁨에서 이루어지고 확산된다. "밥을 해준 아낙네들은 비인간적인 공포로부터 벗어나 그것들을 몰아내는 데 자기가 동참하고 있다는 사실에 신바람이 나서 밥을 나누어 주지 않고는 못 배기는 것 같았다."[9]

광주항쟁에서 개인들이 대중이 되고, 대중은 더 큰 대중이 되는 것은 이런 만남을 통해 대중적인 감응이 전염되고 전파되기 때문이다. 그 전

---

9) 전남사회운동협의회 엮음, 황석영 기록, 『죽음을 넘어 시대의 어둠을 넘어』, 풀빛, 2007, 110쪽.

염과 전파의 속도가 아주 빨랐기 때문이다. 그것이 빨랐던 것은 폭력적인 사태가 극심했기에 분노의 감정이 이미 널리 확산되어 있었기 때문이기도 했지만, 그 이상으로 대중적인 시위가 광주 전역에 확산되어 있었기에 대중들이 어딜 가나 다른 대중들을 만날 수 있었기 때문이기도 했다. 대중이 개인보다 빨리 달려왔기 때문이고, '감응의 전염'이 '결단의 시간'을 앞질러 왔기 때문이다.

이러한 감응을 통해, 감응의 공유를 통해 개인들의 경계가 소멸되면서 대중이라는 집합적 신체를 형성하게 된다. 그런데 여기서 유념할 것은 대중들의 투쟁이 확산되면서 전염된 감응은 분노보다는 차라리 **신명**이나 **기쁨의 감응**이었다는 점이다. 물론 분노 역시 확산되고 전염된 것은 분명하다. 이런 점에서 투쟁하는 대중들의 감응은 결코 단순하지도 단일하지도 않다. 그러나 분노의 전염이 투쟁으로 이어지게 만드는 것은 그보다 신명과 기쁨의 감응이 더 강하고 빨랐기 때문이라고 해야 할 것이다. 앞서 차명숙이 '재미있다'고 표현했던 것은 바로 이 점을 지적한 것이라고 우리는 믿는다. 기쁨의 감응이 전염되면서 개인들을 '공동체'라는 말로 명명하고 싶게 하는 하나의 집합적 신체로, 집합적 구성체로 만들어 갔다는 것을 다음의 증언은 아주 잘 보여 준다.

문 그럼 어떤 분이 먼저 하자고 그런 거예요?
답 인자 동네에서 서로 마음이 들뜬 게 너도나도 다 동의가 되기가 마련이제. 사람이 극도에 당하믄 저기 온다 그러믄 마음이 다 동의가 되기 마련이여. 그래 갖고 너도나도 다 한 통일이 되제, 누가 먼저 하자 하고 누가 먼저 선동하고 그런 뭐가 없어. 다 동의가 되기 마련이여. 그래 가꼬 동의가 되믄 자동적으로 쌀 얼마 갖고 와라 그 소리도 안 해. 자동적으로

자기 스스로 다 그냥 자기 집에 있는 것이 아까움이 없어.[10)]

'서로의 들뜬 마음', 그것이 힘의 증가가 야기한 마음의 상태, 누승의 역량으로 고양된 기쁨의 감응을 표현한다면, '동의'는 '공감'의 상태를, 이질적인 개인들을 하나의 집합적 신체로 만들어 주는 감응의 공유를 표시한다. 이러한 감응의 공유는 "누가 먼저 선동하고 그런 뭐가 없"이 "자동적으로" 확산된다. 전염되는 것이기 때문이다. 어디가 진원지인지 누가 시작한 것인지는 알 수도 없고, 알 필요도 없다. 물론 슬픔의 감응, 공포의 감응도 이처럼 전염될 수 있다. 그러나 슬픔이 단지 슬픔일 뿐이라면, 그것은 슬픔을 야기한 원인으로부터 멀어지려는 성분을 포함하기에, 슬픔의 공감이나 연민 이상으로 나아가지 못한다. 누승의 역량으로 고양되기 어렵다. 슬픔이 역량의 결속을 통해 고양되며 집합적 행동으로 나아가는 것은 분노나 숭고 등과 같은, 단지 슬픔에 머물지 않는 어떤 초과적인 정서를 통해서다. 반면 기쁨의 감응은 그 감응을 야기한 원인에 다가가게 만들고 그것과의 결속을 지속하고자 하는 성분을 갖는다. 따라서 그것은 분리된 개인조차 즉각적으로 끌어당겨 모으고 그렇기에 다른 사람들로 더 강하게 퍼져 가며 더욱 커지는 방식으로, 소위 '포지티브 피드백'의 방식으로 증가한다. 멱급수와 같은 체증적인 증가곡선이 그려진다. 그리고 이러한 감응은 기쁨의 감응을 제공한 원인을 다시 찾게 하는 포텐셜을 갖기에, 흩어진 다음에도 남아서 다시금 개인들을 대중으로 모이게 하고, 다시금 투쟁에 나서게 한다. 수백 명의 학생들에서 시작한 시위가

---

10) 김혜선·정근식, 「항쟁의 기억, 세 개의 시간」, 전남대학교 호남문화연구소 국제학술대회 '역사적 기억, 트라우마, 문화예술적 승화' 발표논문, 2000년 5월 22일.

사나흘 만에 30만이라는 거대 군중으로 늘어난 것은 이런 과정을 통해서였다.

감응의 전염을 통해 "자동적으로", 자연발생적으로 형성된 공동체, 마치 물이 지형이나 장애물을 우회하면서 혹은 끊기면서도 합류하듯이, 전염되는 감응을 통해 다시 만나고 합류하며 비약적으로 상승한 대중의 흐름, 그리고 그 대중의 거대한 힘, 그것이 21일 공수부대를 몰아낸 '비밀'이었을 것이다. 죽음을 각오한 영웅적인 결단이나 그런 영웅들의 비장한 정서가 아니라, 죽음의 공포를 잊게 만드는 기쁨의 감응과 고독한 결단의 여지도 없이 빠르게 다가오는 대중적 전염의 힘이 그 거대한 힘을 형성한 것이라고 해야 할 것이다. 이 전염적인 구성체를 형성하면서 대중들이 공유했던 이러한 감응을 이해하지 못하는 한, 이 투쟁의 '비밀'을 안다고 말할 수 없을 것이다. 그 '비밀'을 모른다면, 그 투쟁을 뒤이어야 한다는 생각 또한 이해할 수 없을 것이다. 그 경우 우리는 놀라운 힘으로 승리했던 광주항쟁의 '일차 과정'을, 이전의 상황과의 근본적 단절을 야기한 일차적 요인을 이해할 수 없을 것이다.

2) 비인칭적 특이성

개인이 아닌 집합체가 어떤 일을 하는 경우 통상 개인들은 집합체로 조직되고, 그 조직이 부여하는 지위에 따라 역할을 할당받는다. 지위와 역할에 따라 권한과 권리, 의무가 주어지고, 개인은 그러한 권리와 의무를 행사하며 전체 조직체를 작동시킨다. 이는 하나의 합목적적 조직이 아닌 '사회'에서도 마찬가지다. 노동자, 기업가, 도지사, 의사, 대학생 등등의 '지위'가 있고, 그 지위에 부합하는 역할이 있다.

운동의 경우도 이와 크게 다르지 않다. 운동을 위해선 조직이 필요하고, 그 조직은 개인들을 지위와 역할에 따라 분배하고 움직이게 한다. 자신이 속한 조직이 아닌 곳에서 활동을 할 경우에도 자신이 속한 조직에서의 지위와 그것을 맡은 자로서의 자신의 이름이 따라가며 그것을 통해 새로운 영역에서 적절한 활동이나 지위를 확보한다. 대중운동의 경우라면 약간 다를 수 있을 것이다. 대중의 흐름은 조직에서 흔히 사용하는 체계화된 지위의 체계를 갖지 않기 때문이다. 반면 대중운동의 경우에도 지도자와 지도부는 따로 있게 마련이다. 그리고 많은 경우 지도자의 '이름'이 지도자 없이도 대중을 특정한 방향으로 움직이게 만든다.

그런데 5월 12일 이후의 광주항쟁 과정에서 형성된 집합적 신체는 이와 달리 지위와 역할의 체계가 없거나 혹은 반대로 기존의 그것을 지우면서 구성되었다. 이는 사실 반은 이미 군사정권에 의해 조건 지어진 것이기도 했다. 5월 17일 계엄 확대에 따라 전통적 운동권 지도자들이 검속되거나 도피했기 때문이다. 물론 전통적 리더들이 전혀 없었던 것은 아니다. 들불야학이나 광대의 멤버인 대학생들이 적지 않게 남아 있었고, 윤상원 역시 구속되지 않고 광주에 남아 있었다. 그리고 이들 역시 시위에 적극적으로 참여한다. 하지만 18일부터 21일까지 진행된 어떤 사건이나 투쟁에서도 그들의 지위나 이름은 특별한 역할을 하지 못한다. 윤상원이나 박남선, 김종태 등 지도적 역할을 했던 사람들의 이름이 표면으로 부상하고 또 사건의 진행에서 중요한 역할을 하게 되는 것은 5월 22일 이후였다. 그 이전에 그들은 시위에 참여하는 일개 시민 이상도 이하도 아니었다. 전통적인 리더들은 그 힘을 발휘하지 못했으며, 그들이 가진 명망이나 권위는 작동하지 않았다.

그러나 지위나 명망이 무의미하게 된 것이 단지 군사정권이 사전에 '정리'했기 때문만은 아니었다. 왜냐하면 투쟁이 진행되면서 사건의 흐름을 지도하는 '지도자'들은 곳곳에서 출현했기 때문이다. 그러나 그들은 자신이 선 자리에서 투쟁의 흐름을 주도하고 지도했지만, 대개는 지도자를 자임하지도 않았고, 지도자로 인식되지도 않았으며, 대개는 지도자로서 이름을 남기지도 않았다. 어떤 상황 어떤 장소에선 '어떤 사람'이 목소리 높여 외치며 사람들을 지도했고, 다른 상황 다른 장소에선 다른 '누군가'가 그렇게 했다. 이 '어떤 사람'은 신원도, 이름도 정해지지 않은 사람이란 점에서 '비인칭적 인물'이다. 이는 **주어진 상황, 주어진 조건에서 대중의 흐름에 영향을 미칠 수 있는 '누군가'가, 그리고 그런 사람이라면 누구나 지도자가 될 수 있음**을 의미한다. 가령 다음의 증언은 비인칭적 인물의 자리에 섰던 '어떤 사람'들의 기억이다.

> 차를 타고 시내를 돌아다니면서 "우리는 공수들을 광주에서 몰아내야 한다"고 외쳤고, "그러기 위해서는 광주 시민의 적극적인 협조가 필요하다"고 호소하였다. 한참 동안 차를 타고 다니며 외치다 공원으로 가서 집결했다. 그때 한 시민이 연설을 했다. "지금 광주에서 죄 없는 시민이 공수들의 손에 죽어가고 있습니다. 우리들이 힘을 합쳐 어떠한 일이 있더라도 공수들을 철수시키고 광주 시민의 자유를 회복합시다." (정영동의 증언, 242쪽)

> "공수부대가 우리 부모 형제들을 학살하고 전두환이 정권을 잡으려고 하고 있습니다. 이런 시대에 역행하는 전두환의 집권을 쳐부숩시다. 전두환이를 쳐부숩시다." 나의 외침에 시민들은 너나할 것 없이 트럭에 올라탔다. (최치수의 증언, 216쪽)

최루탄 가스가 사라지고 다시 몰려들게 되자 내가 시민들에게 외쳤다. "여러분, 데모는 우리가 했는데 저분들[운전기사들]이 무슨 잘못이 있습니까? 데모대들이 차를 대라고 해서 차를 댔고, …… 저 사람들을 구출하러 갑시다. 앞으로 데모하지 않는다고 하고 협상하러 갑시다." …… 공수대 지휘관으로 보이는 대위에게 말을 걸었다. (김승철의 증언, 656쪽)

두번째 증언자인 최치수는 당시 고등학생이었다. '어떤 고등학생'의 외침이 사람들을 싸우기 위해 트럭에 올라타게 했던 것이다. 김승철은 당시 스무 살의 운전기사로서, 나이로나 신분으로나 아니면 '이념'으로나 사람들을 이끄는 리더라고 하기 어려운 인물이었지만, 사람들을 설득해 공수부대 지휘관과 협상을 시도한다. 이들만이 아니라 당시 광주 전역에서 벌어졌던 투쟁의 리더들은 모두 통상적인 '리더'의 표상과는 거리가 먼 사람들이었고, 투쟁으로 이름을 날린 사람도 아닌, 말 그대로 평범한 '어떤 한 사람'에 지나지 않았다. 차명숙도 그랬지만, 그과 함께 선전방송을 담당했으며 후일 광주의 대표적인 리더로 지목되는 전옥주(본명 전춘심)도 이와 다르지 않았다. 그는 광주 사람도 아니었고, 남성 아닌 여성이었으며, 신원도 불명확했다.

이런 식으로, 당시 투쟁에 나선 광주 시민이라면 누구나 그 '어떤 사람'이 될 수 있었고, 사실상 그런 비인칭적 주어로서 나름의 위치에서 '지도력'을 발휘했다. 분명 모두가 리더였던 것은 아니다. 리더들을 따르는 이들 또한 존재했다. 하지만 중요한 것은 그때 광주에서는 누구나 리더가 될 수 있었다는 사실이다. 각각의 상황에서 나름대로 사리판단을 한 사람이라면, 그리고 그러한 판단에 따라 적절한 투쟁의 방향을 찾아낸 사람이라면 누구나 지도자가 될 수 있었다. 혹은 무언가 상황이 요구하는 어떤 능력이 있는 사람이라면 누구나 지도자가 될 수 있었다. 전옥주와 차명숙의 경우는 신원이 불명확한 30대와 20대 초반 여성일 뿐이었지만, 그들이 가진 대담함과 남다른 언변은 순식간에 그들을 광주의 '수괴'의 자리로 올려놓았다. 시민군을 조직하고 편성한 문장우는 전과자에다가 군 복무 시절 상관을 폭행하는 등, 이력이나 '지위'로는 역시 결코 리더가 될 수 없는 인물이었지만, 현장에서 가지는 지도력과 설득력으로 상당히 넓은 지역의 방위를 책임지는 리더가 되었다.

이런 점에서 18일 이후 형성된 저 흐름의 공동체는 지위나 이름에 따라 활동하고 작동하는 게 아니라 역으로 **이름을 지우고 지위를 무효화시키는 방식으로** 작동하고 있었다고 해야 한다. 그렇기에 당시의 대중은 누구나 그때마다의 조건에서 투쟁을 이끄는 '누군가'가 될 수 있는 집합적 구성체였다. 이처럼 "어떠한 사람이라면 누구나" 지도자가 되는 방식으로 구성되는 이 공동체를 '비인칭적 공동체'라고 할 수 있다면, 지위나 이름을 지우는 방식으로 진행되는 이런 혁명을 '이름 없는 혁명'이라고 말해도 좋을 것이다.

이 무명의 혁명, 비인칭적 공동체에서는 투쟁을 이끌고자 하는 누구도 어떤 지위에 있는 인물인지, 어떤 경력을 갖고 있는 인물인지가 아무런 문제가 되지 않았다. 역으로 기존의 어떤 지위나 경력도 그것을 가진 자들로 하여금 지도자가 되도록 보장해 주지 못했다. 30만 대중이 싸운 그 기간에, 이전에 허명을 갖고 있던 지도자, 혹은 이전에 지도적 지위를 갖고 있던 지도자가 단 한 사람도 나오지 않았다는 것은 이를 잘 보여 준다. 그렇기에 누구나 지도할 수 있었고, 또 누구나 지도자였다. 만약 누군가 나서서 "누가 주모자야?"라고 물었다면, 모두가 "내가 주모자요"라고 나섰을 게 틀림없다. 따라서 5·18 이후 사태를 만들어 가는 이 흐름의 공동체에서 군부가 지도부를 제거하는 것은, 아니 지도부를 찾아내는 것은 불가능했다. 누구나 리더가 될 수 있었고, 실제로 무수한 리더가 존재했던 것이다. 덕분에 언제 어디에서 시위대가 어떤 식으로 행동할지 누구도 알 수 없었다. 여러 상황에 즉각적으로 대처해야 했고, 이에 여러 리더가 요구되었다. 누군가의 지시를 받는 것이 아니라, 각자가 지금 무엇이 필요한지를 생각했다. 그 수많은 리더들이 뜨고 짐에 따라 소규모 집단들이 구성되고 해체되기를 반복했다.

게다가 복수의 리더들은 서로에게 해가 되지 않았다. 오히려 무수한 리더의 공존이 시위대의 장점이 되었고 공수부대를 이길 수 있는 힘이 되었다. 혼자서는 결코 공수부대에게 저항할 수 없었지만, 함께함으로써 그런 힘을 이룰 수 있었다. 주먹밥을 싸서 만들어 준다든가 집집마다 세숫대야에 물을 담아 내놓는다든가, 환자를 이송한다거나, 차량시위대를 조직한다거나 하는 여러 가지 행동들이 바로 이런 무수한 복수의 자생적 리더들을 통해 가능했다. 리더가 복수적으로 존재함으로써 상황에 따라 유연하게 반응할 수 있었고, 이를 통해 필요한 모든 것을 즉각적으로 채워 나갈 수 있었다. 가령 정무근은 어떤 상황에서 헌혈이 필요하다고 판단하게 되었고, 그 결과 헌혈운동의 리더가 되었다.

나는 순간 '피가 부족하겠구나' 하는 생각을 했다. 아울러 누군가 헌혈을 해야 한다는 생각도 들었다. 그래서 큰소리로 "헌혈! 헌혈!"을 외쳤다. …… 우리들은 헌혈버스에 올라탔다. …… 내가 주로 마이크를 잡고 방송을 했다. "시민 여러분, 헌혈합니다." (정무근의 증언, 828쪽)

요컨대 지위와 이름이 사라진 자리에 사건을 만들어 내고 이끌어 가는 능력이 들어섰고, 준비되지도 않았고 예상되지도 않았던 이질적인 능력들이 모여들면서 각각의 장소마다 고유한 사건을, 상황을 만들어 낸 것이다. 말 잘하는 사람은 말 잘하는 능력으로 그 상황에 참여했고, 운전을 하는 사람은 운전하는 능력으로, 밥을 하는 사람을 밥을 하는 방식으로, 환자를 돌볼 줄 아는 사람은 환자를 돌보는 방식으로 그 상황에 참여했고, 그 사건을 함께 만들어 낸 것이다.

시내 여기저기에서 시위에 참가하고 돌도 던졌다. 아주머니들이 길거리에서 시위에 참가하는 사람들에게 김밥을 나누어 주고 있었고, 거리는 여기저기 최루탄이 터져 있어 눈을 뜰 수 없을 만큼 매웠다. …… 술집 여자들이 세숫대야에 물을 담아 가지고 길거리에 늘어서 있었다. (김행주의 증언, 464쪽)

서로 다른 특이적 능력이나 특이적 활동이 합쳐지면서 하나의 사건을, 하나의 상황을 만들어 냈으며, 그러한 상황을 주도하는 흐름을, 흐름의 공동체를 만들어 낸 것이다. 각각의 장소와 사건, 투쟁마다 등장하는 '누군가'가 특이점으로 작용하며 대중들을 이런저런 행동이나 투쟁으로 이끌었고, 그러한 특이점들의 분포를 통해 대중 전체의 흐름의 양상이 결정된 것이다. 또한 그러한 특이적 활동, 특이적 능력들이 모여들며 그때마다의 흐름, 그때마다의 집합체의 특이성을 형성했던 것이다. 이런 의미에서 광주항쟁의 첫째 국면에서 출현하여 그 국면 전체를 관통해 갔던 이 흐름의 공동체는 정확하게 '특이적 구성체'라고 말해야 할 것이다.

광주항쟁에서 대중의 구성체의 리더들은 이런 특이적 구성체의 특이점이었다. 그들은 서로 촉발하면서 더 강력한 특이점이 되도록 촉발했다. 그리고 그때그때마다 새로운 특이점들이 등장하여 더해지고, 또 상황이 지나면 사라지곤 했다. 그렇게 그때그때 새로 나타나 끼어들기도 하고 빠지고 사라지기도 하면서 만들어진 특이점들의 분포 내지 배치가 그때마다의 시위대 전체의 성격과 투쟁의 양상을 규정했다. 군사적 공격으로 그 중 한두 개의 특이점을 제거할 수 있을지 모르지만, 그건 아무런 의미가 없었을 것이다. 그를 대신해 어느새 다른 '누군가'가 새로운 특이점으로 등장했을 것이기 때문이다. 각각의 특이점들은 다른 리더, 다른 특이점의 부상을 방해하는 것이 아니라, 그들이 자신과 다른 능력을 발휘할 것을 요구했고 촉발했다. 이 대중적 구성체의 리듬은 누구나 적극적으로 활동하고 자신의 이질성을 극대화할 것을 요구했다. 그 결과 광주의 이 대중적 구성체는 하나의 중심을 가지고 지위에 따라 역할이 부여된 유기적 공동체가 아니라, 특이점들의 분포가 집단의 성격을 규정하는 특이적 구성체가 될 수 있었다.[11] 상황과 국면에 따라 다른 리더들이 부상했고, 그때마다 시위대의 성격은 달라졌으며, 투쟁의 양상 또한 달라졌다. 공수부대는 급속하게 변신하는 이 가변적인 다양체의 유연성을 도저히 쫓아갈 수 없었고 감당할 수 없었다.

이처럼 항쟁의 기간, 대중의 구성체가 특이적 구성체가 될 수 있었던 것은 지위나 이름이 지워지고 그 대신 말 그대로 비인칭적 특이점들이 언제 어디서든 출현했기 때문이다. 지위에 할당된 권리나 권력이 작동하는 한, 대개는 그런 지위에 있지 못한 '비인칭적' 인물이 자신의 능력을

---

11) 유기적 구성체와 특이적 구성체의 개념에 대해서는 이진경, 「코뮨주의와 특이성」, 고병권·이진경 외, 『코뮨주의 선언』, 교양인, 2007 참조.

사건의 흐름을 규정하는 특이점으로 관여하게 하기는 아주 곤란했을 것이다. 역으로 특이적 구성체였기에, 어떤 누구든 특이점이 될 수 있는 인물은 지도자가 되고 사건의 흐름을 주도할 수 있었던 것이다. 이런 점에서 이 시기 대중의 구성체를 특징짓는 비인칭성과 특이성은 정확하게 짝을 이루는 것이었다고 해야 할 것이다. 따라서 18일 이후 지수함수적 속도로 성장하며 형성되어 간 광주항쟁의 이 대중적 구성체를 '비인칭적 특이성'이란 개념으로 특징지을 수 있을 것이다.

흐름을 이룬 물이 그렇듯이, 흐름의 공동체는 기존의 것들을 지우며 간다. 지위도, 이름도, 주어진 자리와 할당된 역할도 모두 지워 버린다. 그리고 그 지워진 자리에 새로운 것들이 생성되고 피어나게 한다. 물론 기존의 것이 모두 사라지는 것은 아니며, 기존의 모든 것이 무의미해지거나 무력해지는 것은 아니다. 최정기가 지적하는 것처럼, 당시 무장시위대는 그것이 원래 맺고 있던 미시적 네트워크에 기반하여 작동했다.[12] 하지만 그 네트워크는 애초에 수행하던 지점과 전혀 다른 지점으로 이동하여 애초의 기능과 전혀 다른 방식으로 기능한다. 가령 황금동의 성매매 여성들이 맺고 있던 사적 네트워크는 헌혈운동을 조직하는 데 큰 도움이 되었다. 양동시장 행상아주머니들의 요리 솜씨와 미리 확보하고 있던 재고는 시위대에게 식량을 공급하는 데 요긴하게 사용되었다. 덕분에 시위대에게 "먹을 것은 언제나 넉넉했다"(정홍섭의 증언, 254쪽). 이런 식으로 기존에 존재하던 네트워크와 자원이 적극 활용되었지만, 그것 역시 거대한 흐름이 기존의 장소와 역할, 지위를 지워 버린 곳에서 새로 재배치되고 재

---

12) 최정기, 「광주민중항쟁의 지역적 확산과정과 주민참여기제」, 『5·18민중항쟁의 정치, 역사, 사회 4』, 224~225쪽.

구성되는 방식으로 작동했다.

흔히 하듯이 혁명을 기존의 권력을 전복하여 새로운 권력을 수립하는 것으로 정의하지 않고, 기존의 질서를 근본에서 전복하는 것으로 정의한다면 바로 이런 상황이야말로 '혁명'이라는 말에 부합하는 게 아닐까? **기존의 모든 것을 지우고, 기존의 모든 것이 다르게 기능하고 다르게 작동하게 하는 새로운 배치 속으로 이행하는 것.** 다음 증언에서 '민주화'라는 말로 표현하고자 했던 것은 바로 이것이 아니었을까?

> 가끔씩 아주머니들이 시위차가 지날 때마다 빵, 음료수, 김밥 등을 올려 주었다. 법원 앞을 지날 때는 법원 직원이 수고한다면서 음료수를 주고 박수도 쳐 주었다. 처음에 나는 민주화가 어떤 것인지 몰랐다. 그러나 그런 상황이 오랫동안 지속되다 보니까 이것이 민주화이구나 하는 생각을 하게 되었다. …… 항쟁 기간에 내 호주머니에는 5천 원짜리 하나가 들어 있었으나 쓸 데가 없었다. 돈이 있어도 필요치 않았다. (임병석의 증언, 448~449쪽)

이러한 변화는 애초에 투쟁의 결정적 발단이 되었고, 투쟁의 거대한 흐름을 형성하는 데 결정적인 역할을 했던 분노마저 다른 것으로 바꾸어 놓은 듯하다. 가령 다음과 같은 김행주의 증언은 광주가 만들어 낸 공동체적 흐름이 종국에는 그 분노라는 틀마저 흘러넘치는 모습을 보여 준다.

> 사람의 마음이란 참 이상한 것이다. 요 며칠간 군인이라면 이가 갈리고 죽여도 시원찮을 것 같더니, 며칠 동안 식사도 하지 못하고 쭈그리고 있는 것을 보니 무섭고 미운 생각보다 안쓰럽다는 생각이 더 들었다. 그 자

리에서 자연스럽게 돈이 거둬졌다. 당시 군인들에게는 가게에서조차 물건을 팔지 않을 때였다. …… 모아진 돈으로 빵과 우유를 구해 나눠 주었다. (김행주의 증언, 464쪽)

이러한 '마음'이 단지 김행주에게만 발견되는 개인적인 것이었는지, 아니면 일반적이라고까지는 못해도 어느 정도 사람들에 의해 공유되었던 것인지는 알 수 없다. 하지만 이런 '마음'을 단지 전투적 자세의 불철저함이나 투쟁을 흐리는 모호한 동정이라고 일축할 필요는 없을 것이다. 만약 이런 '마음'이 단지 예외적인 어떤 한 사람의 경우에 한정되지 않는다고 가정할 수 있다면, 그리고 혁명이 원한이나 분노에 머무는 '부정'의 힘이 아니라 새로운 것을 창안하고 건설하는 '긍정'의 힘임을 안다면, 기존의 것들을 지우는 혁명적 흐름 속에서 **기존의 분노나 원한마저 지우고 넘어서는** 양상이 출현하기도 했던 것이라고 말할 수 있을지도 모른다. 이게 사실이라면, 광주에서 대중의 투쟁은 우리가 흔히 생각하는 것보다 **훨씬 더 멀리 나아갔던** 것이라고 말할 수 있을 것이다.

3. 해방구의 딜레마

1) 수습대책위와 궐기대회

항쟁은 승리했다. 끔찍한 폭력을 자행하던 공수부대가 대중들의 힘에 의해, 그 거대한 흐름에 의해 밀려나고 퇴각했다. 광주는 말 그대로 '해방구'가 되었다. 그러나 사실 혁명운동에서 정말 어려운 상황은 바로 이때 시작한다. 눈앞에서 적은 사라졌지만, 그렇기에 대중적 투쟁의 흐름은 이전과 같은 강도를 지속하기 어렵다. 대중의 흐름이 물 같은 물리적 액체의 흐름과 다른 것은 바로 이 점이다. 고양이나 상승의 계기가 없다면, 지속되기 어렵고 조만간 하강곡선을 그리며 약화되기 십상이다. 그러나 눈앞에서 사라졌다곤 해도 '적'은 여전히 광주시를 포위하고 주변 지역과 절단하여 고립시키고 있는 상황. 언젠가 다시 더욱 거대한 무력으로 치고 들어올 것이 분명하다. 이러한 상황에서 무엇을 해야 할 것인가? 아마도 해방구를 지키고 해방된 상황을 유지하는 것이 일차적인 문제일 것이다. 그러나 상황을 유지한다는 것은 대체 무엇이고, 그러기 위해선 어떻게 해야 할 것인가?

이전 국면과 상황이 근본적으로 달라졌다는 점은 분명하다. 도시의 일부 거점을 방어하고 있던 군대를 공격하는 적극적이고 공세적인 대중의 투쟁이 더는 지속될 수 없게 된 것이다. 오히려 이제는 새로이 무장하여 치고 들어올 적으로부터 해방된 광주를, 광주 시민을, 아니 자기 자신을 지키는 방어적 국면으로 전환된 것이다. 따라서 해방된 상태에 어떤 안정성을 부여하고 새로운 질서를 만들고 유지하는 어떤 조직화가 불가피하게 된다. 그런데 항쟁 전체를 지도한 것은 이름 없는 '누군가'였고, 이 누군가는 많은 경우 그렇듯이 안정적인 지도적 지위를 확보하지 못한 상황이다. 이후 닥쳐올 상황에 대해 준비할 안정적인 조직이 없는 셈이다. 이런 상황에서 이 방어적 국면을 지휘할 새로운 지도부가 구성되어야 했다. 하지만 이는 결코 쉬운 일이 아니다. 지금까지의 투쟁에서는 리더십이 있는 사람이라면, 현장에서 어떤 능동적 역할을 떠맡았던 사람이라면 누구나 지도자가 될 수 있었지만, 거기에는 어떤 안정된 지위가 주어지지 않았기 때문에, 투쟁이 중지되거나 하면 지도자도 또한 사라지곤 했다. 따라서 지금까지 지도적 역할을 하던 사람들이 자연발생적으로 대중을 집합적 신체로 조직해 가긴 했지만, 이들이 이후 지속될 투쟁의 지도

부를 구성하기는 결코 쉽지 않을 것이다.

요컨대 투쟁의 일시적인 중지 속에서, 그리고 방어적 국면으로 전환된 시점에서, 그러한 비인칭적 리더십은 이전처럼 작동하기 어려웠고, 자연발생적으로 형성된 흐름의 공동체는 잠재적 공동성의 영역으로 후퇴한다. 반면 물러선 적들이 다시 치고 들어올 것이 뻔한 상황에서, 그에 대처하기 위해 어떤 식으로든 지도부를 조직해야 했다. 이 경우 사람들은 지도자의 역할에 부합할 어떤 신뢰할 만한 '근거'를 찾게 되고, 많은 경우 이전의 사회적 지위나 사회적 명망, 이력 등이 일차적인 근거로 사용된다. 반면 서로 이름도 모르는 채 형성되었던 이전의 비인칭적 지도자들은 이제 '이름'과 신원, 신분과 지위를 드러낼 것을 요구받게 된다. 그리고 그것이 드러나는 순간 대개 이전에 획득했던 리더십은 무화되고, 신원이나 지위가 보장해 주는 것에 자리를 내주게 된다. 이는 첫째 국면에서 대중적 구성체에 활기를 불어넣었던 핵심적인 요소들이 소멸되고 그 혁명적 사태 이전의 준거들로 되돌아감을 뜻한다. 그것은 해방의 힘을 창출한 요소를 제거하는 것이 될 게 분명하다. **해방된 상황을 유지하기 위해선 해방적인 힘에 의거해야 하는데, 그것을 위해 역으로 그것을 무력화시키고 해방 이전의 관계에 기대게 되는 상황이 출현하는 것이다.**

광주항쟁처럼 운동의 조직적인 지도부가 전혀 없이 진행된 경우에는 사태가 더욱더 곤혹스럽게 된다. 혁명적 흐름에 의해 지워진 기존 질서의 요소들이 새로운 질서의 조직화를 자임하고 나서게 되기 때문이다. 홍남순 변호사의 다음과 같은 증언은 이를 아주 잘 보여 준다.

> 21일 아침 …… 집에 돌아오는 길에 나는 깨진 유리조각, 부서진 차, 총을 가지고 다니는 시민, 학생들의 모습을 보고 '이 난국을 어떻게 수습을

할 수 있을까' 하고 무척 걱정을 했어요. 22일부터 광주를 정상화시키기 위한 수습 활동에 나섰어요. …… "여야를 총동원하고 사람이 죽으니 의사도 불러야 합니다. …… 변호사도 부르고, 신문사·방송국도 불러야 해요. 그러자면 돈이 있어야 하니 사업가도 부르고, 군인·경찰·관리 다 불러 함께 수습 얘기를 해야 합니다." 내가 나서서 얘기하자 모두들 내 말이 맞다고 했어요. (홍남순의 증언, 197쪽)

실제로 공수부대가 철수한 다음날, 피로 탈취한 도청에서 새로운 질서의 조직자를 자임하며 나선 것은 부지사와 "목사, 신부, 변호사, 관료, 기업주 등" 기존 질서에서 지배적인 지위를 갖는 사람들이었고, 그들이 만든 것은 '수습대책위원회'였다.[13] 이전에 대중의 흐름에 의해 지워졌던 지위와 이름이 '사태를 수습하고' 새로운 질서를 조직하는 조직자로 다시 등장하게 된 것이다. 이는 이제까지 지워졌던 이름과 지위, 신원을 드러내고, 그것에 따라 '주어진 자리', 원래의 자리로 돌아갈 것을 요구하게 된다. 다음의 증언은 이러한 상황을 아주 단적으로 잘 보여 준다.

학생증을 보여 주며 도청 안으로 들여보내 달라고 했다. 도청에 들어가서는 지휘자부터 찾았다. 젊은 청년 한 명이 나왔다. …… 꼬치꼬치 캐물었더니 그제서야 재수생이라고 고백했다. 그가 바로 김원갑이다. "이 문제는 재수생이 앞장서서 해결될 것이 아니다. 대학생이 먼저 민주화시위를 했고 지금의 상황도 그 연장으로 볼 수 있다. 그런데 재수생인 네가 책임자로 일을 수습할 수 있겠느냐? 그러니 학생지도부가 정식으로 구

---

13) 전남사회운동협의회 엮음, 황석영 기록, 『죽음을 넘어 시대의 어둠을 넘어』, 141쪽.

성될 때까지는 내가 일을 맡아보마." …… 내가 학생대표로 참석하게 되었다. (김창길의 증언, 203쪽)

22일 이전에는 광주의 리더들에게 지위나 신원을 묻는 자는 아무도 없었다. 하지만 이제 '재수생'이란 신분이 문제가 되고, 그 대신 '대학생'이 나타나 리더십을 내놓을 것을 요구한다. 광주항쟁의 기간 동안에는 누나 집에 피신해 있던 김창길이 '대학생'임을 표시하는 증명서로써 지금까지의 투쟁에서 지도적 역할을 하던 사람에게서 지도적 지위를 빼앗고 자신의 학생 신분을 '근거'로 새로이 '지도자'가 된 것이다. 22일 이전에는 지워지고 필요하지 않았던 신분과 이름이 사람을 신뢰하는 조건이 되기 시작한다. 이런 점에서 22일 이후 광주에 최초로 나타난 조직화 시도는 무엇보다 과거로 회귀하기 위한 조직화였다. 혁명의 성과를 더욱 밀고 나가려는 전략은커녕 그 성과를 지키려는 방어전략이 모색된 게 아니라, 항쟁 이전의 상태로 사태를 되돌리고 '수습'하려는 과정이 시작된 것이다. 마치 어제까지의 대중의 항쟁이, 흐름의 공동체가 없었던 것처럼 되돌리려 했다. 22일 도청 수복 후 초기에 등장한 두 개의 조직체(시민수습대책위원회, 학생수습대책위원회)가 모두 '수습'이라는 명칭을 걸고 있음은 의미심장하다.

문제는 이러한 사태가 단지 '수습위원회'에 한정된 게 아니었다는 점이다. 가령 이른바 '건달'이었지만 시위에 열성적으로 참여했던 조성환의 증언에서 보듯이, **지위나 이름의 확인**은 이런 이들의 활동을, 적지 않은 사람들을 위축시켰다. 지위와 이름의 회복, 그것은 이름을 지움으로써 가능했던 폭발적 움직임이 점점 사라짐을 의미한다. 전옥주의 구속은 아주 의미심장하다. 그때까지 대중운동을 지도한 명실상부한 지도자였던 그가 갑자기 신원을 의심받고 빨갱이로 몰려 시민들 자신에 의해 구속된 것이다!!

그러나 22일 이후의 사태를 이러한 측면만으로 이해한다면, 사태를 너무도 단순화하는 것이고, 혁명적 투쟁을 끌어온 대중적 구성체의 힘을 과소평가하는 것이다. 당장 투쟁해야 할 석은 눈앞에서 사라졌지만, 거대한 투쟁의 흐름 속에서 형성된 **감응적 공동성**은 여전히 지속되고 있었다. 가령 이전 시기와의 감응적 연속성 속에서, 도청 분수대 앞에서 자연발생적으로 형성된 대중집회가 그것이었다. "이들의 분노와 상황에 대한 인식은 매우 분명하고 올바른 것이었으며, 도청 안의 수습대책위원회의 토론 내용과는 거리가 있었다. 분수대는 이제 하나의 커다란 공감의 영역을 확보해 나가는 중이었다."[14] 이는 '시민궐기대회'라는 이름으로 정례화되어 두번째 국면 내내 지속되면서, 대중적 흐름의 공동체나 혁명적 투쟁을 부정하고 과거로 회귀하려는 수습위원들을 규제하는 장치가 되며, 항쟁파가 수습파를 공략하고 약화시키는 토대가 된다. 예를 들면,

> 부지사 정시채가 …… "광주 시민 단결합시다"고 2번 외치자 2번 모두 시민들이 따라 외쳤다. 다시 "광주시를 **보호합시다**" 하자, 정적이 흐른 뒤에 단상을 향해 병 한 개가 날아갔다. (장세경의 증언, 701쪽. 강조는 인용자)

> 정시채 부지사가 장휴동 씨와 같이 분수대 위에 올라가 "총기를 무조건 반납하고 투항하지 않으면 모두 죽는다"고 시민들을 설득했다. 시민들

---

14) 전남사회운동협의회 엮음, 황석영 기록, 『죽음을 넘어 시대의 어둠을 넘어』, 144쪽.

은 아무 말도 없이 조용히 듣고만 있었다. 장휴동 씨가 연설할 때 나는 분수대 위로 뛰어올라가 마이크를 뺏어 들고 울부짖었다. …… 그들은 모두 쫓겨 내려가고 도청 앞 광장은 성토장으로 변했다. (김종배의 증언, 206쪽)

'보호'를 앞세워 광주를 정상화하려 한 새로운 '리더' 정시채 부지사에게 병이 날아가고, 적절한 대책 없이 무기를 반납하자고 주장한 장휴동은 마이크를 빼앗긴다. 궐기대회는 명망가들이 아닌 이름 없는 민중들이 자신의 의사를 자유롭게 표현하는 장이라는 의미에서 여전히 비인칭적 특이성을 갖는 흐름의 공동체가 존속하고 있음을 보여 주는 장이었으며, 그 자체로 이전의 투쟁 과정 속에서 형성된 감응을 여전히 공유하고 있는 '감응의 공동체'였다. 22일 이후 해방광주는 이처럼 이전 시기 대중적 구성체의 감응을 이어 계속 투쟁하려는 힘과 그 대중적 구성체를 무화시키고 광주를 과거로 되돌리려는 힘이 서로 대결하는 구도를 이루게 된다.

2) 감응의 연속성과 단절

그런데 실제 진행된 사태는 이보다 더 복잡하게 꼬여 있다. 특히 문제가 되는 것은 광주 지역에서 5·18 이전부터 시위를 주도해 왔던 학생운동 및 민주화운동 세력이다. 22일 이후의 상황을 이전의 지배계급이나 지도적 인사들의 수습위원회와 대중의 흐름의 공동체 사이의 대립을 통해 이해하려 할 때, 예전의 사회운동권이나 학생운동권의 리더들이라면 의당 지도적 인사들의 수습위와 반대로 투쟁적인 입장에 섰으리라고 생각하기 쉽다. 그러나 사실은 그렇지 않았다. 시장, 부시장 등으로 구성된 수습위를 해체하고 나중에 다시 구성된 수습위원회에 참여하여 주도적 역할을 하던 조비오 신부나 송기숙, 명노근 등은 양심적 민주인사이자 광주 운동권의 지도자들이었으나, 이후의 사태에 대한 '비극적' 예견 속에서 수세적 수습의 논리로 일관하게 된다. 학생수습위원회의 경우에는 대개 학생운동권 출신이었지만 이들의 대부분은 오히려 '온건파' 내지 '투항 파'로서 사실상 지도층 인사들의 수습위와 훨씬 더 가까웠다. 예전의 조 직력과 운동 경험을 가진 이들이 이러한 역할을 했기에 사태는 훨씬 더 어렵게 꼬여 갔다.

학생운동이나 사회운동의 경험이 있던 사람들이, 그리고 광주항쟁 이전의 투쟁을 주도하던 사람들 가운데 많은 이들이 어째서 항쟁의 국면 을 이렇게 그간의 투쟁과 정반대의 방향으로 끌고 갔을까? 무엇이 운동 권 활동가들을 투항파와 항쟁파로 갈라놓았던 것일까?

항쟁파와 온건파를 갈라놓은 가장 결정적인 요인은 17일부터 21일 까지 투쟁 과정에 참여했는지 아닌지, 그 거대한 대중적 구성체가 만들 어 낸 **혁명적 감응을 경험했는지 그러지 못했는지** 하는 점에 있었던 것 같 다. 즉 그 투쟁의 감응, 그 흐름의 공동체 속에서 나누어 가졌던 감응을 갖 고 있던 사람은 그 감응의 연속성 속에서 계속 투쟁을 해야 한다고 보았 지만, 그렇지 않은 사람들에게 더 이상의 투쟁이란 무모한 것이었다. 후 자의 경우 중요한 것은 피해나 희생을 최대한 줄이면서 사태를 수습하는 것이었다. 이런 감응의 차이를 무엇보다 잘 보여 주는 것은 MBC 방송국 의 화재에 대한 다음 두 사람의 증언이다.

곧 MBC 방송국의 2층, 3층에 검은 연기가 치솟으며 순식간에 까맣게 그슬렸다. 이 광경을 바라보던 수많은 시민, 학생은 환호성을 지르고 박 수를 치며 '전두환은 물러가라', '독재 타도' 등을 외쳤고, 뒤늦게 달려온

소방차는 시민들의 환호성에 접근도 못하고 모두들 멍하니 바라만 보고 있었다. (김용철의 증언, 662~663쪽)

'아아! 불이 타오르는데도 이 어둠의 거리여, 이 질곡의 세상이여, 언제 쯤 어둠이 싹 벗겨진 광명한 천지가 오려는가. 주여, 우리를 구원하소서' 라고 마음으로는 줄곧 기도를 하고 있었다. (조비오의 증언, 188쪽)

MBC 방송국의 화재는 그것이 잘했건 잘못했건, 혹은 방화건 아니건 21일까지의 국면에서 주요한 사건이었다. 김용철의 증언에서 볼 수 있듯이 이는 많은 사람들을 더욱 고양감에 들뜨게 만들었다. 하지만 20일까지 대중적 흐름의 공동체에 참여하지 못했던 조비오 신부에게 이는 이해할 수 없는 비극이었다. 그는 시위대의 행동도, 환호하는 그들의 감응이나 감정도 이해할 수 없었다. 그에게 광주의 대중적 구성체는 기쁨과 해방의 고양감에 가득한 새로운 세계가 아니라, '질곡의 세상'이자 '어둠의 거리'였던 것이다. 따라서 조비오 신부가 해방광주 국면에서 온건파가 되어 '수습'에 주력하는 것은 어쩌면 당연한 것이다.

이는 다만 조비오 신부나 몇몇 사람의 경우에 한정되지 않는다. 『광주오월민중항쟁사료전집』의 2부 1장인 「시민수습대책위원회, 학생수습대책위원회, 시민학생투쟁위원회」는 각종 수습위원회 및 항쟁위원회 참여자와 22일 이후 도청에서 활동한 사람들의 증언을 싣고 있다. 총 48명의 증언이 실려 있는데, 그들의 성향과 18일부터 21일까지의 활동 상황을 중심으로 분류하면 〈표 2〉와 같다.[15]

이 표에서 보듯이 항쟁파는 대부분이 18일부터 21일까지 투쟁에 적극 참여했던 사람들이었다. 온건파는 반대로 대부분 그 시기에 활동이 없

<표 2> 도청에서 활동했던 사람의 성향과 18~21일까지 활동 상황 분류

	활동 없음 (13명)	소극 참여 (9명)	적극 참여 (26명)
항쟁파 (21명)	0명	2명	19명
온건파 (18명)	12명	4명	2명
혼합형 (9명)	1명	3명	5명

거나 소극적으로 참여했던 사람들이었다. 사실 대중들이 무기를 들고 국가의 군대와 대결하겠다는 것은 통상적 감각으로는 결코 이해할 수 없는 무모하고 어이없는 태도다. 18일부터 21일까지 진행된 투쟁의 흐름 속에서 형성된 감응 없이는 이해할 수 없는 태도다. 그러나 이해할 수 없는(그래서 '비밀'이란 말이 필요했던 것이다!) 그 태도, 그 감응이 바로 공수부대를 몰아내고 광주를 해방구로 만든 것이다. 시위나 투쟁에서 대중이 자연발생적으로 총을 들고 직접 무장을 하는 사태는 매우 드문 것이다. 광주 시민들의 경우에도 총칼과 장갑차 앞에서 맨손으로, 혹은 몽둥이나 차

---

15) 이 분류는 통상적인 분류와는 조금 다르다. 통상적인 분류는 시민학생투쟁위원회 소속인 사람들을 항쟁파로, 그렇지 않은 사람을 온건파로 분류한다. 하지만 이런 분류로는 대부분의 사람들을 판단할 수 없으므로 좀더 넓은 범위의 분류기준을 세웠다. 첫번째, 항쟁파는 시민학생투쟁위원회 소속이거나, 총기 회수에 반대했거나, 무장한 채 외곽 경계 업무를 담당했거나, 최후까지 남아 있었거나, 혹은 그런 사람들과 함께한 사람들이다. 최후까지 남아 있음이 포함된 이유는 '죽어도 저항해야 한다'와 '일단 살아야 한다'가 당시 항쟁파와 온건파를 구획하는 주요 논점이었기 때문이다. 반대로 온건파는 총기 회수에 적극적이었거나, 총기와 관련 없는 일에만 종사하다 26일 도청을 빠져나갔거나, 질서 회복과 수습에 대한 문제의식이 강한 사람이 속한다. 혼합형은 이 둘이 섞여 있는 이들이다. 활동 분류에서 '활동 없음'은 계엄군을 피해 피신했거나 방관한 이들이다. '적극 참여'는 시위대에 여러 형태로 합류하고 적극적으로 활동했거나 무장에 적극적이었던 사람이다. '소극 참여'는 방관하거나 도피하지는 않았지만 적극 참여로 분류할 수 없는 이들이다.

량으로 대항하다가 군대가 발포하면서 그에 대항하기 위해 총을 들게 된 것이다.

발포 행위 앞에서 단지 죽음의 공포만 느꼈다면 아마도 투쟁은 거기서 소강되기 시작했을 것이다. 그러나 대중적인 합류의 기쁨을 통해 이미 참혹한 죽음을 넘어선 이 거대한 감응의 공동체는 거기서 좌절하거나 굴복하기보다는 대항하기 위해 총을 찾아 나선 것이다. 이런 점에서 그들이 총을 든 과정은 어떤 비약이나 과장도 없이 자연스럽다. 그래서 총이라는 살상무기가 등장했음에도 불구하고, 총을 든 사람과 그렇지 않은 사람 사이에는 어떤 근본적 단절이나 깊은 골 같은 것이 느껴지지 않는다. 우연히 총을 접한 사람은 총을 들었고 그렇지 않은 사람은 안 들었을 뿐이며, 상황에 따라 누구든 총을 들 수 있는 것으로 보이기 때문이다.[16)]

그러나 이러한 사태, 이러한 감응을 체험하지 않은 사람에게 총을 든 대중이란 너무도 무모하고 위험스런 존재로 보였을 것이다. 총을 들고 싸운다는 것은 머지않아 닥쳐올 군대의 무력 앞에 무모하게 노출된 비합리적 행동으로 보였을 것이다. 그래서 아마도 그들은 필사적으로 말리려고 했던 것일 게다. 그것은 그들의 진심이었고, 그것이 그들의 충심이었을 것이다. '공수부대를 몰아냅시다' 대신 '이성을 회복합시다'라는 구호가 등장한 것은 이러한 상황을 잘 보여 준다. 그들의 눈에 '공수부대를 몰아낸' 힘은, '이성'에 반하는 광기에 불과했던 것이다.

---

16) 이 점에서 우리는 총을 들게 됨에 따라 총을 든 사람과 그렇지 않은 사람 간에 깊은 심연이 만들어지면서 절대공동체의 일체성에 균열이 생기기 시작했다는 최정운 교수의 평가(최정운, 『오월의 사회과학』, 273~275쪽)에 동의하지 않는다. 그러한 심연이 만들어졌던 것은 오히려 총을 드는 상황을 직접 겪었던 사람들과 그렇지 못했던 사람들 사이에서였고, 수습파와 항쟁파를 가르는 감응 사이에서였으며, 무기를 내려놓으라는 수습파의 요구 앞에서 정말 무기를 내려놓을 것인지 아니면 목숨을 걸고 싸울 것인지를 '결단'해야 했던 상황에서였다고 생각한다.

21일까지의 혁명적 감응을 공유한 사람들에게, 총을 내려놓으라는 그들의 '충언'은 이전에 자신들이 겪어 온 모든 것을 등지고 거대한 기쁨과 열정으로 받아들였던 그 모든 감응을 지우라는, 결국 공수부대를 몰아낸 자신들의 투쟁을 포기하라는, 결코 받아들일 수 없는 권유였을 것이다. 이런 점에서 항쟁파와 온건파의 차이는 무모한 열정과 냉정한 이성 간의 차이라기보다는 혁명적 투쟁의 과정 속에서 얻은 직접적인 **감응**과 결코 일상적일 수 없는 거대하고 '비밀스런' 힘을 경험하지 못한 채 상식적인 상상을 통해 얻은 끔찍한 미래의 **표상** 간의 차이라고 해야 할 것이다. 아니 그것은 상이한 두 가지 **감응의 차**이라고 해야 더 정확할 것이다. 온건파가 자신이 관여했던 항쟁 이전의 감응에 따라, 혹은 집이나 은신처에 숨은 채 겪었던 '공포'가 주조를 이루었을 감응에 따라 무모한 죽음을 최소화하고자 했다면, 항쟁파는 거대한 대중적 흐름의 공동체를 형성했던 그 강렬한, 기쁨과 승리의 감응을 해방된 광주의 재조직화에 강하게 반영하려 했다고 해야 할 것이다.

온건파가 처음부터 상황을 막강한 무력 앞에서 패배와 죽음이 예견되는 것으로 이해한 것은 바로 이런 이유에서일 것이다. "지금까지와 마찬가지로 저항해 봐야 아무런 승산이 없다. 그러니 무기를 반납"(조비오의 증언, 193쪽)해야 한다는 것이다. 사태를 수습하기 위한 대책은 적의 공격 앞에서 '더 이상 죽지 않는 것'이며, '피해를 늘리지 않는 것'으로 설정된다. "2천 명 죽었으면 됐어, 얼마나 더 죽어야 되겠어?"라며 항쟁파를 비판하는 송기숙 교수의 생각 역시 이와 동일했을 것이며, 항쟁파의 비난을 받으면서도 마지막 날까지 도청에 나타나 고집스레 무기를 버리고 빠져나가자고 사람들을 설득하던 김창길 역시 마찬가지였을 것이다.

문제는 이처럼 항쟁의 시기와 분리된 감응을 가진 인물들이 수습위를 장악하고 조직적인 활동의 주도권을 쥐게 된 반면, 감응의 연속성을 가진 사람들은 그것을 저지하지 않고 오랜 기간 방치했다는 점이다. 그래서 수습위는 결국 강력한 반대에도 불구하고 무기 회수에 나선다. 무기 회수는 앞 시기에 형성된 감응의 공동체에 치명적인 타격을 가하는 결과로 귀착된다. 22일 이후에도 혁명적 투쟁의 감응의 연속성을 가진 '비인칭적 인물'들, 이름 없는 자들은 총을 들고 각지에 흩어져 있었다. 그들에게 총을 들고 있는 것이란 혁명적 감응의 연속성 속에서 대중적 흐름의 공동체의 일부로서 존재하는 것을 뜻하는 것이었지만, 총을 내려놓는 것이란 사전적인 '항복'을 통해 그러한 감응의 연속성이 중단되고 기쁨과 승리의 감정 대신 공포의 감정 속으로 들어감을 뜻했을 것이다. 이제 강력한 기쁨의 공동성 속에 결합되어 있던 흐름의 공동체에서 분리되어 무력한 개인, 죽음을 피해 도피해야 할 개인으로 돌아가는 것을 뜻했다. 따라서 이후 그들로선 수습이나 진압을 한편에 비켜서서 피해가 최소화되길 빌며 방관하거나 기다리는 것 말고는 할 수 있는 것이 없게 된다.

반면 회수에 반하여 총을 계속 들고자 하는 사람도 이제는 총을 드는 것이 자연스러웠던 예전의 감응에서 분리되어, 정말 죽음을 각오하고 총을 들고 싸울 것인지 '결단'해야 하는 상황과 대면하게 된다. 이러한 대면은 죽음이라는 한계상황을 예상하며 개인적으로 결단해야 함을 뜻한다. "죽음으로 미리 달려가 보는 실존적 결단"의 고독한 시간이 도래한 것이다. 이 고독한 상황에서 죽음을 각오하고서라도 총을 계속 들겠다고 결심하는 것은, 아무리 혁명적 감응을 강하게 체험했다고 해도 결코 쉬운 일이 아닐 것이다. 그 어려운 결단을 한 이에게 남는 것은 패배가 분명하게 예견됨에도 불구하고 총을 들고 싸우는 비장한 비극이었다. 이는 이제 총을 들고 있는 경우에조차 좋든 싫든 패배를 기정사실화하는 온건파의 정세 인식을 받아들이게 됨을 뜻한다. 그들에게 다시 공포가 찾아왔을 것이다. 따라서 이런 조건에도 불구하고 총을 든 사람들, 그들은 그 예상되는 비극 속에 자신의 목숨을 걸고자 했던 사람들이다. 그들은 이런 점에서 고전적인 비극의 '영웅'이라고 해도 좋을 것이다.

결국 무기 회수는 혁명적 감응을 공유하고 있던 사람들마저 **대중적 구성체에 분리된 개인으로** 만들었고, 그러한 분리를 모든 사람들로 확산하고 일반화했다. 총을 탈취하여 손에 잡는 데까지 나아갔던 거대한 자연 발생적 흐름은 이제 개별화된 죽음의 공포 앞에서 위축되고 대중적 흐름에서 분리되게 된다. 그들을 휘감아 하나로 묶어 주던 리듬이, 흐름이 사라지게 된 것이다. 흐름이 사라지면서 공동체도 사라지게 된다. 처음에는 10만 명에 육박하던 시민들이 5차 대회에서는 5천 명 정도로 줄어든 것은 이와 무관하다고 할 수 없을 것이다.

항쟁파가 항쟁을 계속할 수 있는 것은 불행하게도 무기 회수로 이미 대중적인 흐름의 공동체가 치명타를 입은 이런 조건 위에서였다. 그들이 지도부를 장악했지만, 사태는 이미 돌이킬 수 없는 문턱을 넘은 다음이었다. 따라서 광주항쟁의 마지막 비극은 적이 들어오기 이전에 이미 시작되고 있었다고 해야 한다. 전사들을 거대한 대중적 구성체로부터 분리하여 개인화시키고, 그 개인은 누구도 대신해 줄 수 없는 죽음의 공포와 대면하면서 "때로는 패배할 게 분명한데도 불구하고 싸워야 할 때가 있다"라고 느끼며 목숨을 건 결단을 해야 했던 상황, 그것이 바로 고전적인 형태의 비극이 작동하는 조건이기 때문이다.

5 | 도시공간과 대중운동
거리의 계급과 혁명적 상상력의 도시적 회로

1. 프레카리아트, 거리의 계급

새로운 노동자계급이 거리를 배회하고 있다. '프레카리아트'라는 계급이. 생산의 유연성을 뒷받침하는 고용의 유연성을 위해 자본가들은 파트타이머와 임시직, 파견노동이나 도급노동 등의 다양한 비정규 노동 형태를 확대했고, 그에 따라 노동자이면서도 노동자라고 할 수 없는 다양한 종류의 거대한 집단이 출현한 것이다. 이들은 비정규 노동자라고 불리기도 하지만, 단지 비정규 노동자만 있는 것은 아니다. 노동자의 고용을 극소화하고 유연성을 극대화하려는 자본의 논리에 따라 노동 자체에서 축출되거나 배제된 사람들은 물론, 자의 반 타의 반으로 애써 구직의 길을 찾지 않게 된 백수들, 장애인이나 미혼모처럼 신체적 장애나 제도적 '장애'로 인해 정상적인 노동자로 살아갈 수 없게 된 사람들, 혹은 등록금 마련을 위해 아르바이트 시간을 피해 가며 학교를 다니는 비정규 대학생 등 이유와 양상을 달리하는 이질적인 사람들의 집단이 출현한 것이다. 이들을 프레카리아트(precariat)란 말로 명명하게 된 것은 노동 형태가 제공하는

동질성을 기반으로 하는 정규직 노동자들의 안정성마저 갖지 못했다는 어떤 공통성 때문이었을 것이다.[1)]

프레카리아트는 불안정한 노동자라고 해야 할까? 단어의 의미상 그렇다고 해야 할 것이다. 그래서 흔히 비정규 노동자들에 대해 말하듯이, 착취당하는 자의 지위에 불안정함이란 고통을 더한 노동자로 서술된다. 이중의 고통 속에 사는 노동자. 누구도 그런 사실을 부정할 수 없을 것이다. 그러나 노동자들에게서 단지 착취당하는 자의 고통만을 본다면, 그 고통에 대한 연민만을 표현한다면, 아마도 혁명이란 꿈도 꿀 수 없는 것일 것이다. 무산의 고통에서 '더 이상 잃을 것이라곤 없음'을 발견했을 때 비로소 노동자계급의 '역사'가 시작되었음을 우리는 잘 알고 있지 않은가? 연민의 윤리학이 아니라 혁명의 정치학이 시작된 것 또한 바로 그때였다. 그렇다면 마찬가지로 말해야 할 것이다. 프레카리아트는 단지 이중의 고통을 들어 연민과 동정을 호소하는 도덕적 개념이 아니라 혁명을 꿈꾸고 새로운 세계의 가능성을 담지한 정치적 개념이 되어야 한다고. 그들의 불행과 고통을 강조하는 '불안정한 노동자'라는 개념이 정의상 피할 수 없는 것임에도 그로부터 벗어나야 하는 것은, 그런 의미의 탈색을 위해 외래어 표기 그대로 프레카리아트라고 쓰고 싶은 것은 이 때문이다.

프레카리아트는 불완전한 노동자라고 해야 할까? 아마도 그럴 수 있을 것이다. 정상적이고 정규적인 삶을 노동하는 '항상적인 노동자'에 반해 일부분만을 노동하는 '일시적인 노동자'이고, 삶 전체가 노동에 귀속되는 노동자에 비해 그 일부분만이 노동에 귀속되는 '부분적인 노동자'

---

1) 伊藤公雄,「聖プレカリオの降臨」,『インパクション』151号, 2006年 4月, インパクト出版會; 아마미야 가린,『프레카리아트, 21세기 불안정한 청춘의 노동』, 김미정 옮김, 미지북스, 2011.

다. 그렇다면 노동자계급과 프레카리아트 사이에서 우리는 노동에 귀속된 시간의 양적 차이, 즉 '정도의 차이'만이 존재할 뿐이라고 해야 할까? 따라서 그 양적 차이를 극복하여 부분적인 노동자가 전체적인 노동자가 되고, 일시적인 노동자가 항상적인 노동자가 되는 것이 프레카리아트의 정치학이 나아갈 목표라고 해야 할까? "비정규직 없는 세상"을 외치며 비정규직의 정규직화를 요구하는 것을 보면 확실히 그런 것 같다.

정말 비정규 노동자는 정규 노동자와 동일하게 정상적인 노동의 지반을 공유하면서, 가끔씩만 거기서 쫓겨나는 노동자일까? 하지만 우리는 잘 알고 있지 않은가? 한 번 비정규 노동자가 되면, 정규 노동자가 되기가 극도로 어렵다는 사실을. 동일한 지반을 공유하고 있다면, 노동시간의 양적인 크기의 차이에 지나지 않는다면 이는 이해하기 쉽지 않은 일이다. 이 경우 비정규란 약간 모자라는 정규, 양적 확장을 통해 메울 수 있는 차이를 단지 '비'라는 말로 부정적으로 표현한 것에 지나지 않을 것이다. 그러나 사실은 반대가 아닐까? 비정규 노동자 혹은 프레카리아트란 노동이 아니라 비노동을 그 항상적인 지반으로 삼고 있으며, **가끔씩만 노동의 시간 속으로 들어가는** 그런 존재라고 해야 하지 않을까?

그렇기에 이들은 하는 일이 정규직과 동일하고 노동시간이 정규직과 동일해도 결코 동일한 지위에 있다고 하기 어려운 그런 존재다. 이런 점에서 노동자보다는 오히려 실업자, 백수와 동일한 지반을 공유하고 있으면서, 가끔씩 그로부터 벗어나는 그런 존재라고 해야 하지 않을까? 따라서 그들에게 노동이란 비정규적일 뿐 아니라 비정상적이다. 실업이라는 상태를 '정상적'인 것으로 하기에, 가끔씩만 거기서 벗어나는 것이기에, 노동 자체가 '비정상'이고 '비정규'인 그런 노동이라고 해야 한다. 비정규의 '비'는 정규적 노동과의 양적 차이를 표시하는 부정의 표시가 아니라, 정규적 노동과 다른 지반에 있으며 다른 정상상태를 갖고 있음을 표현하는 **질적 차이의 징표**라고 해야 한다.

가령 정규 노동자에게는 휴가나 사적 시간조차 노동의 정상성 안에 있다면, 비정규 노동자에게 그것은 예외가 아니면 주어지지도 않고 계산되지도 않는다는 점에서 그들의 정상성이 비노동의 상태에 있음을 잊지 않도록 상기시켜 주려는 징표처럼 보인다. 정규적인 노동의 재생산이 안정적으로 이루어지도록 보장하기 위해 주어지는 이런저런 조건들, 가령 고용의 연속성이나 4대보험 같은 것이 주어지지 않는 것도 그들을 잠시 거리에서 '퍼 오는' 것으로 생각하는 자본가의 발상을 지나치게 표현하는 징표 같다. 그러나 이러한 조건들이 달라진다고 해서, 프레카리아트에게 비노동의 정상성이 노동의 정상성으로 대체될 것이라고 말할 순 없다. 프레카리아트란 이미 **무산의 밑바닥에까지 도달한 계급**이고, 그 무산의 상태에서 비정규적으로 벗어나는 존재다. 따라서 반대로 생각해야 한다. 이들에겐 비노동이 정상적인 상태이기에, 그런 **비노동의 상태에서 생존할 수 있도록** 고용 여부와 무관하게 기본소득이나 보험과 같은 조건이 주어져야 한다.

그럼에도 불구하고 이들이 노동자와 다른 계급이라 할 수 없는 것은, 정상적인 노동자들 역시 무산의 상태에서 출발하며 항상 그런 무산의 상태를 코앞에 두고 있는 존재라는 사실 때문이다. 정상적인 노동자 또한 누구든 문턱을 하나 넘어서는 순간 무산의 상태에 대면하게 되는 지점에서 살고 있다는 점에서, 관형어를 바꾸면 '노동자'라는 하나의 단어로 표시할 수 있는 어떤 공통성을 잠재적으로 공유하고 있는 것이다. 그러나 이런 공통성은 현행적인 어떤 공동의 사건이나 행동, 노동이나 실천이 없다면, 마치 같은 조상을 공통으로 갖고 있지만 실제로는 별다른 공속의 지대를 형성하지 못하는 성씨의 족보와 크게 다르지 않을 것이다. 노동과 비노동이라는 상이한 지점을 현행적인 삶의 실제적 지반으로 하고 있기에, 양자를 하나로 모으고 함께 행하게 하는 어떤 공동적인 실천이나 사건이 없다면, 결코 양적 차이라고 할 수 없는 간극을 넘어서는 것은 쉽지 않을 것이다.

2. 공장의 계급과 거리의 계급

노동자계급은 공장의 계급이다. 노동력의 흐름을 공장이라는 공간적 구획선을 따라 분할하여 절단·채취하는 공간기계와 상관적이다. 공장이란 일상적인 노동의 공간이고 항상적인 작업의 공간이다. 최대치의 시간을 가능한 한 연속적으로 노동하게 하는 공간이다. 그런 노동의 항상성을 위해 사람들을 가두어 놓고('완화된 감옥') 정상적인 동작을 모델로 훈육하고 정상화(normalization)하는 공간이다. 그러한 공장 안에서 노동자는 맑스의 말 그대로 가변자본이다. 자본에 포섭된 자본의 일부다. '과학적' 분할의 도식 아래 할당되고 생산물의 제작 경로를 따라 합리적으로 분배된 고정된 자리에 못 박힌 채, 주어진 작업을 반복하는 **귀속의 체계**가 거기에 있다.

노동조합처럼 노동자의 일상적인 조직이 동일한 귀속의 체계에 따라 형성되고 작동하며 노동자의 단결 또한 그런 공간적 구획에 따라 조직되는 것도, 공장을 넘어설 때조차 공장 단위의 조직을 상급의 유기체로 통합하는 길을 가는 것도 이런 이유 때문일 것이다. 소비에트라는 이름으로 상징되는 노동자 평의회가 공장이라는 생산의 장에서 생산자들을 스스로를 조직하는 것도 같은 이유 때문일 것이다. 또한 노동자들이 자본의 지배나 착취에 저항을 시작할 때, 공장의 가동을 중단시키는 것으로 시작하는 것도 바로 이 때문이다. 노동자들의 투쟁이 자본으로부터의 해방을 향해 나아가고자 할 때, 공장을 점거하고 그것을 장악하고자 하는 것 또한 이 때문이다. 그래서 공장 단위의 파업은 물론 공장을 넘어선 확대된 규모의 파업, 심지어 총파업조차 노동자들에겐 공장들의 정지를 확대하는 것으로 표상된다. 노동도, 저항이나 투쟁도, 모두 공장이란 공간을 통해 이루어지며, 그 공간의 주위를 맴돌고 있다.

반면 프레카리아트는 거리의 계급이다. 정규적이고 일상적인 노동의 시간이 전통적인 노동의 공간인 '공장'과 상응한다면, 일상적인 비노동의 시간은 일자리를 찾아 거리를 헤매고 다니든, 인터넷을 뒤지든, 아니면 노동을 포기하고 자기의 길을 가든 거리라는 공간과 상응한다. 노동자계급이 공장에서 벗어난 시간에도 사실은 잠재적으로 항상-이미 공장에 속한 계급이라면, 프레카리아트는 일할 곳을 찾아 **공장 사이를** 떠돌고 있는 존재다. 공장에서 일을 하는 시간에도 사실은 그 공장에 속해 있지 않은 존재며, 공장들의 바깥, 이 공장 저 공장 사이에 있는 존재다. 노동의 공간과 비노동의 공간 사이를 이동하고 배회하는 존재다. 이 점에서 그들은 '공장의 계급'인 노동자보다는 오히려 '거리의 계급'인 실업자와 더욱 근접한 곳에 있다. 일시적인 노동이 주어지지 않는 순간, 일시적인 노동으로 호출하는 호명의 소리가 들리지 않는 순간, 실업의 상태로 돌아간다는 것을 떠올린다면, 이러한 인접성을 이해하는 것은 어려운 일이 아닐 터이다. 비정규 노동자가 해고되어 일정 기간 동안 일자리를 찾는 데 실패할 경우 노숙자가 되는 경우마저 흔한 일이다.

실업자나 노숙자만이 거리의 계급은 아니다. 적절한 자리 찾기도 힘들고 인생을 걸 어떤 게 있는 건 아니지만, 그렇다고 일자리를 찾아다닐 강한 의지도 없기에 거리를 방황하는 것도 포기하고, 자의 반 타의 반 노동 없이 사는 길을 모색하는 '백수'들 또한 거리의 계급이다. 대개 청년이기도 한 이들은 공장만큼이나 집에도 머물기 어려운 존재고, 집에 있다고 해도 인터넷이나 다른 통신수단을 통해 이미 다른 공간으로 빠져나간 존재다. 집에서도 공장에서도 벗어나 불특정의 어딘가로 **이동 중인 존재**고, 이동의 공간을 항상 방황하는 존재다.

여기서 거리가 단지 물리적인 도로만을 뜻한다고 할 순 없을 것이다. 그것은 공장 사이의 공간, 집과 공장 사이의 공간이며, 때론 물리적인 이동의 공간이기도 하고 때론 인터넷이나 휴대전화로 연결된 전기적인 이동의 공간이기도 하다. 실제로 비정규 노동자를 호출하거나 해고하는 것도 휴대전화의 문자메시지를 통해 이루어지게 되었다. 이들이 새로운 직업을 찾아 방황하는 곳 또한 길거리가 아니라 인터넷상의 공간이다. 인터넷과 가장 가까운 거리에 있으며, 거기에 가장 많은 시간을 쓰는 것은 아마도 이들이 아닐까? 일본은 여기서도 또 하나의 첨단을 보여 준다. 집이 없어 한국의 피시방에 해당하는 '넷카페'를 주거지로 삼고, 구직을 위해 항상 인터넷에 접속한 채 살며 그것으로 비노동의 시간을 채우는 이른바 '넷카페 난민'[2]은 이들이 방황하는 거리가, 혹은 이들이 사는 주거마저도 인터넷상의 공간으로 대체되었음을 뜻한다. 그러나 이들이 떠도는 거리란 무엇보다 **항상 어딘가 사이를 떠도는** 마음 속의 공간이라고 해야 할 것이다. 어딘가 고정되고 안정된 공간에 붙박혀 사는 정착민이 아니라, 그나마 노동의 공간에서마저 뿌리 뽑혀 멈춰 있어도 이동 중인 존재, 노동

---

2) 이진경·신지영, 『만국의 프레카리아트여, 공모하라!』, 그린비, 2012; 아마미야 가린, 『프레카리아트, 21세기 불안정한 청춘의 노동』.

하고 있어도 그곳에 없는 존재, 언제나 새로운 정착지를 찾아 방황하고 이동하는 이주민인 것이다.

3. 공장의 점거와 거리의 점거

이주민들이 이동을 멈추는 것은 두 가지 다른 사태를 통해서다. 하나는 그들이 찾는 정착지를, 새로운 공장, 새로운 집을 찾아 안착하는 것이다. 정착민이 되는 것이다. 정규직화에 대한 욕망이나 요구는 이 방향을 찾아 가고 있다. 불행한 것은 지금 자본주의가 이런 정착의 공간을 제대로 제공할 능력이 없다는 사실이다. 다른 하나는 자본가들이 줄 수 없는 것, 자본주의 국가가 제공할 수 없는 것을 찾기를 중단하고, 자신들이 서 있는 곳을 반복해서 떠나길 그치며, 그 자리를, 자신들이 배회하는 그 거리를 자신들의 공간으로 만드는 것이다. 스스로 거리의 계급임을 자각하고 그 거리에서 사는 것을 받아들이는 것, 먹고살 길 없음을 뜻하기에 항상 있어도 떠나야 하는 그 공간에서 살아가는 법을 창안하는 것이다. 이주민과 구별하여, 유목민이란 움직이지 않는 자라는 역설적 정의를 제안했던 들뢰즈와 가타리라면,[3] 이러한 이동의 정지 속에서 정착과 반대로 유목을 볼 것이고, 불모가 된 거리에서 살아가려는 자들 속에서 새로이 탄생하는 유목민을 발견할 것이 틀림없다.

　나는 공원에 텐트를 치며 거리를 자신들의 공간으로 만들었던 '점거(occupy)운동'[4]을 바로 이런 것이었다고 이해한다. '노동의 종말'이 예견

---

3) 질 들뢰즈·펠릭스 가타리, 『천의 고원』 2권, 이진경 외 옮김, 연구공간 너머 자료실, 2000, 165쪽; 이진경, 『노마디즘 2』, 휴머니스트, 2002, 371쪽.

되던 '20과 80의 사회'에서 80을 향해 가던 계급이, 이제 노동마저 상실한, 노동하고 있어도 사실은 이미 축출과 배제의 힘 속에서 반쯤은 이미 거리로 밀려난 이들이, 노동하는 자들마저 포괄하는 99%의 이름으로 시작한 거리의 점거, 그것은 '유연성'과 효율성의 이름 아래 모든 이들을 거리로 내몰고 있는 1%의 부와 권력에 항거하려는 거리의 계급의 봉기다. 이윤을 향한 유연한 운동을 위해 생산마저 포기하고 끝도 없이 새끼 치는 파생상품으로 세계경제를 파국으로 몰고 간 금융자본의 '벽', 부에 대한 접근을 가로막는 그 벽을 둘러치고 99%로부터 스스로를 차단하려는 자들에 맞서 '거리의 점거'를 통해 새로운 세계를 만들려는 그 운동에서, 강력한 전염력을 갖고 전 세계로 확대되어 가는 그 운동의 선두에서 우리는 '거리의 계급'을, 프레카리아트를 발견한다. 이동의 공간을 유목의 공간으로 만들고, 방황하는 이주민의 삶을 창조적인 유목민의 삶으로 바꾸어 놓으려는 혁명적 창안을.

　여기서 거리의 점거와 공장의 점거 사이에 흔히 상정하는, 일종의 위계마저 함축하는 유비적인 관계를 넘어서야 한다. 노동자계급이 유통이나 소비에 비해 생산을 우위에 놓은 것이나, 거리라는 이동의 공간에 대해 공장이라는 생산의 공간에 일차적인 지위를 부여하는 것은 이해할 수 있는 일이다. 그런 관점에서 보면, 거리의 점거는 중심의 점거로, 중심인 공장의 점거로 나아가야 한다. 그리고 아마도 생산자 평의회 같은 공장 단위의 조직을 통한 공장의 장악이 그다음에 기다리고 있을 것이다. 이것이 혁명의 심화 과정이라고 말할 것이다.

　그러나 이미 말했듯이 거리의 계급은 '불완전한' 공장의 계급이 아

---

4) 고병권, 『점거, 새로운 거버먼트』, 그린비, 2012 참조.

니다. 공장의 계급으로 결국은 귀착되어야 할 불충분한 노동자가 아닙니다. 거리의 계급은 자신의 공간을 갖는다. 거리의 점거는 바로 그 자신의 공간을 점거하는 것이다. 그들이 공장의 점거로 나아갈 이유는 없으며, 그럴 경로 또한 없다. 거리의 계급이 노동시간의 양적 차이를 가질 뿐인 '불완전한' 공장의 계급이 아니듯, 따라서 공장의 계급으로 귀착되어야 할 계급이 아니듯, 거리의 점거는 공장의 점거를 위한 계단이 아니며 공장의 점거로 귀착되어야 할 예비적 투쟁이 아니다. 그것은 각자 상이한 질을 갖는 투쟁이고 상이한 본질로 인해 상이한 양상으로 펼쳐질 수밖에 없는 투쟁이다.

먼저 공장의 점거는 공장노동자 자신의 결속력을 근간으로 하며, 공장이라는 경계 안에서 노동자들을 응집하는 구심력을 통해 진행된다. 연대 또한 공장이라는 공간적 단위들의 결합을 통해 이루어지고, 연대를 통한 힘의 확산은, 혁명적 상황이 아닌 한, 문제가 되고 있는 공장에 힘을 더해 주는 귀속의 지점을 뚜렷하게 갖는다. 공장의 외부에서 발생한 모든 힘은 공장으로, 그 결속의 중심으로 귀속된다. 반면 거리의 점거는 거리의 이웃한 다른 이들을, 다양한 계급적 귀속을 갖는 이질적인 대중들을 불러들이는 특이점을 형성한다. 그러나 특이점으로서의 흡인력을 발동시킬 때에도, 그 힘은 점거한 장소로 귀속될 이유를 갖지 않는다. 점거한 장소란 단지 거리로 대중이 흘러넘치고 투쟁이 확산되도록 하기 위한 출발점에 지나지 않기 때문이다. 그것은 선 위의 한 점에 지나지 않으며, 따라서 어디에 있든 선을 따라 움직인다. 점거한 점에 힘이 응집될 때에도, 점거한 장소 그 자체는 귀착의 지점이 아니라 시작의 지점이고, 응집은 선을 따라 진행되는 확산과 운동을 위한 것이다. 흡인의 구심력은 점거한 장소를 둘러싸고 있는 인접한 거리들을 통해 곧바로 확산의 원심력으로 전환되는 것을 목표로 한다. 따라서 상이한 본성을 갖는 이 두 가지 투쟁을, 하나를 다른 하나에 귀착시키는 방식으로 연결하거나 위계화해선 안 된다. 그것은 서로 결합하고 연대할 때조차 상이한 본성 각각이 유효하게 가동하도록, 그 상이한 본성이 결합되며 배가·고양되도록 해야 한다.

생산이 공장에서 탈영토화되어 유통과 소비의 영역, 사회 전반으로 확대된 지금이라면, '공장의 점거'에 관해서도, "거리에서 공장으로!"라고 요약되는 두 가지 점거의 관계에 대해서도 앞서의 통념과 반대로 생각해야 할지도 모른다. 생산이 공장을 넘어 다른 활동의 영역으로 확장된 조건에서, 공장의 점거는 생산을 정지시킬 순 있지만 그것을 장악하기엔 충분하지 않을 것이기 때문이다. 생산을 장악하기 위해선 공장의 점거에 머물러선 안 된다. 공장의 점거는 거리의 점거로 확대되어야 한다. 공장의 계급은 거리의 계급과 연대하고 그들을 향해 스스로 나아가야 한다.

거리의 계급이 공장으로 들어가는 것은 혁명적 상황이 아니라면, 심지어 그런 상황에서도 쉽지 않다. 그것은 공장이란 공간에 대한 침범, 자본가에 대한 침범일 뿐 아니라 그 공장의 노동자에 대한 침범이 되기 때문이다. 반면 공장의 계급이 거리로 나가는 것은 아주 쉬운 일이며, 사실 흔히 벌어지는 일이기도 하다. 이와 반대로 공장의 계급이 공장 안에만 머물고 만다면, 공장의 점거는 공장이라는 제한된 공간에 스스로를 가두는 것이 되고 말 것이다. 공장의 점거가 공장에 머무는 한 고립을 면할 수 없다면, 거리의 점거는 반대로 거리를 통한 확장의 경로를 이미 갖고 시작한다.

김진숙 씨의 한진중공업 크레인 농성투쟁은 아주 적절한 사례를 제공해 준다. 그것은 물론 목숨을 걸고 300일 이상의 긴 시간을 지속해 준 김진숙의 농성, 그리고 그와 함께 해준 노동자들의 투쟁이 있었기에 가능했던 것이다. 그렇지만 이 투쟁이 공장의 일부를 점거한 투쟁에 머물고 말았다면 결코 성공할 수 없었을 것이다. 그것은 공장의 점거와 농성이, 인터넷과 '희망의 버스'로 상징되는 거리의 점거로 확산되었기에, 그리하여 그 거리를 오가는 수많은 사람들의 이동을 야기하는 힘을 가동시켰기에, 그래서 한진중공업의 공장 외부로, 수많은 '외부세력'의 눈과 귀, 입과 손을 타고 거리로 흘러나갈 수 있었기에 승리할 수 있었다.

　　대책 없는 철거에 대항해 500일 이상을 농성을 하며 이런저런 사람들을 '끌어들여' 싸웠던 두리반의 승리도 마찬가지다. 그것이 단지 두리반이 있던 건물의 점거농성에 그쳤다면 결코 승리할 수 없었을 것이다. 반대로 그 건물로 거리의 계급들을 끊임없이 불러들이고 그들을 통해 건물 자체를 다양한 종류의 활동이 만나고 생성되는 창조적 장으로 만들었기 때문에, 그런 점에서 고정된 공간을 새로운 삶의 공간으로 바꾸는 유목적 창안을 가동시켰기 때문에 승리할 수 있었을 것이다. 그것은 국지적인 공간의 점거를 거리의 점거로 변환하는 새로운 방법을 보여 준다. 여기서 '두리반'이라는 하나의 국지적인 장소는 그 자체로 수많은 사람들이, 거리의 계급들이 다양한 양상으로 오가고 만나는 거리가 되었던 것이다. 그로 인해 두리반은 시간을 적이 아닌 친구로 삼는 투쟁이 될 수 있었고, 바로 그것이 승리의 결정적인 요인이 되었다.

4. 대중의 흐름과 도시

프레카리아트는 그 자체로 이미 **대중화되고 있는** 계급이다. 계급이 어떤 지위나 소속에 의해 정의되는 반면, 대중은 그런 지위나 소속에서 이탈하는 것에 의해 정의된다. 이런저런 지위나 소속에 속한 사람들이 현행의 주어진 그 자리에서 이탈하여 하나로 모이는 것을 통해 대중은 형성된다. 그렇기에 대중은 이질적인 사람들이, 마치 하나인 양 무리 지어 움직인다. 대중 속에서 그들은 지위나 소속은 물론 계급적 소속에서 벗어나 하나의 흐름을 형성한다. 흐름을 유인하고 끌어들이는 특이점을 향해 쏠려가는 거대한 흐름을.[5]

부르주아가 대중과 거리가 먼 것은 주어진 자리나 지위에서 이탈하여 대중이란 흐름의 한 분자가 될 가능성이 극히 희박하기 때문이다. 상층의 지위나 소득을 가진 사람들이 대중과 거리가 먼 것 역시 마찬가지다. 그들은 대중이 되기엔 그들을 붙잡아매고 그들이 떠나기 어렵게 만드는 것을 너무 많이 가지고 있는 것이다. 근본적으로 노동자가 대중과 가까운 것은, 맑스 말대로 버릴 것이 적기 때문이고 주어진 자리에서 이탈하기 위해 버려야 할 것이 많지 않기 때문이다. 노동자가 되기 이전에 무산의 상태에서 시작하기 때문이고, 지위도 재산도 가지지 않은 상태에 인접해 있기 때문이다. 노동력의 흐름과 대중의 흐름 간의 인접성으로 인해, 쉽사리 대중 속으로 말려들어 가는 존재이기 때문이다.

반면 노동자들 또한 가진 것이 많아지거나 현행적인 지위나 소속에 대한 소속감이 강할수록, 또한 안정성에 대한 욕망이 강할수록 이탈의 벡터를 따라 대중으로 말려들어 갈 가능성은 줄어든다. 더구나 그런 지위나 소속의 확보, 안정성의 재생산을 위해 집단화된 경우, 그리고 그런 집단을 통해 자신들의 이익을 확보하는 체제가 수립되어 힘을 갖고 작동하는 경우, 대중이 되기는 더욱더 어려워진다. 단지 그 집단화된 조직의 결정

---

5) 귀속과 이탈의 개념을 통해 계급과 대중을 구별하는 이유에 대해서는 이진경, 「프레카리아트: 프롤레타리아트의 불온성」, 『불온한 것들의 존재론』, 휴머니스트, 2011, 303쪽 이하 참조.

에 따라 동원되는 종류의 '군중'이 될 뿐이다. '노동자 대중'이라는 단어를 아무리 크게 써서 붙여도 그것은 이미 대중이라고 할 수 없다.

　프레카리아트는 비노동의 정상성 속에서 살기에 노동자에게 주어지는 지위나 소속마저도 사실상 갖지 못한다. 주어지는 소속은 잠정적이고 '간접적'이어서, 소속에 따른 지위나 권리는 문제가 되는 순간 사라져 버린다. 그들은 공장이나 사무실 같은 뚜렷한 외연을 갖는 공간들에 속하지 않는다. 그들에게 소속이 있다면 그것은 거리에 속한다고 해야 한다. 운명과 같은 이동 속에서 항상-이미 이탈의 벡터에 떠밀려 사는 존재다. 따라서 그들은 싫어도 소속이나 지위에서 벗어나 있는 존재, 소속을 가져도 그 소속을 갖지 못한 존재다. 그들은 소속 사이를 떠도는 존재고, **주어진 지위에서 항상-이미 밀려나 있는 존재**다. 이탈을 야기하는 어떤 사건 이전에 이미 이탈의 벡터 속에 있는 존재, 노동자라는 계급적 지위를 갖는 경우에도 이미 그 지위에서 밀려난 존재란 점에서, 프레카리아트는 이미 대중-화된 계급이다. 계급과 대중 사이에 있는 존재고, 계급에서 밀려나 대중에 밀려들어 가 있는 존재다.

　거리는 이들 프레카리아트와 대중을 하나로 묶어 주는 하나의 공간이다. 프레카리아트는 거리의 계급이다. 대중 또한 거리의 존재다. 소속이나 지위 사이의 공간, 소속에서 벗어나 하나로 합류하는 공간, 그것은 앞서 말한 의미에서 정확하게 '거리'라는 공간이다. 소속을 잊고 지위에서 벗어나 거리에서 만나는 자들, 그런 합류 속에서 어떤 감정이나 감응의 전염 속에서 하나처럼 거리를 따라 움직이게 된 자들, 그들이 바로 대중이다.

　거리는 흐름의 공간이다. 어딘가를 향해 이동하는 공간이고, 정착적인 공간 사이에 있는 공간이며, 소속과 지위 사이에 있는 공간이다. 소속과 지위, 그리고 이름마저 지워 버린 자들이 '익명'의 누군가가 되어 흘러가고 만나며 충돌하고 헤어지는 공간이다. 빠른 발길이 주파하기도 하고 여유로운 발길이 흩어지기도 하는 도시의 도로나 광장도, 인터넷상의 '거리'도 모두 흐름의 공간이다. 그것은 거리의 계급이 영유하는 공간이다. 대중의 공간이고, 대중화된 계급인 프레카리아트의 공간이다.

도시는 흐름의 공간인 **거리**를 기하학적 형태로 직조된 **도로**로 바꾼다. 도시는 모든 종류의 흐름을 수용하고 그것을 영유하는 공간이다. 자동차의 흐름, 행인의 흐름, 상품의 흐름, 물류의 흐름, 상업의 흐름 등등. 그러나 그것은 흐름을 절단하고 채취하여 이용하기 위한 것이다. 그러기 위해 흐름을 통제하고 그 속도를 조절해야 한다. 물의 흐름을 통제하고 이용하기 위해 홈을 파서 수로를 만들 듯이, 흐름을 통제하기 위해 홈을 파서 도로를 만든다.[6] 홈은 길게 늘어선 벽들의 연속체다.

도로가 치안을 담당하는 경찰의 영역이 되는 것은 이런 이유에서다. 경찰은 도로를 관리하고 도로 위를 흐르는 자동차, 대중 등의 흐름을 통제한다.[7] 도로가 막혀 흐름이 고이지 않도록, 몰려든 흐름이 도로 밖으로 흘러넘치지 않도록 통제하고, 혹은 도로를 가로지르려는 행인의 이동을 차단한다. 정해진 도로를 벗어나려는 대중의 흐름을 다시 '폴리스라인'이라는 갱신된 홈 안에 가두려 한다. '폴리스라인'으로도 충분하지 않을 경우, 도시 중심의 도로 기능을 포기하면서까지 거대한 물리적 벽을 세워

---

6) 질 들뢰즈·펠릭스 가타리, 『천의 고원』 2권, 170쪽.

7) 비릴리오는 이러한 도로의 관리와 통제가 국가권력의 본성에 속한다고 본다. "부르주아 혁명이 돋튼 이래로 정치 담론들이 사회적 질서를 교통(사람, 상품)의 통제로, 혁명과 반란을 교통정체·불법주차·다중충돌·추돌로 혼동하며 옛 코뮌의 공위를 의식적으로 수차례 반복해 왔던 한, 국가의 정치적 권력은 폴리스, 치안, 다른 말로 하자면 **교통로 감시였다**"(폴 비릴리오, 『속도와 정치』, 이재원 옮김, 그린비, 2004, 68쪽. 강조는 원문).

대중의 흐름을 저지하려 함을 우리는 2008년 아주 극한적인 방식으로 경험한 바 있다. 대중의 흐름을 통제하려는 경찰과 자동차나 행인의 흐름을 관리하는 경찰이 하나의 동일한 조직이라는 것은 결코 우연이 아니다. 대중과 경찰은 도로를 따라 만들어진 홈 내지 벽을 사이에 두고 대결하고 충돌한다.

이런 이유에서, 삶이 도시를 벗어날 수 없게 된 지금, 대중의 흐름이나 그 흐름을 통해 진행되는 운동의 상상력은 도시의 도로망을 따라간다. 그것에 의해 제약되고, 그것을 가로지르며, 그것을 흘러넘치고, 그것을 통해 돌파한다. 여기에 도로들이 모이거나 확대되면서 만들어진 '광장'이 추가되어야 한다. 광장, 그것은 대중들이 모이는 공간이고, 집회가 열리는 공간이며, 대중들의 목소리가 가시화되는 장을 제공하는 공간이다. 거리의 도시적 상응물인 도로가 흘러가고 이동하는 대중의 일상적 공간이라면, 광장은 대중의 흐름이 합류하여 하나로 응집되고 결속되며 새로운 집합적 신체로 변환되는 공간이다. 대중은 항상-이미 거리상에 있지만, 최초로 가시적 형태로 나타나는 것은 바로 이 광장에서다. 대중운동이란 말에 도로보다 먼저 광장이 대응되는 것은 이 때문이다. '광장은 시민의 것이니 시민에게 돌려주라!'라며 시민의 이름으로 광장을 요구하는 것도, 최인훈의 소설에서처럼 광장이 개인의 밀실과 대비되는 사회적 삶의 장으로 상상되는 것도 이런 이유에서다.

5. 혁명적 상상력의 두 가지 회로

광장과 도로망은 도시의 평면을 구성하는 두 개의 핵심적인 요인이다. 도시의 세번째 차원은 그 도로망을 따라, 도로의 구획에 의해 결과적으로 만들어진 구역 위에 수직의 건물을 세우는 것이다. 이는 평면을 구성하는 광장과 도로망에 의해 이미 선결정된 조건 안에 갇혀 있다. 도시의 형상을 구성하는 핵심적인 요소는 광장과 도로망이다. 그러나 이는 도시의 형상을 결정하는 것에 그치지 않는다. 대중의 흐름이 도시 안의 도로를 따라 움직이고 광장에 모이며 집합적 신체를 만들고 다시 거기서 흩어져 도로를 따라 흘러가는 한, 대중운동은 광장과 도로망을 따라 진행될 뿐 아니라 그것을 따라 상상한다. 광장과 도로망이 대중운동의 '물질적 조건'이고, 혁명적 상상력의 물리적 조건인 것이다.

걸음이 반복되며 흐름의 잠재적 통로가 만들어질 때, 길이 난다. 길은 발걸음을 옮기는 대로 난다. 길은 거리의 일차적 형태다. 자연발생적으로 만들어진 도시의 도로는 이 길을 따라가며 홈을 파고 고체화한다. 그래서 구불구불하고 불규칙적인 도로가 만들어진다. 혹은 집들이 만들어지고 그 집 사이를 걷는 길들이 도로가 된다. 도시의 변두리에서 흔히 발견되던 골목길은 대개 이런 식으로 형성된 것이다.

그러나 도시는 오래된 왕도나 수도든, 상업도시든 자본주의적인 도시든, 대개 사람들의 흐름, 교통의 흐름에 명료하고 뚜렷한 형태를 부여하고 그것을 통제하기 위해 만들어진다. 플라톤이나 아리스토텔레스가 이상적인 도시 형태에 대해 이런저런 구상을 제안하고, 메톤이나 히포다모스 같은 '도시계획가'가 이미 고대 그리스 시대에 도시의 도로망에 별모양이나 방사상 같은 특정 형태를 부여하고자 했음은 이 때문이다.[8] 르네상스의 '이상도시' 계획도, 강력한 권력에 의해 실현된 바로크의 도시들도 마찬가지였다. 방어를 위해 성벽을 둘러쳐야 했던 르네상스 도시와

---

8) 루이스 멈포드, 『역사 속의 도시』, 김영기 옮김, 명보문화사, 1990, 180~181쪽.

달리, 바로크 도시는 왕에 의해 장악된 중심으로부터 모든 방향으로 무한히 확장해 가려는 의지를 표현한다는 점에서 적지 않은 차이가 있다. 하지만 이동의 양상과 속도를 통제하고, 이에 더해 형태적 통일성을 부여하고자 했던 기본적인 발상에 비하면 이런 차이는 차라리 사소하다 해야 할 것이다. 오스망의 '파리 대개조 사업'은 불규칙하고 구불구불한 도시를 일거에 두들겨 부수고 방사상의 명료하고 뚜렷한 형태를 구현함으로써, 도시나 도시계획의 이런 본질을 아주 극명하게 보여 주었다.[9]

여기서 이상도시의 구상자나 도시계획가들을 매료시켰던 두 가지 상이한 도로망의 형상이 대중운동의 상이한 상상력과 관련된다는 것을 주목할 필요가 있다. 방사상의 도로망과 격자형의 도로망이 그것이다. 방사상의 도로망은 하나의 중심으로부터 방사상의 도로들이 뻗어나가고 역으로 그곳으로 도로들이 모여드는 집중화된 형상을 취한다. 이는 바로크식 도시의 기본 형태를 구성하는데, 대개는 궁전이 자리 잡고 있는 중심을 향해 여러 개의 간선도로가 집중되어 모여든다.[10] 루이 14세의 베르사유가 그랬다. 베르사유 궁전 앞의 광장에서 방사되며 뻗어나가는 세 개의 간선도로. 오스망이 개조한 파리는, 바로크라고 불리는 시대와 다른 시간 속에 있었음에도, '삼촌의 흉내를 내' 새로이 황제가 되었던 후원자 루이 보나파르트 때문이었는지, 정확히 이런 형상으로 구성되었다. 루브르에서 콩코르드 광장을 거쳐 개선문이 있는 에트왈 광장까지를 직선으

---

9) 멈포드는 알베르티에서 오스망에까지 이르는 이러한 도시계획에서 군사교통이 결정적인 요소였다고 주장한다(같은 책, 381쪽). 특히 바로크 도시의 "중심점에서는 대포가 어떤 접근 방향이든 장악할 수가 있었다"(396쪽)라면서, 이것이 도시 전체를 철저히 외향적인 것이 될 수 있게 했다고 한다.
10) 레오나르도 베네볼로, 『세계도시사』, 윤재희 외 옮김, 세진사, 1998, 787~799쪽.

로 잇는 간선도로가 만들어지고, 콩코르드 광장, 에트왈 광장 등 광장에 서마다 수많은 도로들이 방사상으로 뻗어나간다. 그 도로를 따라 지번들이 매겨지고, 그 대지 위에 건물이 들어선다.

반면 격자형 도로망은 고대 로마나 중국의 북경 등에서도 사용된 적이 있지만, 가장 흔히 사용되었던 것은 식민도시들에서였다. 방사상이 특정한 한 점으로 중심화된 것임에 반해 격자형은 어떤 중심도 없이 균질적인 도로와 구역들을 분배한다. 그렇기에 도로망을 구상하는 데 중심과 주변의 구별이 필요없고, 지형적인 특성이나 이용되는 토지의 특성 등도 고려하지 않는다.[11] "이러한 구성은 필연적으로 대광장 등의 공공적인 중심(=고전적인 공공공간)을 축소, 혹은 삭제한다. 도시공간에서 중심이 소멸되고 그 전체가 중성화되는 것이다. 대신 주요 교차점에 가치가 집중된다. …… 모든 도시적 교점을 등가화함으로써 그곳으로부터 어디까지나 확대/전진해 나가겠다는 '개척주의'의 결정이다. …… 이것이야말로 '이윤 추구의 사명화'에 어울리는 공간 구성이자, '영리충동'에 의한 공간 형성이다."[12] 왕궁이 있었던 것도 아니고, 지형적 특성이나 인민들의 삶을 고려할 필요가 없었으며, 빠른 속도로 만들어 최대한 효율적으로 자원이나 노동력을 착취하는 게 필요했던 식민지 도시가 격자형의 형태를 취하게 되었던 것은 이 때문이다.

실제로 바로크적 형태가 절대군주나 황제가 선호하여, 황제들이 살던 도시를 만드는 데 주로 사용되었다면, 격자형은 식민도시 이외에도 굳이 그런 특권적 중심이 필요없는 곳, 혹은 급속한 속도로 개발되어야 했

---

11) 루이스 멈포드, 『역사 속의 도시』, 198~199쪽.
12) 이와사부로 코소, 『유체도시를 구축하라!』, 서울리다리티 옮김, 갈무리, 2012, 74~75쪽.

던 도시들에 흔히 이식되었다. 서유럽을 흠모했던 표트르 대제에 의해 만들어진 상트페테르부르크나, 자본주의에 반감을 갖고 있던 토머스 제퍼슨에 의해 만들어진 워싱턴이 방사형의 도로망을 근간으로 한다면, 자본의 논리가 황제를 대신한 뉴욕 같은 미국의 많은 도시들은 격자형의 도로망을 근간으로 한다.

동양의 도시는 북경 같은 수도를 직조하는 데 사용된 격자형의 도로망을 모델로 했다. 오래된 수도였던 서울이나 교토의 중심부가 그렇다. 하지만 근대적 식민권력을 수립하고자 했던 일본 총독부는 자신들이 청사를 세운 경복궁에 하나의 가시적 중심성을 부여하고자 했고, 이를 위해 광화문 앞에 확고한 형태를 가진 대로를 내고 시청을 중심으로 하는 방사상의 도로를 만든다.[13] 물론 기존의 오래된 도로들로 제약되어 있었기에, 이런 방사상의 형태는 그리 명확한 형상을 취하지는 못하지만, 적어도 광장 같은 넓은 공간을 확보하고 몇 개 도로의 집중 양상을 뚜렷이 했기에 광화문과 시청에 도시의 중심이란 지위를 부여할 수 있었다. 반면 급속히 개발되어야 했고 개발 시 고려해야 할 특별한 건물이나 장소가 없었던 강남 지역 같은 곳은, 필지로 나누어 팔고 건물들을 짓기 편하게 격자형 도로망이 이식되었다.

방사형의 도로망에서 광장은 도로들이 모이고 흩어지는 중심이란 점에서 특권적인 위치를 차지한다. 황제의 궁전이 있는 특권적인 중심이 있고, 도로들이 만나는 지점마다 수많은 광장들이 있다. 약간 부연하자면, 흔히 말하듯이 이로부터 도시 광장의 공공성을 직접 도출하는 것은 부적절하다. 공적 목적을 위해 사용되는 개방 공간으로서의 '광장'이

---

13) 이에 대해서는 김백영, 『지배와 공간』, 문학과지성사, 2009 참조.

란 애초에 길들이 모이는 곳에 작은 규모로 만들어진 것이 자연발생적으로 확장되는 방식으로 만들어졌다. '광장'의 서구적 기원 신화를 이루는 아고라의 초기 형태가 그랬다. 대략 기원전 6세기경으로 거슬러 올라가는 "초기의 아고라는 무정형이고 불규칙한 형태였다. 이것은 때로는 테라 도읍에 있었던 것처럼 개방된 광장 모양을 갖춘 것도 있었지만 대체로 큰길을 약간 더 넓힌 것"에 지나지 않았다.[14] 그런데 300년의 시간이 흐르면서 그리스적 광장에도 변화가 발생한다. 가령 아리스토텔레스는 이런 아고라에 좀더 명확한 기능과 형태를 부여해야 한다고 보았으며, 그 기능에 따라 오이코스(oikos)에 속하는 아고라와 폴리스(polis)에 속하는 아고라를 분리하고자 했다. 즉 상행위나 상인들을 배제한 '자유민'의 광장을 만들고자 했다.[15]

이와 달리 바로크식 도시에서 광장들은 결국 도시 전체의 특권적 중심인, 황궁이 있는 가장 중심적인 광장으로 환원된다. 즉 광장은 왕의 자리, 왕의 공간이며, 왕의 권력을 과시하기 위한 공간이다. 그래서 바로크적 광장은 '폼 나는 외양'을 갖춘 일종의 스펙터클로서 만들어진다. 왕궁이 없는 광장들에도 오벨리스크처럼 중심성의 가시화를 목적으로 하는 건축물이 들어서고 강력한 고체적인 테두리가 쳐지는 것은 이런 이유에서다. 그럼에도 불구하고 근대 도시의 광장이 개방적인 공공성을 갖는 시민들의 것으로 간주되는 것은, 어떤 창조적인(!) 오해 때문이 아니라면, 그 도로를 거슬러 광장으로 몰려가 왕의 목을 쳤던 혁명의 경험 때문이었다고 해야 할 듯하다.

---

14) 루이스 멈포드, 『역사 속의 도시』, 160쪽.
15) 같은 책, 194쪽.

반면 격자형의 도로망에는 광장이 들어설 자리가 없다. 광장은 격자의 동질적인 분할을 방해하는 요인일 뿐이고, 격자도로가 갖는 규칙적 형태의 기하학적 안정성을 깨는 불규칙한 불청객일 뿐이다. 그래도 도로만으로 도시를 만들 순 없다. 사람들이 머물 수 있는 곳이 필요하기에, 도로들이 만나는 곳이 아니라, 도로들 사이에 있는 공간, 혹은 도로들을 따라 움직이는 흐름에 방해가 되지 않는 곳에 '공원'의 형태로 할당된다. 그것은 시민이나 대중들의 자연스런 합류지대, 자연스런 만남의 장소가 아니라, 그런 흐름을 피해서 숨듯이, 혹은 부록처럼 덧붙여지는 부차적인 장소에 지나지 않는다.

따라서 방사상의 도로망이 근간을 이루는 도시에서 대중운동이나 혁명운동은 모든 흐름이 모이는 특권적 중심을 향해 나아간다. 그 도로들이 모이는 광장에 모이고, 그 광장에서 새로운 집합적 신체로 변용되며, 힘을 결집하여 의당 그 중심 바로 저편에 있는 권력 중심을 향해 나아가려 한다. 운동이나 혁명에 대한 상상력도 그렇다. 모든 대중의 흐름이 하나의 중심으로 모여야 하듯이, 각자의 요구나 이슈, 사람이나 행동도 하나의 중심으로 집중되어야 하며, 그것을 통해 중심을 장악해야 한다고 믿고 상상한다. 목표나 지향점이 시각적으로 뚜렷하기에 운동은 지나칠 정도로 한 곳을 향하고 흐름은 어디를 경유하든 그 중심으로 향하는 한 가지 양상을 반복한다. 그로부터 이탈하는 흐름은 운동에 그다지 도움이 되지 않거나 심지어 운동의 힘을 분산시키는 부정적 요인으로 간주되기도 한다.

반면 격자형의 회로에서 대중운동은 집중될 중심을 갖기 힘들다. 도로망 어디나 유사한 위상을 갖기에 시작할 곳도 끝낼 곳도 찾기 힘들고, 모든 흐름을 암묵적으로 모아 주는 곳도 없다. 그래서 갈 곳을 찾지 못해 헤매거나 제각각의 길을 가며 분산되어 버리기 쉽다. '목적 없는 운동' 혹은 '방향 없는 질주'가 되기 십상이다. 하지만 바로 그렇기에 역으로 각각의 문제와 이슈들이 나름의 위치를 만들고 확보해 가는 것이 쉬울 수도 있다. 익숙한 암묵적 목적지를 향해 달리는 질주형의 운동이 아니라 특정 지역을 특정화하거나 점거하는 방식이 훨씬 더 현실적일 것이다. 가령 1999년 시애틀 시위에서 사용된 '색채적 조닝(zoning)'의 방법은 격자형의 도시적 조닝에 대응하면서도 지역적 고착성을 갖지 않는 유동적이고 유체적인 '조닝'의 방법이었다고 할 수 있는데, 이는 격자형의 도시에서 분산되고 산만해지기 쉬운 운동을 유동적인 존을 통해 최대한 모으면서 관계 짓고 적절한 전술적 배치를 만들며 대결하기 쉽게 한다는 점에서 격자형 도시에 적절한 대중운동의 새로운 방법이었다고 할 것이다.

6. 혁명적 상상력의 교차와 혼합

방사상의 도로망과 중심화된 운동을, 격자형의 도로망과 탈중심화된 운동을 그대로 대응시키는 것은 사태를 지나치게 단순화하는 것일 게다. 이 두 운동의 상상력은 실제로는 조건에 따라 섞이면서 상이한 유형의 혼합된 양상으로 펼쳐진다. 가령 2011년 뉴욕의 월스트리트 점거 운동은 격자화된 도시에서 점거의 형태로 진행되었지만, 경찰이 들어오는 데 절차와 시간이 필요한 일종의 '준-사적 공간'인 주코티 공원의 점거로 시작했다. 이후에도 이들은 지리적인 어떤 목표를 향해 행진하고 돌파하는 것이 아니라 다리나 도로를 점거하는 형식으로 투쟁했다. 이는 격자형 도시에서의 전형적인 양상을, 동시에 거기서 피하기 힘든 난점을 보여 준다.

그런데 그것을 통해 제기한 이슈는 '월스트리트'라는 타겟의 단일성과 중심성을 공간적인 형태로 명확하게 가시화했고, 이로 인해 물리적으로 점거한 공간은 결코 중심일 수 없는 장소였지만, 운동은 명확하게 집중적인 타겟을 갖게 되었고, 이를 통해 중심화된 양상을 취할 수 있었다. 이것이 갖는 설득력은 월스트리트에 연결될 수 있는 모든 지역으로, 월스트리트의 착취에 노출된 99%의 인민들로 점거운동 자체가 동시에 확산될 수 있게 만들었다. 금융자본에 대한 공격이었지만, 그것이 '월스트리트'라는 공간적 명사로 표시되었기에, '점거'라는 행동에 자연스레 연결되었고, 점거로 시작한 운동이 '행진'하여 나아갈 중심적 목표로 설정될 수 있었던 것이다. 이로써 점거운동은 각각의 흩어지고 분산된 지역에서 중심을 장악하는 운동의 집중성을 얻게 된다. 물론 이는 그런 유효한 시작 이후 각각의 지역마다 고유한 운동의 양상으로 펼쳐지게 되고, 그것이 점거운동의 지역적 차이와 다양성으로 이어지게 된다.

반면 2008년 서울에서의 촛불시위는 중심화된 도시에서, 중심으로 집결하는 대중운동의 전통과 반복이 강력한 유인과 집결의 힘을 발휘했던 사례라고 할 것이다. 100일이 넘는 긴 기간 동안 수십만의 대중들이 중심의 광장에 모였을 뿐 아니라 그것을 흘러넘쳐 도심부 전체를 광장으로 만들며 확산되었던 이 운동은 중심화된 도로망의 효과 속에서 시작되고 진행되었다. 중심적인 지도부가 없이도 이렇게 집결되고 집중될 수 있었던 것은, 이전의 운동에서 반복된 '전통' 이외에, 암묵적 집결지가 가시적으로 분명하다는 점과 무관하지 않을 것이다. 사실 우리는 서울에서 어떤 시위나 집회를 생각하는 순간, 어느새 시청 앞이나 청계광장이라는 장소를 거의 자동적으로 상정하고, 집회 이후엔 광화문을 향하여 나아간다는 것을 당연한 목표로 설정하지 않는가! 그리고 그 과정에서 경찰과의 충돌이 발생하는 장면 또한 자연스레 상상 속에 그려진다.

그런데 2008년에는 경찰들이 버스 차벽으로 방어선을 치고 뒤로 물러서 있었기에 대결이나 충돌의 사태로 진행되지 않았고, 그런 시간이 장기간 지속되자 광장에 모인 대중들은 거기에 주저앉아 생각지 않았던 '점거'를 시작하게 된다. 중심에 있는 타겟을 향해 나아가기 위한 길은 막혀 있고 운동의 긴장을 만들어 내는 충돌이나 대결이 사라진 상황, 그렇다고 집회나 항의, 시위를 중단할 수는 없는 상황에서 집회는 자연스레 뜻하지 않은 '점거'로 전환된 것이다. 도로의 점거, 광장의 점거가 대대적으로, 극히 장기간 지속된다. 이후에 거기서 대중들이 진행한 일들은 중심을 향해 힘을 모아 일점돌파를 하는 기존의 중심화된 대중운동의 방식과 달리, 장기간 점거운동에서 흔히 보이는 것처럼 점거한 장소에서 축제를 벌이듯 '노는' 것이었고, 그 놀이 속에서 새로운 표현의 장을 펼치는 것이었다. 애초에 이슈가 되었던 것은 어느새 약화되고, 새로운 수많은 이슈들이 산만할 정도로 튀어나왔으며, 그에 대한 끝없는 토론과 비판이 이어졌다.

하지만 이러한 양상은 시간이 지남에 따라 다시 중심화된 상상력에 자리를 내주게 되었던 것 같다. 이런 축제적인 놀이와 중심화된 사고방식이 생각하는 운동의 간극은 6월로 넘어가면서 "6월 10일을 다시 한번" 반복하려는 오래된 상상력에 의해 메워지면서, 전자는 다시 광장에서 모여 하나의 이슈로 문제들을 집중하고 그것을 통해 정부와 대결하려는 양상으로 다시 전환된다. '다시 한번!'이란 말을 이유로 이런 반복의 시도 자체가 재현적이었다고 비난할 순 없는 일이다. 혁명이란 사실 이전의 어떤 혁명을 반복하려는 열정과 몽상 속에서 대중의 힘을 모으고 응집하려는 방식을 취하기 십상이기 때문이다.[16] 점거의 기간 동안 증폭되고 증식된 대중의 역량을 어떤 물리적인 대결 지점을 찾아 응축할 수 있었다면,

1987년 6월과는 다른 어떤 사태가 반복되었을 수도 있었을 것이다.

그러나 경찰은 차벽 뒤에 물러서 충돌을 피하고 있었고, 정부 또한 뒤로 물러서 무마하는 태도를 취하고 있었기에, 일종의 거대한 공백을 사이에 두고 충돌이나 대결은 지연되고 있었다. 이런 지연 속에서 대중의 의사를 모으는 역할로 인해 '대표'하는 것으로 변형된 '대책위'는 대중의 요구를 '모아서' 이것을 정부의 대답을 기다리는 '의견'으로 치환했고, 상황은 대중의 요구에 정부가 '대답'해야 하는 것으로 바뀌었다. '6월항쟁'이란 이름으로 혁명적 운동을 반복하려는 시도가 6월항쟁에 의한 정부의 '항복선언' 같은 결과물에 대한 기대로 치환된 것이고, 전복을 향해 나아가던 대중의 욕망은 그 지연의 거리(distance) 속에서 새로운 '대표'들을 통해 어떤 대답에 대한 요구로 변형되었던 것이다.

대중의 중심화된 집중에서 도시 중앙의 대대적인 점거로 바뀌고 그것을 통해 증식된 대중의 흐름을 다시 집중하여 고양시키려는 시도는, 도시 회로에 따른 상이한 두 가지 형태의 운동이 혼합되고 변형되며 진행되었음을 보여 준다. 여기서 대중을 '다시 한번'의 반복을 위해 집중시키려는 시도는 새로운 스케일로 집결된 힘을 모아 중심을 향해 돌진한다면, 중심화된 혁명적 상상력이 만들어 놓은 일반화된 경로를 따라갈 수도 있었을 것이다. 그것은 하나의 목표를 향해 대중의 흐름을 집중하고 집결하게 할 수 있다는, 중심화된 운동의 강점임이 분명하다. 그러나 2008년에

16) "역사 안의 반복은 역사가의 반성적 유비나 개념이 아니라 무엇보다 먼저 역사적 행위 자체의 조건이다"(질 들뢰즈, 『차이와 반복』, 김상환 옮김, 민음사, 2004, 214쪽). "그들의 행위는 자발적으로 어떤 예전의 역할의 반복이 되었다. …… 역사가 신화의 베일 뒤로 숨을 수밖에 없는 것은 혁명적 위기 때문이며, 완전히 새로운 어떤 것을 창조하기 위해 기울이는 노력 때문이다"(해럴드 로젠버그, 『새로운 것의 전통』, 질 들뢰즈, 같은 책, 같은 쪽에서 재인용).

는 돌파의 지점을 찾아내서 초기의 돌파력을 만들어 낼 수 있는 강한 조직력이 없었고, 대중적 힘을 폭발시키는 강한 충돌도 없었기 때문에, 적절한 출구를 찾지 못했다. 이런 지연의 공간 속에서 혁명적 상황의 반복에 대한 욕망은 그런 상황의 결과물에 대한 기다림으로 변형되었고, 그에 따라 단일한 중심으로의 '이슈의 집중'은 단일화된 대중의 '요구'가 되어 버렸다. 이는 역으로 점거를 통해 진행되던 사태를, 다양한 문제들이 제기되고 서로 촉발하면서 폭발적으로 고양되던 사태를 중단시키는 것으로 귀착된 것 같다. 6월 말 발생한 새로운 충돌은 또 한 번 사태의 전환을 야기할 수 있는 계기를 함축하고 있었지만, 대중을 보호받아야 할 '어린양'으로 만들어 버린 종교적 개입으로 인해 무화되고, 대중들은 이제 돌파구를 향해 나아가는 힘을 잃고 눈앞에 나선 경찰을 회피하며 도로를 맴도는 양 떼들이 되어 버렸다.

7. 거리의 계급과 '총파업'

거리의 계급도 파업을 하는가? 한국에서 비정규 노동자들은 파업을 한다. 하지만 비정규 노동자의 파업은 지극히 난감한 곤란을 피하기 어렵다. 통상적인 의미에서 파업이란 '작업의 정지'를 뜻하고, 이를 통해 공장의 작동을 정지시키는 것이다. 공장의 작동을 정지시킬 수 없다면, 작업의 정지는 온전한 의미의 파업이 되지 못한다. 비정규 노동자만으로 공장의 작동을 정지시키는 것은 지극히 힘든 일이다. 비정규 노동자들은 유연성의 이름으로 '자유로이' 쓰다가 버릴 수 있는 존재란 사실로 인해, 그리고 그들과 별도로 공장을 가동시키는 '정규적인' 노동자가 있기에, 노동의 정상성을 정지시키는 어떤 개입이라도 있지 않고선 공장의 가동을 정지시키는 것은 극히 어려운 일이다. 그래서 비정규 노동자의 파업은 정상적인 가동을 저지하는 점거와 농성의 형태로 시작하지만, 곧 정상적인 가동 뒤편으로 밀려난다. 법적인 취약성은 접어 둔다고 해도, 시간이 지남에 따라 점거자들이 줄어들고, 농성은 이내 작업장 바깥으로 밀려나게 된다. 그 결과 대개 작업장의 일부나 그 바깥에서 전투적 의지를 가진 몇몇 사람들의 고립되고 고독한 투쟁이 되기 십상이다. 자본가들은 그들에 대한 고용의 법적 책임을 피하고 있으며, 그들 없이도 공장을 가동할 수 있기에, 교섭조차 하지 않고 외면해 버린다. 그리하여 투쟁은, 포기하지 않는 한 500~2000일이라는 믿을 수 없는 기간 동안 지속된다. 한국통신에서부터 기륭전자, KTX 승무원, 이랜드 등의 기록적인 투쟁이 그렇고, 아직도 현재진행형인 재능교육 교사들의 투쟁이 그렇다.

이런 사실을 안다면, 비정규직 혹은 고용이 예외적이고 '비정상적인' 거리의 계급이 파업을 한다는 것은 불가능한 것처럼 보인다. 확실히 파업이 공장의 정지를 뜻하는 것인 한, 파업은 공장의 계급에 속하는 투쟁 방법이다. 거리의 계급이 공장에서 파업한다는 것은, 적어도 그 자체만으론 '불가능하다'. 그렇다면 공장노동자가 아닌 거리의 계급이 '총파업'을 주장하는 것은 공허하고 무의미한 공문구에 불과하다고 해야 할 것인가?

파업의 정의에 비추어 보면, 거리의 계급에게 파업은 거리의 작동을 정지시키는 것일 게다. 거리의 작동을 정지시킨다는 것은 그 자체로 보면, 거리가 제공하는 이동의 기능을 정지시키는 것일 게다. 가령 예전에 화물연대 노동자들이 화물트럭으로 고속도로를 점거하여 도로의 기능을 중단시켰던 경우를 상기할 수 있을 것이다. 그러나 이는 물리적으로 도로를 점거할 능력이 있는 경우가 아니면 역시 의미가 없다. 더구나 거리의 계급이 운수노동자처럼 물리적인 이동을 담당하는 사람들이 아니라 공장 사이에 있는 계급을, 그 사이를 오가는 이주민을 지칭한다면, 이는 일반화하는 것조차 불가능하다. 거리의 계급이 '총파업'이란 말을 이런 의미로 제안한다면, 그것은 무의미한 공문구에 지나지 않을 것이다.

파업에서 중요한 것은 작업의 정지라는 물리적 사건이 아니다. 1970년대나 1980년대 초의 많은 파업들처럼, 공장의 정지로까지 나아가지 못한 경우에조차, 파업이 중요한 의미를 가졌던 것은 그것이 야기한 '중단' 때문이었다. 그것은 단순한 공장의 중단을 넘어 파업에 참가한 사람들의 **삶에 급격한 '중단'**을, 감정이나 **사고방식에 근본적인 중단**을 야기한다. 파업의 시도가 공장의 정지를 이끌어 내지 못한 경우에도, 파업은 그것을 위해 모여들고 활동한 이들의 '영혼'에 어떤 결정적인 중단을 야기한다. 부당한 것이 있어도 아무 말 못하고 시키는 대로 일만 하는 무력한 태도를 중단시키고, 동료들과의 만남과 연대, 우정을 통해 혼자만의 고립된 삶을 중단시킨다. 실패한 경우에조차, 진지하게 파업이란 사건에 말려들었던 사람들에게 파업은 이전의 삶을 중단시키고 이전의 감각을 중단시키며 이전의 사고와 행동을 더는 지속할 수 없게 한다. 그 정지와 중단의 지점에서 새로운 종류의 삶의 방식이, 새로운 관계가 시작된다. 가령 이랜드 노조의 파업을 다룬 다큐멘터리 영화 「외박」은 파업을 하면서도 남편과 자식의 밥을 챙겨 주던 '아줌마'들이 파업을 통해 이전엔 꿈에도 생각하지 못했던 '외박'마저 쉬워지게 되면서, 남편의 식솔로서의 삶이 중단될 것임을 보여 준다. 그것은 새로운 삶이 시작되는 지점일 것이다.

반면 파업을 통해 작업을 정지시키고 공장의 가동을 정지하게 한 경우에조차, 이전의 관계, 이전의 삶의 방식을 중단시키지 못하는 일이 적지 않음을 우리는 잘 알고 있다. 작업의 정지가 교섭의 담보가 되어 주는 경우, 교섭이 순탄하지 않아 실질적인 공장 가동의 정지를 야기한 경우에 조차, 또 다른 교섭을 통한 협약의 체결로 이어질 때, 작업의 정지는 곧바로 작업의 연속으로 이어진다. 이 경우 파업은 작업을 정지시킬 수 있었지만 이전의 삶의 방식을 불가능하게 하는 어떤 근본적 중단, 이전의 사고나 감각을 지속할 수 없게 하는 어떤 근본적 중단을 야기하지 못한다.

이런 점에서 작업 내지 공장의 정지가 파업의 '외적인' 측면을 규정한다면, 파업하는 사람들의 삶이나 감각, 사고방식에 발생하는 중단이 그것의 '내적인' 측면을 규정한다고 대비해서 말할 수 있을 것이다. 혁명의 사유에서 어떤 것을 통해 파업을 사고해야 할 것인지는 분명하다. 이전의 삶의 방식을 중단시키고 이전의 감각과 사고를 중단시키는 사건, 바로 그것이 파업이고, 외적인 사건으로서의 파업이 야기하는 일차적인 효과다. 그렇다면 정규적으로 주어진 작업이 없고 정지시킬 공장을 갖지 않아도 파업은 충분히 가능한 것이며 또한 필요하다고 해야 하지 않을까? 도로의 점거를 통한 물리적 이동의 중단이 아니어도, 심지어 물리적인 도로가 없는 곳에서도 이전의 삶의 방식이나 감각, 사고방식을 정지시키는 그런 사건이 있을 수 있다면, 우리는 그것을 파업이라고 부를 수 있다.

총파업이란, 이러한 정지와 중단을 거듭제곱의 역량으로 응축하고 배가함으로써, '총'이란 말로 표현되는 연대와 결합, 촉발과 전염을 고양시키는 사건이라고 말할 수 있는 것이다. 참가한 노동조합의 수나 참가자의 수를 합산하는 방식으로 계산되는 어떤 '산술급수적인' 사건이 아니라, 전염적인 촉발의 효과를 통해 각자가 n승의 역량으로 고양되며 결합되는 멱급수적 사건이다. 접속하고 연대하는 n개의 이웃들이 각각 n승으로 고양된 채 곱해지는 비약적 정지와 중단의 사건이다. 그 고양되는 힘들이 흘러넘치며 이전의 삶, 이전의 감각을 지우는 거대한 중단이고, 그 정지된 자리에서 새로운 종류의 삶의 방식이 발아하고, 새로운 사고와 감각이 시작되는 위대한 출발이다.

총파업의 두 가지 유형에 대한 고전적인 대비는 긴밀히 짝하지만 서로 환원 불가능한 파업의 두 측면을 통해 이해해야 한다. 총파업에 '신화적인' 지위마저 부여했던 조르주 소렐은 프롤레타리아트의 총파업과 정치적 총파업을 대비한다. 소렐에게 정치적 총파업이란 정부에게 압력을 가하거나 어떤 정책을 시행하도록 하기 위해, 혹은 법을 개정하기 위해 노동자들의 총파업을 이용하는 것이다. "이러한 전술이 성공을 거두려면 정당의 군호(軍號)에 발맞추어 불시에 파업에 돌입해야만 하며, 정부와 정당 사이에 협정이 맺어지자마자 파업을 멈추어야만 한다. 정치인들이 노조의 중앙집중화나 규율 강화에 대해 그토록 왈가왈부하는 것은 바로 이런 이유에서이다."[17] 소렐은 이러한 종류의 총파업은 정당이나 국가의 목적을 위해 봉사하는 것이란 점에서, 그런 체제의 전면적 전복을 지향하는 프롤레타리아트 총파업과 정반대되는 것이라고 비판한다.

반면 프롤레타리아트 총파업은 이런저런 요구나 교섭을 위한 담보물이 아니라 사회주의라는 새로운 사회의 상을, "단 한 번의 직관으로 일깨울 수 있는 총체적 이미지"를 만들어 호소하는 것으로 이해한다.[18] 그것은 불특정 시점의 어떤 미래에 대한 구상이나 예측을 제시하는 것이다. 그런 청사진이 없다면 혁명은 불가능하리라는 것이다. 그런 점에서 혁명이 단 한 번의 전투로 성공할 순 없다는 사실이나 투쟁을 진행하는 데서 오는 세부적인 어려움들은 그에겐 전혀 본질적인 문제가 아니었다. 중요

---

17) 조르주 소렐, 『폭력에 대한 성찰』, 이용재 옮김, 나남, 2007, 218쪽.
18) 같은 책, 175쪽.

한 것은 신화 자체다.[19] "총파업이란 사회주의의 모든 것이 담긴 신화, 달리 말하자면 현대사회에 맞서서 사회주의가 벌이는 전쟁의 다양한 표현들에 부합하는 모든 감정을 본능적으로 일깨울 수 있는 이미지들의 총화이다."[20]

여기서 중요한 것은 현존하는 세계와 맞서는 이미지를 통해 제시되는 미래의 구상이라는 유토피아적 관념도, 사회주의라는 그 이미지의 이름도, 혹은 그것을 통해 가동되는 어떤 근본적 폭력[21]도 아니다. 그것은 혁명을 가능하게 하는 프롤레타리아트의 역동적인 감정을 일깨우는 것이다. 프롤레타리아트의 총파업에서 본질적인 것, 그것은 **감각이나 감정에, 나아가 사고나 행동의 방식에 어떤 근본적인 중단을 야기하는 '폭발'**이다. 반면 '정치적 총파업'이나, 우리가 흔히 보는 어떤 요구를 관철하기 위해, 혹은 교섭을 위해 이루어지는 통상적인 '총파업'은 제도나 결과의 불연속성을 만들어 낼지 모르지만 이런 종류의 근본적인 중단을 야기하지는 않는다. 그것은 대대적인 작업의 정지지만, 기존의 관계를 지속하기 위한 정지다. 따라서 거기서 '감정의 폭발'이라는 형태로 파업하는 노동자 개개인에게 발생하는 폭발적인 정지, 근본적인 중단 같은 것은 없다. 그것은 적절히 조절되고 적절히 통제되는, 그래서 시작과 끝이 충분히 통제될 수 있는 그런 중단일 뿐이다.

이런 점에서 가장 강한 의미에서의 총파업이란 기존의 관계를 정지

---

19) 같은 책, 180쪽.
20) 같은 책, 181쪽.
21) 벤야민은 이런 폭력에 '신적 폭력'이라는 새 이름을 부여했다(발터 벤야민, 「폭력비판을 위하여」, 최성만 옮김, 『역사의 개념에 대하여, 폭력비판을 위하여, 초현실주의 등: 발터 벤야민 선집 5권』, 길, 2008).

시키고 기존의 삶의 방식을 전면적으로 중단시키는 대대적인 작업의 정지를 뜻한다. 이러한 근본적이고 대대적인 정지와 중단을 벤야민이 혁명에 대해 했던 말을 통해 이해할 수 있을 것이다. "마르크스는 혁명을 역사의 기관차라고 말했다. 그러나 어쩌면 사정은 그와 아주 다를지 모른다. 아마 혁명은 이 기차를 타고 여행하는 사람들이 잡아당기는 비상 브레이크일 것이다."[22] 이런 정지와 중단을 야기하는 사태를 그는 신학적 용어를 빌려 '메시아적 정지'라고 명명한다.[23] 이 정지를 통해 우리는 역사의 행로 옆으로 나 있는 다른 길로 들어선다. 옆에 있었지만 들어가 보지 않았던 방의 문을 열고 들어간다. "계급 없는 사회는 역사에서의 진보가 다다르는 최종 목표가 아니라, 그 진보의 중단, 자주 실패했지만 끝내 이루어 낸 중단"이다.[24] 들뢰즈라면 횔덜린을 빌려 '각운의 중단'이라고도 말했을 이러한 정지 속에서, 습관적인 관성이나 기억에 의한 반복을 지워 버리는 텅 빈 시간의 종합을, "이음매에서 벗어난 시간"(time out of joint)을, 그 비워진 시간 속에서 새로운 것이 시작되는 미래의 반복을 발견했을지도 모른다.[25]

　　파업을 단지 단순한 투쟁 형태나 전술 형태가 아니라 이런 '일반성' 속으로 추상화할 수 있다면, 거리의 계급이 파업을 하고, 거리의 계급이 총파업을 말하는 것을 누구도 공허하다거나 무의미하다고 비난할 수 없을 것이다. 거리에서의 통상적인 이동을 정지시키는 것, 그런 정지를 통

---

22) 발터 벤야민, 「『역사의 개념에 대하여』 관련 노트들」, 최성만 옮김, 『역사의 개념에 대하여, 폭력 비판을 위하여, 초현실주의 등』, 356쪽.
23) 발터 벤야민, 「역사의 개념에 대하여」, 348쪽.
24) 발터 벤야민, 「『역사의 개념에 대하여』 관련 노트들」, 355쪽.
25) 질 들뢰즈, 『차이와 반복』, 208~209쪽, 212쪽.

해 지금까지의 삶의 방식, 감각이나 사고방식에 근본적인 중단을 야기하는 것, 그런 중단의 지점으로 이동의 흐름을 끌어들여 그것을 샛길로 흐르게 하고 잠겨 있던 문을 열어 그 속으로 밀려들어 가게 하는 것, 그럼으로써 기존의 관계가 정지되는 지대를 창안하는 것. 우리는 뉴욕에서 시작된 거리의 점거가 바로 이런 의미에서 이미 그 자체로 거대한 총파업이었다고 말할 수 있을 것이다. 또한 2008년의 촛불시위에서 이루어진 거리의 점거를, 혹은 2002년 이래 광화문과 시청 사이의 광장을 점거하며 이루어진 중요한 투쟁들을, 그리고 인터넷이라는 거리-공간을 장악하면서 이루어진 대중운동들을 이런 의미에서 이해할 수 있을 것이다.

이런 방식으로 거리의 점거는 우리 삶의 근본적 정지와 중단을 야기하는 방향으로 나아갈 수 있다. 아니 그런 방향으로 나아가게 해야 한다. 그런 의미에서 거리의 점거는 공장의 벽을 넘어서, 거리를 통해 거기 연결된 모든 곳으로 우리의 삶을 바꾸는 저 위대한 중단과 정지를 확산하려는 시도라고 해야 할 것이다. 그것의 현실적 가능성을 묻기 이전에 우리는 그것에 함축된 거대한 잠재력을 믿어야 한다. 그것의 불가능성을 말하기 이전에, 그것을 지금 이곳으로 불러내려는 시도를 반복해야 한다. 불가능한 사건, 그것은 결코 생각하지 못했던 시간에 우리에게 도래하는 것이지만, 그것은 우리가 그것을 반복하여 시도하고 불러낼 때만 그러할 것이기 때문이다.

2부

아웃사이더의 정치-사회학

6 │ 외부성의 정치학
침범의 정치학과 코뮌주의

1. 내부와 외부

1장에서 나는 정치에서의 유물론을 외부성을 통해 정치를 사유하는 것이라고 정의했다. 여기서 '외부성을 통해'라는 말은 강한 의미로 이해되어야 한다. 그것은 단지 통상적으로 가정되는 어떤 정치의 대상을 사유하기 위한 방법론적 부가물이 아니라, 정치를 사유하는 유물론적 원칙 그자체다. 또한 이 경우 '외부'란 정치 그 자체의 직접적인 대상이기도 하다. 정치의 일차적인 대상이 '질료적 흐름'으로서의 대중이라고 했을 때, 그리고 그 대중이 모든 주어진 체제의 절대적 외부라고 했을 때, 대중을 대상으로 하는 정치란 이 절대적 외부를 대상으로 함을 뜻하기 때문이다.

이런 정치의 대상인 외부가 대중만이 아님은 앞서 언급한 바 있다. 절대적 외부로서의 대중이 모든 체제에 '앞서서' 존재하는 것이고, 그렇기에 모든 체제가 발딛고 있는 지반이기는 하지만 항상-이미 그것을 동요시키고 있는 가변적인 지반이며, 언제든지 그것을 넘어설 '초과적' 성분을 함축하고 있음을 보았다. 그런 점에서 본다면, 경험적인 어떤 집단의 혁명성을 특정 계급의 존재조건에서 직접 추론하는 '선험적(a prioiri) 정치학'[1]과는 다른 차원에서, 대중을 대상으로 하는 정치학은, 모든 체제의 지반에 그것을 넘어서는 잠재성의 지대가 존재하며 정치학이란 그 액체적인 잠재성을, 그 가변적인 흐름을 가동시켜 기존의 고체적인 체제를 동요시키고 전복하는 것이란 점에서 '초과적 정치학'이 있을 수 있음을 시사하는 것 같다.

이와 달리 모든 체제는 내부와 외부를 가르는 경계를 갖는다. 내부자들에게 주어지는 모든 권리나 몫이 주어지지 않는 배제의 지대를 항상-이미 포함한다. 여기서 '외부'는 모든 체제의 바깥을 뜻하는 절대적 외부와 달리, 내부를 짝으로 가지며 그 경계에 따라 가변화된다는 점에서 상대적인 외부라고 할 것이다. 유물론적 정치학이 그 외부를 대상으로 한다고 할 때, 이 상대적 외부 또한 중요한 하나의 대상임은 분명하다. 모든 질서의 절대적 외부, 치안의 절대적 외부로서 대중을 향해 서는 것, 대중을 '만들어 내는' 것, 대중과의 관계 속에서 기존 체제에서 벗어나는 새로운 활동과 삶의 방식을 창안하는 것이 유물론적 정치학의 첫번째 문제였다면, 이미 존재하는 체제에서 내부와 외부를 가르고 구획하는 경계의 안팎에서, 배제된 것의 영역인 외부를 가동하는 것이 그 두번째 문제라고 할 것이다. 이는 단지 외부만을 대상으로 하는 것이 아니라 외부와 내부의 분할을 대상으로 한다는 점에서, 그러한 분할에 의해 배제된 것들을 대상으로 한다. 그것은 외부와 내부를 가르는 경계를 때론 이 방향에서 때론

---

1) 가령 루카치가 노동자계급의 보편성과 혁명성을 '객관적 가능성'이란 범주를 통해 자본주의 구조 자체에서 추론할 때가 그렇다(게오르크 루카치, 『역사와 계급의식』, 박정호·조만영 옮김, 거름, 1985, 113~115쪽).

저 방향에서 가로지르고 돌파하며 그 경계를 가변화한다. 그것은 주어진 체제 안에서, 자신이 대상으로 하는 그 외부성을 직접적으로 가동시킨다.

이러한 정치의 관념을 이론적으로 명확하게 개념화했던 것은 랑시에르였다. 앞서 언급했던 것처럼 그는 정치란 몫 없는 자의 몫을 주장하는 것, 자격 없는 자가 말하기 시작하는 것, 권리 없는 자가 권리를 주장하는 것, 그리하여 보이지 않는 것이 보이게 만드는 것이라고 정의한다. 이는 그 배제된 자들을 통해 주어진 자리의 몫을, 자리와 권리의 분배 체계를 뒤흔드는 것이다. 사회 전체를 통합하는 '합의'(consensus)에 반하여 그것의 외부를, 즉 '불화'(dissensus)를 드러내는 것이다.[2]

이러한 정치의 개념은 말 그대로 '몫을 다투는' 직접적인 쟁투의 영역을 넘어서 좀더 근본적인 층위로까지 밀고 올라가는 것이다. 보이지 않는 것을 보이게 만들기 위해서는 보이는 것과 보이지 않는 것을 가르는 분할의 방식, 나아가 그러한 분할에 길든 감성의 체계 자체와 대결하지 않으면 안 되기 때문이다. 보이는 것과 보이지 않는 것은, 자연적 실증성에 상응하는 것이 아니라 어떤 것은 보이지 않게 만들고 어떤 것은 보이게 만드는 특정한 감성의 체계에 의해 만들어지는 것이기 때문이다. 그것은 본다는 경험적 행위 이전에 우리에게 주어진 분할의 체계란 점에서 칸트 식으로 말해 '선험적 감성의 형식'이다. 그러나 칸트의 그것과 달리 그것은 모든 선험적 주체에 공통된 것이 아니라, 사회·역사적으로 가변적인 구성물이란 점에서 푸코가 말하는 '역사적 선험성'에 더 가깝다. 푸

2) 자크 랑시에르, 『정치적인 것의 가장자리에서』, 양창렬 옮김, 길, 2008, 253쪽; Jacques Rancière, *Disagreement: Politics and Philosophy*, trans. Julie Rose, University of Minnesota Press, 1999.

코의 말을 좀더 사용한다면, 그러한 분할을 가로지르는 '사건'을 통해, 그런 사건의 창안을 통해 권력의 메커니즘을 동요시키고 전복하는 것, 그것이 정치라고 말해도 좋을 것이다.[3]

　　이러한 정치의 개념은 다르게 말하면 가시적인 것에서 배제된 외부를 보이게 만들고, 말할 자격이 없는 자들로 하여금 말할 수 있게 만드는 것이란 점에서, 주어진 권력의 장 안에서 외부성을 가동시키는 것이란 정치의 개념에 정확하게 부합한다. 그런데 보이는 것과 보이지 않는 것, 말할 수 있는 것과 말할 수 없는 것이란 대개념을 내부와 외부로 치환함으로써, 우리는 분할의 체계를 넘어서는 것이 정의로는 잘 드러나지 않는 문제를 좀더 치밀하게 생각할 수 있다. 그것은 내부와 외부의 관계에서 그 경계를 침범하거나 가로지르는 두 가지 상이한 방향이 있다는 것, 그 두 가지 방향은 대칭적이지 않다는 것, 그리고 그 중 빈번하게 우리가 지향하게 되는 하나의 방향에는 어떤 근본적인 난점이 있다는 것이다.

2. 침입의 딜레마

그 이전에 일단 이러한 두 가지 방향에서 정치의 개념을 명확하게 할 필요가 있다. 이를 위해 여러 가지 복합적인 요인들을 추상하여 단순화해도

---

3) 자크 랑시에르, 『감성의 분할』, 오윤성 옮김, 도서출판b, 2008, 14쪽. 이러한 정치의 개념은 사실 푸코나 들뢰즈의 사유와 밀접하게 잇닿아 있는 것이다. 들뢰즈는 푸코에 대한 책에서 『지식의 고고학』으로 집약된 푸코의 고고학적 작업이 '볼 수 있는 것과 볼 수 없는 것을 분할하는 체계' 혹은 '말할 수 있는 것과 말할 수 없는 것을 분할하는 체계'에 대한 연구라고 말하면서, 그것을 '지층화된 것'이라는 자신의 개념으로 재명명한다(질 들뢰즈, 『푸코』, 허경 옮김, 동문선, 2003). 따라서 들뢰즈라면, 말할 수 없는 것을 말하게 하고 보이지 않는 것을 보이게 하는 것으로서의 정치란 '탈지층화'라고 말할 것이다.

좋다면, 하나는 외부에서 내부로 밀고 들어가며 기존의 분배의 체계를 변환시키는 것이고, 다른 하나는 내부에서 외부로 밀고 나오며 주어진 분할의 체제를 뒤흔드는 것이다. 먼저 앞의 경우를 보자. 그것은 주어진 정치의 장 내부로 그것의 외부자들이 밀고 들어가는 것이다. 이는 통상 외부자들의 '침입'이란 형태로 진행된다. 정해진 절차에 매이지 않고 내부로 침입함으로써 이전에는 보이지 않던 존재가 보이게 만드는 것이다. 이를 '침입의 정치학'이라고 명명하자.

예를 들어 한국에서 이주노동자들은 1980년대 말경부터 유입되기 시작하여, 악명 높은 '산업연수생법'이 만들어지는 1994년 1월 이후 본격적으로 들어오기 시작해, 지금은 100만 명이 넘게 되었다. 이 법은 실질적으로는 노동자가 필요해서 '수입'하면서도 '연수생'(학생?)이라는 형태를 부여함으로써 처음부터 이들을 노동자로 보이지 않는 노동자, 노동의 영역에서 보이지 않는 존재로 만들었다. 수많은 비리나 억압은 차치하고라도, 직장의 이동을 허용하지 않는 조치로 인해 임금 체불은 물론 아예 주지 않는 경우가 빈발해도 직장을 옮길 수 없었지만, 이 모든 끔찍한 문제는 '노동문제'로 가시화되지 않았다. 그들은 노동자가 아니었던 것이다! 그렇다고 학생 문제로 가시화될 리도 없었다. 그들은 노동자도 아니고 학생도 아닌 존재, 있어도 보이지 않는 존재였던 것이다. 수많은 비판과 저항 등에 의해 2004년, 산업연수생제와 병행(!)하여 '고용허가제'가 도입됨으로써 '고용된' 노동자임이 인정되었지만, 실질적인 차이는 직장을 세 번까지 옮길 수 있게 해준 것뿐이었다. 더욱이 이미 30만 명을 넘어선 소위 '불법취업자'는 산업재해를 당해 손목이 잘려 나가도 병원에 갈 수 없으며, 임금을 못 받아도 아무 소리도 못한다. 그들은 기본적인 몫도 권리도 자격도 없는 자들, 존재하지 않아야 하는 자들이고, 그래서 보이지 않는 자들, 말할 수 없는 자들인 것이다.

이들의 존재가 어느 정도 가시화되기 시작한 것은 380일 이상 지속된 농성투쟁을 통해 한국 사회로 '침입'하는 사건을 통해서였다. 이후 '이주노동자노동조합'(MTU)을 만들어 그들은 '외국인 상담소'의 신세를 지는 외국인이 아니라 '노동해방'을 위해 투쟁하는 노동자임을 선언함으로써 자신의 존재를 명확하게 가시화했다. 노조설립신고서를 제출했고, 힘든 법적 소송 끝에 노조 자체의 존재는 인정받았다. 법적인 영역 안으로까지 한 단계 더 침입한 것이다. 노동자로서 행동하고 노동자의 권리를 주장할 자격을 획득한 것이다. 그러나 법원의 판단에도 불구하고 법무부와 노동부는 실질적으로 이들의 존재를 여전히 부정한다. 그래서 여전히 자격 없는 자격, 몫 없는 몫밖에는 갖고 있지 못하다. 하지만 역으로 국가기관 내부에서의 판단의 차이는 이들의 존재 자체가 기존 '치안'의 질서 내부에 발생시킨 어떤 간격을 보여 준다. 물론 합법성에도 불구하고, 그리고 국가인권위원회의 보호결정이 있었음에도 불구하고 반복되는 이주노동자노동조합 간부들에 대한 추적과 체포, 추방은 이들의 존재를 지우고 보이지 않게 하려는 시도일 것이다. 이는 여전히 이들이 외부자임을 보여 준다. 이 경우 이주노동자의 '몫 없는 몫, 자격 없는 자격'을 위한 투쟁, 외부성을 가동하는 것으로서의 정치란 단지 이들 자신의 투쟁만을 뜻하는 것은 아닐 것이다. 이 외부자들이 몫을 갖고 권리를 갖도록 하는 모든 종류의 활동, 이들의 존재를 명확하게 가시화하고 그 가시화된 부분을 보호하기 위한 모든 종류의 활동, 그것은 지금 한국의 경우 매우 긴요한 정치의 장을 형성한다고 해야 할 것이다.

이는 단지 국민적 경계의 내부와 외부 사이에서만 문제되는 건 아니다. 지금 점점 더 중요하게 부상하고 있는 것은 국민 내부, 혹은 노동자 내부에서의 새로운 분할이다. 정규직과 비정규직 노동자의 분할이 그것이다. 한국의 경우 비정규직 노동자의 문제는 2000년 한국통신 비정규직 노동자들의 1000일간의 투쟁을 통해 처음으로 가시화되었다. 이후 기륭전자, KTX 승무원, 이랜드 노동조합 등의 장기간에 걸친 투쟁으로 비정규직 노동자의 문제는 중심적인 문제로 떠오르게 되었다. 그런데 여기에서는 이주노동자의 경우에는 잘 보이지 않았던 또 다른 문제들이 드러나게 된다.

하나는 많은 경우 사회적 질서를 가능하게 한다고 하는 '합의', 그렇기에 새로운 질서를 위해서도 중요하게 간주되는 '합의'가 사실은 언제나 내부자 간의 합의에 불과하다는 것, 그렇기에 '합의'는 외부자들에게는 '배제'를 뜻하는 것이라는 사실이다.[4] 비정규직 노동자의 투쟁으로 비정규직 노동자 문제가 한국 사회의 중심적인 사안으로 떠오르게 되자 2007년 10월 '비정규직보호법'에 대해 다시 논의하기 위해 '노사정위원회'가 소집되었다. 그런데 그 당시 파업을 하고 있던 포스콤, 기륭전자, 이랜드의 비정규직 노동자들이 그 회의장에 '난입'한 사건이 있었다. 회의장에 뛰어든 노동자들은 "왜 비정규직 노동자들의 보호 문제를 다루면서 비정규직 노동자들의 목소리를 들으려 하지 않느냐"라고 항의했다. 비정규직 노동자 관련 법에 대한 '사회적 합의의 장'에 정작 당사자인 비정규직 노동자는 배제되어 있었다는 사실이, 그들이 자신의 '운명'을 결정하

---

4) 이주노동자들을 바가시화하고 배제하는 조치들 또한 암묵적인 혹은 명시적인 어떤 공모 내지 '합의'의 산물임을 알 수 있다. 정부와 기업, 그리고 '인력 수입'을 독점하여 이권을 얻는 단체, 그리고 자기보다 못사는 외국인, 자기보다 검은 얼굴의 외국인을 직접적으로 억압하고 학대하는 노동자와 이웃의 암묵적인 합의. 합법적인 '합의'의 산물인 '산업연수생제'나 '고용허가제'는 정확하게 이러한 배제를 위한 공모의 징표다.

는 장에 들어가는 것이 '난입'으로 규정되는 사태를 통해서 명확하게 드러났다.[5]

　이는 노사정위원회라는 합의적 거버넌스가 사실은 이미 주어진 '자리'와 '권리'를 갖고 있는 내부자들이 외부자들을 '다루기 위한' 치안의 프로세스에 속한다는 것을 보여 주었다. 반대로 회의에 들어갈 자격이 없었던 이들의 '난입'이야말로, 국가적 합의의 장에 실재하는 불화를 드러내는 것이었다는 점에서 '치안'과 대비되는 정치의 개념에 정확하게 부합하는 것이었다. 이는 흔히 '정치'라고들 부르는 과정이 사실은 치안에 불과하며, 정치의 규칙을 깨는 것이라고 비난받는 것이 제대로 된 의미의 정치라는 것을 보여 준다.[6] 어느 시기든 이처럼 배제된 자, 자신들을 배제한 체제 내부에서 자신들의 존재를 가시화하고 자신들의 권리를 주장하는 외부자들이야말로 가장 정치적인 존재였던 것은 이런 이유에서일 것이다. 그것은 단지 배제되어 있다는 것만이 아니라, 실제로 당시의 모든 정치적 관심과 정치적 힘이 응집되는 지점이기도 했다. 그것은 아마도 배제의 권력을 작동시키는 벽을 돌파하기 위해 모든 힘이 모이는 지점이었기 때문이었을 것이다.

　다른 하나는 랑시에르가 말하는 '치안'이 단지 경찰이나 국가의 권력 행사만이 아니라 '운동'이라고 불리는 과정에 의해서도 작동할 수 있다는 사실이다. 방금 말한 노사정위원회에는 민주노동운동의 실질적 지도

---

5) 고병권, 「불안시대의 삶과 정치」, 『부커진R 2호: 전지구적 자본주의와 한국 사회』, 그린비, 2008, 133쪽.
6) 고병권은 이를 '난입의 정치학'이라고 규정한다(같은 글). '난입'이란 말은 외부에서 내부로 밀고 들어가는 것의 '난함'을, 그 외부적 성격을 강조하는 데 매우 적절하다. 하지만 밀고 들어간 이후 내부화되는 딜레마를 주목해야 한다는 점에서, 그 말 그대로 일반화하기보단 '침입'이라는 말로 바꾸는 게 적절하다는 생각이다.

체였던 민주노총이 들어가 있었다. 아니, 좀더 거슬러 올라가면 1997년 외환위기 이후 IMF에 의해 강요된 파견노동에 관한 조치들을, 물론 저항과 항의, 논란이 있긴 했지만, 결국 받아들이는 데 '합의'해 준 것도 민주노총이었다. 그리고 이런 '거시적' 과정과 다른 차원에서, 정규직 노동자들이 비정규직 노동자들과 자신을 분리하고 그들을 노동자의 권익을 위한 조직적 방어에서 배제하려는 태도를 명시적으로 보여 주기 시작한 것은 유명한 민주노조였던 한국통신노동조합이었다. 민주노총 소속 대기업 노동조합들이 이러한 배제적 태도를 반복하여 보여 주고 있다는 것은 이제 누구도 부인할 수 없는 사실이다. 또한 조직된 노동자들(물론 정규직)의 이익을 위해 민주노총을 탈퇴하는 (과거의 민주적) 노동조합들이 적지 않았음은 잘 알려진 사실이다. 주어진 지위와 몫, 권리를 확보하거나 재조정하면서 몫 없는 자들을 배제하는 것이 '치안'이라면, 이처럼 비정규직 노동자를 배제하려는 정규직 노동자들의 움직임은, 정확히 정치 아닌 치안의 영역에 속한다고 해야 하지 않을까? 이는 '민주적인' 노동운동이 이제는 정치와 치안이 갈라지는 지점에 있음을 보여 주며, 치안이 단지 '경찰'에 의해, 혹은 국가기관에 의해 행해지는 것만은 아님을 보여 준다.

이는 외부에서 내부로 '침입'하는 정치의 아포리아에 대해 생각하게 해주는 것이기도 하다. 사실 따지고 보면 '정상적'(정규적) 노동자들의 운동 또한 예전에는 앞서 말한 정치의 장을 형성하고 있었다. 가령 19세기 노동자들은 정말 아무런 권리도 갖지 못한 존재였다. 끔찍한 조건에서 살인적인 장시간 저임금 노동을 해야 했던 노동자들은 노동조합으로 자신을 조직하여 집합적인 목소리를 내기 시작했고, 자신들의 존재를 가시화하기 시작했다. 사적 계약이라는 경제적·법적 근거에 대해 조직된 힘과 저항을 통해 침입해 들어감으로써 노동자계급은 19세기를 관통하는 가장 정치적인 존재가 될 수 있었다.

당과 노동조합이라는 조직 형태를 통한 노동자 권리의 확장은 자본과 국가로 하여금 노동자들에게 안정적인 지위와 몫을 제공하지 않고선 기업이나 사회를 유지할 수 없음을 인정하게 했다. 이후 노동조합이나 당은 노동자들에게 주어진 몫을 재조정하고 주어진 권리를 확장해 가는, 나아가 사회 전체에서 노동자들의 '정치적' 발언권을 행사하는 조직의 자리를 확보하게 된다. 이 조직들을 통해 이제 노동자는 기존 사회의 안정적 주류층의 자리를 확보하게 된다. 나아가 '노동한다'는 것에 자본주의 사회에서 생존하고 생활할 수 있는 어떤 자격을 부여했다.[7] 노동자가 몫 없는 자에서 몫이 있는 자가 되고, 자격이 있는 자의 권리와 지위를 확보함에 따라, 이른바 '선진국'의 사례들이 하나같이 잘 보여 주는 것처럼, 노동운동은 노동이라는 척도를 통해 몫의 분배를 둘러싼 투쟁으로, 즉 치안 내부에서의 '투쟁'으로 변환되어 갔다. 그것은 자신들의 몫의 크기를

---

[7] 노동자계급의 정치적 성장과 더불어 발전된 노동의 인간학은 노동의 생산적 성격에 '신성한' 지위를 부여하는 철학적 근거를 제공했다. 노동은 '인간의 본질'이 되었다. 자본가들이나 관리자들조차 자신들 또한 '노동하고 있음'을 주장하는 것은 노동이 인간의 '내부'에 확고한 자리를 차지하게 되었음을 보여 준다. 노동하고 있음이 생존의 전제조건이 되고, 노동에 따른 분배를 요구하는 것은 정당한 권리가 되었다. 노동이 사회의 정상적인 '인간'의 조건이 되고, 노동의 양이 몫을 산정하는 일반화된 척도가 됨에 따라, 노동하지 않는 자에 대해, 혹은 노동하지 않는 시간에 대해 몫을 할당하지 않는 것은 당연하게 된다. "일하지 않는 자는 먹지도 말라"라는 이른바 '무노동 무임금'의 원칙은 노동을 분배의 척도로 삼는 것이 뜻하는 바를 역으로 뚜렷하게 보여 준다. 노동하지 않는 시간이 몫의 분배에서 배제되는 외부가 되는 것과 나란히, 노동하지 않는 자는 노동을 본질로 하는 '인간'의 정의에서 배제된다. 이유가 무엇이든 노동하지 않는 자는 인간이 아닌 것이고, 생존의 권리가 없는 자들, 살아갈 자격이 없는 자들인 것이다. 노동이 인간의 '권리'라는 주장은, 그것이 어떤 이유로 제안된 것이든, 노동을 이러한 권리와 자격, 몫의 근거로 전제하는 '치안'의 영역으로 노동이 내부화되었음을 뜻하는 것 같다.

다투는 운동이 되었고, 노동자들의 권리는 자신들의 몫을 새로이 몫 없는 자들이 밀고 들어와 위협하는 것에 대해 '자신을 보호하기 위한' 권리가 되었다.

아직은 여러 가지 동요의 양상이 있기는 하지만, 한국에서도 이제 노동운동은 그저 '진보적'이지만은 않으며, 노동자계급 또한 앞서 말한 의미에서 결코 '정치적'이지만은 않다. 전태일의 분신으로 노동자의 존재가 가시화되기 시작했던 1970년대 이래 1990년대 중반까지도 한국에서 노동자계급은 직접적인 사안이 되지 않는 경우에조차 가장 정치적인 존재였고, '노동자'라는 단어는 가장 정치적인 말이었다. 하지만 '민주노총'처럼 민주적 노동운동의 선두에 있던 노동조합들도 이제는 국내의 정규직 노동자들에게 주어진 몫과 권리를 확보하고 그것의 확장된 분배를 다투는 운동에 안주하고 있는 건 아닌가 하는 비판과 의심의 대상이 되었다. 민주노총이, 자신이 말하는 것과는 다르게 이주노동자들의 투쟁이나 비정규직 노동자들의 투쟁에 대해 매우 소극적일 뿐 아니라,[8] 이랜드 투쟁을 주도했던 노조위원장의 지적에서처럼 종종 타협을 종용하기도 한다는 사실[9] 또한 매우 의미심장하게 들린다. 거시적인 거버넌스의 차원에서도, '미시적인' 투쟁이나 노동조합의 차원에서도, 민주노총 역시 이미 정치와 치안을 가르는 문턱을 넘어선 것은 아닌가 의심하게 한다. 한국의 노동운동도 이젠 '선진국화'된 것이고, 그걸 보면 한국도 이젠 '선진

---

[8] 이는 모든 민주노총 소속 단체들에 대해 동일하게 말할 수 있는 것은 아니다. 가령 전국병원노동조합연맹(병원노련)의 경우에는 비정규직 문제에 대해 매우 적극적이고 전향적인 태도를 보여주었다는 점에서 특별히 주목할 만하다. 이에 대해서는 은수미, 「한국의 비정규직: 노동시장과 노사관계」, 『비정규직과 한국 노사관계 시스템 변화 II』, 한국노동연구원, 2008 참조.

[9] 고병권·김경욱, 「인터뷰: 정규직과 비정규직, 그 생존의 연대」, 『부커진R 2호』, 229~233쪽.

국'이 된 것일까?[10]

　　외부로부터 내부로 '침입'하는 정치에는 어떤 근본적인 아포리아가
포함되어 있는 것 같다. 이는 없는 몫이나 자격, 권리를 주장하며 체제 내
부로 침입하는 외부성의 정치는, **그것이 충분히 성공하여 목표를 달성하는
순간 체제의 '내부'가 된다**는 사실에 기인한다. 그 경우 이들의 권리는 이
제 체제 내부에서 할당된 몫을 다투는 '치안'의 영역에 속하게 되며, 그
들의 투쟁은 그것이 아무리 격해도 정치라고 할 수 없게 된다. 이는 흔히
'포섭'이라고 불리는 사태에 상응한다. 체제 내부로의 포섭, 치안 내부로
의 포섭. 요컨대 외부에서 내부로 침입하는 방식의 정치는 그것이 성공
하는 순간 더 이상 정치가 불가능하게 된다는 아포리아를 갖고 있다는
것이다. 이에 대해 침입은 '재침입'의 계기에 의해, '다시 한번' 반복할 계
기를 함축한 것으로 방향 지어져야 한다고 답할 수도 있을 것이다. 그러
나 외부에서 내부로 밀고 들어가는 방향성 자체를 바꿀 수 없는 한, 그것
이 저 근본적 아포리아를 피하긴 쉽지 않을 것 같다. 아니면 1968년 혁명
때처럼 "불가능한 것을 요구"해야 한다고 답할 수도 있을 것이다. 그러나
그건 역으로 불가능한 한에서만 침입의 정치학은 내부화되는 것('포섭')
을 피할 수 있음을 뜻하는 것이라고 해야 하지 않을까? 그러나 없는 몫,
없는 권리를 요구하는 투쟁이 실질적으로 유의미한 것은 그것이 가능한
목표를 갖는다는 점에 있었던 게 아닐까?

---

10) 이는 단지 노동운동만의 문제는 아닐 것이다. 한국의 여성운동에서도 이런 경향이 나타나고 있
음은 몇몇 사람에 의해 지적된 바 있다. 또한 1980년대 한국에서 가장 전투적인 정치적 대결의
장이었던 광주항쟁의 경우도, 김대중 정부에 의해 '민주화운동'으로 인정되고 난 후, 그 정치적
성격이 급속히 소멸되고 말았음을 우리는 잘 알고 있다.

3. 탈각, 외부로의 탈-선

침입의 정치학이 갖는 현실적 유효성에도 불구하고, '외부성을 가동시키는 것'으로서의 정치를 차라리 그 반대 방향에서 생각해야 하는 것은 이런 이유에서다. 주어진 내부성에서 벗어나 외부로 나아가는 정치학, 그것은 획득된 자리를 **벗어나고**[脫], 획득된 정체성을 **지우며**[却], 주어진 존재이기를 **그치는**[却] '탈각'(脫却)의 정치학이라고 할 수 있을 것이다. 그것은 주어진 체제 안에서 확고하게, 확고한 만큼 강고하게 굳어진 지위와 권리를 벗어나는 것이란 점에서, 자신에게 권리를 보장하는 만큼 자신을 가두는 그 굳어진 껍데기를 벗어던지는 것이란 점에서 '탈각'(脫殼)의 정치학이라고 해도 좋을 것이다. 그러나 그것은 단지 주어진 자리, 주어진 경계에서 누군가가 벗어난다는 의미보다는, 차라리 누군가가 실행하는 그런 '**탈각**'에 의해 그 주어진 자리나 **경계** 자체를 원래의 자리에서 벗어나게 한다는 의미에서 '탈각'의 정치학이라고 해야 할 것이다.

2003년 천성산 습지를 파괴하는 고속철도 터널 공사 중지를 요구하며 싸우던 사람들이 천성산 도롱뇽의 이름으로 제기한 소송은 이와 관련해서 매우 중요한 사례를 제공해 준다. 먼저 도롱뇽의 이름으로 소송을 제기할 생각을 한 이 놀라운 상상력에, 많이 늦었지만 이제라도 진지한 갈채를 보내야 한다. 이로써 그들은 도롱뇽이 법적 소송의 주체일 수 있다는 것을 보여 주었고, 이는 도롱뇽이, 나아가 도롱뇽의 이름으로 불려나올 모든 생명체들이 천성산 터널 문제의 당사자임을 선명하게 가시화할 수 있었다는 점에서 매우 놀라운 사건이었다. 그 운동을 지지하던 사람들마저 슬며시 웃음 짓게 만드는 일종의 '농담'같이 여겨졌던 이 사건은, 1심에서 도롱뇽은 당사자로서 인정할 수 없다는 이유로 기각된 이후 그 투쟁을 주도했던 지율 스님의 100일 이상 지속된 무기한 단식으로 심각한 정치적(!) 문제가 되었다.

소송이 그들의 투쟁의 전부였다고 해선 안 될 것이다. 법정에서의 판결에 항의하는 지율 스님의 단식투쟁이 있었고, 소송 이전부터 진행된 과정 전체가 있었기에, '소송'이란 이름으로 불린다고 해도 단지 법정에 목을 매는 투쟁이었다고 할 수 없다. 소송은 그 투쟁의 일부, 그러나 투쟁의 성격을 아주 명확히 보여 주었던 핵심적인 일부였다고 해야 할 것이다. 여기서 '도롱뇽 소송'은 랑시에르 식으로 말해 몫 없는 자, 자격 없는 자로서의 도롱뇽의 몫과 권리를 가시화하는 투쟁이었다고 말할 수도 있을 것이다. 그러나 그렇게 이해할 경우에조차 두 가지 사실이 중요하게 고려되어야 한다.

첫째, 도롱뇽을 권리를 다투는 당사자로, 주체로 가시화했던 것은, 그 이전에 지율 스님을 비롯한 '도롱뇽의 친구들'이 인간이란 정체성에서 '탈각'하여(인간이기를 그치고) 거기서 벗어나서 비-인간으로, 인간-외부로 '탈-선'(脫-線)하는 것에 의해 가능했다는 것이다. 아마도 들뢰즈라면 '동물-되기'라고 표현했을 이러한 행동이 단지 수사적인 것이 아니었음은, 이를 위해 지율 스님은 소송 전에 이미 38일, 40일, 58일간에 걸친 세 번의 단식을 했었으며, 1심 패소 이후에는 정말 목숨을 걸고 100일 이상의 단식을 했다는 사실만으로 충분히 납득할 수 있을 것이다(마지막 단식은 경찰들이 강제로 병원으로 싣고 가 영양제를 투여함으로써 중단되었다). 둘째, 투쟁의 방향 또한 인간 아닌 자가 "우리도 인간이다"라며 인간의 내부로 침입하는 방향이 아니라, 반대로 "인간이 아니라면 그들의 생명 자체가 문제가 되는데도 이토록 무시되어도 좋은가?"라고 질문하는 방향으로 나아갔다는 것이다. 즉 인간이란 자격, 인간들의 체제 안으로 도롱뇽의 존재를 내부화하는 게 아니라, 그것을 인간의 외부에 그대로 둔 채 인간들의 세계 밖으로 우리를 밀고 나가고 있다는 점이다. 이는 내부에서 외부로 나아가는 방식으로 외부성을 가동시키는 정치가 가능하다는 것을 보여 준다.

도롱뇽의 이름으로 휴머니즘의 경계를 와해시키며 그 외부로 나아간, 그렇기에 통상은 농담 아니면 몽상으로 비치는 이 투쟁에 대해 블랑쇼라면 분명히 진지하게 강한 동의를 표시해 주었을 것 같다. 그는 이미 모든 것을 가진 자들에게, '인간'들에게 그들이 좋다고 말하는 모든 것을 다 주자고 말한다.

> 이 새로운 분리의 필요성 역시 이해하자. 그 핵심은 이미 모든 것을 가진 자에게 그 모든 것을 양도하는 것이다. 그렇다. 진실, 지식, 명예로운 특권, 아름다움, 예술과 언어의 아름다움을 포함한 모든 가치들, 한마디로 인류 그 자체, 우리는 그것을 기존의 세계에 동의하는 이들에게 양도한다. 그것은 그들의 것이다. 선(善)은 그들 진영에 있다. 그들이 신 혹은 휴머니즘이라고 일컫는 것과 더불어 살듯이 이 선과도 함께하기를! 그것은 그들의 것이며, 오직 그들에게만 가치 있을 뿐이며, 그들 사이의 소통만을 허락한다.[11]

그 '좋다'는 가치 일체로부터 떠나자는 것이다. 인간의 이름이 붙은, 신의 이름, 진리 혹은 선 등 인간의 이름으로 찬양되고 인간이 되기 위해 요구되는 그 모든 가치를 떠나는 것, 그것은 인간의 것을 그 내부에 남겨

---

11) 모리스 블랑쇼, 「전쟁 상태」, 『정치평론, 1953~1993』, 고재정 옮김, 그린비, 131쪽.

두고 인간의 외부로 나가는 것이다. 그래서 그는 카스트로를 '그 흰머리 원숭이'라고 불렀던 미국의 기자에게 이렇게 응수한다. "그렇소. 사람, 자본주의 사회의 인간은 바로 그대들이오." 도롱뇽의 친구를 자처한 그들 역시 마찬가지로 대답했을 것 같다.

그렇다면 그 나가는 자들에겐 무엇이 필요한가? "우리에게는 ······ 비인간적인 것, 물론 여전히 하나의 이데올로기일 테지만 이미 근본적으로 다른 것 그리고 거기에 도달하기 위해서 ······ 모든 가치로부터 해방시켜야 하는 그런 것. ······ 달리 표현하자면, 보편성이라는 범주의 파괴라고 말할 수 있는 것"이 필요하다.[12] 인간이란 이름의 보편적 척도, 진리나 선이라는 이름의 보편적 가치, 그 모든 것으로부터 떠나는 것을. 이렇게 그는 아무것도 갖지 않은 자가 되기를, '무산자'를 뜻하는 '프롤레타리아트-되기'를 제안하려는 것 같다. 그래서인지, 맑스의 이름으로 이렇게 말한다. "마르크스는 결연히 말하였다. 소외의 끝은 인간이 그 자신으로부터 (그를 내면성으로 확립시키는 모든 것으로부터) 벗어날 것을 받아들일 때에만 비로소 시작된다고, 즉 종교·가족·국가로부터 벗어날 때에만. 벗어나라는 부름, 다른 세계도 배후 세계도 아닌 바깥으로의 이 부름."[13] 그렇게 모든 가치 있는 것을 버리고 떠날 수 있는 자에게, 그것은 새로운 가치, 새로운 세계를 창안하게 해줄 것이다. 인간이란 이름 외부에서.

이러한 종류의 정치는 몫 없는 자가 몫을 요구하며 밀고 들어가는 침입의 정치학과 개념적으로 구별되어야 한다. 스스로 주어진 '인간'의 자리나 정체성을 탈각하여 내부로부터 외부로 나아가는 것, 외부자를 외

---

12) 같은 책, 132쪽.
13) 블랑쇼, 「상속 없는 공산주의」, 『정치평론, 1953~1993』, 125쪽.

부자인 채 그대로 두고 그들의 존재를 가시화하는 것, 그것은 외부성의 정치가 갖는 좀더 근본적인 의미와 그것의 확장된 가능성을 보여 준다. 비록 '소송'이라는 형식으로 제기되었지만, 법원이나 치안의 관점에서는 도롱뇽을 법적 소송의 주체로 내세운 이러한 요구를 받아들여 '포섭'할 수 있는 방법이 없다. 그것은 체제 내부에 그들의 자리를 마련하라는 게 아니라 체제 자체를 구획한 경계선 밖으로 개방하라는 요구이기 때문이다. '환경문제' 차원에서 공사 중단 요구를 받아들일 수는 있겠지만('환경문제'는 '인간이' 살아가는 환경에 관한 문제고, 인간의 문제다!), 법원이나 국가가 도롱뇽의 당사자능력을 인정할 수는 없을 것 같다. 도롱뇽의 당사자능력을 인정한다는 것은 인간 아닌 외부자 전체에게 체제를 개방해야 하기에, 자리의 분배와 관리로서 치안은 불가능해지게 될 것이기 때문이다. 그것은 도롱뇽을 인간의 체제 안으로 내부화하는 게 아니라, 인간의 체제 전체를 그 외부자에게 개방하는 것이고, 체제 자체를 외부화하는 것이 될 것이다. 꿈이라도 그런 세상이 될 수 있다면!

여기서 추가해야 할 것은 '침입'의 정치학이 포섭의 아포리아를 넘어설 수 있는 것은 스스로를 내부에서 외부로 밀고 나가는 이런 '탈각'의 정치학, 주어진 경계선을 넘는 '탈-선'의 정치학을 동반하고 있는 한에서라는 사실이다. 이는 비현실적 몽상이 아니며, 그렇다고 '불가능한 것을 요구하라'라는, 종종 무책임하다고 비난받는 그런 정치를 주장하는 것도 아니다. 주어진 '국민'의 자리에서 벗어나 이주노동자-되기를 하는 방식으로 이주노동자의 문제를 사유하고 제기하는 것,[14] 주어진 '정규직 노동자'의 자리에서 벗어나 비정규직 노동자의 문제를 사유하고 제기하는 것. 나는 지금의 노동운동이 그 '진보성'을 확보하기 위해서는 무엇보다도 이런 정치의 개념이 필요하다고 믿는다. **노동운동이 확보한 노동자의 자리**

와 몫, 권리로부터 탈각하여 그 외부로 나아가는 것, 그리하여 노동하지 않는 자, 노동할 수 없는 자를 향해 나아가는 것, 노동하지 않는 자나 노동할 수 없는 자를 자신들과 같은 존재로서 받아들일 뿐 아니라, 그들을 통해서 자신의 사고와 행동, 삶의 방식을 바꾸는 것, '그들'의 문제를 자신의 문제로 받아들이고 그것을 위해 투쟁하는 것, 그리하여 비노동자가 비노동자인 채로 살아갈 수 있도록 함께 투쟁하는 것. 예컨대 기본소득은 비정규직이 비정규직인 채, 혹은 노동하지 않는 자가 노동하지 않으면서 살아갈 수 있게 하는 조건이라는 점에서 지금의 노동운동과 아주 다른 삶의 가능성을, '비계급화'를 통한 새로운 정치의 가능성을 포함하고 있다고 믿는다.

4. 프롤레타리아트와 정치

나는 프롤레타리아트의 계급투쟁이, 아니 프롤레타리아트라는 개념 자체가 이런 두 가지 방향의 정치학을 상이한 방식으로 포함하고 있었다고 생각한다. 흔히 생각하는 것과 달리 프롤레타리아트는 자본가계급에 의해 고용된 사람들을 지칭하는 경험적-실증적 계급이 아니며, 자본주의의 구조에 의해 항상-이미 혁명성을 갖고 있는 선험적-이론적 계급도 아니다. 다시 말해 그것은 경험적으로 존재하는 노동자들을 지칭하지 않으며, 노동자들이 존재하는 한 이미 존재한다고 가정되는 어떤 성질(가령 혁명성)의 계급을 지칭하는 것도 아니다. 예컨대 맑스의 『자본』 중 소위

---

14) 이와 관련하여 이명박 정권에 의한 연속적인 반복적 추방으로 황폐화되기 이전의 이주노동자 노동조합은 단지 이주노동자들의 문제만이 아니라 한국에서 벌어지는 다양한 투쟁에 함께했으며, 버마 민주화운동에 대한 지지 투쟁까지 하고 있었다. '이주노동자'라는 정체성, 그 경계를 벗어나 활동하고 있다는 점에서 '침입'과 동시에 '탈각'의 정치를 가동시키고 있었던 것이다.

'본원적 축적'을 다루는 부분에서 사용되는 프롤레타리아트란, 공장이나 자본주의적 고용 이전에 '울타리 치기'(엔클로저)를 통해 토지와 공동체로부터 축출된 '무산자들', 부랑자, 가난뱅이, 거지 등 다양하고 이질적인 사람들을 지칭하는 개념이다. 산업예비군을 다루는 부분에서 사용되는 프롤레타리아트란, 노동자는 물론 농촌의 '잠재적 실업자'까지 포함하는 다양한 종류의 실업자들을 포괄한다.

이런 의미에서 '프롤레타리아트'란 하나의 명확한 규정을 갖는 개념이 아니라 다양한 집단의 사람들을 포괄하는 모호한 개념이다. 하나의 정체성을 부여할 수 없고, 하나로 동일하게 움직이지도 않는 모호한 집단이다. 사실 이런 존재로서 프롤레타리아트란 그 자체로는 결코 가시적이지 않은 집단이다. 하나의 규정과 방향을 갖는 '계급'이 아니라 자본에 의해 배제되거나 수탈되는, 그럴듯한 '자격'이라곤 갖지 못한 사람들 전체를 지칭한다. 따라서 프롤레타리아트란 부르주아 사회의 어떤 계급도 아닌 계급, 하나의 계급이라고 할 수 없는 계급, 처음부터 해체된 계급이라고 하는 맑스의 정의[15]는 글자 그대로 강하게 해석되어야 한다. 즉 프롤레타리아트란 하나의 계급으로 규정할 수 없는 이질적이고 모호한 사람들의 집합이다. 이들은 사회적으로 광범위하게 존재할 때에조차 하나의 계급으로 보이지 않는 집단이고, 자신을 위해 무언가를 말할 자격을 갖지 못한 존재다.

'비가시적 존재'로서의 프롤레타리아트가 '가시화'되었던 것은 대개 혁명운동이 진행되는 과정을 통해서였다. 이들이 '상퀼로트'(sans

---

15) 칼 맑스, 「헤겔 법철학의 비판을 위하여 서설」, 『칼 맑스·프리드리히 엥겔스 저작 선집』 1권, 박종철출판사, 14쪽.

cullotte)나 '앙라제'(enragé) 등 그때그때마다 상이한 이름으로 불리며 혁명 과정의 저류를 이루어 왔다는 것은 잘 알려져 있다. 상이한 조건마다 상이한 집단의 사람들이 모여 상이한 이름으로 불리는 방식으로 가시화되고 드러났던 것이다. 프롤레타리아트라는 개념이 비록 그 내포상 정치적 함축을 강하게 갖는다는 점에서는 다르지만, 외연상 노동자계급과 동일한 것이 되었던 것은[16] 1848년 맑스와 엥겔스의 「공산주의 선언」을 통해서였다. 그들은 "만국의 프롤레타리아트여, 단결하라!"라는 슬로건으로 비가시적 존재인 프롤레타리아트를 가시화했을 뿐 아니라, 그것을 하나의 계급으로, 부르주아지라는 계급에 대항하는 일종의 반(反)계급으로 발명한 것이다.[17] 하나의 계급이 아니기에, 하나로 조직된 계급이 아니기에, 혁명의 주역이었으면서도 언제나 부르주아지라는 계급에게 권력을 넘겨주고 그에 의한 반동의 희생자가 되고 마는 아포리아를 넘어서게 하기 위해, 부르주아지에 대항할 수 있는 하나의 계급으로 조직하고자 했던 것이다. 나는 다음과 같은 벤야민의 지적을 이런 의미로 이해한다. "그[1850년 전후의 젊은 맑스]는 일찍부터 당시 공상적 사회주의가 비위를 맞추려고 했던 **무형의 대중**을 프롤레타리아의 **강철 같은 단단한 대중**으로 만들어 내는 일을 자신의 과제로 삼았다."[18] '공상적 사회주의자' 혹은

---

16) 노동자계급 안에서 어떤 넘기 힘든 문턱에 의해 정규직과 비정규직이 구분되고 분할되기 시작했을 때, 그리고 전자가 후자를 배제하면서 자신의 몫을 확보하고 체제 내부의 안정된 자리에 들어서게 되었을 때에도 프롤레타리아트란 말을 이전과 동일한 외연을 갖는 것으로 사용할 수 있을지는 의문이다. 이제 프롤레타리아트를 노동자계급과 구별하여, 차라리 비노동자에 가까운, 가끔씩만 거기서 벗어나 노동을 할 수 있을 뿐인 그런 사람들의 이름이라고 재정의해야 하게 된 것이 아닐까?

17) 이에 대해서는 이진경, 「계급과 비계급의 계급투쟁」, 『미-래의 맑스주의』, 그린비, 2006 참조.

18) 발터 벤야민, 「보들레르의 몇 가지 모티브에 관해서」, 반성완 편역, 『발터 벤야민의 문예이론』, 민음사, 1983, 131쪽. 강조는 인용자.

코뮨주의자들이 관심을 가졌던 무형의 대중인 비계급-대중을 강철처럼 단단하게 조직된 반-계급인 프롤레타리아트로 전환시키는 것. 이를 위해 노동조합과 다른 차원의 조직인 프롤레타리아 정당이 결정적으로 중요한 위치를 갖게 된다. 이를 반계급을 통해 계급 내부로, 계급적 권력의 장악을 향해 침입하려는 전략이라고 할 수 있지 않을까?

비-계급 대중을 단단하게 조직된 반-계급으로 변환시키려는 이런 시도와 다른 차원에서, 반계급의 지배를 경유하지 않고 자본주의의 외부를 직접적으로 창출하려는 시도들이 있었음을 강조할 필요가 있다. 들뢰즈와 가타리는 자본주의 사회에는 부르주아지라는 오직 하나의 계급만이 존재한다고 지적한 바 있다.[19] 이는 '욕망'을 통한 계급의 정의로 바꿔이해해도 좋을 것인데, 이에 따르면 자본주의 사회의 공리적 규칙들, 증식욕으로 귀착되는 부르주아적인 욕망에 포섭된 한, 그들은 이미 모두 부르주아지라고 해야 한다. 부르주아지 이외의 존재는 무엇인가? 그들은 계급이 아닌 자들의 집합, 계급으로 포섭되지 않은 존재란 의미에서 비-계급이다. 따라서 그들은 아직 계급화된 욕망, 증식욕에 포섭되지 않은 존재들이다. 이들을 또 하나의 계급인 반-계급을 경유할 필요없이, 직접적으로 코뮨적 관계로 나아가게 할 순 없을까 질문할 수 있을 것이다. 마치 베라 자술리치가 맑스에게, 아직 자본주의적 관계가 거의 없고 '미르'라는 공동체가 광범하게 존재하는 러시아의 조건에서 혁명운동이 꼭 자본주의를 경유해야 하는지, 그걸 우회해서 직접 공산주의로 갈 순 없는지 질문했던 것처럼.[20]

---

19) Gille Deleuze and Félix Guattari, *Anti-Oedipus*, trans. Robert Hurley et al., University of Minnesota Press, 1983, p.253.

'과학적'과 대립되는 '공상적'이란 말이 따라다니고 있는 코뮨주의적 시도들이 바로 이런 것이었다고 할 수 있다. 사실 이는 오웬이나 푸리에 등의 이름으로 불리는 유명한 사례들에서 보이듯이 맑스 이전에 존재했었고, 콩시데랑이 보여 주듯이 현실적–정치적 성격을 갖고 있었다. '파밀리스테르'(Famillistère)라는 긍정적 사례를 만들어 냄으로써 노동자나 빈민들의 주거 문제를 첨예한 정치적인 문제로 가시화했고, 20세기 모더니스트들조차 노동자나 민중들의 주택 문제에 관심을 갖게 만들었던 장바티스트 고댕은 성공적인 코뮨 하나가 얼마나 지대한 영향력을 가질 수 있는지 보여 주었다.[21] 이들 역시 대개는 노동자들의 삶에 주목했고, 노동자들의 삶을 바꾸려 시도했다. 이들은 부르주아지의 권력이 존속하는 상황에서도 삶을 혁명적으로 바꾸는 것이, 자본주의의 외부를 창출하는 것이 가능하다는 것을 보여 주었다. 이는 반계급적 대항의 전략과 달리, 계급적 지배의 외부를 창안하는 것이었다는 점에서 비계급적 대결의 전략이었다고 할 것이다. 비계급적 형태로 프롤레타리아트를 가시화하는 전략. 약간 단순화하자면, 계급정치의 내부로 들어가는 것과 반대로 계급적 규정 자체로부터 탈각하여 그 외부를 창안하려는 탈–각의 정치라고 할 수 있지 않을까?

그러나 양자가 서로 독립적인 것처럼 다루는 이러한 대비는 너무 단순한 것이다. 가령 엥겔스가 영국 노동자계급이 '노동귀족화'되어 가는 경향에 주목하면서,[22] 프롤레타리아트가 노동자들의 이해관계 안에 머

---

20) Karl Marx, "Letter to Vera Zasulich", *MECW*, Vol.24, Moscow: Progress Publishers, 1989,

21) 이에 대해서는 이진경, 「주거공간과 계급투쟁」, 『근대적 주거공간의 탄생』, 개정판, 그린비, 2007 참조.

물러 있을 경우, 싸우면 싸울수록, 힘이 커지면 커질수록 부르주아화될 위험이 있음을 경고했을 때, 그는 반계급적 조직화가 (반)계급의 한계를 넘는 '비계급화'의 중요성을 지적한 것이다. 이를 침입의 정치학에 포함된 포섭의 위험에 대해 지적한 것으로 이해해도 좋을 것이다. 또한 레닌이 『무엇을 할 것인가』에서 노동자계급이 노동자의 이해관계에 안주하여 자본주의적 계급이 되고 마는 것을 지적하면서, 프롤레타리아트란 노동자계급의 '외부'를 통해 사유해야 한다고, 노동자의 이해관계나 감각을 넘어 '인민의 호민관'이 되어야 한다고 주장했을 때, 이 역시 반계급화는 계급 외부로 나가는 비계급화의 벡터를 포함하고 있어야 함을 지적한 것이라고 해야 한다. 반계급으로서의 프롤레타리아트조차 자신의 계급적 이해로부터, 계급적 규정으로부터 탈각하여 그 외부로 나아가야 함을 지적한 것이라고 이해해도 좋을 것이다. 반대로 푸리에주의자였던 콩시데랑이 1848년 혁명에, 그리고 그로 인해 소집된 제헌의회에 참가했던 것은 비계급화의 전략이 반계급화의 정치와 무관하다는, 종종 비난받는 '탈정치화'와 무관하다는 것을 보여 준다. 이는 탈각의 정치학이 침입의 전술과 무관함을 통해 자신의 순수성을 증명하려는 것과는 아무 상관이 없음을 시사한다고 할 것이다.

요컨대 프롤레타리아트의 정치는 비가시적 존재인 프롤레타리아를 그때마다의 조건에 따라 새로운 가시적 형상을 부여하며 가시화하는 것이

---

22) 그는 대형 노동조합의 처지가 1848년 이래 현저히 개선되었다면서, 그들과 고용주가 서로에 대해 만족하고 있다고, 그런 점에서 그들은 노동자계급 중의 귀족을 이루고 있다고 지적한다(프리드리히 엥겔스, 이수흔 옮김, 『『잉글랜드 노동계급의 처지』 독일어 제2판 서문』, 『칼 마르크스·프리드리히 엥겔스 저작 선집』 6권, 박종철출판사, 385쪽). 그는 이를 영국의 공업 독점의 지속과 관련짓는다. 그 이익은 노동자들 사이에 극히 불균등하게 분배되어 대부분은 특권을 가진 소수가 차지했지만 광범위한 대중도 때때로나마 일시적으로 한몫을 얻곤 했다(같은 글, 388쪽).

다. 프롤레타리아트를 이미 가시화된 존재로서의 '노동자계급'과 혼동하지 않는 것, 노동자계급의 주어진 경계를 넘어서 프롤레타리아트의 외연을 다시 사유하고, 그 주어진 이해관계를 넘어서 새로운 프롤레타리아트의 입장을 통해 사유하는 것, 그리하여 주어진 자리, 주어진 이해관계, 주어진 정체성에 안주하려는 경향과 대결하면서 노동자계급의 행동이 치안 아닌 정치가 되도록 촉발하는 것이다. 노동조합이나 정당 같은 주어진 조직 형태를 넘어서, 그리고 파업이라는 지배적인 전술을 넘어서 노동자의 정치를 사유하는 것, 노동자의 이미 가시적인 세계 안에서 새로운 대중의 출현을 창안하고 가시화하는 것.

5. 외부성의 정치학과 코뮨주의

마지막으로 살펴볼 것은 외부성의 정치학을 방향 짓는 성분으로서 코뮨주의에 관한 것이다. 자본주의 사회에서 혹은 사회주의 사회에서조차 정치는, 그것이 좀더 나은 삶에 대한 욕망이나 의지를 포함하는 한, 주어진 삶의 방식, 주어진 질서의 외부를 향하여 나아가게 마련이다. 아니, 그래야 한다. 그것은 주어진 경계를 넘는 것과는 다른 차원에서, 주어진 질서의 외부를 추구하고 산출하고 가동시키는 것이다. 이는 특히 자본의 권력이 지배하고 자본의 욕망이 보편성의 형식을 취하는 자본주의에서라면, 그것과 다른 방식으로 구성되고 작동하는 '외부'를 만들어 내는 것이다. 자본주의 속에서 그것의 외부를 만드는 이 "현실적인 이행 운동"을 '코뮨주의'라고 부를 수 있다면, 이제 유물론적 정치학이란 자본주의 안에서 코뮨적 외부를 창출하려는 시도로서, 그것에 의해 정치를 방향 짓는 것으로서 정의될 수 있을 것이다.

1) 외부로서의 코뮌주의

유물론적 정치가 기존의 삶에서 이탈하는 흐름을 창조하는 것이고, 그 흐름을 통해 기존의 체제를 뒤흔들고 전복하는 것이라면, 그것은 필경 좀더 나은 삶, 좀더 나은 관계에 대한 꿈을 통해 그 방향을 어림잡아 갈 수밖에 없다. 코뮌주의란 역사상 존재해 왔던 이런 꿈들의 이름이고, 그런 꿈들에 포함된 사유를 이론화한 이념이다. 그러나 그것이 꿈이나 희망에서 나온 것이란 말이, 그것이 희망이나 꿈이 취하는 미래의 형식, 언젠가 도래하리라는 희망 속에 존재하는 것을 뜻하진 않는다. 사실 그렇게 미래의 형식 속에 있는 한, 그것은 온다는 기대 속에서 무한히 연기되는 세계, 그에 대한 기대 속에서 현재적인 삶의 변환을 미래를 위해 유보하게 하는 그런 공상이 될 것이다.

자본주의, 사회주의 이후에 올 어떤 미래로서의 '공산주의'란 말과 코뮌주의를 구별해야 하는 것은 이 때문이다. 코뮌주의는 언젠가 다가올 가능한 세계가 아니라, 지금 여기에서 작동하는 현행적 세계, 다만 자본에 의해 가려 잘 보이지 않는 현실적 세계임을 분명히 해야 한다. 프롤레타리아트 이상으로 코뮌주의는 현실적으로 존재함에도 불구하고 비가시적이기에 비현실적인 공상으로 간주되는 그런 관계다. 자본이 지배하는 세계에서도 사실은 이미 현실적으로 존재하는 자본주의의 현실적 외부, 그것이 코뮌주의다. 코뮌주의적 정치란 이 비가시적인 관계를 가시화하는 것이고, 잠재적인 관계를 현행화하는 것이다. 이는 단지 이미 존재하는 관계를 드러내고 코뮌주의가 존재한다는 사실에서 이론적 위로나 만족을 구하는 것이 아니라, 그러한 잠재적 관계를 자본과 대결하게 함으로써 자본주의 내부에 그것과 근본을 달리하는 코뮌주의적 관계를, 자본주의의 외부를 창출해 가는 것이다. 이미 존재하는 코뮌적 관계는 그러한 창안과 창출의 이론적 근거이자 현실적 질료, 그러나 어떤 식으로 변형시키지 않고는 현행화할 수 없는 '자원'이다.

코뮨주의의 현실적 실재성을 보여 주는 알기 쉬운 사례는 인터넷에서 흔히 발견된다. 대표적인 것은 '위키피디아'다. 이는 방대한 규모의 백과사전이, 말 그대로 자유로운 개인들의 자발적 연합에 의해, 어떠한 대가도 바라지 않는 사람들에 의해, 하나의 항목조차 끊임없이 정정되며 만들어진다는 점에서 코뮨주의적 관계의 현실성을 아주 잘 보여 준다. 이런 관계는 서로 간의 접근이 상대적으로 쉽고 돈이나 시간이 덜 드는 웹상에서만 일어나는 것은 아니다. 재해가 일어날 때마다 자기 돈 들여 가며 구름같이 몰려드는 자원봉사자들이나 있는 거 없는 거 털어서 물자를 보내는 사람들을 보는 것은 아주 흔한 일이다. 허리케인 카트리나로 박살난 미국의 뉴올리언스에 모여든 사람과 물자들, 혹은 쓰나미에 풍비박산난 스리랑카나 지진으로 폐허가 된 파키스탄에 모여든 사람과 물자들이 이런 경우다.

이런 재해가 있는 곳마다, 순식간에 거대한 사람과 물자가 모여들며 거대한 공동체가 '탄생'한다. 어둠 속에서 희망을 보던 레베카 솔닛이 지옥 같은 재난 속에서 발견한 '천국'이란 이런 잠재된 공동체들이 눈앞의 현실 속에 드러난 것이라고 해야 한다.[23] 그것은 사실 눈에 보이지 않았던 어떤 공동체적 욕망이, 혹은 그런 관계가 가시화된 것이고, 잠재적으로 존재하던 공동체적 관계가 현행화된 것이라고 말할 수 있을 것이다. 이는 잠재적으로 존재하는 코뮨주의의 '실재성'을 가시적으로 보여 준

---

23) Rebecca Solnit, *A Paradise Built in Hell: The Extraordinary Communites That Arise in Disaster*, Penguin, 2010 [레베카 솔닛, 『이 폐허를 응시하라』, 정혜영 옮김, 펜타그램, 2012].

강력한 사례들이다. 사실 이런 관점에서 보자면, 수해나 태풍으로 이재민이 발생할 때면 진행되는 모금 운동 역시 이런 잠재적인 코뮌적 관계나 욕망이 현행화되는 경우라고 할 것이다. 물론 그것은 그러한 욕망이나 관계가 국가나 방송국으로 영토화되면서 '동정'이나 '연민'의 표현으로 치환된다는 난점을 안고 있기도 하다. 잠재적으로 존재하는 이 코뮌적 욕망이나 관계는 이런 점에서 코뮌적이지 않은 요소, 많은 경우 국가적이거나 자본주의적인 요소에 의해 포획되는 경우가 사실은 대단히 많다.

자본은 이처럼 코뮌적 활동, 코뮌적 관계가 생산한 이득을 잉여가치로 영유한다. 가령 유튜브는 자신이 갖고 있는 것을 남들과 공유하기 위해 동영상을 올리는 수많은 사람들이 함께 만든 현실적인 코뮌적 관계의 장이었다. 유튜브 경영진은 아무런 대가를 기대하지 않고 제공한 이 코뮌적 활동을 구글에 팔아넘김으로써 거대한 잉여가치를 영유했다. 16억 5000만 달러(당시 한화 1조 5000억 원)!! 이 거대한 가치를, 생산한 자들에겐 아무것도 주지 않고 창업자나 관리자가 팔아넘겨 영유한 것이다. 거대한 코뮌적 활동이 자본에 의해 착취된 것이다. 이 역시 유튜브만의 경우로 제한되지 않는다는 것은 길게 말할 필요가 없을 것이다.

코뮌주의가 코뮌적 관계의 현실성 혹은 잠재성을 드러내는 것에 머물 수 없는 것은 바로 이 때문이다. 자본에 의한 포획과 영유를 통해 잉여가치화되는 것을 막지 못한다면, 혹은 자본주의적 관계와 다른 양상의 관계로 만들고 변형시키지 못한다면, 코뮌적 관계나 활동의 현실적 잠재성이란 '어쩔 수 없어'라는 니힐한 절망의 이유만을 제공할 것이다. 반대로 이러한 지향성을 실제로 가동시킬 경우, 코뮌주의의 실재성이란 코뮌주의의 현행적 현실성의 근거가 될 것이며, 새로운 양상의 코뮌적 관계를 창안하는 것을 가능하게 해주는 실질적인 기반이 될 것이다.

이처럼 비가시적인 형태로 존재하는 잠재적 코뮌주의를, 자본이나 국가와 대결하며[24] 새로운 형상을 부여하며 다양한 양상의 코뮌적 관계로 구성하여 현행화하는 것(가시화하는 것), 그리하여 자본주의 내부에 코뮌적 지대를 수다하게 만들어 내는 것, 그것을 우리는 코뮌주의적 정치라고 이해한다. 그것은 자본주의 안에 그 외부를 만들어 내는 것이고, 자본주의 안에서 외부성을 가동시키는 정치라고 할 것이다. 이러한 정치를 통해 자본주의를 그런 외부로, 그런 구멍으로 가득 찬 '멩거의 스펀지' 같은 것으로 만드는 것.

2) 절대적 코뮌주의

외부성의 정치학, 그것은 모든 체제의 절대적 외부인 대중에서 시작하여, 내부와 외부를 분할하는 경계를 침범하고 가로질러 모든 계급적 착취관계의 외부를 향해 나아간다. 코뮌주의는 자본주의 사회의 외부다. 뿐만 아니라 모든 종류의 계급적인 사회의 외부고, 모든 착취관계의 외부다. 여기서 한 걸음 더 나아가야 한다. 잠재적인 것이든 현행적인 것이든, 코뮌주의라고 명명할 수 있는 어떤 구체적인 코뮌 또한 그것의 외부를 통해 사유해야 한다. 우리 자신이 창안하고 지속해 가는 코뮌주의에 대해서도 코뮌주의라는 외부를 가동시켜야 한다. 자본주의 안에서 새로운 양상의 것으로 만들어진 것이든, 그 이전의 공동체를 참조해 만들어진 것이든, 혹은 사회주의 사회에서 만들어질 것이든, 어떠한 코뮌주의도 현행적

---

24) 이러한 대결이 반드시 투쟁의 형태를 취하는 것은 아닐 것이다. 즉 긴장이나 대결로부터 도피해도 안 되겠지만, 반대로 자본과 국가와의 가시적 투쟁을 코뮌주의의 전제로, 혹은 징표로 삼아선 안 된다. 코뮌주의는 자본이나 국가의 '부정'이 아니라, 그런 것 이전에 존재하는 긍정적 관계의 긍정 그 자체다.

인 것, 가시적인 형식을 갖는 것인 한, 그 현재적 형태나 관계를 지속하려는 힘을 갖는다. 확보된 안정성에 안주하고 확립된 관계를 재생산하려는 권력이 가동된다. 코뮨주의적 정치는 이러한 **코뮨적 관계 자체에 대해서도 외부성을 가동시킬 것**, 코뮨주의라는 외부를 새로이 창출함으로써 자신을 변형시키고 갱신할 것을 요구한다. 코뮨 안에서도 작동하는 코뮨적 외부성, 그것은 코뮨주의를 일종의 절대적 외부로서 사유할 것을 요구한다. 잠재적인 코뮨적 관계를 가시적으로 현행화해야 할 뿐만 아니라, 현행적인 코뮨적 관계나 활동에 대해서 잠재화의 벡터를 끊임없이 가동시켜야 한다. 잠재화의 절대적 극한으로서, 절대적 탈영토화의 선을 그리는 방식으로 코뮨주의를 사유할 수 있어야 한다.

이러한 절대적 코뮨주의를 절대적 부정의 과정을 통해 이해할 수 있을 것이다. 블랑쇼의 다음 문장에서 '공산주의'를 코뮨주의라고 바꾸어 읽는다면, 다음의 인용문은 정확하게 이런 관점에서 코뮨주의에 대해 말하는 것임을 알 수 있다. "공산주의는 여전히 공산주의 너머에 있는 것이기 때문에 공산주의는 최종적인 것으로 인정되며, 그 무엇도 온존시키지 않습니다."[25] 다시 말해 코뮨주의가 최종적인 것은 모든 형태의 코뮨주의를 넘어서 있는 한에서고, 최종적인 것으로서의 코뮨주의란 어떠한 형태의 코뮨주의에도 머물지 않으며, 어떤 것도 잔존시키지 않으며 끊임없이 다시 창안하고 다시 시작하라고 요구하는 그런 코뮨주의다. 이런 점에서 블랑쇼는 최종적인 코뮨주의란 **말할 수 없는 것**이고, 보이지 않는 것이라고 말하는 셈이다. 그렇지만 **그렇기에 끊임없이 말해야 하고 끊임없이** 보이게 해야 하는, 그러나 어떤 것으로도 충분히 말할 수 없고 충분히 드

---

25) 모리스 블랑쇼, 「일리야 보조비츠에게 보내는 편지」, 『정치평론』, 146쪽.

러낼 수 없는 코뮨주의, 이는 '절대적 부정'으로서의 코뮨주의다. 끊임없이 새로운 것을 창안하고 긍정하게 하는 절대적 무규정성이고, 그런 점에서 '모든 것이 사라져 버리는 어둠'이다.[26]

그러나 절대적 코뮨주의를 부정성이 아니라 긍정성의 형태로 사유할 순 없을까? 모든 코뮨주의를, 혹은 좀더 나은 삶의 방식을 추구하는 운동 전체를 방향 짓지만 어떤 형태에도 머물지 않는 그런 코뮨주의를 정의할 순 없을까? 그러기 위해선 모든 형태의 사회적 관계로부터 탈영토화된, 그러면서 모든 사회적 관계를 구성할 수 있는 그런 관계를 사유할 수 있어야 한다. 나는 이러한 사유의 단서를 맑스의 유명한 몽상에서 발견한다. "아무도 하나의 배타적인 활동의 영역을 갖지 않으며 …… 내가 하고 싶은 그대로 오늘은 이 일, 내일은 저 일을 하는 것, 아침에는 사냥하고 오후에는 낚시하고 저녁에는 소를 치며 저녁 식사 후에는 비판하면서도 사냥꾼으로도 어부로도 목동으로도 비판가로도 되지 않는"[27] 사회라는 맑스의 코뮨주의적 몽상에서. 어떤 사람도 사냥꾼이나 비판가, 선반공이나 교환수 어느 하나로 되지 않으면서 어느 것도 될 수 있는 사회, 그래서 자신의 욕망에 따라 어느 것이든 할 수 있는 사회.

그러나 여기서 읽어야 할 것은 머나먼 미래의 시간 속에 존재하는 유토피아적 몽상이 아니다. 그보다는 몽상적 형태에 가려서 쉽게 잊혀지고 마는, 이런 몽상을 만들어 낸 발상을 보아야 한다. 그것은 어느 하나의 활동에 갇히거나 어떤 하나의 직업에 속하지 않으면서 어떤 활동을 할

---

26) 모리스 블랑쇼, 『문학의 공간』, 박혜영 옮김, 책세상, 1990, 223쪽 [이달승 옮김, 그린비, 2010, 236쪽].
27) 칼 맑스·프리드리히 엥겔스, 「독일 이데올로기」, 『맑스 엥겔스 저작 선집』 1권, 214쪽.

수 있는 삶의 양상이다. 모든 활동의 형식이나 영토로부터 탈영토화될 수 있으면서, 그렇기에 다른 어떤 활동으로도 재영토화될 수 있는 가능성을 주목해야 한다. 어떤 것도 할 수 있지만, 어떤 것에도 머물지 않고 어떤 것으로도 고정되지 않는 절대적 탈영토화의 선을 말이다. 어떤 관계 속으로도 들어갈 수 있지만 어떤 관계에도 머물지 않는 관계, 그리고 어떤 일도 할 수 있지만, 어떤 하나의 일에 머물지 않는 능력, 이는 관계와 능력의 차원에서 절대적 탈영토성의 지대를 의미한다. 이는 모든 관계로 열린 관계, 모든 활동으로 열린 능력을 의미한다. 이는 어떤 관계나 능력도 도달할 수 없는 극한이지만, 사실은 모든 관계나 능력을 구성하는 가장 근본적인 어떤 지점을 표시하는 것이기도 하다. 이를 '절대적 코뮨주의'라고 불러도 좋지 않을까?

그런데 이러한 극한이 몽상이 아닌 것은, 이러한 극한이 '추상'을 통해, 차이를 지우며 공통성으로 귀착되는 추상이 아니라 모든 형식/형태를 지우는 추상을 통해 모든 양상으로 펼쳐질 수 있는 추상으로 정의될 수 있을 때이다. 구체적 추상, 현실적 추상이란 말을 나는 이런 의미로 이해한다. 절대적 코뮨주의란 모든 사회관계로부터의 절대적 추상화를 뜻하며, 모든 형태로부터 탈영토화되었기에 모든 관계를 향해 열린, 그런 점에서 모든 사회구성체의 추상기계라고 해야 할 것이다.

이런 코뮨주의적 추상기계의 현실성을 우리는 산업혁명 이후 노동의 추상화 과정에서 발견할 수 있다. 19세기의 산업혁명은 장인적 형태로 전수되던 코드화된 노동을 탈코드화하여 기계적인 요소동작으로 분해했다. 누구든 쉽게 배울 수 있고 어떤 것이든 쉽게 결합할 수 있는 이러한 기계적 분해가 이후 어셈블리 라인이라는 기계적 결합의 메커니즘이라는 짝을 찾게 되면서, 육체노동의 기계화는 추상노동화의 하나의 현실적 극한임이 드러나게 된다. 다른 한편 20세기 중반에 사이버네틱스와 컴퓨터 기술의 발전은 정신노동을 기계화하는 과정이 시작되었음을 보여준다. 이는 정보통신기술의 발전과 네트워크의 전면적 확장과 결합되면서 노동과정 자체를 지리적 영토로부터 탈영토화하는 새로운 문턱을 넘어간다. 그리고 정신노동의 기계화와 육체노동의 기계화가 결합되면서 노동의 추상화는 더욱더 가속화되었고, 나아가 노동 자체가 인간으로부터 탈영토화되는 경향이 뚜렷하게 가시화되었다. 직접생산자와 소비자의 구별이 모호해지게 되었고, 노동자와 비노동자의 구별도, 공장의 경계도 모호해지기 시작했으며, 노동자 없는 공장이 그 현실성의 무게를 더해가고 있다.[28] 이는 노동자들을 공장에서 축출하는 것으로 귀착되었지만, 그것은 역으로 노동 없이, 혹은 최소노동만으로 생산이 이루어지는, 따라서 노동 없이 살아갈 수 있는 가능성을 내포한 것이기도 하다.

물론 이러한 기술적 과정에 대한 공상적 찬사를 늘어놓는 것처럼 어리석은 것도 없을 것이다. 왜냐하면 자본이 지배하는 한, 인간으로부터 노동의 탈영토화는 생존 자체가 더욱더 큰 위협에 처하게 되었음을 뜻하기 때문이고, 이러한 기술적 과정을 통해 더욱 증가하고 있는 생산과 소비의 규모는 지구의 자연적 한계에 여러 가지 측면에서 이미 충돌하고 있기 때문이다. 다만 여기서 지적하고 싶었던 것은, 좋은 의미든 나쁜 의미든, 이러한 과정을 통해 추상노동화가 매우 급속한 속도로 진행되고 있다는 사실이다. 이러한 추상노동화에 대해 브래이버맨은 '탈숙련화'라는 점에서 매우 비관적인 분석을 한 바 있지만,[29] 이는 한편으로는 그것이

---

28) 이에 대해서는 이진경, 「노동의 기계적 포섭과 기계적 잉여가치 개념에 관하여」, 『미-래의 맑스주의』, 그린비, 2006 참조.

해체되기 이전의 '숙련'을 준거로 하고 있기 때문이고, 다른 한편으로는 그가 모델로 삼고 있는 테일러주의에서는 노동의 추상화가 매우 불충분한 수준에 머물러 있기 때문이다.

　이러한 추상노동화 과정은 노동의 이런저런 형식 자체를 탈형식화하는 추상을 통해 인간의 노동이나 활동능력을 절대적 탈영토화를 향해 밀고 나아간다. 그것은 육체노동만이 아니라 '정신노동' 역시 기계적인 요소동작들로 분해되고, 어떤 노동도 그런 요소동작들의 결합을 통해 재구성될 수 있는 지점을 향해 가고 있다. 창조적 발상과 대비되는 '노동'은 육체노동이든 정신노동이든, 일정한 학습과 훈련을 통하면 누구든 할 수 있는 것이 되어 가고 있다. 음악에서조차 창조는 '변조'(modulation)가 되어 버린 것처럼, 예술 또한 천재성보다는 어떤 발상을 구현하는 변형과 변조의 능력이 되어 가고 있다. 이는 노동이나 활동, 일상이 예술과 점차 수렴되어 가고 있음을 뜻한다. 노동의 추상화는 산업혁명으로 인해 분리되었던 예술과 노동을 새로운 양상의 통일성을 향해 밀고 가는 것일까?[30] 노동이나 활동과 예술마저 점차 근접성의 지대로 수렴되어 가는 경향 속에서, 맑스라면 필경 "아침에는 사냥하고 오후에는 낚시하고 저녁에는 소를 치며, 저녁 식사 후에는 비판"하는 세계의 현실성을 포착할 것이 틀림없다.

　능력의 절대적 탈영토화는 하나의 극한이지만, 추상노동화가 그 극

---

29) 해리 브레이버맨, 『노동과 독점자본』, 이한주·강남훈 옮김, 까치, 1998.
30) 뉴욕에 대한 책에서 이와사부로 코소는 노동의 비정규화와 예술의 확산(편재)이 동시에 진행됨에 따라 "몇 명의 영웅적인 예술가의 시대로부터 실질적으로 만인이 예술가인 시대로 이행해 가고 있다"라고 쓰고 있다(이와사부로 코소, 『유체도시를 구축하라!』, 서울리다리티 옮김, 갈무리, 248쪽).

한을 향해 매우 빠른 속도로 나아가고 있음은 부정할 수 없을 것 같다. 따라서 능력이란 측면에서 절대적 탈영토화는 단순한 공상이 아니라 현실적 극한이라고 말할 수 있을 것이다. 그러나 절대적 코뮨주의가 현실적 극한이 되기 위해선, 관계의 변형을 가로막는 다양한 제약이 제거되어야 한다. 이는 단지 노동력의 전지구적 흐름을 차단하는 국경이라는 제약뿐만 아니라, 생존을 담보로 하여 활동을 노동으로 묶어 두는 자본주의적 관계, 그리고 지식이나 문화적 장벽 등의 수많은 장벽들을 제거하지 않고선 불가능하다. 따라서 절대적 코뮨주의라는 관점에서 보자면, 생산능력이란 차원에서 진행된 절대적 탈영토화와 사회적 관계, 특히 생산관계 차원에서 존재하는 이러한 장벽들의 대비와 대립은 아주 극단적인 것이다. '생산능력의 발전과 생산관계의 질곡'이라는 맑스의 오래된 언명은 이런 의미에서 이해되어야 할 것이다. 코뮨주의가 자연적 경향이 아니라 실천적 기획일 수밖에 없는 것은, 존재론적 기초가 있어도 사회적 실천으로, 정치적 실천으로 가동되지 않으면 안 되는 것은 정확히 이런 이유에서일 것이다. 이런 관점에서 절대적 코뮨주의는 유물론적 정치학 전반에 방향을 규정하는 일차적인 성분이라고 말해도 좋을 것이다.

우리가 코뮨적 정치를 가동시킬 때 항상 나아가야 할 방향이 절대적 코뮨주의라는 말을, 그것이 역사의 종착지라는, 혁명이 언젠가 도달할 목적지라는 말과 혼동해선 안 된다. 절대적 코뮨주의는 현존하는 관계의 절대적 탈영토화다. 코뮨이나 코뮨주의에 대해서조차, 지금 현재 존재하는 코뮨적 관계에 머물지 말 것을, 특정한 형태를 취하는 현재에 대해 끊임없이 질문하고 문제를 던지며 항상 다시 시작하고 다시 만드는 근본적 반복을 실험할 것을 요구한다. 그것은 어떠한 구체적 형태의 코뮨도 상대적인 것임을 상기시킨다. 즉 지금 아무리 성공적인 것처럼 보이는 코뮨적 실험일지라도, 언젠가 '실패'임을 선언하고 떠나야 함을, 그래서 "자, 다시 한번" 하며 새로 시작할 수 있어야 함을 의미한다. 코뮨적 정치의 방향을 규정하는 것, 항상 존재하는 절대적 외부란 이를 뜻한다.

따라서 이는 앞서 말한 블랑쇼의 '코뮨주의', 절대적 외부로서의 코뮨주의와 다르지 않다고 말해도 좋을 것이다. 그것은 절대적 부정성으로 작동하는 코뮨주의지만, 끊임없이 실패를 통해서 되돌아오는 코뮨주의다. 도달할 수 없는 것에 도달하려 하고, 명명할 수 없는 것을 명명하려 하며, 사유할 수 없는 것을 사유하려 하는 정치적 실천으로서의 코뮨주의, 그것은 부정의 영원성을 가동시키는 코뮨주의가 아니라 오히려 긍정의 영원성을 가동시키는 코뮨주의일 것이다.

7 | 대중화되는 계급

프롤레타리아트와 프레카리아트: 정규직 노동자와 비정규직 노동자의 비대칭성에 관하여

1. 양극화: 계급의 '분해'?

IMF 사태로 명명되는 1997년 이후 비정규직 노동자가 매우 급속히 증가했으며, 그로 인해 대중들의 삶이 힘겨워졌다는 것은 잘 알려진 사실이다.[1] 2000년대 들어와 계속해서 이어지던 비정규직 노동자들의 투쟁 때문이겠지만, 혹은 시작했다 하면 500일은 물론 1000일을 넘어 2000일(!)까지도 지속해야 했던 투쟁의 참상 때문이겠지만, 비정규직 문제는 이제 심지어 민주당이나 새누리당에서도 해결해야 할 문제라고 인정하는 사회적 문제가 되었다. 그래서인지 2000년 8월 전체 노동자의 58.4%까지 올라갔던 비정규직 노동자의 비율이 2010년 3월 시점으로 49.8%로 줄어들었다.[2] 그러나 줄어들었다고 해도 아직 전체 노동자의 절반이 비정

---

1) 김헌태는 이러한 대중의 고통과 불만이 대중들로 하여금 어떤 화려한 정치적 성공에도 정부에 대한 부정적 태도로 일관하게 만들었음을 여론조사를 통해 보여 준다(김헌태, 『분노한 대중의 사회』, 후마니타스, 2009).

규직이다. 더욱이 여성의 경우에는 비정규직의 비율이 2010년 3월 현재 63.5%에 이른다.

비정규직의 증가와 더불어 '사회적 양극화'가 그 시기 이후 한국 사회 전체를 특징짓고 있음 또한 빈번하게 언급된다. 김대중 정부나 노무현 정부도 좋든 싫든 이러한 양극화를 저지하기보다는 그에 기여했으며, 이명박 정부는 부자 감세와 '기업 프랜들리' 정책을 통해 양극화를 더욱더 거칠게 밀어붙이고 있음은 이론의 여지가 없는 것 같다. 그런데 이러한 사회적 양극화와 더불어 노동자계급이 정규직과 비정규직으로 분할되고 있고, 양자 간의 차이가 점차 '차별'로 굳어지고 있다. 가령 비정규직의 소득은 보험이나 기타 여러 가지 조건에서의 열악함을 제외하고 평균임금만을 비교해 보아도, 2000년 8월 시점으로 정규직의 53.5%였던 것이 점점 줄어들어 2010년 3월 현재 정규직 임금의 46.2%로까지 내려갔다. 정규직 임금의 절반도 안 되는 임금을 받고 있는 것이다. 2010년 3월 현재 정규직의 평균임금이 월 266만 원인데 비정규직 평균임금은 123만 원으로 차액이 143만 원이다.[3] 〈그림 1〉은 이러한 임금의 차이가 시간이 지남에 따라 점점 커지고 있음을 보여 준다.

이러한 노동시장의 분할이 이전에는 대기업 내부와 그 바깥을 분할하는 방식으로 작동한다고 알려져 있었지만,[4] 지금은 대기업 안에서도

---

2) 한국비정규노동센터, 「2010년 3월 경제활동인구조사 근로형태별 부가조사 분석」, 『비정규노동』 83호, 100쪽. 덧붙이면, 2010년 8월 현재 2438만 1999명의 경제활동인구 가운데 100만 4621명이 실업자로서 실업률이 4.12%나 되고, 전해 8월과 비교하면 경제활동인구는 2.1% 증가했는데, 실업자는 5.6% 늘었다(같은 글, 92쪽). 통계청 자료에 따르면 2010년 2월 현재 청년실업률은 10%에 이른다(「청년실업률 10년만에 최악」, 『한겨레신문』, 2010년 3월 17일자). 취업시장에 들어갈 나이인 청년들의 경우 정규직 노동자가 될 확률은 45%에 지나지 않는 것이다.
3) 한국비정규노동센터, 「2010년 3월 경제활동인구조사 근로형태별 부가조사 분석」, 124쪽.

<그림 1> 연도별 정규직 대비 비정규직 임금 비율

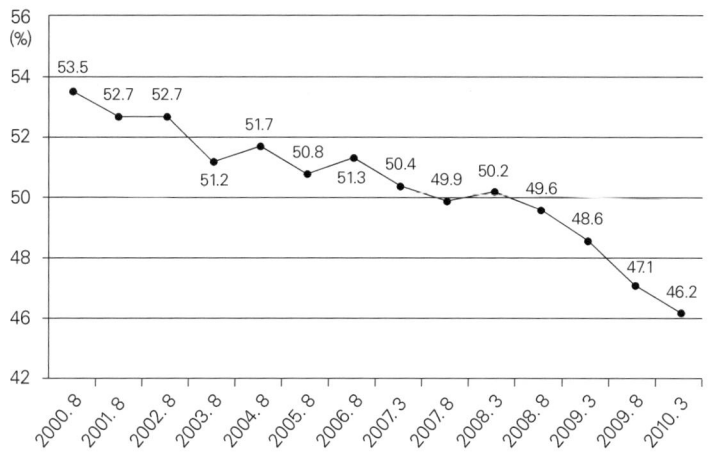

출처: 한국비정규노동센터, 「2010년 3월 경제활동인구조사 근로형태별 부가조사 분석」, 124쪽.

정규직과 비정규직의 분할이 존재한다. 가령 2010년 현재 100~299인 규모의 기업의 노동자 가운데 비정규직의 비율은 22.8%이며, 300인 이상의 기업에서도 비정규직 비율은 14.7%에 이른다.[5] 이는 결코 작다고 하기 어려운 비율이다.

요컨대 1990년대 중반 이후 전체 노동자 가운데 비정규직의 비율은 지속적으로 증가해 왔고, 최근 수년간 어느 정도 감소하긴 했지만 여전히 전체 노동자의 절반 정도를 차지하고 있으며, 임금 또한 정규직의 절반도 안 되는 수준으로 하락했다. 노동자계급이 상대적으로 고용이 안정적이고 소득이 높은 부분과 고용이 불안정하고 임금도 낮은 두 개의 상반되

---

4) 이병훈·윤정향, 「비정규 노동의 개념정의와 유형화」, 정이환 외, 『노동시장 유연화와 노동복지』, 인간과복지, 2003, 34쪽 이하.
5) 한국비정규노동센터, 「2010년 3월 경제활동인구조사 근로형태별 부가조사 분석」, 119쪽.

는 부분으로 분해되고 있는 것이다. 사회 전체가 부자와 빈민으로 분해되는 이러한 양극화는 이전에도 있었던 것이고, 자본주의 사회라면 어디에나 있는 것이기도 하다. 그러나 일반적으로 그러한 양극화는 중간층이 부유한 자본가와 가난한 노동자로 분할되는 것을 뜻하고, 이런 점에서 **중간적인 하나의 '계급'**이 상반되는 두 개의 계급으로 분해되는 것을 뜻한다. '계급 분해'라는 말은 이런 의미로 사용된다. 그러나 지금 우리가 전면적으로 대면하고 있는 양극화는 **노동자계급**이 정규직과 비정규직이라고 불리는 두 개의 상반되는 부분으로 분해되는 것이란 점에서 이전의 양극화나 분해와 다르다. 노동자계급으로의 분해가 아니라 노동자계급 자체가 다시 두 개의 부분으로 분해되고 있는 것이다.

물론 노동자계급 안에서도 상대적으로 부유한 층과 가난한 층의 차이는 어디나 있기 마련이다. 그러나 그러한 차이는 말 그대로 양적인 차이에 지나지 않아서, 개별적인 이동에 장벽이 존재하지 않고 간극도 크지 않으며 일시적인 경우에 해당된다. 이와 관련해 비정규직이 정규직으로 가는 '가교'인지 아니면 한번 빠지면 다시 정규직으로 갈 수 없는 '함정'인지를 둘러싸고 논란이 있다. 임시직의 선택이 비자발적임에도 임시직에 대한 만족도가 높은 유럽에서는, 나라나 조사자료에 따라 임시직이 정규직으로 가는 데 함정이 되는 경우도 있고(독일), 상당히 높은 이동률을 보여 주는 경우도 있지만, 이동률이 높은 경우조차도 임시직의 절반 정도는 그대로 임시직인 채 남아 있다고 한다.[6]

한국의 비정규직에 대한 조사는 대부분 비정규직에서 정규직으로의 이동 가능성이 협소함을 보여 준다.[7] 즉 비정규직은 정규직으로의 '가교'

---

6) 정이환, 『현대 노동시장의 정치사회학』, 후마니타스, 2006, 115~116쪽.

가 아니라 '함정'인 것이다. 반면 한국노동패널조사(KLIPS) 자료를 통해 이와 다른 결론을 도출한 연구도 있다.[8] 남재량은 일단 비정규직에서 임시직과 일용직을 제외한 채 한시근로만으로 비정규직을 협소하게 정의하는데, 그럼에도 불구하고 그의 연구에서도 비정규직에서 정규직으로 이행할 확률은 33~37% 정도에 지나지 않으며, 경제활동인구조사의 자료에 따르면 정규직으로 이행한 사람들의 비율은 2001~2002년 34.6%에서 2003~2004년 22.2%로 줄어들었다.[9] 이는 비율도 작아졌지만, 그나마 정규직으로 옮겨 갈 가능성이 현저히 줄어들었음을 뜻하는 것 아닐까? 한편 그는 2009년 3월 경제활동인구조사 부가조사 자료에 대한 분석에서 비정규직에서 정규직으로 옮겨 간 노동자의 76.4%가 2년 이상 근속에 정규직 못지 않은 노동조건을 갖고 있었음을 지적하면서 이를 실질적으로 정규직 전환이라고는 보기 어렵다고 지적하며, 다른 경우도 개정된 비정규직법으로 인해 정규직으로 전환되는 긍정적인 효과는 찾아보기 어렵다고 지적한다.[10] 전체적으로 한국에서 비정규직이 정규직으로 가는 가교 역할을 한다고 보기는 어렵고, 반대로 한번 들어가면 빠져나오기 힘든 벽이 있다고 해야 할 것이다.

여기에 더해 노동조합이나 노동자의 실질적인 태도에서 대립이나 '적대'마저 광범위하게 관찰된다는 것 또한 잘 알려져 있다. 가령 대기업

---

7) 장지연·양수경, 「사회적 배제의 시각으로 본 비정규고용」, 『노동정책연구』 7권 1호, 2007; 류재우·김태홍, 「근래의 상용직 비중 변화에 대한 동태적 분석」, 『노동경제논집』 24권 1호, 2001; 류기철, 「취업형태의 지속성에 관한 연구」, 『노동경제논집』 24권 1호, 2001; 남재량·김태기, 「비정규직, 가교인가 함정인가?」, 『노동경제논집』 23권 2호, 2000.
8) 남재량, 「KLIPS를 통해서 본 비정규근로의 동태적 특성」, 『월간 노동리뷰』, 2009년 1월호.
9) 같은 글, 90~91쪽.
10) 남재량, 「비정규근로의 동태적 특성 및 시사점」, 『월간 노동리뷰』, 2009년 7월호.

에서 정규직 노동자나 노동조합이 비정규직 노동자에 대해 배타적인 태도를 갖고 있다는 것은 이미 널리 알려진 사실이다.[11] 심지어 정규직 노동조합이 비정규직 노동자나 노동조합에 긍정적인 연대의 시도를 하는 경우, 정규직 조합원이 그런 집행부를 불신임하는 경우도 적지 않다.[12]

　이상의 사실은 대개는 이미 잘 알려진 것이다. 그러나 이 잘 알려진 사실들이 함축하는 의미에 대해서, 그것이 갖는 개념적 의미에 대해서 의당 던져져야 할 질문은 제대로 던져지지 않고 있는 것 같다. 즉 분해되는 이 두 부분은, 정규직과 비정규직은 하나의 동일한 계급인가 두 개의 다른 계급인가? 상이한 두 집단 간에 이동을 저지하는 문턱이 있을 때[13] 던져지기 마련인 이런 질문이 던져지지 않은 이유는 무엇일까? 그것은 이런 종류의 계급 개념은 맑스주의적인 것인데, 맑스주의 안에서 노동자계급 내의 두 집단이 두 개의 계급인가를 묻는 것은 지극히 당혹스런 것이기 때문일 터이다. "노동자는 하나다"라는, 노동운동 안팎에서 빈번하게 듣게 되는 슬로건성 명제 또한 이런 질문의 가능성을 사전에 차단하는 것 같다. 그러나 노동자계급의 양극화는 '노동자는 하나'라는 이러한 익숙한 통념에 대해 근본에서 다시 질문하고 다시 생각할 것을 요구하는

---

11) 이는 기업별 노조에서뿐만 아니라 상급단체에서도 빈번히 드러나는 문제다. 가령 "정규직 노조와 비정규직 노조의 교섭 구조가 분리되어 있고 산별교섭에서 비정규직 문제를 합의하는 경우에도 비정규직 대표가 참석하는 경우는 없다"(은수미, 『비정규직과 한국 노사관계 시스템 변화 I』, 한국노동연구원, 2007, 206쪽).
12) 대표적인 것은 캐리어 노동조합의 경우일 것이다(송영진·이경석, 『노동자와 노동자』, 박종철출판사, 2005).
13) 부르주아 사회학이 계급이란 말 대신에 '계층'이란 말을 써서 강조하듯이, 집단들 간의 이동 가능성이 있고 집단들의 관계가 불연속적이지 않다면, '계급'이란 말은 부당하다고 할 것이다. 그러나 비정규직과 정규직 사이에 잘 알고 있듯이 커다란 차이가 있고, 양자 사이에 다리가 아니라 문턱이 놓여 있다면, 그래서 비정규직이 한번 들어가면 정규직으로 가기 힘든 '함정'이 되고 있다면, 이 문턱으로 분리된 두 집단을 '계층'이란 말로 구별하기는 어렵지 않을까?

것은 아닐까? "노동자는 하나"라는 구호로 피해 갈 수 없을 만큼 현실의 골이 깊어졌음을 뜻하는 건 아닐까?

모두 동일한 양상은 아니라고 해도, 정규직 노동자와 비정규직 노동자 사이에 단지 차이라고 말하기 힘든 대립 관계가 상당히 광범위하게 확산되어 있음은 분명하다. 따라서 고전적인 대답이 양극화되고 있는 두 집단이 하나의 계급이란 범주를 넘어선 것은 아닌지를 묻는 질문에 대한 답변이 되기엔 불충분한 것 같다. 반대로 노동자 내부의 양극화는 하나의 계급이 두 개의 부분으로 '분해'되고 있음을 뜻한다고 해야 할 것 같다. "노동자는 하나"라는 절규는 이러한 사태에 대한 안타까움과 그래서는 안 된다는 의지를 표명하는 것이겠지만, 실제 현실이 그런 구호와 다른 상태로 넘어갔다면, 그 구호는 오히려 현실을 직시하지 못하게 하는 장애물이 되어 버리는 게 아닐까?

그러나 대기업의 하청노동자들이 그렇듯이 동일한 작업장에서 나란히 서서 심지어 동일한 노동을 하기도 하는 사람들을 두 개의 다른 계급이라고 말하는 것도 사실 쉽지는 않다. 계급이란 생산수단에 대한 소유관계, 생산과정에서의 위치와 역할 등에 의해 구별되는 집단이라는 정의에 의해 양자가 실제로는 구별되지 않는 경우도 많다. 더구나 계급이란 단지 분류학적 범주만이 아니라 대개는 어떤 대립을 포함하는 서로 간의 특정한 생산관계를 표현하는 개념임을 안다면, 정규직과 비정규직을 두 개의 계급이라고 하는 것은 더욱 어렵다. 자본가와 노동자 간의 대립을 상정하는 것처럼, 정규직과 비정규직을 개념적으로 대립시킬 순 없음이 분명하다. 그리고 어차피 프롤레타리아트란 계급이 끊임없이 산업예비군과 노동자를 오가는 사람들 전체를 지칭하는 존재 아니던가?

이렇게 둘로 분해되어 가고 있음이 분명하지만, 정규직과 비정규직은 하나의 계급이라고 하기도 어렵고, 두 개의 계급이라고 하기도 쉽지 않다. 손쉬운 하나의 답을 내리기보다는 차라리 좀더 선명하게 다시 질문하는 게 나을 것 같다. 노동자계급은 정말 하나인가? 비정규직 노동자는 정규직과 동일한 계급이라고 해야 할까? 그게 아니라면 이 '차이'를 어떻게 이해해야 할까? 많은 경우 대립과 적대로까지 발전하기도 하는 이 차이가 의미하는 것은 대체 무엇일까? 이러한 질문은 노동운동에 대한 질문으로 유사하게 변형된다. 정규직 노동운동과 비정규직 노동운동은 하나의 동일한 운동인가? 양자를 하나의 동일한 조직으로 조직화하고 동일한 방식으로 투쟁하는 것은 적절하고 유효한가? 비정규직 노동운동이 정규직 노동조합과 노동운동을 모델로 하여 진행되는 것은 과연 타당한가? 비정규직이 정규직화를 목표로 삼는 것은 타당한 것인가?

우리는 정규 노동자와 비정규 노동자가 두 개의 계급은 아니지만, 또한 하나의 계급이라고 하기 어려운 비대칭성을 갖고 있음을 주목해야 한다. 나는 이를 '하나-아님'이라는 말로 표현하고자 한다. 이는 정규직을 모델로 하여 구성된 노동자계급의 형상이 하나의 '전체'일 수 없음을, 그런 점에서 '비-전체'라는 말로 표현될 어떤 간극을 포함하고 있음을 뜻한다. 그것이 두 개의 다른 계급 사이가 아니라 노동자계급 '내부'에 존재한다는 것은, 비정규 노동자에 의해 기존의 노동자계급에 대한 규정성이 지워지고 변형됨을, 아니 그렇게 되어야 함을 함축한다. 이를 다루기 위해 아래에서는 정규직과 비정규직 노동자 간의 비대칭성을 '경험적', 전략적 및 이론적 차원에서 검토해 보고, 그것이 갖는 의미를 개념화하고자 한다. 그리고 거기에 함축된 의미를 노동운동과 관련해서 간단히나마 드러내 보고자 한다.

2. 대립과 연대: 공동성의 문제

한국통신 비정규직 노조의 투쟁에 대한 정규직 노조의 연대 거부 이래 2001년 캐리어, 2004년 현대중공업, 2007년 코스콤에 이르기까지 정규직 노동조합이 비정규적 노동조합과의 연대를 거부하고, 심지어 비정규직의 투쟁을 저지하고 방해하는 경우까지 있었음은 잘 알려진 사실이다. 물론 금호타이어나 자산관리공사, 서울대병원 등 모범적인 연대의 사례도 있기에, 정규직 노조와 비정규직 노조의 관계를 대립과 갈등으로 단순화해선 안 된다는 것은 분명하다. 그러나 정규직과 비정규직의 관계가 연대라는 '좋은' 관계보다는 그렇지 못한 경우가 많다는 것은 부정하기 어려운 것 같다. 민주노총 소속 122개 노조 중 조사 대상인 104개 가운데 비정규직 노동자를 조합원으로 받아들이는 노조는 27개(26%)인 반면, 받아들이지 않는 노조는 77개(74%)에 이르며, 소속 여부와 무관하게 정규직 노조가 비정규직 노동자의 이해를 대변하는 노조가 38개(36.5%)이고 그렇지 않은 노조가 66개(63.5%)라는 사실은 '민주노조'들 중에서도 비정규직 노동자와 '좋은' 관계에 있는 노조는 3분의 1 정도에 지나지 않음을 보여 준다. 노조원으로 받아들이지도 않고 이해관계도 대변하지 않는 노조는 56개(53.8%)임에 반해, 노조원으로 받아들여 놓고는 그들의 이해를 대변하지 않는 노조가 10개(9.8%), 노조원으로 받아들이진 않았지만 이해를 대변하기는 하는 노조는 21개(20.2%), 조합원으로 받아들이면서 이해도 대변하는 노조는 겨우 17개(16.3%)에 지나지 않는다.[14]

---

14) 장귀연, 「정규직·비정규직의 분할과 단결의 가능성」, 전국불안정노동철폐연대, 『비정규직 없는 세상』, 메이데이, 2009, 119쪽.

개별 노동조합에 비해 민주노총이 비정규직 노동운동에 대해 좀더 적극적인 자세를 갖고 있으리라는 것은 분명하지만, 이런 정규직 노동조합이나 조합원의 태도 때문인지, 비정규직 노동자의 대변자가 되기보다는 그렇지 못하다는 비판에 시달리는 편이다. 그에 비하면 그런 비판과는 거리가 있는 신중한 평가를 하는 입장임에도 불구하고, 다음과 같은 평가는 지금의 상황이 지극히 문제적임을 명확히 보여 준다.

현재의 정규직 중심 양대 노총으론 노동인권의 사각지대에 놓인 비정규직 노동자들과 중소 영세사업장 노동자들, 그리고 무법천지에서 인권이 말살되고 있는 이주노동자들의 절박한 이해와 요구를 제대로 대변하기엔 한계가 크다. 양대 노총으로 지칭되는 조직노동은 조직률 정체와 노동시장의 양극화 심화, 기존 노조 주체의 조직력 약화, 법제도 개악, 전망의 상실 등이 복합적으로 얽혀 자신의 계급적 정체성마저 동요하는 지경에 와 있다. …… 산별노조가 출범했지만 비정규직 문제 개선과 해결엔 그리 큰 진전이 아직까진 없고, 솔직히 지금보다 더 나아지길 기대하기도 쉽지 않다.[15]

민주노총처럼 노동운동의 대의에 따라 행동하고자 하는 조직이나 거기 소속된 노조들의 많은 부분이 이렇다면, 정규직과 비정규직 노동자 사이에 소득이나 지위에서의 차별을 넘어, 서로 간에 대립적인 관계가 있다고 말하는 것을 반박하기는 쉽지 않을 것이다. 이러한 상황에 대해 정

---

15) 이남신, 「비정규운동 10년의 고투를 밑거름으로 새로운 10년의 전망을 모색하자」, 『비정규노동』 82호, 2010, 17쪽.

규직 노동자나 노조의 '이기주의'를 비판하는 것은 쉬운 일이다. 그러나 노동운동의 대의에 대한 믿음과 오랜 기간 수많은 역경을 딛고 투쟁해 온 역사에 대한 자부심을 갖고 있는 사람들의 조직이 '정규직 이기주의' 를 광범위하게 보여 주고 있다면, 개인들의 주관적인 의식과는 다른 어떤 설명이 필요할 것이다.[16] '이기주의'에 반하는 대의와 자부심을 갖고 있음에도 불구하고 그들이 '정규직 이기주의'에 빠져든 이유에 대해, 정규직과 비정규직의 대립을 피하지 못하고 있는 이유에 대해 질문해 보아야 한다.

비정규직을 도입하기 위해 자본가는 정규직 노동조합을 포섭하고자 했고, 노동조합은 1997년 이래 고용 불안을 겪으면서 조합원의 고용 안정을 위해 비정규직을 완충판으로 생각하여 노사합의하에 본격적으로 비정규직을 도입했다고 하는 것은 가장 널리 알려진 설명 방식 중 하나다.[17] 아마도 그럴 것이다. 이 완충판의 기능이 갖는 양면성으로 인해, 정규직이 비정규직과 거리를 갖게 되었음은 분명하다. 그러나 양자의 관계는 경제적인 기능만으로 말할 수 없는 복합성을 갖는다.

장귀연은 정규직과 비정규직이 동일한 노동과정에서 **함께 일하는 경우** 정규직 노조는 비정규직에 대해 연대와 통합의 경향을 가지며, 반대로 노동과정이 상이하거나 위계화되어 있는 경우 배제적인 경향이 강하다는 것을 지적한다.[18] 조돈문도 정규직 노동자들이 노조 간부 경험이 있는

---

16) 장귀연은 노조 간부들이 집행부 수준에서 할 수 있는 것도 하지 않으면서 조합원들의 의식 탓만 하는 경우가 많으며, 실제로 할 수 있는 일을 하는 경우 조합원의 의식이 달라짐을 지적한다 (장귀연, 「정규직·비정규직의 분할과 단결의 가능성」, 161~163쪽).

17) 같은 글, 155쪽.

18) 같은 글, 136~137쪽.

경우와 함께, 비정규직 노동자와 **접촉이 많은 경우** 비정규직에 대해 호의적인 태도를 가지며, 정규직 이기주의를 벗어날 가능성이 있음을 지적한다.[19) **공동적인 활동**이나 **노동**이 양자 간의 연대 가능성을 높이는 반면, 양자의 분리나 위계화가 대립적인 태도를 양산한다는 것이다.

다른 한편 정규직 노조와 독립적으로 비정규직 노조가 조직되는 경우, 정규직이 그에 대해 훨씬 더 대립적인 태도를 보이는 경향이 있음이 지적된 바 있다. 예를 들어 진숙경과 김동원에 따르면, 비정규직이 정규직 노조에 포함되거나 아니면 아예 정규직 노조가 없을 때 비정규직 노조가 결성된 경우는 성공적이거나 무난한 성과를 보이는 반면, 유사 직무의 정규직 노조가 있는데 비정규직 노조가 독립적으로 만들어지는 경우 많은 경우 정규직 노조와 견제나 갈등, 혹은 무관심한 관계에 들어가며, 그로 인해 협상에서도 실패하고 조직도 약화되는 경향이 있다.[20) 장귀연의 연구도 비정규직이 별개의 노조로 조직되지 않은 경우가 조직된 경우보다 비정규직의 이해를 대리하는 경우가 더 많으며, 별개의 조직을 형성한 경우 반대로 무관심하거나 배제적인 태도가 훨씬 강하게 나타난다는 점을 마찬가지로 지적한다.[21)

이는 비정규직에 대한 공동성이 약한 경우, 정규직이 조직화된 비정규직을 경쟁적인 상대로 간주함을, 그들의 조직화가 자신들의 이익을 위

---

19) 조돈문, 「비정규직 문제와 정규직 노동자들의 내적 이질성」, 『경제와사회』 82호, 2009.

20) 진숙경·김동원, 「비정규직 노조의 유형별 실태와 시사점」, 『노동정책연구』 7권 1호, 2007, 55~57쪽.

21) 장귀연, 「정규직·비정규직의 분할과 단결의 가능성」, 166~169쪽. 이는 노동과정이 별개로 분할되는 경우에도 마찬가지로 나타난다. 가령 인위적으로 직무를 분할하여 정규직과 비정규직을 '입직구'부터 분리하는 금융업의 경우, 정규직 노조가 자신들의 고용 안정과 임금 상승을 위해 비정규직을 외면한 바 있다.

협할 수 있다고 믿음을 뜻할 것이다. 반면 조직화되지 않은 비정규직에 대한 '대리'는 그들의 어려운 처지에 대해서는 개인적인 공감과 연민을 갖고 있음을 뜻한다. 즉 개별적으로 분산되고 조직화되지 않은 비정규직의 어려움에 대해서는 부분적으로 이해하고 공감하지만, 그들이 조직되었을 때는 자신들과 경쟁적이고 대체적인 것이 되리라고 보는 것이다. 정규직의 개별적인 공감과 이해는 연대를 위한 좋은 조건이라고 할 것이다. 그러나 공동성은 현행적인 활동과 실천을 통해서 구성되는 것이며, 그것이 없을 경우 그런 익명적이고 막연한 이해와 공감은 상충하는 이해관계나 분리되고 위계화된 관계 앞에서 아주 무력하다는 것은 분명하다. 그런 상태에서 비정규직이 조직화되어 이해관계를 다투는 관계에 들어왔다고 생각한다면, 막연한 공감이나 이해는 경쟁 내지 대립적 관계 앞에서 어느새 무력화되거나 소멸하고 말 것이다. 개인적으로 비정규직의 어려움에 아무리 '공감'한다고 해도, 실제로 비정규직과 함께하는 노동이나 활동 혹은 연대의 행동이 없다면, 경쟁적인 이해관계의 벽을 넘지 못하며 대립과 적대 관계로 나아가는 길 또한 넓게 열려 있는 것이다.

그러나 정규직 노조가 비정규직 노조를 만드는 데 직접적인 지원을 했을 뿐 아니라, 교섭을 위한 투쟁 등에서 연대를 하기 위해 여러 가지 시도를 했지만 연대에 실패한 경우들이 많지 않은가? 대표적인 실패 사례인 캐리어 노조가 그랬고, 정규직 노조의 연대로 시작했지만 결국은 조합원의 반대로 연대가 실패했던 GM대우차 창원지부도 그랬다. 그런데 대경특수강이나 GM대우차 창원지부의 경우 비정규직 노조의 결성을 정규직 노조 집행부가 주도하면서도 비정규직 조직화를 자본가에게 감추기 위해 알리지 않았고, 그로 인해 정규직 조합원들 역시 비정규직 조합이 결성된 이후에야 알게 되었다는 점,[22] 이런 의미에서 노동자나 평조합원

사이에 공동성을 형성하는 과정 없이 노조 간의 연대를 구성하려 했다는 점을 주목할 필요가 있을 것이다. 노조 간부와의 공동성이 형성되는 데는 성공했지만, 조합원들과의 공동성을 형성하지는 못한 채 비정규직 노조가 만들어진 것이다. 전자와 후자는 다른 과정이고 다른 활동이다. 조직적인 연대나 지원보다 정규직과 비정규직이 만나서 함께할 수 있는 일상적인 활동, 비정규직에 대해 정규직이 이해하고 공감할 수 있는 일상활동이 더 일차적이라고 해야 할 듯하다.

이상의 사실은 비정규직에 대한 정규직 노동자의 태도가 선험적인(a priori) 것이 아니라 수행적인(perfomative) 실천에 의해 구성되는 후험적인(a posteriori) 것임을 뜻한다. 비정규직과 함께하는 현행적인(actual) 차원의 '공동성'이 양자 간의 거리를 좁혀 주고 양자를 하나로 묶어 주는 것이다. 그것의 부재나 결여는 반대의 길로 노동자들을 인도할 것이다. 연대와 대립의 분기점, 그것은 공동성을 형성하는 현행적인 실천이다. 그 공동성의 강도가 두 집단을 '하나'로 묶어 주는 연대의 강도를 결정한다. 정규직과 비정규직을 하나-아님을 넘어서 하나의 계급으로 만들어 주는 것은 현실적이고 현행적인 공동의 노동이나 활동이다. 노동자의 '혁명성'뿐만 아니라 노동자의 '단일성' 또한 자본주의 사회의 사회경제적 구조에서 도출된 선험적인 성질이 아니다. 그들이 서로 접촉하고 함께 일하고 활동하는 만큼만, '하나처럼' 행동하는 만큼만 그들은 하나인 것이다. 따라서 정규직과 비정규직은 선험적으로 하나인지 둘인지를 미리 말할 수 없다. 하나-아님이란 현실적인 수행적 실천에 의해 상반되는 두 가지 방향으로 분기될 수 있는 '미규정적' 상태를 뜻한다. 공동성의 강도가 이

---

22) 정이환, 『현대 노동시장의 정치사회학』, 366~372쪽.

미규정성에 하나의 방향을 부여할 것이다.

여기서 비정규직과 정규직을 하나로 묶어 주는 이러한 '공동성'을 지위의 '공통성'이나 소득의 공통성, 작업의 공통성 같은 것으로 이해하면 안 된다. 가령 동일한 노동을 하는데도 불구하고 정규직이 비정규직과 자신을 구별하고 대립적인 태도를 갖는 경우가 많다는 것은 잘 알려져 있다. 반면 다른 일을 하는 경우에조차 같은 공간에서 자주 만나고 함께 무언가를 하는 경우에는 어떤 공감의 가능성을 확대하며, 공동성을 쉽게 형성한다.[23] 비정규직과 노동과정을 공유하는 것이나 빈번하게 접촉하는 것이 비정규직에 대한 정규직의 태도를 호의적인 것으로, 공감적인 것으로 바꾸는 경향이 있다는 것은 이런 맥락에서 이해할 수 있을 것이다. 반대로 노동과정을 분리하거나 위계화하고, 서로 접촉하거나 함께하는 일이나 활동이 없다면, 공통된 형태의 일을 하고 동일한 지위를 갖는 노동자들이라고 해도 연대의 선을 따라가기보다는 대립과 적대의 선을 따라가게 된다는 것을 뜻한다.

지위나 소득의 공통성을 통해 규정되는 선험적인 단일성 같은 것은 없다. 노동자를 하나로 묶어 주는 '연대'나 '단일성'도, 노동자를 변혁과 진보로 인도하는 '혁명성'도. 무엇을 함께하는 공동의 노동이나 활동, 혹

---

23) 상이한 개체나 집단들이 함께 만나고 함께 어떤 일을 하는 것, 혹은 함께 어떤 사건의 장에 들어가는 것을 통해 '공동성'이 형성된다. 여기서 공동성은 만나는 각자가 갖는 성질의 동일성을 뜻하는 '공통성'과 다르다. 반대로 어떤 공통성 없이도 함께 만나 사건을 체험한다면, 혹은 하나의 활동을 구성한다면, 그러한 사건이나 활동을 함께 구성하면서 공유하게 되는 신체적인 공동의 움직임과 리듬을 통해 형성되는 공동감각을 갖게 된다. 신체적으로 함께 모이고 함께 움직인다는 사실로 인해 형성되는 이러한 공동감각은 이후 공동의 신체, 공동의 활동을 구성할 수 있는 잠재력을 형성한다. 공동성이란 현행적 공동성을 통해 형성되는 잠재력을 뜻한다. 이러한 공동성 개념에 대해서는 이진경,「코뮨주의에서 공동성과 특이성」,『코뮨주의』, 그린비, 2010 참조.

은 직접적인 접촉과 연대 행동의 반복 속에서만 공동성은 형성되고, 그것을 통해서 양자는 공감하고 연대할 수 있다. 연대와 공동성의 순환적 증폭이 한편에 있다면, 반대로 실질적인 연대의 부재가 공동성의 결여로 이어지고 공동성의 결여는 연대를 어렵게 하는 부정적인 순환적 증폭이 다른 한편에 있는 것이다. 이것이 하나가 아니지만, 아직은 둘이 아닌 상태의 잠재성을 상반되는 두 방향으로 분할하는 요인이다.

3. 전략의 비대칭성

이런 점에서 지금 정규직과 비정규직은 '하나'가 아님이 분명하다. 비정규직은 정규직과 하나가 되고자 하지만 그럴 권리를 갖고 있지 못하며, 정규직은 비정규직과 '하나'가 될 권리를 갖고 있지만 그렇게 하려고 하지 않는다. 비정규직은 정규직을 자신이 동일화하고자 하는 모델로 삼고 있지만, 정규직은 비정규직과 동일화할 생각이 없을 뿐 아니라 비정규직이 자신들과 동일화되는 것도 불편하고 불안하게 여긴다. 비정규직은 "노동자는 하나"라고 믿고 싶지만 하나-아닌 현실과 끊임없이 부딪치고, 정규직은 "노동자는 하나"라고 말은 하지만 하나-아닌 현실을 끊임없이 만들어 낸다. 이는 노동자계급이라는 하나의 말로 묶기 어렵게 만드는 비대칭성이 두 집단 사이에 있음을 의미한다. 이 비대칭성은 단지 분할 지배를 위해 부르주아지가 만들어 놓은 객관적 조건을 그저 반영하는 것만은 아닌 것 같다. 그것은 정규직과 비정규직이 선택할 수 있는 전략의 비대칭성과도 관련된 것이다.

중앙교섭하에서 연대임금정책이 처하게 되는 난점을 설명하기 위해 제시된 스웬슨의 도식[24]은, 약간의 변형을 거치면, 이러한 비대칭성을 해명하는 데 유용할 것 같다. 스웬슨은 중앙교섭하에서 평등주의적 노선을 채택한 노조는 임금 몫의 극대화('외적 평준화'), 고용 증가, 임금형평성 확대('내부 임금 평준화')라는 세 가지 목표 사이에서 트릴레마(trilemma)에 직면한다고 지적한다. 즉 세 목표를 모두 달성할 수는 없으며, 이 중 어느 하나를 포기하여 두 가지만을 추구할 수 있다는 것이다. 가령 임금형평성과 임금수준을 올리면 실업이 증가하고, 임금 인상과 고용 증가를 추구하면 생산성의 상승이 요구되는데 이를 위해 임금의 평등성에 반하는 임금체계가 도입되게 된다. 고용 증가와 임금의 평등성을 추구하면 임금 인상을 억제해야 한다. 따라서 노조로서는 세 가지 전략 가운데 어느 하나를 선택해야 한다. 임금의 형평성과 고용 증가를 위해 임금의 상승을 억제하는 것(A), 임금 인상과 임금형평성을 추구하면서 고용 증가를 희생하는 것(B), 임금 인상과 고용 증가를 추구하면서 임금형평성의 희생을 감수하는 것(C).

　노동자 간 임금격차를 줄이는 연대임금정책 노선을 취했던 스웨덴의 노동조합이 선택했던 것은 임금의 형평성과 고용 증가를 위해 임금 상승을 억제하는 것이었다. 그러나 이는 여러 가지 경로를 거치며 결국은 중앙교섭을 위협하거나 노조로부터의 이탈을 야기하여 연대임금정책의 실패로 귀착되었다고 한다.[25] 물론 이는 장기적인 차원에서의 선택지와 난점이기에, 단기적으로는 세 가지 전략 모두 가능할 뿐 아니라, 세 목표를 동시에 추구하는 것도 불가능하지는 않다. 가령 2007년 보건의료노

24) Peter Swenson, *Fair Shares: Unions, Pay and Politics in Sweden and West Germany*, Cornell University Press, 1989, p.111 이하
25) *Ibid.*, p.129 이하; 정이환, 『현대 노동시장의 정치사회학』, 161~165쪽.

동조합은 고용 감소를 동반하지 않으면서도 비정규직에 대한 차별을 제거하는 방향에서 비정규직 문제를 해결하자는 커다란 방향에 대한 합의를 끌어냈을 뿐 아니라, 비정규직의 임금 인상률을 정규직의 그것보다 높게 하는 것을 포함한 임금 인상안에 합의했으며, 정규직의 임금 인상분 중 30% 범위 내에서 비정규직의 정규직화와 양자의 차별 해소를 위한 재원을 마련하기로 합의했다.[26] 즉 형평성과 고용 안정이란 목표와 더불어 임금 인상이란 목표까지 달성한 경우라고 할 것이다. 그러나 이러한 결과가 장기적으로 지속될 수 있는가는 또 다른 문제일 것이다. 왜냐하면 이는 이윤의 압박으로 이어질 것이고, 그것은 고용의 감소나 임금 제약, 혹은 비정규직의 증가 중에서 출구를 찾고자 할 것이기 때문이다.[27]

이런 점에서 노동조합의 중앙교섭을 가정하지 않더라도, 하나의 산업부문이나 전체 산업의 차원에서, 단기적이지 않은 시간 단위에서 노동시장의 메커니즘을 통과해야 한다는 사실을 상정하면, 앞서 스웬슨이 지적한 트릴레마나 연대주의 임금정책의 난점은 유효하다고 할 수 있을 것이다. 스웨덴 노조의 경우를 들어 고용 증가와 임금형평성 확대를 결합한 정책은 지속되기 어렵다는 묀과 윌러스타인의 지적[28]이나, 노동시장의 임금 결정 원리에 반하는 임금정책을 장기간 추구하기는 어렵다는 신정

26) 은수미, 「한국의 비정규직: 노동시장과 노사관계」, 은수미 외, 『비정규직과 한국 노사관계시스템 변화 II』, 한국노동연구원, 2008, 268~269쪽.

27) 이주희는 스웬슨의 도식을 이용해 한국에서 정규직과 비정규직의 문제를 둘러싼 노동조합의 상이한 전략을 대비하여 보여 주고자 하는데, 고용 안정과 임금소득 극대화를 추구하며 임금형평성을 희생한 금융 부문 정규직 노조의 전략의 경우는 유형적 특징이 뚜렷이 드러나지만, 유통업이나 보건의료에서는 별로 그렇지 않은 것 같다(이주희, 「비정규직과 노동정치」, 『한국사회학』 44집 1호, 2010, 53쪽). 이는 스웬슨의 도식을 일회적이거나 단기적인 경우에 직접 적용하는 것이 쉽지 않기 때문일 것이다. 즉 단기적인 경우에는 중간적인 형태나 혼합적인 형태가 있을 수 있다는 것이다.

완의 지적[29]은 이런 의미에서 중앙교섭을 가정하지 않을 경우에도 일반화될 수 있음을 뜻하는 것으로 이해할 수 있을 것이다.

따라서 A, B, C의 세 전략은 노동조합이 선택할 수 있는 전략의 이념형적 유형으로 볼 수 있을 것이다. 여기에 정규직 노조와 비정규직 노조로 노조가 분할되어 있는 조건을 고려하여 두 가지 노조를 전략적 선택의 주체로 재설정할 수 있을 것이다. 이렇게 할 경우 지금 유연성의 축적 체제에서 '고용 증가'라는 목표는 '고용 안정성'을 뜻하는 것으로 변형되어야 한다. 고용의 축소와 유연화가 강력하게 추진되는 축적 체제에서 그것은 정규직에게는 고용 증가 내지 고용 감소의 저지를, 비정규직에게는 '정규직화'나 무기계약직화, 혹은 고용의 지속 등 고용기간의 연장과 같은 '고용 안정성'의 확대를 뜻할 것이다. 임금형평성은, 중앙교섭의 경우 노조가 포괄하는 노동자 전체를 대상으로 하지만, 한국처럼 기업별 교섭이 중심인 경우에는 노조 내부의 형평성보다는 기업 안에서 정규직과 비정규직의 형평성을 뜻하는 것으로 재정의하는 게 더 유용할 것 같다. 이렇게 각각의 항을 재정의하고, 2000년대 한국처럼 노동력의 수량적 유연성을 위해서든 임금을 낮추기 위해서든 비정규직을 적극 도입하고 활용하려는 축적 체제에서 노동조합이 정규직과 비정규직으로 분할되어 있는 경우를 상정할 때, 스웬슨의 도식은 정규직 노조와 비정규직 노조가 서로에 대해 갖는 비대칭성을 좀더 명확히 하는 데 사용될 수 있다.

---

28) Karl Ove Moene and Michael Wallerstein, "Social Democratic Labor Markets", eds. Herbert Kitschelt et al., *Continuity and Change in Contemporary Capitalism*, Cambridge University Press, 1999, p.247. 정이환, 『현대 노동시장의 정치사회학』, 165쪽에서 재인용.
29) 신정완, 「임노동자 기금 논쟁을 통해 본 스웨덴 사회민주주의의 딜레마」, 서울대 박사학위 논문, 1998, 234~235쪽.

먼저 정규직 노조의 경우, 고용 증가와 임금 인상, 임금형평성이라는 세 가지 목표 모두가 유의미하다. 그러나 비정규직 노조의 경우 임금 인상이 정규직의 임금을 초과하는 것은 생각하기 어렵고, 정규직의 임금수준이 인상 가능한 최대치일 것이다. 따라서 그것은 임금형평성이란 목표와 겹치며, 그것 안에 포함되게 된다. 가령 '동일 노동, 동일 임금' 같은 요구는 형평성에 대한 요구이지만, 비정규직에게 그것은 임금 인상을 뜻하는 요구이기도 하다. 역으로 비정규직이 임금형평성을 요구하는 경우 그것은 단지 비정규직 내적인 형평성을 뜻하지 않으며, 정규직과의 형평성을 요구하는 것이다. 따라서 비정규직 노조에게는 가능한 세 가지 선택지가 실질적으로는 둘로 줄어든다.

다음으로, 정규직은 임금 인상이나 고용 안정을 목표로 하는 경우에도, 정규직만의 임금 인상이나 고용 안정을 추구할 수도 있고, 정규직과 비정규직 모두의 임금 인상이나 고용 안정을 추구할 수도 있다. 즉 배타적인 '이기주의'와 포함적인 '평등주의' 모두가 가능하다. 그러나 비정규직의 경우 비정규직의 고용 안정에 대한 요구는 정규직과의 평등한 대우에 대한 요구를 최대치로 한다. 이는 비정규직에 대한 정규직의 태도는 두 가지 방향을 가질 수 있지만, 비정규직은 정규직에 대해 평등주의라는 한 가지 방향만을 가질 수 있음을 뜻한다. 또한 정규직의 '이기주의'가 평등주의를 그 **최소치**로 함에 반해, 비정규직의 '이기주의'는 평등주의를 그 **최대치**로 한다. 그런데 이 최대치에도 근본적인 한계가 있다. 가령 비정규직의 고용 안정이 정규직의 고용 안정을 위협하는 방향으로 나아갈 경우 정규직 노조나 노동자의 강한 반발과 견제가 있게 마련이고, 이 경우 비정규직 노동운동은 필경 실패로 끝나거나 성과 없이 끝나고 말 것이다. 이는 평등주의적 요구 자체에도 정규직과 다른 제약이 있음을 뜻한다. 이는 정규직과 비정규직이 서로에 대해 갖는 태도의 방향과 성격에 비대칭성이 존재함을 의미한다.

정규직 노조는 앞서 말한 A, B, C의 세 가지 전략 가운데 단기적으로는 세 가지 모두를, 장기적으로는 임금 인상을 포기하는 A는 지속되기 어려우므로 B와 C 두 가지 중에서 선택할 수 있다. 여기서 정규직 노조가 선택할 수 있는 두 가지 전략은 비정규직이 선택할 수 있는 두 가지 목표와 대응된다. 즉 정규직이 임금 인상과 임금형평성을 동시에 추구하는 전략 B를 선택할 때, 비정규직은 임금형평성이란 목표를 추구하는 방식으로 전략적 연대를 추구할 수 있다. 다른 한편 정규직이 임금 인상과 고용 안정을 추구하는 전략 C를 선택할 때, 비정규직은 고용 안정이라는 목표를 추구하는 방식으로 전략적 연대를 추구할 수 있다. 그런데 이는 정규직이 어떤 전략을 선택하든 비정규직은 고용 안정이나 임금형평성 중 하나를 포기해야 함을 뜻한다. 즉 연대에 성공한 경우에도 비정규직은 두 가지 목표 가운데 최소한 하나를 항상 포기해야 한다는 것이다. 이는 정규직과 비정규직이 연대를 하는 경우에도 양자 간에 비대칭성이 존재함을 뜻한다.

여기에 더해 전략 C를 선택한 정규직이 만약 '이기주의적' 입장을 취해 고용 안정성을 정규직의 고용 안정성으로 국한할 경우 비정규직은 그를 위한 '범퍼' 기능을 하게 되어 고용 안정성마저 추구할 수 없게 된다. 이 경우에는 고용 안정성이나 임금형평성을, 혹은 둘 다를 요구하면서 독립적으로 투쟁해야 하지만, 이는 정규직 노조와의 연대를 포기하고 거꾸로 그들과의 갈등과 대립을 감수해야 한다. 왜냐하면 그들은 비정규직의 고용 안정을 자신들이 추구하는 고용 안정을 위협하는 것으로 받아들일 것이며, 비정규직이 요구하는 임금형평성을 자신들의 임금 인상에 대한 경쟁적 요인이나 장애로 받아들일 것이기 때문이다. 정규직과 대립하는 이런 투쟁이 성공하기 어렵다는 점은 이러한 선택을 더욱 어렵게 하는 또 하나의 요인이다.

이는 정규직과 비정규직의 차이가 단지 부르주아지들의 축적 전략이나 분할 지배 전략에 의해 만들어지고 유지되는 차별일 뿐만 아니라, 노동조합이 선택할 수 있는 전략의 비대칭성을 포함하고 있음을 의미한다. 즉 서로가 서로와의 관계 속에서 취할 수 있는 전략적 가능성의 차이와 엇갈림이 있음을 뜻한다. 즉 정규직이 '이기주의적' 입장을 취하지 않을 경우에도 양자 간에는 비대칭성이 존재한다는 것이고, 이런 점에서 양자의 차이와 대립은 단지 주관적인 의식의 영역에만 속하는 것이 아니라 객관적 가능성의 영역에 속하는 것이기도 하다는 것이다. 따라서 사회적 양극화 내지 '계급의 분해'로 인해 형성된 정규직과 비정규직이란 두 집단은, 자본가와 노동자처럼 서로를 전제하면서도 서로 간의 이해관계나 위상이 적대적인 계급은 아니란 점에서 둘은 아니지만, 이해관계에서나 선택할 수 있는 전략에서나 비대칭적이란 점에서 하나가 아니다. 따라서 "노동자는 하나다"라는 구호로 차이나 차별, 혹은 대립을 뛰어넘을 수 있다고 생각하는 것은, 한편에서는 실질적인 비대칭성과 대립을 은폐하는 것이 되기 십상이고, 다른 한편에서는 정규직의 연대에 모든 것을 거는 일방적 짝사랑이 되기 십상이다.

4. 프레카리아트와 프롤레타리아트

가장 표면적인 수준에서 볼 때, 비정규 노동자는 정규 노동자와 실업자 사이에 있는 존재다. 그들은 노동자이지만, 노동자의 규정에서 부분적으로 배제된 노동자고, 충분히 노동자가 되지 못한 노동자다. 그들의 노동은 비정규적일 뿐 아니라 비정상적(abnormal)이다. 즉 노동이란 그들의 삶에서 '비정상적인' 어떤 것이다. 그들의 삶에서 '정상적인 것'이란 노동과 다른 것, 즉 비노동의 상태다. 그들은 노동하다가 일시적으로 노동하지 않게 되는 존재가 아니라, 비노동의 상태로 살면서 일시적으로 노동하게 되는 존재인 것이다. 그들에게 '노동의 대가'가 지불되는 방식은, 그들에게 주어지는 노동조건은 정확하게 이를 보여 준다. 따라서 그들은 일차적으로 노동하지 않는 자이며, 일시적으로, 비정상적으로 노동하는 자다. 그들은 일차적으로 무산자고 무직자다. 그들의 노동은 무직자가 일시적으로, 비정상적으로 행하는 노동에 지나지 않는다. 비정규 노동자란 단지 노동자와 실업자의 양적인 중간을 뜻하지 않는다. 그들은 일시적으로만 노동자가 되는 비노동자고, 일시적으로만 노동자계급에 속하는 비노동자계급이다.

약간의 문헌학적 고찰은 맑스가 사용한 '프롤레타리아트'라는 개념이 사실은 이들에 매우 인접해 있음을 보여 준다. 맑스에게서 프롤레타리아트란 개념은 경제학적으로 정의된 개념도, 자본의 운동에 대한 경제학적 분석을 통해 탄생한 개념도 아니다. 이 단어는 토지를 갖지 못한 로마 시대의 최하층 자유민을 지칭하던 말 'proletari'에서 연원한 것으로, 맑스가 경제학에 대한 연구를 시작하기 이전 저작인 「헤겔 법철학 비판 서문」(1843)에서 처음 사용된다.[30] 거기서 맑스는 이 개념을 정확하게 계급이 아닌 '계급'이란 의미에서 '비-계급'으로 규정한다. "뿌리 깊은 굴레에 얽매여 있는 한 계급, 결코 시민사회의 계급이 아닌 시민사회의 한 계급,

---

30) 약간 앞서 쓰여진 「헤겔 국법론 비판」에는 이 단어가 등장하지 않는다.

모든 신분들의 해체인 한 신분"[31])이 바로 프롤레타리아트라는 것이다.

이들은 기존의 사회적 규정성의 해체를 통해, 혹은 사회적 관계, 사회적 지위의 해체를 통해서 만들어진다. 즉 그들은 "자연발생적으로 성립한 빈민이 아니라[즉 주어진 규정 안에서 궁핍으로 몰락한 사람들이 아니라] …… 사회의 급격한 해체[즉 사회적 규정성의 급격한 해체]로부터, 특히 중간 신분의 해체로부터 출현한 인간 대중"이다.[32] 비-계급이며 비-신분인 이 '계급'은 고유한 '보편성'을 갖지만, 이들은 보편적인 적용 범위를 갖는 어떤 특정한 규정에 의해서가 아니라 그런 규정의 부재에 의해 정의되는 사람들이다.

'노동자계급'이 하나의 명확한 규정을 갖는 계급이라면, '프롤레타리아트'는 그와 반대로 어떤 명확한 계급적 규정도 갖지 못한, 반대로 계급적 규정의 부재에 의해 정의되는 집단이다. '무산자'라는 말의 의미는 노동자계급보다는 로마 시대 '최하층 자유민'이라는, 프롤레타리아트라는 말의 어원에 가까운 것으로 이해되어야 한다. 이러한 차이는 노동자계급에 대한 규정이 가장 체계적으로 전개된 『자본』에서도 드러난다. 발리바르에 따르면, 『자본』에서 프롤레타리아트라는 말은 빌헬름 볼프에게 바친 헌사나 노동일과 공장감독관 보고서에 관한 장에서 한두 번 등장하는 것을 제외하면 인구법칙에 관한 장과 본원적 축적에 관한 장에서만 출현할 뿐이다.[33]

알다시피 맑스가 보기에 자본의 '본원적 축적'이란 무엇보다도 생

---

31) 칼 맑스, 「헤겔 법철학의 비판을 위하여 서설」, 『칼 맑스·프리드리히 엥겔스 저작 선집』 1권, 박종철출판사, 14쪽.
32) 같은 책, 14쪽.

산수단으로부터 생산자를 분리하여 프롤레타리아트로 만드는 과정이었다.[34] 그것은 기존의 신분적인 규정이나 경제적인 규정을 상실하여 비-신분이 되는 과정이다. 그것은 자본의 공리나 부르주아지를 정의해 주는 어떤 규정성도 획득하지 못한 상태다. 이때 '프롤레타리아'란 이처럼 토지로부터 분리됨으로써 부랑자가 되어 사회를 떠돌거나 날품을 팔며 하루하루의 생계를 잇는 이질적인 사람들을 통칭하는 개념이다. 즉 그것은 하나의 적극적 규정에 의해 '계급'으로 정의될 수 있는 그런 개념이 아니다. 그것은 '비-신분'인 만큼이나 정확하게 '비-계급'이다.

노동자계급과 프롤레타리아트라는 개념을 이처럼 구별할 경우, 비노동의 '일반성' 속에서 살며 일시적으로 노동하는 자로서의 비정규 노동자는, 노동자계급보다는 비-계급으로서 프롤레타리아트에 속하는 존재라고 해야 할 것이다. 그들은 무산자화됨에 따라 노동자의 계급적 규정성을 상실한 '노동자'에, 계급적 통일성을 갖는 지대가 아니라 비계급으로서의 이질적인 요소들이 혼성되어 존재하는 지대에 속한다. 노동자계급이 자본가에 의해 현행적으로(actually) 고용되어 노동하는 사람들, '가변자본'으로 기능하는 사람들의 집단을 뜻한다면, 프롤레타리아트란 잠재적으로만(virtually) 노동자인, 실제로는 어디에도 매이지 않은 '자유로운 상태의' 무산자들을 뜻한다. 노동자가 된다는 것은 이런 무산자적 존재로서 프롤레타리아트에 속해 있다가 자본가에 의해 고용되는 것을 뜻

---

33) 『자본』에서 프롤레타리아트 개념의 이러한 부재에 대해 언급하면서 발리바르는 "본질적으로 『자본』은 '프롤레타리아트'가 아니라 '노동자계급'(Arbeiterklasse)을 취급"하는 책이라고 말한다(에티엔 발리바르, 「맑스의 계급정치 사상」, 서관모 엮음, 『역사유물론의 전화』, 민맥, 1993, 216~217쪽).

34) 칼 마르크스, 『자본론 I』 하권, 제2개역판, 김수행 옮김, 비봉출판사, 2001, 979쪽 이하.

한다. 비정규 노동자란 자본주의 사회의 저류를 이루는 이러한 무산자로 부터 일시적이고 비정규적으로만 노동자계급에 속하는, 그러나 곧 다시 되돌아오는 사람을 뜻한다. 프롤레타리아트에 속하지만 아직 충분히 노동자계급이 되지 못한 사람들이다. 따라서 이들은 노동자계급보다는 비노동자계급, 혹은 비계급으로서 프롤레타리아트에 속하는 사람들이다.

비정규직이 노동자와 실업자의 '중간'이라고는 하지만, 비정규직과 정규직 사이에 있는 문턱 또한 그 '중간적인' 상태가 노동자와 비노동자의 두 극 사이의 단순한 중간이 아님을, 비가역성을 갖는 어떤 방향성을 갖고 있음을 보여 준다. 즉 비정규직은 이미 실업자, 무산자의 지대로 넘어간, 높은 문턱을 넘지 않고선 정규직의 방향으로 되돌아갈 수 없는 상태이고, 따라서 일차적으로 비노동자인 것이다. 그런 점에서 비정규직 노동자는 노동자로부터 이미 배제된 노동자고, 노동자의 외부로 쫓겨난 노동자다. 이런 의미에서 비정규직 노동자는 정규직 노동자와 하나-아닌 방식으로만 하나인 그런 노동자다.

무산자화되고 있는 노동자, 아니 이미 무산자의 지대로 축출된 노동자를 뜻하는 이들을 '프레카리아트'(precariat)라고 명명하기도 한다. 이탈리아에서 처음 사용되기 시작한 이 단어는 '불안정함'을 뜻하는 프레카리오(precario)와 프롤레타리아트(proletariat)를 합성하여 만든 말인데, 일본에서는 비정규직 노동자뿐만 아니라 실업자, 니트(NEET)는 물론 히키코모리나 미혼모, 가정폭력도피자, 노숙자나 부랑자까지 포함하여 노동 가능하지만 노동하지 않거나 못하고 있는 모든 사람을 지칭하는 말로 사용되고 있다.[35] 노동자계급을 실정적(positive)으로 정의해 주는 '노동하는 자'라는 규정을 갖지 못한 사람들, 다시 말해 노동자계급의 규정성이 소멸되거나 삭제된 모든 사람들을 하나로 묶어 주는 범주인 것이다.

즉, 비정규직 노동자가 노동자가 아니라 무산자임을, 이미 넘어서기 어려운 무산자의 지대에 들어선 자임을 함축하는 개념인 셈이다.

비정규직 노동자를 '잡다하고' 이질적인 다른 종류의 사람들과 하나로 묶어서 '프레카리아트'란 개념으로 지칭할 때, 통상 노동자계급과 같은 외연을 갖는 것처럼 사용되는 프롤레타리아트라는 말보다 좀더 확실한 거리를 두고 비정규직을 정규직과 구별하게 한다. 여전히 부분적으로 노동은 하고 있지만 본질적으로는 노동의 정상적(정규적) 형태에서 벗어나 오히려 무산자에 근접한 위치에 있음을 강조하게 되는 것이다. 이러한 식으로 개념화하는 것이 좋은지에 대해선 논란의 여지가 있을 것이다. 그러나 비정규직 노동자가 비가역적 방향을 갖는 경사면에 있음을 부정하기는 쉽지 않을 것 같다. 자본주의에서 '자연적인' 중력의 작용에 따라 무산자에 이르는 경사면, 중력에 반하는 특별한 노력과 '운'이 따라 주지 않는다면 결코 거슬러 올라가기 쉽지 않은 경사면, 이는 비정규직이 정규직보다는 실업자와 본질적으로 더 인접해 있음을 뜻하는 것이다. 경사면의 비가역성과 정규직/비정규직의 비대칭성 사이에서 어떤 상응성을 발견하기는 어려운 일이 아닌 것 같다.

그 비가역적 경사면은 한 사람을 노동자계급으로 규정하는 것이 어려워지는 정도를 표시할 뿐 아니라, 노동자계급의 규정성 자체가 점차 소멸하는 전이지대를 표시한다. 그것은 노동자계급과 하나로 이어져 있지만, 그것과 하나가-아니게 만드는 이탈의 지대를 표시한다. 그 비탈진 선

---

35) 伊藤公雄, 「聖プレカリオの降臨」, 『インパクション』 151号, 2006年 4月; 櫻井和也, 「プレカリアート共謀ノート」, 『インパクション』 151号, 2006年 4月; 아마미야 가린, 『프레카리아트, 21세기 불안정한 청춘의 노동』, 김미정 옮김, 미지북스, 2011.

이 노동자계급과 하나로 이어져 있다는 사실은, 혹은 비정규직 노동자가 정규직 노동자와 **하나라는 사실은**, 그 경사면이 노동자계급을 규정하는 수평선과 벌어지는 간극만큼 역으로 비정규직 노동자가 **노동자계급 자체의 규정성을 지우고 있음**을 뜻하는 것이기도 하다. 그것은, 노동자의 일부이기에 '하나'라고 해야 하지만, 바로 그렇기에 이전의 규정만으로는 더 이상 '하나'라고 할 수 없게 만드는 어떤 '공백'을 만든다. 그것은 '하나임'을 통해서 노동자계급의 규정 자체를 잠식하여 하나-아님을 드러내는 '지움'이고, 그런 식으로 기존의 노동자계급의 규정을 지우며 만들어지는 공백이다.

이 공백은 표면적으로는 노동자계급의 어떤 특성 —— 가령 노동의 정규성, 안정성, 지속성 등 —— 이 부족하거나 결여되어 있는 것으로 나타나지만, 사실은 '프레카리아트'를 채우는 수많은 규정들이 노동자계급이란 규정을 침범하고 범람하여 만들어진 것이다. 그것은 더 이상 하나로 규정할 수 없는 수많은 규정 가능성의 지대를 뜻한다. 그런 점에서 그 공백은 규정의 결여에 의해 만들어진 것이 아니라 규정의 과잉에 의해 이전의 규정이 삭제되고 지워진 것이다. 여기에는 초과하고 범람하여 이전에 주어진 규정을 비우는 어떤 포텐셜이 있다고 해야 한다. "넘친다는 것은 충만을 의미하지 않는다. 그것은 반대로 비워짐을 의미한다. 과잉을 의미한다. 넘침에 비하면 가득 참은 아직도 결핍의 상태이다."[36] 하나-아님, 그것은 하나임을 통해 이전의 노동자계급의 규정성을 지우고 비워 버리는 이런 '지움의 포텐셜'이고, 하나의 규정을 넘쳐흘러 이전에 존재하

---

36) 모리스 블랑쇼, 『문학의 공간』, 박혜영 옮김, 책세상, 1990, 175쪽 [이달승 옮김, 그린비, 2010, 182쪽].

는 안정적인 계급적 규정을 제거하는 '비움의 포텐셜'이다.

때론 노동자계급과 구별되기도 하고, 때론 노동자계급과 동일한 것으로 간주되기도 하는 프롤레타리아트란 이 비움의 포텐셜의 작용을 통해 역사적 조건에 따라 그 규정이 비워지고 달라지는 것이라고 해야 할 듯하다. 본원적 축적의 기간 동안에는 토지를 잃은 부랑자나 말 그대로 무산자를 뜻하는 것이었지만, 산업혁명 이후에는 더할 수 없이 비참했던 공장노동에 의해 생존의 가능성 자체를 위협당하는 대중들(공장에선 노동자인 거리의 대중들)을 지칭했으며, 자본의 축적이 유기적 구성의 고도화를 수반하는 조건에서는 기계에 의해 대체되어 일자리를 잃고 쫓겨나는 사람들을 의미하는 것으로 사용되었다. 프롤레타리아트란 그때마다의 역사적 조건 속에서 안정적인 삶의 조건을 상실한 자들, 흔히 '소수자' (minority)라고 불리는 사람들에 의해 그 내용이 채워지는, 언제나 비워지고 다시 채워지는 방식으로 구성되는 개념인 셈이다. "소수자의 능력은 프롤레타리아트에게서 자신의 보편적인 형상을 발견한다"[37]라는 말은 이런 의미로 이해되어야 한다.

지금 시대의 프롤레타리아트는 지금의 역사적 조건 속에서 재규정되어야 한다. 이미 노동자의 반을 점하는 비율로 확대되어 버린, 노동자계급에 속한다고 하지만 사실은 비노동자계급, 비계급에 속한다고 해야 하는 비정규직 노동자들이 프롤레타리아트라는 말의 의미에 매우 근접한 양상을 보이고 있음을 안다면, 그리하여 정규직 노동자와 구별되어 '프레카리아트'라는 새로운 이름으로 불리게 되었음을 안다면, 이들 프레카리아트가 지금 시대의 프롤레타리아트라고 하는 것을 수긍하는 것

---

37) Gilles Deleuze and Félix Guattari, *Mille Plateaux*, Minuit, 1980, p.589.

은 그리 어렵지 않을 것이다. 하나의 계급적 규정을 지우는 지움의 포텐셜이 노동자계급의 경계를 침범하고 지우며 자신의 이질적인 성분들을 끝없이 밀어 넣을 수 있는 한, 노동자계급은 여전히 프롤레타리아트라는 말로 표현되는 정치적이고 역사적인 장에 존속할 수 있을 것이다. 그러나 역으로 그런 지움의 포텐셜을 통해 지금까지 존재해 온 노동자계급의 자기-규정을 지우고 그렇게 지워지는 만큼 자신을 변화시켜 프레카리아트를 향해 나아가려는 한에서만 그것은 프롤레타리아트일 수 있다고 말해야 한다. 그것이 중지되는 순간, 그들의 하나-아님은 실체화되어 별개의 '계급'으로 분할되고 말 것이며, 프롤레타리아트라는 말로 표현되는 변혁의 주체가 아닌 그것의 대상이 되고 말 것이라고 말해야 한다.

5. 노동자계급의 프롤레타리아트화

지금까지 개념적, 전략적 및 '경험적' 차원에서 정규직과 비정규직 노동자의 비대칭성에 대해 살펴보았다. 개념적으로 정규직과 비정규직은 '자유로운 무산자'를 뜻하는 하나의 잠재성(virtuality)의 장 안에서 출현하지만, 전자는 항상적으로 '노동자'라는 현행적 규정 속에 있다는 점에서, 일시적으로만 노동할 뿐 일차적으로는 비노동자 내지 '비계급'이라는 잠재성의 장 속에 계속 머물러 있는 후자와 대비된다. 이것이 둘이라고 할 수 없으면서 또한 하나-아닌 두 집단의 관계를 저변에서 규정한다. 전략적 차원에서 비대칭성은 노동조합을 구성하여 활동하는 경우에 선택 가능한 '가능성'(possibility)이 갖는 비대칭성을 보여 준다. 이러한 비대칭성은 정규직과 비정규직 간의 경사면이 갖는 비가역성과 상응하는 것이기도 하다. 이는 정규직 노동조합이 비정규직 노동조합을 향해 나아가는 것은 충분히 가능하지만 반대는 그렇지 않다는 것을 뜻한다. 마지막으로 '경험적' 차원에서 보면, 양자는 현행적인 수준에서도 비대칭성을 갖는다. 양자는 '노동하는 자'로서 수많은 공통점이나 유사성을 갖고 있지만, 그것이 양자의 '단일성'을 보장해 주지 않으며, 오히려 공통성과 무관하게 공동성을 형성하는 노동이나 활동 등 수행적인 실천이 없다면 양자의 '단일성'이나 연대는 형성될 수 없다. 양자 간의 실질적인 공동성의 강도가 연대와 대립의 분기점을 형성한다. 거창한 대의나 조직적이고 공식적인 '연대'보다 오히려 일상적인 만남이나 활동, 공동의 노동 등을 통한 직접적인 접촉이 양자를 대립이 아니라 연대로 나아가게 하는 데 훨씬 더 중요하다.

이론적인 차원의 비대칭성과 전략적 비대칭성은 이러한 공동성의 형성 방향에 어떤 제약이 있음을 함축한다. 정규직과 비정규직 간의 비가역성이 비노동자로서의 프롤레타리아트, 혹은 노동자의 규정성이 이질적인 규정들의 혼합 속에서 소멸하는 프레카리아트를 향한 경사면을 뜻하는 한, 공동성을 형성하기 위한 공동의 활동 또한 그 경사면을 거슬러서 이루어지긴 어려울 것이기 때문이다. 전략적 선택의 가능성이 넓은 쪽이 선택 가능성이 제약된 쪽에 자신의 전략적 침로를 설정하지 않는 한, 전략적 차원의 연대는 불가능할 것이기 때문이다. 이는 정규직이 비정규직이 있는 지대로 '내려가야' 함을 뜻하는 것일 게다. 이는 단지 비정규직에 대해 '연민'의 윤리학을 가동시키는 것도 아니고, 약한 자에 대해 '지원'하는 것도 아니다. 그것은 노동자계급이 프레카리아트가 '되는' 것이고, 프롤레타리아트가 '되는' 것이다. 비정규직의 입장에서 서는 것이고, 그 입장에서 삶을, 운동을, 세상을 보는 것이다. 프롤레타리아트라는, 애초에 자신이 속했던 잠재성의 지대 속에서 운동과 변혁을 사유하는 것이다. 애초에 하나였던 잠재성의 장 속에서 '하나'가 되는 것이다.

이런 관점에서 볼 때, 지금 한국의 비정규직 노동운동은 반대의 방향을 향해 가고 있는 것은 아닌가 되짚어 볼 필요가 있을 듯하다. 무엇보다 먼저, 약간의 예외적 사례를 제외한다면, 비정규직 노동운동은 운동의 방식에서 **정규직 노동운동을 모델로** 하고 있고, 운동의 조직 또한 **정규직 노동조합을 모델로** 하고 있으며, 운동의 방향 또한 '**정규직화**'를 목표로 하고 있기 때문이다. 그래서 노동조합은 정규직 노조와 나란히(!), 유사한 형태로 만들어지며, 조직 대상은 기업별이든 산별이든 정규직과 비교되는 동질성을 갖고 있다. 따라서 그러한 조직의 경계 밖에 있는 사람들이나 실업자, 백수 등 하나로 묶기 힘든 프레카리아트들은 조직 대상에서 대부분 제외되어 있다.[38] 운동의 방식에서도 비정규직에 고유한 전술 형태나 투쟁 형태를 창안하기보다는, 정규직 노동운동의 가장 일반적 투쟁 형태인 교섭(시도)과 파업, 농성으로 이어지는 경로를 따르고 있다. 이 경우 고용 형태나 노동 형태의 차이로 인해 교섭이나 파업은 정규직에 비해 극히 불리한 조건에서 진행되며, 사용자들의 불응과 무시, 배제로 인해 장기간 농성으로 귀착되는 경우가 많다. KTX 승무원, 이랜드, 기륭전자 등 500~2000일까지 지속되는 장기간 농성투쟁은, 그것의 치열함이나 투쟁하는 사람들의 결연함은 높이 평가되어야 마땅하지만, 정말 '목숨 걸고 싸울' 생각을 하지 않고선 감히 대결이나 투쟁에 나설 엄두가 나지 않

---

38) 전국여성노동조합은 대상을 '가리지 않고' 받아들이는 노조로서 합법적인 지위를 갖는 극히 드문 경우에 속한다. 얼마 전 청년유니온은 실업자까지 조직 대상으로 포괄하는 노동조합 형태로 설립되었지만, 설립신고는 누차 반려되었고 결국 합법성을 얻는 데 실패했다. 이 외에도 몇 개의 지역별 비정규노동센터나 '일반노조'가 있지만, 알다시피 한국의 비정규직 노동운동의 대세에는 거의 영향을 미치지 못하고 있다.

게 만드는 역설적 효과 또한 갖는 것이기도 하다.

또한 논란의 여지가 많지만, 비정규직이 정규직화를 목표로 하는 것 또한 경사면을 거슬러 올라가려는 시도란 점에서, 그것이 가능한가 여부와 다른 차원에서 적절한 것인지 질문될 필요가 있지 않을까? 정규직화된 비정규직 노동자가 통상적인 정규직 노동자보다 훨씬 더 운동에 소극적이게 되고 보수화된다는 사실이나, 정규직화에 성공하면 비정규직 노동조합이 무력화되고 만다는 아이러니한 사실은 종종 지적된다. '정규직화'에는 비정규직 노동운동으로선 '자살적'인 벡터가 포함되어 있으며, 신자유주의가 심화시켜 놓은 정규직화의 경쟁과 대결하기보다는 그것을 가속화하는 경향을 내포하고 있다. 반대로 비정규직이 **비정규직인** 채 살 수 있는 조건을 확보하는 길을 찾는 것이 중요하지 않을까? 프롤레타리아트, 무산자라는 조건에서 약점이 아니라 강점을 발견했을 때 혁명적 계급이 '출현'할 수 있었던 것처럼, 현재의 프롤레타리아트인 비정규직에서 약점 아닌 강점을 발견할 수 있을 때, 그 강점을 통해 운동과 변혁을 추구할 수 있을 때, 비정규직 노동운동은 프롤레타리아트적 운동이 될 수 있는 것 아닐까? 비정규직이 **비정규직으로서** 하는 노동운동이.

노동자계급이 프롤레타리아트화한다는 것 혹은 프레카리아트에 함축된 지움의 벡터를 가동시킨다는 것은 지금 한국의 비정규직 노동운동에 대해 근본에서 다시 검토할 것을 요청하는 것 같다. 뿐만 아니라 그것은 정규직 노동운동에 대해서도 마찬가지인 것 같다. 가령 산별 체계를 통해 '기업별 노조'를 넘어서면 노동조합이 비정규직 문제를 포괄하여 다룰 수 있으리라고 생각하는 것은, 정규직 노조를 모델로 하여 그 안에 비정규직 '문제'를 담는 전통적인 정규직 중심 사고방식에서 전혀 벗어나지 못한 것으로 보인다. 비정규직을 정규직화하는 것보다는, 비정규직이 비정규직인 채 살아갈 수 있는 조건을 확보함으로써, 정규직 또한 정규직의 강박——실업화 압력——에서 자유로워질 수 있도록 하는 것, 그리하여 해고가 곧 절망이 될 수 없게 하는 조건을 확보하고 확장하는 것이 필요한 게 아닐까? 비정규직이 정규직 노동운동을 모델로 하는 게 아니라 반대로 정규직 노동운동이 비정규직을 통해서 노동운동의 새로운 출구를 찾는 것, 전통적인 정규직 노동운동의 활동 방식이나 조직 방식, 투쟁 방식을 바꿀 침로를 찾는 것이.

8 | 보이지 않는 계급
미노드 목탄, 혹은 이주노동자의 정치학

네팔인 미노드 목탄. 흔히 '미누'라고 불리는 그는 1992년 한국에 들어와서 18년간 '자격 없는' 노동자로서 살았다. 2003년 이주노동자 강제추방에 반대하는 농성에 참여한 것을 계기로 버마, 인도네시아 등의 친구들과 다국적 록밴드 '스톱크랙다운'을 결성하여, 이주노동자들을 위한 집회는 물론 이라크 파병 반대 집회, 버마 민주화운동 관련 집회, 인권콘서트나 촛불집회 등 한국의 다양한 운동에 참여하여 노래하고 연주했다. 또한 이주노동자방송국(MWTV)이 만들어진 직후 미디어 활동가로 활동하기 시작하여 2007~2008년에는 이주노동자방송국 공동대표를 역임했고, 2008년에는 이주노동자 영화제의 집행위원장을 맡는 등 너무도 다양하고 활발한 활동을 통해 이주노동자와 한국인 사이의 다양한 접속과 소통의 장을 만들어 냈고, 이를 통해 이질적이고 상이한 삶과 문화가 접속하여 창조할 수 있는 풍요로운 가능성의 공간을 보여 주었다. 그러나 그 가능성의 공간을 자신을 위협하는 집회와 투쟁으로밖에는 볼 줄 모르고, 국경 사이를 가로지르며 만들어 내는 소통의 장에서 법의 경계를 침범하는 불법성밖에는 볼 줄 모르는 법무부 당국자들에 의해 2009년 10월 8일 체포되어 10월 23일 강제추방당했다.

며칠 뒤로 예정된 법원의 강제퇴거명령 가처분심판에 앞서 서둘러 추방한 것은, 보름이라는 아주 짧은 기간임에도 체포와 추방에 대한 항의와 비판이 사회적으로 급속히 확산되었기 때문이고, 이를 통해 이주노동자가 그저 '불법체류자'로만 다루어지는 사태에 대한 근본적 성찰이 본격적으로 시작되었기 때문일 것이다. 미누가 18년 동안 살며 행한 창조적이고 긍정적인 활동은, '불법체류자'라는 자격상의 결함을 사소한 것으로, 넘어야 할 낡은 한계 같은 것으로 만들었기 때문일 것이다. 이런 의미에서 미누의 경우만큼이나 '자격 없는 자'가 자격을 부여하는 통로의 바깥에서 자신의 자격을 새로이 만들어 간 훌륭한 사례는 그다지 찾기 어렵다. 눈에 띄어선 안 될 자가 남들 앞에 자신을 드러내는 방식으로 보이지 않는 자들을 가시화하고 그들의 문제를 문제로서 드러나게 했던 그의 시도에 답하는 가장 좋은 방법은, 지금은 추방되어 보이지 않는 그를 다시 보이게 하고, 그를 통해 던져졌던 문제를 다시 문제화하는 것일 터이다. 이것이 이미 미누라는 '당사자'가 추방된 뒤임에도 불구하고 이 글을 써야 하는 이유다.

1. 보이지 않는 자, 이주노동자

끔찍한 '단일민족국가' 한국[1]에 외국인 노동자가 들어오기 시작한 것은 1987년 이후였다. 1987년의 '노동자 대투쟁' 이후 노동조합이 결성되고 노동운동이 활성화되면서 그동안 국가적 억압에 의해 오랜 기간 억눌려 왔던 임금수준이 상승한다. 더불어 일방적인 수출 의존형 축적 체제가 점차 난관에 봉착하게 되고 내수시장을 확대하려는 자본의 전략이 이러한 임금수준의 상승과 결합하면서, 소비수준도 일정 정도 상승하게 된다. 그 결과 냉전적 대결 구도에 따라 경쟁에서 일정 정도 면제해 주던 조건 위에서 이루어지던, '대량생산, 대량수출'이라는 '대량소비 없는 포드주의' —— 누군가의 표현대로 이는 '유혈적 테일러주의'에 다름 아니다——로부터 부분적이지만 내수시장의 확장 전략으로, 다시 말해 소비를 촉진하는 '부분적 포드주의'로 전환된 셈이다.

그 결과 한편에서는, 특히 중소 규모의 자본가들이 받는 임금 압박이 커졌고, 다른 한편에서는 이른바 '3D 업종' 기피 경향이 만들어진 것 같다. 임금 압박을 낮추고 기피 업종의 노동력 부족을 충당하기 위해 외국인 노동자를 수입하려는 시도가 암묵적으로 시작된다. 미누의 경우처럼, 외국인이 합법적으로 노동할 수 있는 법적 조건이 없었음에도 불구하고 관광비자로 들어와 노동하는 외국인 노동자의 수가 눈에 띄게 늘어간다. 1994년 '산업연수생 제도'가 실시되면서 외국인 노동자 수입은 본격적으로 시작된다.

이 제도가 모델로 하고 있는 것은 일본의 '기업연수생 제도'다. 이는 애초에 해외에 진출한 일본 기업이 현지법인으로부터 현지 사원을 초청하여 기술과 지식을 습득하게 하여 '모국'에 돌아가 그 나라의 발전을 촉진하게 한다는 미명하에 1981년 도입되었다. 그러나 이것이야 듣기 좋은 명분일 뿐, 외국인에 대해 편협하기론 결코 한국에 뒤지지 않는 나라에서 이 제도는 노동자를 노동자 아닌 '연수생', 즉 학생 신분으로 수입하여 착

---

1) 2007년 유엔 인종차별위원회(CERD)는 "한국이 단일민족을 강조하는 것은 한국 땅에 사는 다양한 인종 간의 이해와 관용 우호 증진에 장애가 될 수 있으므로 현대사회의 다인종적 성격을 인정하고 적절한 조치를 취하라"라고 권고한 바 있다.

취하기 위한 '악질적'(!) 제도에 지나지 않는 것이었다. 여기서 '악질적'이란 말은 나의 개인적 평가가 아니다. 미 국무성의 인신매매(!)에 관한 2007년 보고서는 이 제도가 연수생들을 비인권적인 상황에 몰아넣고 있음을 지적한 바 있고, 그해 7월 1일 미 국무성 인신매매 감시·대책실장은 일본을 방문하여 이 제도의 폐지를 제안한 바 있다.[2] 미국의 관점에서 볼 때조차, 한국이 모델로 하고 있는 일본의 연수생 제도는 '인신매매'에 속하는 제도인 것이다! 산업연수생 제도, 그것은 국가 주도의 인신매매 제도인 것이다.

'연수생' 제도에서 무엇보다 잘 드러나는 것은 이주노동자들을 노동자로 보이지 않게 하려는 발상이다. 연수생, 그것은 노동자가 아니라 일종의 학생 신분인 것이다! 따라서 제대로 된 임금을 받으려 해선 안 된다. 오히려 수업료를 내지 않아도 되는 것을 다행으로 생각해야 하는 것이다. 턱없이 적게 지급하는 돈[3]은 일종의 장학금인 셈이다. 더구나 이들이 근무하는 곳은 직장이 아니라 일종의 학교이므로, 맘대로 옮겨선 안 된다. 학교가 싫다고 학생이 제 맘대로 학교를 옮길 순 없는 일 아닌가! 그래서 산업연구생으로 들어온 외국인 노동자가 임금을 못 받아 직장을 한 번이라도 옮기는 순간, 그는 주어진 신분에서 이탈한 것으로 간주되어 불법체

---

2) 뿐만 아니라 법무부 부대신(차관)이었던 자민당 의원 가와노 다로(河野太郎)조차 이 제도하에 외국인 노동자를 수입하는 것은 '협잡'이라고 비난하는 글을 자신의 블로그에 올린 바 있다(http://ja.wikipedia.org/wiki/外国人研修制度에서 재인용). 그러나 일본에서 자행된 일은 한국에서의 그것에 비하면, 정말 소박하다고 해야 할 것이다.

3) 2006년 일본의 법정최저임금이 시급 610엔일 때, 도요타 하청기업 23개 사에서는 이들을 시급 300엔에 잔업을 시켜 물의를 일으킨 적이 있으나(절반도 안 된다!! 아니, 통상 잔업수당은 임금의 50%를 더 지급하게 되어 있으니, 이는 절반이 아니라 3분의 1도 안 되는 것이다), 이는 단지 이들 기업에 한정된 게 아니었다(外國人研修生問題ネットワーク 編, 『外國人研修生 時給300円の労働者』, 明石書店, 2006; 編集委員會 編, 『'研修生'という名の奴隷労働』, 花伝社, 2009 참조).

류자가 되고 만다. 일종의 퇴학 같은 것일까? 그렇다고 연수생을 진지하게 학생으로 다루어 주지도 않는다. '학교'에서 지급하기로 한 돈을 주지 않아도, 아무것도 가르치지 않고 일만 시켜도, 일하다가 손목이 잘려 나가도, 그리고 '학생'을 때리고 폭행을 가해도 거기에 학교 관련 법을 정비한다거나 규제를 가해야 한다고 생각하는 사람은 아무도 없다. 아무도 그것을 학생의 문제로 보지 않는다.

그렇기에 '연수생'들을 부려먹고 착취하며 온갖 패악을 일삼아도 엔간해선 눈에 띄지 않는다. 그것은 노동부의 소관 사항도 아니고, 교육부의 소관 사항도 아니다. 다만 정해진 자리에서 이탈하면 '불법'의 딱지를 붙이고 단속하여 추방하는 법무부의 관리 대상일 뿐이다. 노동하되 노동자가 아닌 신분으로 노동하기에 노동자로 보이지 않는 존재, 학생이 아니기에 학생 신분에 따르는 어떤 권리도 부여받지 못해 학생으로 보이지 않는 존재, 그것이 산업연수생 제도가 외국인 노동자에게 부여한 지위다. 이로 인해 그들은 있어도 보이지 않고, 비명을 질러도 고함을 쳐도 들리지 않는 어둠 속에 갇혀 있다. 보이지 않기에 어떤 짓을 해도 보이지 않으며 문제가 되지 않는다.

국가나 자본가가 걱정하는 것은 단 하나다. 이런 상황을 받아들이지 않고 이탈해 버리는 것. 이를 처음부터 예상했던 것인지, 애초부터 직장 이전을 금지해 두었기에 임금을 못 받아도 직장을 옮길 수 없었다는 점에서 정확히 '인신매매'라는 말에 값하는 것이었다. 그러나 노예제도에 준하는 이 턱없는 상황을 받아들이는 것은 누구라도 힘들었을 것이다. 따라서 '연수생'의 반 이상이 애초에 정해진 직장을 이탈하여 '불법체류자'가 된 것은 어쩌면 당연한 결과라고 해야 할 것이다.[4] 이를 막기 위해 취업하자마자 고용주가 여권을 '보관'이란 명목으로 압류하고, 강제로 저금을 들게 하기도 하며, 그래도 이탈한 경우 강제로 저금하게 한 돈을 지급정지시키는 경우도 있었다.[5] 부당한 조치나 체불, 미불에 항의하여 노동자로서의 권리를 주장할 경우 강제출국의 위협을 가하기도 한다.

이런 상황이 고용허가제가 도입된 이후 근본적으로 달라졌다고 말할 수 있을까? 가령 경남외국인노동자상담소의 「2009년 이주노동자 노동실태조사 보고서」에 따르면, 고용허가제가 실시된 뒤인 2005년에도 응답자의 47.5%가 여권을 압류당했다고 대답했으며, 이 비율은 이후 줄었다고는 해도 2007년에도 27.1%, 2009년에도 25.8%의 높은 비율을 유지하고 있다. 직장 내 폭행을 경험한 사람 또한 2009년 현재 응답자의 47.8%에 이르고 있다. 산업재해를 당했을 때 치료비를 자신이 부담하는 비율 또한 여전히 20%에 가깝다. 장시간 노동과 한국인에 비해 낮은 임금 또한 중요한 불만사항이다. 직장 이전의 자유를 말살하는 조항이 국제적인 비난을 받자 직장을 세 군데까지 옮길 수 있게 해주었지만(1년에 한 번!), 이는 고용주의 동의를 전제로 하기에 실상 합법적인 이전은 자본가의 양심에 맡겨 놓았다는 점에서 고양이에게 생선을 맡겨 놓은 상황은 근본적으로 달라지지 않았다.

이 법이 시행된 이후에도 산업연구생 제도를 폐기하지 않고 존속시켰다는 사실은 고용허가제 밑에 깔린 발상의 동일성을 아주 잘 보여 준다. 국내외의 비난에 떠밀려 할 수 없이 '노동자'라는 신분을 인정하기는

---

4) 법무부의 2007년 보도자료에 따르면 연수생 중 불법체류자가 되는 비율은 2001년 48.8%, 2002년 49.0%, 한국노동연구원 2004년 보고서에 따르면 2001년 77.4%, 2002년 79.8%다(유길상 외, 「저숙련 외국인력 노동시장 분석」, 한국노동연구원, 2004).

5) 김동현, 「대우건설, 외국인 노동자 임금인출 통제 물의」, 『뷰스앤뉴스』, 2006년 8월 10일자. 조원광, 「이주노동자와 이동」, 『부커진R 1호: 소수성의 정치학』, 그린비, 129쪽에서 재인용.

했지만, 노동자에게 '노동을 허가하는 제도'가 아니라 자본가에게 '고용을 허가하는 제도'로 만들어진 것이다. 노동조건이 부당하여도 노동자 자신의 의지로 이동하는 게 아니라, 체불 등의 부당한 조건을 강요한 고용주의 동의를 얻어야 이동할 수 있게 한 것은, '고용허가제'라는 이름에 아주 잘 들어맞는다. 여기서도 노동자는 자신의 의사로 노동할 수 있는 존재로서 정의되지 않으며, 제대로 된 노동자의 지위를 부여받지 못한다.

더욱 근본적인 문제는 노동자가 자신이 노동하는 곳에서 노동자로서 계속 살아갈 수 있는 조건을 주지 않는다는 사실이다. 자국을 떠나 한국에 이주하여 노동하게 하지만 이주자/이민자가 될 자격도 부여하지 않는 것이다. 그들은 단지 잠정적으로만 일하다가 다시 떠나야 할 '외국인'인 것이다. 이 '외국인'이란 신분이 노동자라는 사실을 가려 보이지 않게 만든다. 외국인이라는 규정, 외국인을 통제하려는 규정이 노동자로서 누려야 할 모든 권리를 임시적인 것, 제한적인 것으로 만들고, 그 모든 것을 일시에 박탈할 수 있게 한다. 그들은 노동자이기 이전에 법무부의 출입국 관리 대상에 지나지 않는 것이다. 어떤 항의나 문제도 '외국인'이란 이유로 출국시켜 버림으로써 삭제하고 지워 버릴 수 있는 것이다. 그들이 사실적으로 충실하게 노동을 하고 있어도, 그들이 한국에서 실질적으로 매우 중요한 어떤 기여를 하고 있어도, '외국인'이란 규정에 의해, 출입국과 관련된 규정에 의해 모든 것을 무화시켜 버릴 수 있는 것이다.

이런 조건이 사라지지 않는 한, 다시 말해 이주하여 이민자로서 한국에서 살아갈 수 있는 조건을 명확하게 부여하지 않는 한, 그들은 노동을 해도 노동자로서 가시화되지 않을 것이다. 그들은 오직 '외국인'으로 가시화될 뿐, 노동자로서도, 이 땅에서 현실적으로 살아가는 사람으로서도, 자신의 의지에 따라 일하고 이동하고 행동하며 살아갈 수 있는 사람으로서도 보이지 않을 것이다. 보이지 않기에 문제가 있어도 문제로 보이지 않을 것이다. 어떠한 장점도, 어떠한 기여도, 체류 자격을 상실한 외국인이란 규정 하나로 제로로 돌아가고 마는 '자격 없는 존재'에 머물고 말 것이다.

그러나 한국 정부는 그들이 '외국인'이어서 불러들인 게 아니라 '노동자'가 필요해서 불러들인 것 아닌가? 그렇다면 그들은 외국인이기 이전에 노동자로서 자격을 인정받아야 하고, 외국인이란 조건에 우선하여 노동자라는 조건에 의해 살아갈 권리를 부여받아야 하는 게 아닐까? 외국인 이전에 노동자로서 존재하고 노동자로서 가시화되어야 하는 게 아닐까?

2. 이주자의 노래

가령 방글라데시 노동자들이 시청 앞에 모여 자신들이 한국에서 이민자로서, 한국인으로서 살아가게 해줄 것을 요구하며 방글라데시어로 '애국가'를 부른다면 어떨까? 필경 대부분의 한국인들은 적잖이 당혹스러워할 것이다. "동해물과 백두산"이 방글라데시어로 말해질 때의 언어적 간극, 한국에 대한 방글라데시인의 '애국'의 의사…… 애국가나 국가는 자국인이 자국에 대해 부르게 마련인데, 타국인이 진지하게 타국의 언어로 그 노래를 부르는 것 자체가 극히 곤혹스런 모순이고 역설인 것이다.

이는 미국에서 실제로 있었던 사건이다. 2006년 4월 이른바 '불법체류자'들뿐만 아니라 이들을 돕거나 고용하는 사람들까지 처벌하는 법안이 발의되었을 때, 이 법안을 규탄하는 시위가 미국 전역에서 벌어졌는데, 캘리포니아에서는 수십만 명의 라틴계 '불법' 이민자들이 거리로 뛰

쳐나와 미국 국가를 스페인어로 불렀다. 자신을 추방하려는 나라에 자신들이 속함을 표현하기 위해 그 나라의 국가를 자신들의 언어로 노래하는 상황. 버틀러는 이 '수행적(performative) 모순'이 자신들을 추방하는 나라의 국가를 자신들의 말로 부름으로써 그 국가의 의미를 바꿔 버린 것으로 이해한다. 또한 국가적 질서를 표상하는 국가가 국가에 항의하는 시위를 위해 거리에서 불렸다는 것을 강조한다.[6] 요컨대 미국 국가를 라틴계 '불법이민자'들이 스페인어로 부름으로써 그 노래가 국가정책에 대한 항의의 노래가 되었다는 것이다.

이 장면이 흥미롭고 당혹스러운 것은 '불법이민자'들이 스페인어로 부르는 미국 국가가 이민자를 탄압하는 국가와 그에 저항하는 이민자의 단순한 이항적 관계를 벗어난다는 사실 때문일 것이다. 자유로운 집회를 위해 저항의 노래, 가령 밥 딜런이나 존 레넌의 노래를 불렀다면 이 장면은 전혀 당혹스럽지 않았을 것이다. 국가와 그에 항의하는 이민자의 관계가 명확하고, 불리는 노래의 의미 또한 명확하기 때문이다. 그러나 항의하기 위해 미국 국가를 불렀다는 것, 혹은 미국 국가를 라틴계 이민자가 스페인어로 불렀다는 것은 그런 단순한 이항성을 가로지른다.

그들이 미국 국가를 부른 것이 단지 항의의 표시일 뿐이었을까? 그것은 미국에 살고자 하는 욕망에서 자신들이 미국에 대한 애정을 가지고 있음을, 미국을 사랑함을 표시하기 위한 것이었을 것이다. "우리는 이렇게 미국을 사랑하는데, 왜 우릴 쫓아내려 하는가?"라고 외치는, 그저 저항이라고 할 수 없는 항의였을 것이다. 미국에 살지만 미국인으로 인정받지 못하는 사람들이 미국에 살 권리를 말하기 위해서 불가피하게 선택

---

6) 주디스 버틀러·가야트리 스피박, 『누가 민족국가를 노래하는가?』, 주해연 옮김, 산책자, 2008.

했던 것이었을 것이다. 이는 미국 정부 입장에서도 당혹스럽지만, 저항의 관점에 선 사람의 입장에서도 당혹스런 상황이다. 하여 미국 정부에서는 미국 국가는 외국어로 불러선 안 된다는 입장을 표명했다고 한다. 국가를 국가에 합당한 언어 안에 위치 지우려는 미국 정부의 입장이, 랑시에르의 용어를 빌리면,[7] 정확하게 '치안'에 속한다는 것은 이론의 여지가 없다.

　반면 저항의 관점에 선 사람이라면, 그리고 단지 모여서 집회를 했다는 것이 아니라 미국 국가를 스페인어로 부르는 수행적 모순에 주목한다면, 항의를 위해 국가를 부르는 것에서 이미 국가적 경계에 포섭된 사태를 보지 않을 수 있을까? 미국 내부에 존재하지만 외부자로서 존재하는 사람들이, 내부에 들어가기 위해, 내부로 받아들여지지 않는 것에 항의하여 시위와 집회를 하는 것. 물론 이 역시 '불법이민자'들은 자신의 존재를 가시화하고 자신이 하고 싶은 말을 한 것은 분명하다. 이를 적극적으로 이해하여, 다시 랑시에르의 용어를 빌려, 자격 없는 자가 자격을 요구하는 방식이란 점에서 '정치'에 속한다고 말할 수도 있을 것이다. 그러나 이는 역으로 그런 '정치'의 곤혹스러움을 보여 주는 것이라고도 할 수 있을 것이다. 왜냐하면 그것은 스페인어를 들을 수 있는 사람들에게 미국 국가가 말하려는 것을 전달하는 것임을 부정할 수 없기 때문이다. 그들은 내부로 침입하기 전에 이미 내부자가 된 것은 아닐까?

　한국의 '불법이주자' 미누 또한, 그리고 밴드 스톱크랙다운의 그의 동료들 또한 거리에서, 집회의 장에서 노래한다. 복수의 국경이 교차하는 지대에서, 내부와 외부가 교차하는 지점에서 노래한다. 그러나 그들이 노래하는 방식은 미국에서 라틴계 이민자들이 했던 것과 달리 자국어 아닌

---

7) 자크 랑시에르, 『정치적인 것의 가장자리에서』, 양창렬 옮김, 길, 2008, 133쪽, 247쪽.

한국어로, 국가가 아닌 명백한 저항의 노래를 한다. 한국인 사장에게 밀린 월급을 달라고 노래하고, 단속반에 체포되어 볼 수 없게 된 베트남 아가씨를 노래하고, 프레스에 손목이 잘려 나간 '때늦은'(!) 재난을 노래하고, 그럼에도 불구하고 이 땅에서 자유롭게 살아가고 싶은 꿈을 노래한다. 그들 역시 '불법체류자'의 고통을 벗어나 한국에서 쫓기지 않는 이주자로서, 당당한 노동자로서 살아가길 바라지만, 그리고 자신들이 지금 살고 있는 곳을 사랑한다고 말하지만, 목줄을 쥐고 있는 국가에 자신의 '애국심'을 과시하려는 그런 노래는 부르지 않는다. 반대로 자신들이 '외국인'이기 이전에 노동자임을 주장하며, 이주노동자 자신의 노동조합을 만들고 노동해방을 꿈꾸며 함성을 지른다. "단속추방 중단하라"라고. "노동비자 쟁취하자"라고. 그렇게 외치기 위해, 숨겨야 할 자신의 신체를 드러내고, 눌러 감추어야 마땅한 자신의 목소리를 드러낸다.

그들이 한국어로 노래하는 것은 네팔, 버마, 인도네시아, 어느 나라 말로 노래할까 정할 수 없어서가 아니다. 그것은 자신들을 필요로 해서 수입해 놓곤 합법적으론 결코 살 수 없는 조건을 만들어 놓은 **한국인들 들으라고** 외치는 것이고, 그런 정부나 자본가와 싸우는 **한국인들에게 함께 싸우자고** 소리 높여 부르는 것이다. 그래서 그들은 한국어로 노래한다. 한국인들 들으라고 한국어로 노래한다. **한국인들에게 함께 부르자고** 한국어로 노래한다. 그래서 그들은 인권단체의 집회에서, 노동 관련 집회에서, 촛불집회에서, 앞에 나서서 한국어로 노래한다.

또한 여러 나라에서 왔기에 좋든 싫든 한국어를 통해서만 소통할 수 있는, 자신의 이웃나라에서 온 이주노동자들 들으라고 노래한다. 부당한 착취를 묵묵히 수용해서는 안 된다고, 밀린 임금은 달라고 요구해야 한다고, 떳떳치 못한 것은 불러들여 놓고 합법적으론 살 수 없는 조건을 제공한 사람들이라고, '불법'이란 비난을 듣더라도 당당하자고 노래한다. 고통받는 사람들이 많지만 결코 거기에 눌려 주눅 들지 말자고, 함께 싸워서 돌파하자고 노래한다. 같이 노래하자고, 같이 리듬을 맞춰 움직이며 힘을 모으자고 한국어로 노래한다. 그래서 그들은 이라크 파병에 반대하는 반전집회에서 노래하고, 버마 민주화운동을 지지하는 집회에서 노래한다.

여기에는 철학자들을 즐겁게 해주는 어떤 '수행적 모순'도 없다. 애국심을 억지로 쥐어짜며 과시하며 '항의'하는 반어적 저항도 없다. 반대로 당당하게 저항하고 당당하게 호소하는 수행적 일관성이 있을 뿐이다. 그들 역시 자신을 불법화하고 억압하는 나라에 대해 자신들이 살도록 해달라고 요구해야 하는 모순적 상황은 마찬가지다. 그렇지만 그런 모순적 상황을 넘어서기 위해 앞장서 국가를 부르며 애국심을 과장하는 비굴한 허위도 없고, 그런 전도된 애국심을 이주자 스스로에게 재부과하는 비틀린 국가주의도 없다. 반대로 그들에겐 '불법체류자'임에도 공공연하게 대중 앞에서 드러내 놓고 노래하는 당당함이 있다. '불법체류자'임에도 한국에서 살 자격이 있음을 주장하는 당당함이 있다. 자격 없는 자가 자격을 주장하고, 숨어서 보이지 않아야 할 자가 대중 앞에 드러내 놓고 자신의 삶을 가시화하는 이 당당함으로 그들은 모순적 상황을 돌파하는 일관된 저항을, 수행적 일관성을 만들어 낸다. 이를 통해 보이지 않는 어둠 속에 유폐된 이주노동자들의 삶이 보이게 되고, 이를 통해 주어지지 않은 몫을 주장하는 것을 지나쳐 '노동해방'의 뒤늦은 함성이 소리 나게 하고, 한국에서 살아갈 자격을 박탈당했지만 그래도 여기서 살아갈 자격이 있음을 주장한다.

그들은 내부와 외부가 교차하는 지대에 있다. 그들은 한국 안에 있지만 외부자로서 있다. 외부자로서 들어왔고 외부자로서 쫓기며 살아간다. 그들은 내부에 있는 외부자들이다. 그렇기에 그들 또한 내부로 들어갈 수 있기를, 내부에서 받아들여 주기를 욕망한다. 그러나 그들은 내부에서 받아들여 주기 이전에 내부에서 산다. 한국어로 말하고 한국인과 함께 노래하고 함께 행동한다. 그들은 이미 내부에 살고 있다. '불법적인' 신분이야 그 사실을 받아들이지 못하는 자들의 사후적 부인이며, 있어도 보이지 않게 만들기 위한 명목적 베일, 입 속에 강제로 틀어 넣은 솜뭉치에 지나지 않는다. 이미 18년을 한국인으로 살아온 미누 같은 친구들에게 '불법'이란 법을 넘어 존재하는 실질적인 삶의 지대인 것이다. 법보다 빨리 이동하며 사는 탈주의 지대인 것이다.[8] 그래서 그들은 동정을 구하지 않는다. 당당하게 '불법'인 채로 존재하고 살아가고자 한다.

그리고 역으로 그 실질적인 삶의 지대에서 외부로 나아가는 탈주선을 다시 그린다. 그들이 국가와 자본의 착취와 억압에 저항하는 노래를 부르는 것은, 그들이 단지 '노동비자 쟁취'만이 아니라 노동해방을 주장하는 것은, 그리하여 자본주의와 다른 종류의 삶을 꿈꾸는 것은 이런 이유에서다. 이는 이주노동자노동조합의 경우에도 전적으로 동일하다. 미누가 결혼을 통해 비자 문제를 해결하는 길을 탐하지 않고 거꾸로 그런 개인적 해결을 넘어서 자신에게 법적 부인을 행사하는 상황과 대결하고자 했던 것은 이런 이유에서였다. 중요한 것은 자신이 한국에서 살아갈 법적 권리를 얻는 게 아니라, 이주자들을 불법으로 내몰고 불법이란 이유로 억압하는 사태 전체와 대결하는 것이라는 생각에서다. "어느 날 이 땅을 떠나려고 생각한 적이 있었어. 그런데 그날 밤 꿈에 비꾸, 다라카, 안드

---

8) 조원광, 「이주노동자와 이동」, 141쪽.

레이 등 강제추방 공포로 자살한 이주민들이 나타났어. 나를 부탁하는 눈빛으로 보고 있었어…… 울고 있었어…… 그래서 나는 내 몸, 내 생각 모두를 이들을 위해 바쳐야 해. 책임져야 해……." 한국에서 외부자들이 외부자로서 살아갈 수 있게 만드는 것, 한국이 이주자들이라는 외부를 향해 열리게 만드는 것. 이런 점에서 그는, 그들은 외부인 내부에 이미 사는 데 머물지 않고 내부에서 외부로 나아가고 있는 것이다. 침입의 정치를 실행할 때조차, 탈각의 정치적 벡터를 가동시키고 있는 것이다.

이처럼 외부로 나아가는 성분이 없다면, 내부로 들어가는 것을 목표로 하는 데 그친다면, 내부와 외부의 경계에서 벌어지는 '정치적' 투쟁은, 내부와 외부의 교착을 보여 주는 '수행적 모순'은 '내부화'로 안착되고 말 것이다. 침입의 정치가 결국 대면하게 되는 딜레마를 피할 수 없을 것이다. 이런 이유에서 나는 수행적 모순을 즐기는 철학자의 세련됨보다는 수행적 일관성으로 미련스레 돌파하려는 미누의 우직함을 좋아한다. 결국은 추방되는 것으로 귀착된 그의 바보 같은 고지식함이 좋다. 정작 중요한 역설은 이런 우직한 일관성은 추방의 순간 되살아난다는 것, 추방된 뒤에도 되돌아온다는 것이다. 나는 그의 체포가 거꾸로 이주노동자 문제를 전면적으로 제기했다는 사실을, 수많은 사람들이 그의 체류가 '불법적'이지만 그래도 그가 한국에서 계속 살고 활동했으면 좋겠다고 생각하게 되었다는 사실을 이런 관점에서 이해한다. 물론 그것이 또한 그를 예정된 법적 심판조차 피해서 다급하게 추방한 이유였음 또한 역설이라고 해도 말이다. 그런데 쫓기는 신분이면서도 당당한 우직함과 쫓는 처지면서도 비겁한 황급함은 누가 강자고 누가 약자인지 다시 생각하게 하는 것 아닐까?

3. 미디어의 치안, 미디어의 정치

보이는 것과 보이지 않는 것을 둘러싼 투쟁 내지 대결은 단지 이주노동자만의 문제는 아니며, 단지 집회와 노래라는 형태로 국한된 것도 아니다. 명백히 존재하는 것을 '불법'이란 이름으로 보이지 않게 하고 말하지 못하게 하려는 시도와 그것을 보이게 하고 말하려는 시도가 가장 극명한 정치적 대결의 양상을 취했던 것은 '광주항쟁'의 경우였을 것이다. 군사쿠데타에도 굴하지 않은 항쟁이 있었고, 이를 지워 버리기 위한 '화려한' 군사작전이 있었다. 이러한 사건이 존재한다는 사실 자체를 보이지 않게 하기 위해 정부는 모든 신문이나 방송에서 그에 대한 모든 언급을 '지워 버렸다'. 이후에도 전두환 정부는 그에 관한 사실은 어떤 것도 보이지 않게 하려고 했다. 혹시라도 보이는 것은 모두 '불법'이란 이름으로 단죄했고 비난으로 가위표 쳐 버렸다. 차라리 삭제된 것을 삭제된 공백으로 내보낸 신문이 거꾸로 보이지 않는 것을 보이게 하기도 했다.

그것은 보여도 보지 못한 체해야 했고, 들려도 듣지 못한 체해야 했으며, 알아도 모르는 체해야 하는 사실이었다. 그것을 듣기 위해선 들리지 않는 속삭임에 귀 기울여야 했고, 그것을 보기 위해선 보이지 않는 공간을 빌려야 했다. 전설처럼 전해지는 두어 개의 '기록물'(외국 방송의 녹화비디오와 기록자가 지워진 '광주백서'라는 기록)이 여기서 얼마나 중요한 역할을 했는지는, 수많은 사건이 인터넷으로 전달되는 지금은 결코 상상하기 쉽지 않을 것이다. 또한 그것을 말하기 위해선 미디어가 아니라 거리에서 말해야 했고, 입을 틀어막는 경찰과 대결하며 외쳐야 했다. 그것을 보이게 하기 위해선 10년 가까운 치열한 항의와 투쟁이 필요했다. 1980년에, 혹은 1980년대에 그 모든 것이 쉽게 말해지고 보이며 전달될 수 있는 인터넷이 있었다면 어떻게 되었을까? 디지털카메라와 휴대전화가 지금처럼 사람들 감각기관의 일부분이 되었다면 어떻게 되었을까? 구체적인 결과야 알 순 없지만, 적어도 무언가 보이지 않게 해야 할 것을 가진 사람들, 말하지 못하게 해야 할 것을 가진 사람들이 권력자로 살아가는 것은 무척이나 힘들고 피곤한 일이 되었을 것은 분명하다.

그래서인지 지금 매스미디어를 장악하고 통제하려는 이명박 정부의 집요한 시도는 보이지 않게 해야 할 것, 말할 수 없게 하고 싶은 것을 가리려는 시대착오적 노력임이 분명하다. 그것은 역으로 그만큼 보이지 않게, 말할 수 없게 해야 할 게 많다는 것을 보여 주는 것 같다. 매스미디어만은 아니다. 허가된 시위조차 모두 경찰버스로 둘러쳐서 보이지 않게 한다. 시위란 글자 그대로 어떤 주장이나 의사를 '보여 주는 것'인데, 그것이 실제로 행해지는 곳에 방벽을 둘러쳐 보이지 않게 하는 것이다. 턱도 없이 인터넷에 방벽을 치려 하고 인터넷에 사실과 부합하는 글을 썼다는 이유로 사람들을 구속하거나 기소함으로써 말하고자 하는 것을 말할 수 없게 하려 한다. 심지어 용산참사의 경우에는 검찰 측의 수사기록을 공개하라는 재판부의 결정에도 불구하고 수사기록을 무슨 기밀문서라도 되는 양 감추고 보여 주지 않는다. 항상 법의 이름으로 실재하는 사실을 지우던 자들 자신이 법의 명령에 반하여 감추고 보여 주지 않는 것이다. 수사하고 기소하는 자들은 보고, 그로부터 변호해야 할 자들은 보지 못하는 어이없는 절차가 법정에서조차 행해지고 있는 것이다.[9]

---

9) 판사들은 봤을까? 보지 않았다면 수사기록도 보지 않고 재판을 진행하고 판결하는 그 무모함이 놀랍고, 봤다면 공개하라고 명령해 놓고는 자기들까진 보고 변호인이나 피고에게는 보여 주지 않는 그 편파적 소심함이 놀랍다.

이런 점에서 이명박 정부는 모든 면에서 보이는 것과 보이지 않는 것의 관리야말로 '치안'의 요체임을 확실하게 파악하고 있는 것 같다. 아마도 그것은 처음에 '그 정도 비리 없는 사람이 어디 있냐'면서 정부 요인들 비리를 까놓았던 게 야기한 분노를, 그리고 촛불시위 때 말해야 할 것을 말하게 두고 감추어 둔 것을 보이게 함으로써 야기한 위기를 뼈저리게 느꼈기 때문일 것이다. 반대로 그것은 보이지 않는 것을 보이게 하고, 말할 수 없는 것을 말하는 것이 치안에 반하는 정치의 요체임을 보여 준다. 지금 인터넷이 무엇보다 중요한 정치의 장이 될 수 있는 것은 이런 맥락에서일 것이다. 물론 거기에도 치안의 권력이 끼어들어 권력을 행사하지만, 그곳이 결코 치안의 장이 될 수 없는 것은, 다시 말해 치안의 권력이 정치를 제압할 수 없는 것은 한편으로는 그물상으로 직조된 인터넷의 기술적 지반 때문이고, 다른 한편으론 처음부터 이미 전지구화되어 국민국가의 '주권'이 국지적인 지위 이상을 가질 수 없는 국제적 성격 때문일 것이다. 이전에 레닌의 정치신문이 국민국가적 공간의 틀 안에서 정치를 가동시키는 장의 역할을 했다면, 지금은 인터넷이 국민국가를 벗어난 글로벌한 영역에서 치안이 결코 따라잡을 수 없는 탈영토화의 속도를 갖고 정치를 가동시키는 장을 형성하고 있는 셈이다.

그러나 국가권력이 보이지 않게 감추려는 것보다 더 보이지 않는 것이 있다. 광주항쟁이나 용산참사처럼 감추려는 권력과 보이게 하려는 운동이 대결하는 것이 아니라, 그러한 대결의 장에 들어가지 못하고 배제된 것들, 대결해야 할 것으로 보이지 않는 것들이 그것이다. 보이지 않게 하려는 것에 대항하려는 시도가 있음은 사실 이미 그것이 보이고 있음을 뜻한다. 지워진 기사의 여백처럼, 감추어진 것을 향한 시선이나 속삭이는 작은 소리에 기울여 주는 귀처럼, 혹은 말하기 위해 거리를 달리는 눌린 목소리처럼. 그러나 대결과 투쟁의 사안으로 보이지도 않는 것, 그래서 특별히 감추려고도 하지 않지만, 그것을 보고 그들을 가시화하려는 사람도 별로 없는 것이야말로 보이지 않고 들리지 않는다.

사회적 관심에서 배제된 소수자의 삶이 정확히 이런 영역에 속한다. 가령 '보호시설'에 갇혀 사는 장애인들이 그렇고, 고아나 빈민, 홈리스들이 그렇다. 비정규직 노동자도 그렇고, 이주노동자들도 그렇다. 그들을 지원하는 단체나 활동가들은 있지만, 그들의 존재는 일상적인 가시성의 영역에서 배제되어 있다. 비정규직 노동자의 경우에는 수백 일이 넘는 장기적인 투쟁을 통해 중요한 문제로서 떠오르며 가시화될 수 있었다. 이주노동자들의 경우에는 자본가들의 횡포가 "해도 너무한다" 싶을 정도로 황당했기에, 거꾸로 문제로서 드러나면서 그들의 존재와 힘든 삶이 가시화된 바 있었다.[10] 그러나 이런 경우에도 사안이 된 것이 사라지면, 그들의 일상적 삶이 부당하게 고통스러운 것이어도 보이지 않는 영역으로 사라진다.

이처럼 사회적 관심에서 배제된 비가시적 존재가, 그들의 삶이 가시화되는 것은 무엇보다 투쟁과 대결을 통해서다. 비정규직 노동자의 경우도 그렇지만 이주노동자의 경우도 그렇다. '해도 너무한' 부당한 착취와 수탈이 그들을 보이게 했고, 사람들로 하여금 달려가게 했으며, 법적 신분의 취약성에도 불구하고 이주노동자 스스로 투쟁에 나서게 했고 노동

---

10) 국가권력이나 자본가가 억지로 가리려고 하는 것도 아니다. 거꾸로 그들은 많은 경우 '사고를 치며' 문제를 야기하여 가시화하는 데 기여하는 경우가 많다. 비정규직 보호법 개정이나 이주노동자의 과잉 단속 같은 것이 그렇다. 아마도 합법/불법의 딱지면 그들을 보이지 않게 할 수 있다는 어처구니없는 믿음이 그렇게 거꾸로 '사고를 쳐서' 대결의 장으로 불러내는 것이고, 의도에 반하여 그들을 보이게 하는 것일 게다.

조합을 만들게 했다. 장애인의 경우도 그렇다. '보호시설'이란 장애인들 말대로 장애인의 존재를 감추고 가리기 위한 것이고, 문제가 없는 것처럼 보이게 만드는 장치들이다. 이들이 가시화된 것은 보호시설을 운영하며 인질 같은 장애인의 숫자대로 배당되는 세금으로 배를 불리는 '시설자본가들'에 대항하여, 그리고 그러한 시설을 통해 문제가 없는 것처럼 보이게 하려는 정부에 대항하여 '탈시설'을 선언하며 시설을 박차고 나와 거리에서 농성을 하면서다. 혹은 자신을 보는 시선을 피해 집 안으로, 시설 안으로, 남의 눈에 보이지 않는 곳으로 숨던 중증장애인들이 휠체어에서 내려 한강 다리를 기어 건너며 공중의 시선에 자신을 드러내면서였고, 이동의 권리를 주장하며 쇠사슬을 버스 기둥이나 지하철 레일에 묶고 싸우면서였다.

또 하나 보이지 않는 자들을 보이게 만드는 것은 그들의 존재와 삶을 미디어에 담아 알리려는 지속적인 시도들을 통해서다. 『한겨레신문』과의 인터뷰에서 미누는 이렇게 말한 적이 있다. "이주민 100만 시대지만 한국 사회에 그들은 존재하지 않습니다. 언론에서 비추지 않기 때문입니다."[11] 언론에서 비추지 않기에 그들은 다른 사람들의 눈에 보이지 않는다. 보이지 않기에 존재하는 것으로 생각되지 않는다. 즉 존재하지 않는 존재자가 되고 만다. 그래서 미누는 노래에 그치지 않고 카메라를 들었던 것일 게다. '이주노동자뉴스'를 만들어 10개국 언어로 번역하여 방송하고, '이주노동자 세상'을 가시화하려고 했던 것일 게다. 미디어를 통하지 않고는 보이지 않은 삶을, 그들의 존재를 미디어에 담아 사람들의 시선에 드러나게 하려고 했던 것일 게다.

---

11) 「4년 키운 희망방송, 멈출 수 없다」, 『한겨레신문』, 2008년 12월 4일자.

이는 특히 특별한 대결의 사안이 담지 못하는 것에 대해, 혹은 그런 특별한 대결이 부각되지 않은 일상적 시기에 가시성의 정치를 가동시키는 중요한 영역이다. 아니, 존재를 가시화한다는 것은 어쩌면 대결이나 투쟁이라는 특별한 계기로 환원되지 않는 일상의 삶을, 일상의 존재를 드러내고 보이게 하는 것이라고 해야 할지도 모른다. 사실 그것이야말로 감추고 가리려는 것과 보이게 하려는 것의 대결의 장에서 벗어나 있는, 그래서 정말 보이지 않는 어둠 속에 감추어진 것일 터이다. 그 감추어진 존재를 드러낼 때에야 비로소 그들은 대결과 투쟁의 장에 들어갈 수 있게 될 것이다. 같은 인터뷰 기사에서 읽은 미누의 말이다. "한국인들이 보는 이주노동자는 늘 동정심의 대상이거나 강제추방에 항의하는 시위대였다. 옆집 아저씨나 이웃 아줌마로서 이주민은 없었다. 이주노동자들이 직접 목소리를 내면 달라지지 않을까?"

보이지 않는 것을 보이게 함으로써 무언가 달라질 수 있을 것이라는 생각, 그것을 위해 누군가의 시선에 다시 의탁하는 게 아니라 이주노동자 자신이 직접 말하는 것, 그리하여 이 땅에서 살아갈 자격이 없다고 간주되는 자들에게 그럴 자격이 있음을 보여 주는 것, 이것이야말로 '치안'과 대결하는 것, 앞서 언급했던 '정치'라는 개념에 정확하게 부합하는 게 아닐까? 따라서 미누가, 이주노동자 방송국이 '시민의 방송' 한구석을 빌려 이주노동자의 삶을 찍어 10개국 언어로 방송하는 일을, 그나마 있던 모든 경제적 지원이 끊긴 상황에서도 고집스레 지속하고 있는 것은 이런 이유에서 '정치'에 속하는 것이라고 해야 한다. 이주노동자가 주체가 되어 이주노동자 자신의 삶이 담긴 영화를 모아 서울에서, 그리고 이주노동자들이 사는 곳에서 '이주노동자 영화제'를 개최하는 것 또한 지자체마다 유행처럼 개최하는 문화행사가 아니라 하나의 정치적 활동이라고 해야 할 것이다. 그리고 이것이 아마도 미누가 반정부활동을 했다는 이유로 추방된 또 하나의 이유일 것이다. 아니, 그가 적발과 단속, 추방의 위협에도 불구하고 숨어 살지 않고 거꾸로 눈에 띄는 영역에서 시선을 모으는 일을 했던 이유일 것이다.

4. 유폐의 공간에서

미누는 다른 이주노동자들처럼 우리와 다른 공간 속에서 산다. 법의 이름으로 만들어진 유폐의 공간, 존재하기 위해선 눈에 보이지 않아야 하는 어둠의 공간. 그러나 그는 또한 거기에 머물지 않고 우리가 사는 동일한 가시성의 공간 속에서 산다. 뿐만 아니라 밴드의 가수로서, 이주노동자방송국의 미디어 활동가로서 그는 조명이 있는 공간, 남의 시선이 모이는 공간에서 활동한다. 미누는 또한 다른 이주노동자들처럼 우리와 다른 시간 속에서 산다. 동료의 팔이 프레스에 물려 잘려 나가는, 여기저기 '손무덤'들이 만들어지던 시간, 지금 한국에선 노동자들도 모두 잊어버린 먼 과거의 시간 속에서 산다. 그러나 그는 거기에 머물지 않고 우리가 사는 시간 속으로 들어온다. '손무덤'을 들고, 빨간 목장갑을 낀 손으로 프레스에 잘린 팔을 들고 우리가 사는 시간 속으로 들어온다.

이렇게 그는 상이한 시간과 공간 사이에 있다. 상이한 시간과 공간을 넘나들고, 시간과 공간을 분절하는 벽을 넘나든다. 그 이질적인 시간과 공간 속에서 사는 사람들 사이에 소통의 선을 만든다. 서로가 하지 않은 말들을 전하고, 서로가 주지 않은 것들을 전달한다. 그리하여 서로에게 말하게 하고 서로에게 무언가를 주게 한다. 그가 우리에게 전해 주는 말은 동정을 구하는 고통의 언어도 아니고 공포에 떠는 한탄의 언어도 아니다. 그렇다고 분노로 가득한 항의의 언어만도 아니다. 그것은 고통과 슬픔, 공포 속에서도 좀더 나은 삶에 대한 희망 속에서 웃고 농담하며 손을 건네고, 분노와 항의를 자유와 해방을 향해 함께 만들어 가며 어깨를 겯는 우정의 언어다. 그는 내부와 외부가 교착된 지대에 있지만, 그리고 추방의 위협에서 해방된 '내부'로 들어가고자 하지만, 내부에서조차 계속 외부자로 남고자 하며, 내부로 들어가는 것 이상으로 외부로 나간다. 우리를 끌어당기며.

그렇기에 그는 보이지 않아야 할 자였지만 누구보다 보여야 했던 자였고, 말할 자격이 없는 자였지만 누구보다도 말할 자격이 있는 자였고, 존재할 자격이 없는 자였지만 누구보다 존재해야 하는 자였다. 그가 체포된 순간 수많은 사람들이 그의 친구임을 자처하며, 그가 말할 자격이 있는 자임을, 노래해야 하는 자임을, 존재해야 하고 체류할 자격이 있는 자임을 주장했던 것은 이런 이유에서였을 것이다. 그로 인해 한국은 물론 미국·일본·유럽에서 그의 구명을 요구하는 지지의 물결이 확산되었던 것 또한, 그리고 수많은 신문이나 방송 등 언론에서 그의 석방을 호소하는 기사와 방송을 내보냈던 것 또한 이런 이유에서였을 것이다.

그래서 그는 체포되어 '외국인 보호소'라는 비가시성의 공간에 유폐됨으로써 이전 어느 때보다 가시적인 존재가 되었고, '불법체류자'라는 자격 없음이 추방의 이유가 될 수 없음을 누구보다 강력하게 가시화하는 존재가 되었다. 그럼으로써 수많은 장기 '불법체류자'들에 대해, '불법체류'라는 것이 뜻하는 의미에 대해 수많은 한국인들로 하여금 다시 생각하게 만들었다. 그럼으로써 자격 없는 자의 자격에 대해 다시 생각하게 만들었다. 이주노동자가 그 어느 때보다 가시적인 존재가 되게 만들었다. 이런 점에서 그를 가둔 '치안'의 논리는 거꾸로 치안이 와해되는 지점을 표시하게 되었다. 강제퇴거명령 가처분신청에 대한 법원의 판결이 며칠 안 남았음에도, 아니 그 판결 이전에 황급히 추방해 버린 것은, 그 와해의 강도가 그토록 강했음을 의미하는 것일 게다. 그는 체포와 유폐, 혹은 추방마저도 이주노동자의 보이지 않는 존재를 가시화하는 정치를 가동시킬 수 있음을 보여 주었던 것이다. 이제 남은 것은, 추방되었지만 아직 여기 남아 있는 그의 이름을 다시 부르는 것이다. 추방되었지만 결코 추방할 수 없었던 그의 유령을 다시 불러들이는 것이다. 그 유령을 다시 가시화하고, 그 유령과 더불어 다시 싸우는 것이다.

9 지방에서 변방으로: 지방성 사유의 세 가지 모델

1. 지방성의 문제

'지방'에 대한 문제는 언제나 '중앙'인 '수도'와 관련된 문제로서 제기된다. 전 인구의 반 정도가 서울과 수도권에 모여 살고 있으며, 수도권이 점점 확대되어 가는 반면, 농촌은 물론 지방 도시조차 사람들이 떠나서 인구는 감소하고 경제는 쇠퇴하고 있는 것은 길게 말할 것도 없이 누구나 잘 알고 있는 사실이다. 수도권으로의 인구 집중을 막기 위한 여러 가지 규제조치에도 불구하고, 이러한 현상은 지금도 매우 빠른 속도로 진행되고 있다. 이에 대처하기 위해 노무현 정부는 행정수도 이전을 추진했지만 거센 논란과 반발을 낳았고, 이명박 정부 이후 실질적으로 중단되는 듯싶다가 다시 뒤집혀 재추진되는 것으로 결론이 났다. 그러나 그것이 수도권으로 집중되는 부와 인구의 흐름을 돌려 지방으로 향하게 하리라고 믿는 사람은 없을 것이다. 분명한 것은 이 사건이 수도의 중심성, 그리고 그와 대응하는 다른 지역의 지방성이 매우 첨예한 정치적 문제임을 아주 잘 보여 주는 사건이었다는 사실일 게다. 물론 그것의 근저에는 지가와 개발

등을 둘러싼 이해관계가 자리 잡고 있다는 점에서 그보다 먼저 경제적 문제였다고 하는 게 더 적절할 것이다.

다른 한편 지방성의 문제는 지구 전체를 하나의 사회경제적 권역으로 통합해 가는 전지구화(globalization)와 관련된 것이기도 하다. 국경을 넘는 자본의 흐름, 생산과 유통의 흐름이 있고, 그에 따른 이주의 거대한 흐름이 있으며, 그것을 떠받치는 기술이나 정보의 흐름이 국민국가의 틀을 넘어 새로운 양상으로 전개되고 있음 또한 긴 서술이 필요없는 것이다. 이른바 '전지구화의 시대'에 우리는 살고 있는 것이다. 전지구화를 국민국가의 무력화나 쇠퇴를 뜻하는 것으로 이해하는 것은 부적절하겠지만, 경제는 물론 정치와 문화 전반이 국민국가의 벽을 넘어 범람하고 있다는 것 또한 부정할 수 없으며, 그로 인해 국민국가의 권력으로 환원될 수 없는 지대가 형성되고 있다는 것도 대개는 받아들여지고 있는 듯하다. 아마도 네그리와 하트의 '제국'(Empire)이란 개념[1]은 이런 생각의 한 극이라고 할 것이다. 국민국가의 경계를 넘어서 진행되는 전지구화는 국민국가와 다른 차원에서 도시나 지역들을 연결하거나 관계 짓고 있다.

앞에서 말하는 지방 개념이 국민국가의 내부에 갇혀 있다면, 이 경우 지방의 개념은 국민국가의 외부에 있거나 적어도 그 외부와 관련되어 있다고 할 것이다. 지금 지방성이나 지방화(localization)의 문제를 사유할 경우, 이율배반적인 것으로 보이는 이 두 성분을 어떤 식으로든 동시에 다루지 않으면 안 될 것이다. 그런데 이 두 가지 성분은 방금 말한 식으로 쉽게 양분될 수 없다는 점에서 더욱 복잡한 성격을 갖는다. 왜냐하면 전지구화의 대쌍 개념인 지방화가 국민국가의 외연을 벗어나는 것은 아니

---

1) 안토니오 네그리·마이클 하트, 『제국』, 윤수종 옮김, 이학사, 2001.

란 점에서 내부라는 관념을 쉽게 지울 수 없는 것처럼, 수도나 중앙에 대해 비판하는 지방성의 개념 역시 중앙을 향한 지향에서 이탈하는 외부성의 성분 없이는 결코 충분할 수 없기 때문이다.

따라서 지방성 개념을 사유함에 있어 외부성의 벡터를 어떻게 가동시킬 것인가 하는 것은 매우 중요한 문제임이 분명하다. 그것은 상반되는 것으로 보이는 두 가지 지방성 내지 지방화의 관념을 결합할 수 있는 공통 성분이고, 지방화를 방향 짓는 일차적인 지향성이어야 한다고 나는 믿는다. 그것은 지방성의 관념을 사로잡고 있는 국가적 모델에서 벗어나 지방의 문제를 정치적으로 사유하기 위해서도 일차적인 요소라고 해야 할 것이다.

이하에서 나는 지방성 개념을 사로잡고 있는 국가적 모델에서 지방의 개념을, 그리고 그와 다른 차원에서 지방성을 사유하려는 시도들을 검토하고, 거기에서 외부성의 개념을 가동시킨다는 것이 어떤 것인지를 살펴볼 것이다.

2. 국가적 모델

지방성(locality)의 개념이 글자 그대로 지역/지방의 문제에 관한 것인 한, 그것은 '수도' 내지 '중앙'의 관념과 관련된 것이기도 하다. '수도'란 무엇보다 영토국가와 결부된 것이다. 중국이나 한국처럼 근대 이전부터 영토국가가 존재하던 곳에서 수도와 지방의 문제는 단지 근대로 국한되지 않는 일종의 '일반성'을 갖는 것 같다. 즉 그것은 국가가 존재하는 한 항상 존재하는 문제인 것으로 생각된다. 그러나 서구의 경우를 보면, 로마제국 같은 제국을 제외하면, 근대 이전에 영토국가로 존재하던 나라는 영국, 프랑스, 스페인의 3국에 지나지 않는다. 그 이외의 나라에선 근대 이전에 '수도'란 존재하지 않았다. 한편에는 봉건영주들에 의해 분할된 영지들이 있었고, 다른 한편에는 상인들이 지배하는 도시와 도시동맹체들이 있었다. 이는 영토국가적 '과거'를 갖는 영국이나 프랑스 등에서도 다르지 않았다. 왕이 존재하긴 했지만, 지방은 봉건영주들에 의해 분점되어 있었고, 도시는 세금이나 영업, 시장의 개설 등을 비롯한 모든 권리를 독립적으로 갖고 있었으며, 대개는 도시동맹체에 속해 있었다.

영토국가가 충분한 의미의 통합성을 갖기 위해선 이러한 이중의 분할을 넘어서야 했다. 16세기 중반 이후 절대주의 왕권을 수립해 가는 과정은 이러한 분할의 상태를 넘어서 왕이라는 단일한 중심으로 영토 전체를 통합하는 과정이었다. 이를 위해 도시적 특권을 제거하고 영주들의 영토와 권력을 넘어서 절대군주라는 단일 권력 아래 그것을 통합하는 것이 그것의 최소한의 형식적 요건이었다면, 영토 내부의 흩어진 지역들을 연결하는 전국적인 도로망을 건설하는 것, 그리고 도시로 제한되어 있던 시장을 전국적 시장으로 통합하는 것이 그것의 실질적 내용이어야 했다. 절대주의 왕정의 관료들에 의해 시행되었던 '중상주의'는 이러한 전국적 시장의 창출과 영토국가적 통합을 목적으로 하고 있었다. 중상주의는 "국가적 영역 내에서 교역의 지방주의적 장벽들을 폐지할 것을 요구하였으며, 상품생산을 위한 통일된 국내시장을 창출하려고 노력"하였다.[2] 이런 의미에서 절대주의는 "국가의 번영과 경제적 힘의 공동 이익을 위해서 정치적 국가가 경제의 운용에 일관성 있게 개입하는 것을 위한 이론"이었다.[3] 즉 한마디로 말해 중상주의는 절대주의 국가의 통치술이었다.

---

2) 페리 앤더슨, 『절대주의 국가의 역사』, 김현일 외 옮김, 까치글방, 1997, 31쪽.

근대적 영토국가의 바탕이 되었던 중앙집권적 체제는 이렇게 탄생했다. 이러한 국가에서 국지적인 도시들과 대비되는 수도가 특권적 중심으로서의 위치를 갖고 있었음은 물론이다. 수도의 중심성, 그것은 전국적 영토의 통합의 중심을 뜻하는 것이었고, 왕으로의 권력 통합의 상징이었다. 수도로의 중심화를 통해 각각의 이질적인 지역들을 동질적인 전국적 단일 영토로 통합하여 동질화하고자 했던 것이다. 하지만 그것은 수도와 수도 아닌 지역, 수도 아닌 도시들 간에 어떤 근본적 차별성을 도입하는 것을 통해서 이루어졌다.

근대 국민국가에서 수도로의 중심화와 전국적 통일은 이를 모델로 하지만, 이보다 훨씬 강한 기능을 부여받게 된다. 알다시피 나폴레옹 전쟁은 이렇게 만들어진 영토국가와 봉건영주, 혹은 영토국가와 도시국가 간의 힘의 거대한 격차를 가시화해 주었고, 영국, 프랑스 등 여러 나라에서 '국민국가'/'민족국가'를 만들기 위한 운동('민족주의 운동')이 일어난다. 독일이나 이탈리아 등의 국민국가가 만들어진 것은 19세기 후반이었다. 그러나 정치적으로 통합된 권력을 만들고 국민국가를 선언한다고 해서 대립과 적대로 얼룩진 지역들 간의 '감정'이 사라지는 것은 아니었다. 이를 넘어서기 위해선, 일찍이 르낭이 지적했듯이, 이 적대의 기억들을 지우고 국민 전체의 통합된 기억을 만들어야 했다. '역사' 혹은 '국사'(national history)라는 이름의 집합적 기억이 만들어져야 했다.[4] 또한 지역마다 다른 언어적인 이질성 역시 '단일성'을 믿기 어렵게 했다. 이를 위해 대개 수도가 속한 지역의 언어를 '표준어'로 정하고 다른 언어를 '방

---

3) 페리 앤더슨, 『절대주의 국가의 역사』, 32쪽.
4) 에르네스트 르낭, 『민족이란 무엇인가』, 신행선 옮김, 책세상, 2002.

언'으로 규정하여 단일한 언어 안의 차이로 통합했음은 잘 알려진 사실이다. 남은 것은 이렇게 만들어진 '국사'와 '국어'를 인민들에게 가르쳐 그들을 '국민'으로 만드는 것이었다.[5] '국민학교'가 만들어진 것은 이런 이유에서였다.

국민국가를, 그리고 국민을 만들어 내는 이러한 과정이 지방적 이질성을 전국적 통일성 아래 통합하는 과정이었으며, 지방적 고유성을 수도라는 중심적 지방을 준거로 하여 제거하거나 포섭하는 과정이었음은 길게 말할 필요가 없을 것이다. 지방의 언어들은 이제 표준어와 대비되는 사투리('방언'), 즉 교정되어야 할 언어가 되었고, 언어들 사이에 존재하던 차이는 위계를 함축하는 차별로 바뀐다. 국민국가적 통일이란 이 차이를 제거하여 중앙의 언어로 동일화시키는 것이다. 적어도 '공식적인' 장이나 공공기관, 혹은 신문이나 인쇄매체 등에서는 표준어만이 사용되게 된다. 앤더슨 말대로 이들 인쇄매체가 상상적인 방식으로 하나의 국민을 만들어 낸 것이 사실이라면,[6] 이 국민이 표준어를 사용하는 국민이 되었을 것임은 분명하다. 기억 혹은 역사 또한 마찬가지일 것이다. 지방적 기억에 고유한 것이 있다면, 그것은 국민적 기억을 위해서 지워져야 할 것이 된다.

이로써 근대 국민국가에서 수도와 지방, 중앙과 지방 사이의 차이는 국가와 지방, 전체와 부분의 차이를 뜻하게 된다. 중앙은 지방적인 차이들을 '편차'로서 재는 척도가 되고, 지방적 차이들을 통합하는 '보편성'의

---

5) 이탈리아가 통일된 '국민국가'를 이룬 1860년에 다젤리오는 이렇게 말했다. "우리는 이탈리아를 만들었다. 이제 우리는 이탈리아인을 만들지 않으면 안 된다"(에릭 홉스봄, 『자본의 시대』, 정도영 옮김, 한길사, 1998, 209쪽).
6) 베네딕트 앤더슨, 『상상의 공동체』, 윤형숙 옮김, 나남, 2003.

위치를 갖게 되며, 지방의 특이성(singularity)은 그러한 보편성과 통일되기 위한 '특수성'(particularity)이 되어야 한다. 지방을 수도로, 중앙으로 동일화하는 '보편화'의 벡터가, 지방으로 하여금 중앙을 지향하게 만드는 욕망의 배치가 존재하게 된 것은 이런 조건에서일 것이다. 국민적 동일성의 형성, 혹은 국민이라는 내부성의 형성은 이처럼 중앙과 지방들의 이질성을 제거하거나 포섭하는 보편과 특수의 변증법을 통해 가동된다. 중앙과 지방 간에 만들어진 차별이나 위계는 이러한 변증법의 산물이라고 해야 할 것이다.

수도의 중심성이 경제의 작동이나 국가의 경제정책에서 척도가 되는 것 역시 이런 맥락에서 이해할 수 있을 것이다. 근대국가는 도시의 시장을 전국 시장으로 통합하고, 국가의 경제정책은 전국 단위의 경제를 대상으로 결정되지만, 그렇다고 해서 각 지역의 경제적 상황이 실질적으로 동질적일 수는 없다. 도시와 농촌의 차이는 말할 것도 없고, 도시들 간의 경제적 상황의 차이 역시 시장의 전국적 단일성이라는 조건과는 별개의 것이기 때문이다. 그런데 자본이 맑스가 개념적으로 구별했듯이 '생산자본'인 한 그것은 실물적 형태를 가질 수밖에 없고, 그에 따라 실물적 '고정성'을 가질 수밖에 없다.[7] 즉 도로망 같은 인프라나 사무실·공장 같은 설비, 노동력 같은 실물적 조건에 규정될 수밖에 없다. 자본에는 국경이 없다고 하지만, 이러한 실물적 고정성으로 인해 자본은 국가는 물론 지역적인 조건에서 결코 자유로울 수 없다. 그런데 전국적 시장에 필수적이었던 전국적 도로망만 보아도, 통상 수도를 중심으로 형성되며, 따라서 수도에 위치하는 것이 다른 곳에 비해 훨씬 유리하다. 여기에 정치나 교육,

---

7) 데이비드 하비, 『신제국주의』, 최병두 옮김, 한울, 2005, 117쪽 이하.

문화 등의 요인, 그와 결부되어 집중되는 노동력이란 요인을 고려한다면, 수도와 지방의 차이는 말할 것도 없이 크다고 할 것이다.

따라서 자본주의는 농촌의 인구를 도시로 대대적으로 흡수한 것처럼, 지방의 인구와 자본을 중앙의 수도로 대대적으로 흡수한다. 국가정책이 여러 도시들 가운데서 수도에 집중되는 것은 이러한 효과를 배가한다. 경제적으로 유리한 조건이 물자와 사람을 모으고, 그 물자와 사람이 더욱더 투자를 흡수하는 양의 되먹임(positive feedback)이 발생하여, 수도와 지방의 격차는 체증적으로 확대된다. 수도의 과잉 개발과 지방의 저개발이 짝을 이루는 이러한 사태는 사실은 지방의 물자와 노동력, 그리고 부를 중앙에서 흡수하여 착취하는 것이란 점에서 제국주의와 식민지의 관계를 닮았다. "지방은 식민지다"[8]라는 항의의 외침은 이런 맥락에서 이해될 수 있을 것이다.

그러나 그것은 동시에 식민지 상태를 벗어나 수도처럼, 중앙처럼 '개발'되고 싶다는 '중앙화'의 욕망을 담고 있는 것이라는 점에서, 중앙을 척도로 하는 '보편화'의 벡터 속에 있는 것이기도 하다. 그것은 포섭해 달라고 하는 요구인 것이다. 가령 새만금 사업에 대한 전라북도 관료들의 '열정'이나 도민들의 지지, 혹은 '천년 고도'에 방사능 폐기물 처리장을 유치하겠다는 경주시의 관료들이나 시민들의 욕망,[9] 혹은 수많은 우려와 비판에도 불구하고 4대강 개발 사업을 유치하기 위해 나선 관료나 주민들

---

8) 강준만, 『지방은 식민지다』, 개마고원, 2008.

9) 물론 이는 주민투표의 영역이나 방식 등을 중앙정부의 기획에 따라 조정할 수 있게 만든 주민투표제의 문제, 그리고 방폐장 처리를 위해 몇 개 지방의 유치 경쟁 구도를 만든 정부 관리들의 전략 등과 얽혀 있는 것이긴 하지만(하승수, 『지역, 지방자치, 그리고 민주주의』, 후마니타스, 2007, 133쪽 이하), 단지 그것 때문만은 아닐 것이다. '개발에 대한 욕망', 그것은 정확하게 우리도 수도권처럼 국가예산을 따다 지역을 개발하여 '잘살고 싶다'는, 중앙을 향한 선망의 표현일 것이다.

의 욕망은 정확히 중앙을 향한 벡터에 의해 움직여지고 있는 것이다.

차별이 차별 극복의 형태로 동일화 운동을 야기하는 이러한 양상은 사실 차별이 작동하는 근대의 많은 곳에서 발견되는 것이기도 하다. 정책이나 예산의 분산, 즉 개발의 분산을 요구하는, 사실 매우 정당한 이유를 갖는 주장의 딜레마는 이와 관련된 것이다. 즉 개발의 분산은 비-수도권의 개발을 야기하겠지만, 그런 만큼 그것은 그 지역이 수도와 비슷한 것으로 동일화되는 대가를 치러야 한다는 딜레마가 그것이다. 그것은 지방의 지방성을 제거하여 가능한 한 '수도화'하려는 경향을 함축한다. 물론 지방적인 개발 전략의 차이를 통해 지방적 특색의 특성화를 꾀하겠지만, 그것은 지방적 특이성을 확대하는 방향이 아니라 지방적 특성을 개발의 보편성과 결합('통일')하는 방향이기 십상이다. 이는 특수란 '보편의 특수화'라고 하는, 보편/특수 개념을 통해 작동하는 포섭의 변증법('발전의 변증법')에서 벗어나지 못하는 것이다. 더구나 이미 수많은 지방 축제나 지방 개발이 보여 주는 동일성[10]은, 지방적 특수화가 보편적 동일화의 힘에서 자유롭지 못함을 명시적으로 보여 주는 것 같다. 보편성은 그 자체로 이미 하나의 권력임을, 자신에 동일화되지 않고선 살아남을 수 없음을 과시하며 그와 다른 길을, 외부를 사유할 수 없게 만드는 권력임을 상기할 필요가 있을 것 같다.[11]

이런 점에서 수도의 보편성에 포섭될 수 없는 지방적 특이성을, 중앙의 척도와는 다른 잣대로 스스로를 재고 판단하는 지방적 특이화의 가능성을 사유해야 하지 않을까? 여기서 '특이성'이란 특수성과 달리 이질적

---

10) 강준만, 『지방은 식민지다』, 255쪽.
11) 이진경, 「증보판 서문」, 『사회구성체론과 사회과학방법론』, 그린비, 2008, 14~18쪽 참조.

인 특이점들의 집합이며, 그렇게 결합되는 특이점이 무엇인가에 따라 달라지는 것임을,[12] 즉 결합되는 외부적 요인에 의해 그 '본성'이 언제나 달라질 수 있는 것임을 강조할 필요가 있을 것 같다. 즉 지방적 특이화란 어떤 지방이 갖고 있는 고유성을 지키고 유지하는 것이라기보다는, 중앙과는 다른 성분들, 중앙의 척도에 외부적인 성분들과의 만남을 통해 새로운 삶의 장을 창출하는 것이다.[13] 이는 지방성을 '중앙에 대한 지향'과는 다른 방향의 벡터를 통해 '지방화'를 사유하는 문제라고 해도 좋을 것이다. 국민국가적 영토성에 포섭된 지역이라는 개념이 아니라 중앙 아닌 방향으로서의 지-방(地-方)을 향한 탈주선을 그리는 것. 중앙 아닌 다른 지방적 요소와의 만남을 통해 새로운 정치적 장이나 문화적 공간을 창출한다거나, 이주자의 흐름과 같은 요소들을 통해 새로운 특이적 지대를 창출하는 것이 그런 경우일 것이다.

3. 도시경제의 모델

중앙과 지방의 국가적 모델은 근대 국민국가의 역사 속에서 중앙과 지방이 어떻게 만들어졌고, 그러한 국민국가적 통일성 안에서 양자가 어떻게 작동하는가를 잘 보여 준다. 그렇지만 지방성의 개념을 단지 그런 국가적

---

12) 이에 대해서는 이진경, 「코뮨주의와 특이성」, 고병권·이진경 외, 『코뮨주의 선언』, 교양인, 2007 참조.

13) 가령 지방이 갖는 '후진성의 이점'을 이용하자는 제안(강준만, 『지방은 식민지다』, 319쪽 이하)은 이런 방향으로 더 밀고 나갈 성분을 포함하는 것 같다. 즉 개발의 보편자에 포섭되지 않고 남은 부분을 오히려 적극적으로 가동시켜 새로운 창조의 장으로 만들자는 제안은, 그 보편성의 벡터와 다른 방향을 갖는 외부성의 벡터가 끼어든다면 새로운 지방적 특이성을 구성하는 것이 될 수 있지 않을까?

모델을 항상 전제하며 사고해야 하는 것은 아니다. 도시에서 살아가는 사람들에 대한 애정 어린 관심 속에서, 정작 우리들이 살아가는 데 적합한 도시란 근대 건축가들이 사무실에서 그려 낸 '빛나는 도시' 같은 게 아니라 도시의 혈관인 거리를 피와도 같은 사람들이 끊임없이 걸어다니고 만나는 곳임을 보여 줌으로써, 근대적인 도시 관념을 근본에서 다시 생각하게 만들었던[14] 제인 제이콥스는, 국가가 아니라 도시야말로 경제적 삶을 사고할 실질적 단위임을 주장한다. 도시와 농촌이 만나고 도시와 도시가 만나는 것, 그것은 도시의 활력을, 도시에서의 삶을 생각하는 데 일차적인 것이라는 것이다. 여기서 도시에 관한 제이콥스의 말들을 '지방'으로 바꾼다면, '도시와 국가의 부'를 다룬 제이콥스의 동명의 책은 지방성에 대한 또 하나의 모델을 제공해 주는 것 같다.

먼저 제이콥스는 국가경제를 거시경제학의 기본 단위로 간주하는 경제학적 관념을 4세기 전 중상주의 시대의 산물이라고 비판한다.[15] 대부분의 국가경제는 그 자체로 이미 복수의 경제들로 구성된 복합체여서, 가난한 지역과 부유한 지역이, 농촌과 도시가 공존한다는 점에서(44쪽), 경제적 단일성을 전제한 기본 단위일 수 없다는 것이다. 도시는 사람들의 실질적인 삶이 조직되는 장소일 뿐 아니라, 다른 지역의 경제와의 관계 속에서 때론 활력을 얻지만 때론 죽기도 하는 곳이란 점에서 도시경제야말로 경제적 삶을 창조하려는 실천적 중심이라고 한다.

제이콥스가 도시에서 경제적 삶이 살아나게 하는 핵심적 요인이라

---

14) 제인 제이콥스, 『미국 대도시의 죽음과 삶』, 유강은 옮김, 그린비, 2010.
15) 제인 제이콥스, 『도시와 국가의 부』, 서은경 옮김, 나남출판, 2004, 41~42쪽. 이 절에서 이 책의 인용은 본문 중에 쪽수만 표시한다.

고 보는 것은 '수입대체생산'이다. 자급자족은 외부와의 거래를 끊을 뿐 아니라, 그런 거래를 통해서만 촉발되는 도시 내부의 생산이나 기술의 위축을 가져온다. 가난한 지역이란 스스로의 능력으로 감당할 수 없을 정도로 재화를 수입하거나, 아니면 다양한 종류의 재화를 생산하지 못하는 지역이다. 외부에서 사들여 오는 상품을 위해 자신이 생산할 수 있는 것을 생산하고, 그것의 생산이나 포장에 필요해서 수입하던 것들로 생산을 확장해 가는 것, 처음엔 많은 경우 조잡한 모조품으로 시작하는 이런 수입대체적 생산이 도시경제에 활력을 불어넣는다. 수입대체가 일단 시작되면 더 많은 수입대체를 자극한다(54쪽). 물론 수입대체가 이루어지면 이전에 사 오던 지역은 매출을 잃게 되지만, 그 대신 다른 재화나 서비스를 구입하기 때문에 새로운 매출의 기회를 얻게 된다. 이런 연계망 속에서 결합된 도시나 지역들은 수입대체의 체증적 증가로 서로 간에 활력을 얻게 된다.

　　이러한 관계는 천연자원 같은 소박한 물품을 팔고 그 돈으로 필요한 재화를 살 수 있는 두 도시의 연계로 시작한다. 가령 태동 단계의 베니스는 콘스탄티노플이라는 큰 도시에 소금을 팔아, 거기서 필요한 재화를 샀다. 이처럼 천연자원이나 어떤 하나의 특화된 상품을 파는 지역을 제이콥스는 '공급지역'이라고 부른다. 과거의 식민지가 많은 경우 그랬고, 많은 낙후된 지역이 그렇다(85쪽). 공급지역의 난점은 자신이 공급하던 물품에 대한 수요가 축소되거나 사라지면 지역의 경제 전체가 몰락한다는 것이다(82~83쪽). 이는 물품의 종류를 늘리는 것으로는 근본적으로 해결되지 않는다. 그들은 '자신들을 위한' 생산을 해야 했던 것이다. 외부 환경의 변화에 대처하는 데 중요한 것은 생산하고 판매하는 재화의 대체 가능성이다.

베니스는 공급지역에 머물지 않고 수입하던 재화를 스스로 생산하기 시작했다. 그러나 이를 다시 콘스탄티노플에 팔 수는 없었다. 대개는 조악한 모조품이었을 것이기에, 그것을 콘스탄티노플에서 파는 것은 불가능했다. 베니스는 그것을 팔 수 있는 다른 지역을 찾아냈다. 대개는 그 시기의 베니스만큼이나 낙후된 다른 지역들이 베니스의 그 모조품을 사들였다. 이로 인해 베니스는 필요한 다른 재화들을 살 수 있었고, 그것을 다시 수입대체를 통해 생산하기 시작했으며, 그것을 다른 도시에 내다 파는 또 다른 순환 속으로 들어갔다. 이런 순환을 통해 베니스는 10세기경 경제적으로 크게 팽창할 수 있었고, 유럽의 정체된 자급경제를 공급경제로 바꾸었으며, 그 도시들의 경제적 활력을 자극할 수 있었다. 베니스의 성공적인 수입대체 생산이 낙후된 도시들을 경제적 활력의 연계망으로 끌어들인 것이다(163~166쪽).

반면 '공급지역'이나 버려진 지역, 정체된 지역 등에서 그 낙후성을 극복하기 위해 '산업 유치'를 하는 것은 그 자체로는 결코 성공적 출구를 제공하지 못한다. 이런저런 유리한 조건으로 유치한 기업들은 좀더 유리한 조건을 찾아 떠나기 십상이고, 그 경우 도시경제 전체가 몰락하기 때문이다. 이런 지역을 제이콥스는 '이주지역'이라고 명명한다. 물론 그렇게 시작한 경제가 자기 지역에서 사용할 것, 자신들이 사 오던 물건들을 대체하여 생산하는 그런 생산이 이루어진다면, 그것은 더 이상 '이주경제'에 머물지 않을 것이다. 그러나 그렇지 않을 경우, 유치한 기업이 떠나거나 그 기업 생산물이 팔리지 않게 되면 그 지역은 몰락하여 황폐하게 된다(117~119쪽). 철강산업의 침체 이후 영국의 셰필드가 몰락한 것은 이런 경우일 것이다. 반면 타이완은 이주기업들의 유치에서 시작하여 수입대체로 노선을 바꾸어 성공한 경우에 속한다(120~121쪽).

이런 점에서 제이콥스는 수입대체를 하는 도시와 그 도시가 재화를 사 오는 도시, 그리고 그 도시가 재화를 파는 도시들의 상호의존적인 네트워크를 통해 도시들이 활력을 얻는 경제 모델을 제안하고 있는 셈이다. 이는 도시 간 교역을 통해 도시경제가 발전하고, 그것이 도시들의 네트워크로 발전했던 중세 유럽의 도시동맹체를 떠올리게 한다. 이는 그가 도시와 국가의 관계를 다루는 지점에서 더욱 선명하게 드러난다. 그는 도시경제의 이러한 발전이 그 외부 도시와의 관계 속에서 자기조절되는 피드백 메커니즘의 중요성을 강조한다. 가령 생산능력이 부족할 때는 외부로부터의 수입을 줄이고 그것이 충분할 때는 수입을 늘리는 것이 그것이다.

　　이러한 피드백은 특히 화폐가치의 변동에 의해 이루어진다. 도시 단위의 화폐가 있던 중세 도시에선 화폐가치의 변동이 이런 역할을 했다. 그러나 지금 화폐는 국민국가 단위로 발행되고 통제된다. 하나의 국가 안에서도 도시들은 도시들마다 조건과 사정이 다른데, 국가화폐는 그러한 차이를 무시하고 작동하며, 대개는 중앙의 도시를 기준으로 조절된다. 이로 인해 다른 도시들에서 피드백은 부적절해지고, 결국 중앙의 도시 내지 도시권만이 팽창하며 그 지배력을 확장해 가고 다른 도시경제는 활기를 잃게 된다(195~198쪽). 국가화폐의 부적절한 피드백은 도시들 간의 관계에서도 대도시의 중심성을 확장하는 것으로 귀결되는 것이다. 도시의 쇠퇴에 대해 국가가 비생산적 소비를 위해 돈을 쓰거나 특정 목적의 보조금을 지불하는 것을 그는 '쇠퇴의 거래'라고 하는데(218쪽), 이는 도시의 활력을 살리지 못할 뿐 아니라 장기적으로 침체를 피할 수 없다고 본다. 왜냐하면 도시에 투입되는 부를 수입대체를 통해 순환시키는 게 아니라 그럴 수 없는 소모적 영역으로 유출시키기 때문이다(212쪽).

　　여기서 근본적인 타개책은 화폐의 피드백 기능이 제대로 작동하도록 통화를 복수화하고 분할하는 것이지만, 이는 국가라는 정치적 단위의 분할을 뜻하는 것이기에 불가능하리라고 본다(240~241쪽).[16] 여기서 차선책은 언젠간 터질 '시한폭탄'이라곤 해도 보조금이나 복지정책 같은 '쇠퇴의 거래'를 통해 낙후된 도시나 지역을 지원하는 것이다. 그렇지 않으면 그 도시나 지역은 성장을 멈출 것이고, 정체된 도시경제는 다른 도시는 물론 국가 전체의 경제를 무너뜨리기 때문이다(237쪽). 하지만 그것은 언젠가 도래할 몰락을 단지 연기하는 역할을 하는 것에 그치고 말 것이다.

　도시경제의 발전에 대한 제이콥스의 모델은 지방의 '내재적 발전'을 생각하는 사람들[17]에겐 하나의 적극적 전략으로서 참조할 요소를 제공하는 것 같다. 그것은 또한 국민국가의 경계를 넘는 생산과 경제의 확장이 일반화된 전지구화의 시대에, 국가적 모델로부터 벗어나 도시나 지역경제의 발전을 사고하려는 사람들에게 매우 시사적인 참조점을 제공할 수도 있을 것 같다. 그러나 이러한 제이콥스의 주장에는 어떤 부당 전제가 포함되어 있는 것 같다. 그것은 전략적 판단을 하는 도시가 단일한 전체로 실체화되어 있다는 점이다. 지금처럼 시장이나 상권이 빠른 교통망과 실시간의 통신망으로 전국화되어 있는 조건에서 도시나 지역에서 수입대체생산을 전략적으로 추구하는 것이 가능할까? 소비자인 '시민'들이 "우리들이 사는 도시를 위해 외지의 물건이 아니라 수입대체로 생산되는 우리 도시의 물건을" 사는 결속력을 만들고 유지할 수 있을까? 그것은 다

---

16) 이것이 국가경제에서 도시경제로의 변환을 요구하는 것임을 안다면, 제이콥스의 주장이 도시경제의 모델이라고 하는 말은 좀더 강한 의미로 이해되어야 할 것이다.
17) 가령 하승수, 『지역, 지방자치, 그리고 민주주의』, 196쪽 이하.

른 지역에 이미 자리 잡고 있는 기존 생산자들과의 격렬한 경쟁을 견뎌
내지 않고선 불가능한 것처럼 보인다. 나아가 제이콥스 스스로 인정하고
있듯이, 국가라는 정치적 체제가 유지되는, 아니면 최소한 도시의 통화적
독립이라도 불가능한 조건에서라면, 수입대체생산을 통한 도시경제 발
전의 모델은 사실상 곤경과 궁지에서 벗어날 수 없음을 뜻하는 것이라고
해야 할 것 같다. 더구나 세금의 징수와 투자가 국가에 귀속되어 있는 조
건에서, 문제는 단지 화폐로 국한되지 않을 것 같다. 그렇다면 제이콥스
의 도시경제적 모델은 국가적 체제가 지속하는 한, 도시의 경제적 발전이
수도권이나 특정 대도시권으로 중심화되고 마는 아포리아를 피할 수 없
으리라고 해야 하지 않을까?

전지구화의 진전은 국가적 제약으로부터 도시나 지역이 좀더 큰 자
율성을 획득할 가능성을 함축하지만, 역으로 그것은 자본이 지역이나 도
시로부터 더욱더 탈영토화되어 전지구적 증식의 논리에 강하게 밀착하
게 됨을 뜻하기도 한다. 즉 도시의 전략적 판단으로부터 자본이 더욱더
멀어질 가능성이 커졌다고 해야 할 것이다. 반면 국가 단위의 조세와 투
자, 화폐나 거시정책은 여전히 지속될 것이다. 따라서 경제적 관점에서
보자면 전지구화가 몇몇 거대도시를 제외하고는 도시들의 경제적 전망
에 긍정적으로 작용할 것으로 보이지는 않는다.

이러한 아포리아는 도시경제의 분석이 '경제'의 분석인 한, 다시 말
해 도시의 경제발전에 관한 모델인 한 매우 치명적이고 난감한 궁지로
보인다. 거기서 일관성을 유지하는 방법은 제이콥스가 비현실적이란 의
미에서 '이상적'임을 알면서도 주장했듯이, 국가적 체제를 도시적 체제
로 전환하자고 주장하는 것일 게다. 그것은 어쩌면 국민국가 체제가 쇠
퇴하여 소멸된 어느 날 사람들의 경제적 삶에 새로운 전망이 되어 줄지

도 모른다. 그러나 그것은 제이콥스 자신도 내기를 걸지 못하는 꿈이다. 그보다는 오히려 경제발전의 지속성이란 전제를 벗어나서 이 모델을 본다면, 이 모델은 지방화의 문제를 사유하는 데 중요한 몇몇 요소를 제공하는 것 같다. 그것은 국가적인 중심화에서 벗어나 지방적인 삶의 방식을 구성하는 데 중요한 원칙이 되는 것들이다.

먼저 제이콥스의 모델은 도시라는 독립적인 단위라고 하더라도 **외부와의 연계를 통해서만** 생명력을 가질 수 있음을 보여 준다. 그 외부는 때론 천연자원을 팔고 필요한 물품을 살 수 있는 그런 '선진 지역'뿐만 아니라, 자신이 생산한 것을 팔 수 있고 자신에게 필요한 것을 살 수 있는 비슷하게 낙후된 지역, 혹은 좀더 낙후된 지역을 포함한다. 그런 낙후된 지역과의 연계 정도가 크면 클수록, 한 도시나 지역이 생존을 지속할 가능성은 더욱 커진다고 할 수 있다. 어떤 도시나 지역이 다른 외부 지역과 연계된 연결망의 크기는 어떤 도시나 지역이 감당할 수 있는 위기의 크기와 비례한다고 해도 좋을 것이다. 외부와의 연결 정도가 최소인 고립된 지역이나 자급경제는 조그만 변화나 위기만으로도 쉽게 동요하거나 와해될 것이다.

다른 한편 제이콥스는 고립되거나 무시당한 자급경제와 도시가 연결되는 경우를 들면서 그 연결 도시의 이질성이 너무 클 경우 자급경제에겐 치명적일 수 있음을 지적한다(154쪽). 그럴 경우 자급경제 지역의 안정성이 와해되거나, 아니면 외부경제의 효과를 받아들일 수 없게 될 수 있다. 이는 자급경제 지역의 내적 동질성 때문이다. 이를 좀더 일반화하여 생각해 본다면, 자급경제나 고립된 지역만이 아니라 다른 지역 역시 자신이 감당할 수 있는 이질성을 초과하는 외부와의 연결은 '죽거나 나쁘거나'일 수 있다. 그런데 자급경제에 비해서 제이콥스가 말하는 '공급

지역'이 감당할 수 있는 이질성의 폭이 크리라는 것은 분명하다. 이는 공급지역이 자급경제에 비해 내부적인 이질성이 더 크기 때문이고, 그런 만큼 외부의 이질성에 대한 내성이 크기 때문이다. 따라서 어떤 지역이나 도시가 다른 외부 도시와 접속하여 감당할 수 있는 외부적인 이질성의 폭은 그 도시가 갖는 내부적인 이질성의 폭에 비례한다고 말해도 좋을 것이다.

요컨대 어떤 지역의 생명력은 외부 지역과의 연계망이라는 외적 차원에서나 내부적 이질성이라는 내적 차원에서나 외부성에 비례한다고 할 수 있을 것이다. 따라서 어떤 지역의 생명력을 강화한다는 것은 이중의 의미에서 그 지역의 외부성을 확대하는 것이다. 이는 지방성의 사유에서 매우 중요한 원칙이라고 해야 할 것이다.

두번째로 수입대체생산을 통해서 도시경제에 활력을 부여할 수 있다는 주장에서 중요한 것은, 어떤 경로로 시작했든 간에 도시는 '자기를 위해 스스로 생산'해야 한다는 것이다. 이는 이주지역의 문제점에 대한 지적에서도 마찬가지로 반복되는 것인데, 아무리 큰 산업이나 공장을 유치한다고 해도, 그것이 그 지역에 사는 사람들이 필요로 하는 것을 스스로 생산하는 것으로 이어지지 않는다면, 공생적 네트워크는 약화되거나 사라지고 만다는 것이다(118~119쪽). 유치된 산업에 연관된 부품이나 물건을 생산하는 것으로는 결코 충분하지 않다. 왜냐하면 그 경우에도 그 유치되었던 기업이 떠나는 순간, 그와 연관된 기업들은 모두 자신의 생산물을 판매할 수 없게 되고, 결국 지역의 경제는 붕괴되고 말기 때문이다. 유치된 기업이 떠나도 그 지역의 경제가 살아남아 지속하기 위해선, 그것을 통해 시작된 생산을 그 지역 주민들이 필요로 하는 재화의 생산으로 변환시켜야 한다는 것이다.

결국 수입대체생산에 대한 강조는, 무엇에 의해 생산이 시작되었든

간에, 그 지역에 사는 사람들의 삶에 필요한 것을 스스로 생산하는 것으로 나아가지 않으면 지역의 경제는 지속 가능성을 갖지 못한다는 것이다. 아마도 이런 점이 지역의 '내재적 발전'이란 개념과 이어지는 측면일 것이다. '수입대체'가 도시 안에서의 삶에 대한 경제의 인접성을 표시한다면, '수입'이란 두 지역 간 관계의 인접성을, 그 상호의존성을 표현하는 것이라고 해야 할 것이다. 이는 경제적 재화의 교환이란 측면을 떠나서도 마찬가지로 성립한다. 어떤 것이든 그 지역에서의 생활에 활력을 부여하고 그 활력을 지속 가능하게 하려면, 그 지역에서의 삶에 인접성을 가져야 한다.

여기서 어떤 재화가 삶에 인접성을 갖는다는 말은 그 지역에 사는 사람들의 상호의존적 관계를 매개하는 것임을, 그 사람들의 삶을 하나의 순환계로 구성해 주는 매개의 역할을 함을 뜻하는 것이다. 지역경제에서 수입대체생산이 중요한 것은, 생산물이 이러한 지역적 순환계를 구성하는 데 관여하고 그것의 순환을 매개하는 역할을 하기 때문이다. 이는 특화된 어떤 재화를 생산하여 판매하는 '공급지역'이 결여하고 있는 것이기도 하다. 따라서 인접성은 지역적 삶에 참여하는 사람들을 하나의 '공동체'로 묶어 주는 것이기도 하다. 순환계를 구성한다는 것은 상이한 요소들이 순환적인 계열을 이루면서 하나의 공동체를 이루는 것을 뜻하며, 인접성이란 이 상이한 요소들이 이웃한 요소들의 생존에 필수적인 어떤 존재가 됨을, 즉 인접한 이웃항이 됨을 뜻하는 것이다. 이러한 순환계는 상이한 사람들의 활동을 하나로 묶어 준다는 점에서 생활의 경계를 만들고 내부성의 지대를 형성하는 것을 함축한다. 그러나 그것은 수입대체라는 개념이 명시적으로 보여 주듯이 수입이란 형태의 외부성을 항상 포함한다. 수입대체란 내부성의 형성을 요구하지만, 그 내부성은 완결된 것이 아니라 항상-이미 외부와 결합되어 작동하는 열린 내부성이다. 그것이 닫히는 순간, 그것은 '자급자족 경제'가 되며, 경제는 곧 활력을 잃게 된다. 이런 점에서 수입대체란 한편에서는 내부적 순환계의 구성에 관한 것인 동시에, 그것의 작동에 필수적인 외부성의 작동을 포함하는 것인 셈이다. **외부를 포함하며 외부에 열린 공동체적 순환계**, 그것이 지방성을 사유하는 데 중요한 또 하나의 원칙이라고 할 것이다.

외부 지역과의 접속, 순환계적 내부의 형성에 또 하나의 원칙이 추가되어야 한다. 이 두 가지 원칙은 하나의 지역이 외부와의 관계 속에서 스스로의 삶을 생산할 수 있는 자립성을 가져야 함을 뜻하는 것이지만, 외부는 언제나 그 내부에 좋은 방식으로만 관계하는 것은 아니기 때문이다. 오히려 반대로 말해야 할지도 모른다. 외부성이란 무엇보다 뜻하지 않은 방식으로 존재하고 다가오는 것이며, 수많은 우연성에 의해 뜻하지 않은 방향으로 밀고 가는 것이기 때문이다. 이런 점에서 제이콥스는 낙후된 도시들의 상호의존에 더해서, 사전에 만들어진 계획성에 반하는 즉흥성을 강조한다(171~173쪽). 그것은 즉흥적인 모방이나 개발을 뜻하기도 하지만, 좀더 핵심적인 것은 **우연적인 요소에 대한 즉응성**(卽應性, improvisation)일 것이다.

하지만 이보다 더 근본적인 것은 경제 등 지역적 순환계 내부에 '잉여성'(redundancy)이 있어야 한다는 것이다. 잉여성이란 필요한 최소치를 초과하는 어떤 과잉을 뜻한다. 가령 하나의 재화를 공급하여 생존하는 지역('공급지역')은 그 재화에 대한 수요가 사라지거나 축소되면 치명적인 타격을 받는다. 이런 수요의 변화는 말 그대로 '외부적인 것'이어서, 원하는 대로, 뜻하는 대로 이루어지지 않는다. 그것은 단품이 아닌 경우에도 마찬가지다. 어떤 재화나 어떤 요소들의 생산도 이런 외부 환경의 변화에 적응 가능한 대체 가능성이 없다면 지속될 수 없다. 이런 변화가 있을 경우, 문제가 되는 어떤 재화를 대신할 잉여적인 재화가 있어야 한다. 이런 잉여성이 클수록 외부 환경에 대한 적응 능력은 클 것이다. 잉여성이 작은 경제는 조그만 변화에도 큰 타격을 받게 된다. 잉여성이 없다면 즉흥적인 대응 생산도, 우연적 사태에 대한 즉응적인 대응도 불가능하다. 왜냐하면 존재하는 모든 것이 필수적이라면, 즉응적으로 대응하는 데 필요한 어떤 요소를 동원하거나 그것으로 변환시킬 수 없기 때문이다. 가령 단품경제는 그런 우연적인 변화에 즉각적으로 대처할 수 없다. **잉여성이 제공하는 여백와 여유, 그것이 즉응성의 가동 조건인 것이다.**

잉여성은 다른 말로 표현하면, 순환계 내부의 탈영토화 능력이다. 순환계 내부에 존재하는 어떤 요소를 다른 요소로 대체할 수 있는 능력, 그럼으로써 순환계 내부에 변화를 만들어 내는 능력이 그것이다. 그것은 순환계의 한 요소를 다른 요소로 대체할 수 있는 어떤 잉여성이 없으면 불가능하다. 따라서 잉여성이란 지역의 순환계가 외부적 변화에 대처하여 변화할 수 있는 여백과 여유를 뜻한다. 이는 외부와의 연계망이나 외부적 이질성에 대한 수용 능력으로서의 내적인 이질성과 다른 차원에서, 외부 효과에 대한 대응 능력과 결부된 것이다.

4. 변방의 모델

지역에서의 '도시적 발전'을 꾀하는 이러한 시도는, 그것이 중앙을 정점으로 삼아 이루어지는 국가적 통합의 모델에서 벗어나는 것이라고 해도, 지역의 '내재적 발전'을 주장하는 사람의 지적처럼 그 지역에 뿌리박고 살아가는 사람, 혹은 그러려는 사람이라는 '정착민'의 관점에 입각한 것임은[18] 분명하다. 이런 점을 고려하면, 국가적 모델과 도시경제적 모델은 정착민의 두 가지 발전 전략이라고 말해도 좋을 것이다. 외부성의 개념을 통해 그로부터 추출될 수 있는 적극적인 지방성의 개념조차, 사실 이런 정착민의 관점에서는 자유롭지 않은 것 같다.

이와 달리 '유목민'의 관점에서 지방성의 문제를 사유할 수는 없는 것일까? 이는 생각보다 쉽지 않은 것 같다. 왜냐하면 어떤 지역에 살고자 하지 않고 그저 통과할 뿐인 사람의 관점에서 지방성이나 지방화의 문제를 본다는 것은, 그것을 잠시 머물거나 통과하는 사람들을 위한 수단으로 간주함을 뜻하기 때문이다. 그것은 지방성을 지방성으로서 사유할 수 없는 근본적 아포리아를 갖고 있는 것 같다. 그러나 그렇다면 지방성의 개념은 태생적으로 정착민의 관점에 접착되어 있는 것일까?

하지만 유목민이란 이주민이 아니라는 들뢰즈와 가타리의 지적을 상기한다면 문제는 달라질 수 있다. 그들에 따르면, 이주민이란 어떤 땅에 이주하여 그곳이 불모가 될 때까지 이용/착취하곤, 불모가 된 그 땅을 버리고 새로이 이용할 땅을 찾아 떠나는 자를 지칭한다. 반면 유목민은 불모가 된 땅에 달라붙어 그 땅에서 살아가는 법을 창안하는 자를 지칭한다. 가령 몽골의 유목민은 불모의 초원을 버리고 떠나는 게 아니라, 그 불모의 땅에서 살아가는 법을 창안했고, 사막의 유목민 역시 사막을 버리고 떠나는 게 아니라 거기서 살아가는 법을 만들어 냈다. 이런 점에서 "유목민은 움직이지 않는다"라는 역설적인 정의를 찾아낸다.[19] 다시 말해 이동성이나 이주가 유목민의 본질은 아니라는 것이다.

---

18) 하승수, 『지역, 지방자치, 그리고 민주주의』, 198~199쪽.
19) Gilles Deleuze and Félix Guattari, *Mille Plateaux*, Minuit, 1980, p.472.

따라서 지방성의 개념과 근본적으로 충돌하는 것은 이주민이지 유목민이 아니다. 어딘가 정착하여 불모가 되도록 써먹곤, 불모가 되면 버리고 떠나는 자들, 그것은 무엇보다 자본가들에 해당되는 정의일 것이다. 전지구적 이동성을 갖고 그것을 이용해 먹을 곳을 찾아 헤매는 "산기슭의 하이에나", 그것이 자본이고 이주민이다. 그들에게 지방이란 특별한 이윤을 제공할 장소의 다른 이름일 뿐이다. '유치'되어 이주하는 제이콥스의 '이주지역'은 정확하게 이러한 양상을 보여 준다. 유목민은 중앙의 외면이나 저개발로 버려진 땅, 불모의 땅에 달라붙어 거기서 살아갈 수 있는 방법을 창안하고 만들어 내는 자들일 것이다.

불모의 땅, 그것은 그렇게 외면받고 버려진 땅이거나 자본이나 권력에 의해 버려진 자들이 밀리고 밀려 모여든 땅이다. 변방, 소수자들이나 이주민 같은 아웃사이더들, 살아가기에 충분한 몫을 할당받지 못한 자들이 자본에 밀리고 생활비에 밀려 모여드는 땅. 전후 일본의 사상가 다니가와 간이 규슈에 주목하고 특별한 애정을 쏟았던 것은 이 때문이었다. 1950년대 규슈는 광부와 빈농, 어민, 피차별부락민, 그리고 조선인이나 오키나와인, 타이완인 등의 '유민'(流民)들이 모여들어 살아가는 땅, 대표적인 변방이었다.

다니가와 간은 규슈에서 버려지고 외면당한 소외된 지역의 참상을 분노로 고발하는 게 아니라 바로 이 변방성에서, 유민들에게서 거꾸로 그것의 가능성을 본다.[20] 거기서 그는 도쿄나 혼슈를 대체할 새로운 지방적 가능성을 발견한다. 그는 중앙을 통해 지역을 사고하거나 중앙을 향해 사고하는 게 아니라, 중앙을 잘라 버리며 사고한다. 그는 변방 중의 변방인

---

20) 米谷匡史, 「'流民'のコミューンを幻視する」, 『谷川雁: 詩人思想家, 復活』, 河手書房新社, 2009.

규슈, 여기가 바로 '도마뱀의 머리'라고 주장하면서, 반대로 수도인 도쿄나 '본토'인 혼슈는 도마뱀의 꼬리라고 주장한다.[21] 중앙이나 '본토'와는 반대로 규슈는 이질적인 유민들의 다양한 흐름이 모이는 지대이기 때문이다. 그 이질적인 것들이 만나면서 새로운 삶의 가능성, 이전의 삶에서는 보이지 않았던 것들이 보이게 되고 이전에는 척도에 가려 생각하지 못했던 것들을 생각할 수 있게 해줄 가능성이 생성되기 때문일 것이다.

뿐만 아니라 그는 **변방조차** 그것의 외부를 통해 사유한다. 규슈 아닌 외부를 통해 규슈를 사유하고 그 외부조차 다른 외부를 통해 사유하는 방식으로 지방성을 사유한다. "비-규슈로서의 가고시마가 규슈의 근본 바탕이고, 비-가고시마로서의 오키나와가 가고시마의 근본 바탕이라는 식으로 역전시켜 겹쳐 가면서 도르래 운동처럼 다루게 될 때, 『아라비안 나이트』의 유령처럼 농축된 정신의 그림자가 램프로부터 피어오를 것이다."[22] 그래서 그는 진한 애정을 담아, 그 지배적인 삶의 방식을 전복할 공범자로서 조선을 부른다.[23] 침략과 식민의 적대로 얼룩진 바다 저편의 타이완이나 오키나와를 그 새로운 지방성의 공범자로 불러낸다. 그리하여 황해에서 동지나해로, 동남아시아로 이어지는 바다가, 예전에 그리스와 유럽, 아프리카와 아랍이 만나며 새로운 문화를 창조했던 지중해의 새로운 버전이 되기를 꿈꾼다.[24]

「도쿄에 가지 마」라는 선언적인 시를 쓰기도 했던 그는 광부들, 노동

---

21) 谷川雁,「ここはとかげの頭」, 岩崎稔·米谷匡史 編,『谷川雁セレクションⅡ』, 日本経済評論社, 2009, 158~160쪽.
22) 谷川雁,「朝鮮よ,九州の共犯者よ」,『谷川雁セレクションⅡ』, 240쪽.
23) 같은 책, 238~239쪽.
24) 谷川雁,「ここはとかげの頭」, 159쪽.

자나 빈농들, 혹은 매춘부들이 버려진 이 변방의 땅에서 함께 살아갈 수 있는 방법을 찾는다. 동료였던 모리사키 가즈에, 우에노 에이신 등과 더불어 광부들의 코뮌, 혹은 유민들의 코뮌을 만들고, 지배적인 언어로도 당의 '조직어'로도 표현될 수 없기에 완고한 침묵 속에 머물러 있는 민중들의 거대한 에너지에 다가가고자 한다.[25] 그리고 그것이 활성화되고 자신의 표현을 찾아갈 수 있는 어떤 촉발을 찾고자 한다. 다니가와 간은 맑스주의자이자 공산당원이었지만, 노동조합을 조직하고 임금 인상 투쟁을 하는 것이, 즉 경제적으로 좀더 좋은 조건을 확보하는 것이 이러한 에너지를 활성화하는 길이라고는 생각하지 않았다. 그보다는 광부나 유민들의 공동의 삶을 구성하는 코뮌에서 그러한 가능성을 보았다. 그래서 그는 '유민들의 코뮌'을 조직하려 했고, 그 코뮌 속에서 스스로 살아가고자 했다.[26]

1950년대 말 일본은 이미 산업 에너지의 중심이 석탄에서 석유로 옮겨 가면서 광업 자체가 본격적인 몰락의 길을 걷고 있던 시기였다. 탄광 지대인 규슈는 변방 중에서도 불모화되어 가는 변방이란 점에서 이중의 변방이었다.[27] 불모성이 확연해진 그 지대에서 그는 자신의 동료 광부들과 더불어 살아가는 새로운 길을 모색했다. 그것은 투쟁의 방법에서도 그 방향에서도 통상적인 노동조합의 그것과 매우 다른 것이었다. '구조조정'이 진행되고 광부들의 대량 해고가 발생했을 때, 그는 해고 중지를 요

---

25) 谷川雁, 「無を嚙みくだく 融合へ」, 『谷川雁セレクション I』, 90~91쪽; 谷川雁, 「原點が存在する」, 『谷川雁セレクション II』, 4~5쪽.

26) 米谷匡史, 「'流民'のコミューンを幻視する」; 米谷匡史, 「序說: '流民'のコミューンへ」, 『谷川雁セレクション II』, xviii~xix쪽.

27) 佐藤泉, 「瑕のあるとびきりの黄昏」, 『谷川雁セレクション I』, 416쪽 이하 참조.

구하거나 노동조합처럼 타협과 조정을 하는 대신, '다이쇼 퇴직자동맹'을 결성하여 사직서를 내고 퇴직금을 요구하는 '퇴직운동'을 전개한다. "지옥 같은 탄광에 들어가지 말고 그만두어 버리자"는 것이다. 노동자로 살아남기 위해 발버둥치는 운동이 아니라 노동을 그만두자는 일종의 '노동 거부' 운동이었던 셈이다. 그리하여 1800명 중 1071명이 퇴직에 찬성을 표시했고, 회사 측의 설득과 공작에도 불구하고 800명이 실제로 사직서를 내고 퇴직금을 요구하며 점거투쟁에 들어간다.

행동의 원칙 또한 달라서 '하고 싶지 않은 것은 하지 않는다. 오직 하고 싶은 것을 한다'는 것이었고, 그래서 별로 하고 싶지도 않으면서 파업의 모양새를 만들려 했던 노동조합과 달리 '억지로 할 바에는 아무것도 하지 않는다'면서 모여 앉아 화투를 치기도 했지만, 반대로 자신이 참여하여 하기로 결정한 것에 대해서는 자멸적인 것이 될지라도 따르는 강화된 자발주의를 택했다. 그리고 투쟁을 통해 확보한 퇴직금을 갹출하고, 시유지를 불하받아 공동 소유의 집을 지었다. 한 달 이내라면 누구든지 숙박할 수 있고, 식사도 제공되며, 직업 소개를 해주기도 했다. 나아가 공동탁아소가 만들어졌고, 독서회나 음악감상 모임이 열리기도 했다. 그 집은 사적소유를 넘어선 새로운 소유 관계를 체험하는 장이기도 했다. 이러한 방식으로 다니가와 간은 기업에 취직해서 가능하면 많은 임금을 받고 가전제품이나 자동차, 자기 집을 마련하고자 하는 욕망으로부터 벗어나는 새로운 활동의 장을 창출하고자 했다. '기업주의로부터의 해방', 이것이 그가 내세운 캐치프레이즈였다.[28]

---

28) 이에 대해서는 栗原康, 「ヴァカンスする山猫たち: 大正行動隊論」, 『谷川雁: 詩人思想家, 復活』, 133~136쪽.

이러한 시도는 버려진 불모의 땅인 규슈를 새로운 삶이 생성되는 땅으로 변환시키려는 것이었다는 점에서 '유목적인' 지방화의 시도라고 해도 좋을 것이다. 버려지는 것을 두려워하거나 그에 항의하기보다는, 그것을 역으로 자본이나 소시민적 삶으로부터 벗어나 하고 싶은 것을 하고 사는 기회로 변화시키는 것, 불모의 땅을 한탄하거나 버리고 떠나는 게 아니라, 그 불모성을 긍정하며 그 안에 존재하는 새로운 잠재성을 포착하고 가동시키는 것.

　　다른 한편 그는 표현의 층위에서도 지방성을 사유하는 또 다른 방법을 보여 준다. 거대한 침묵 속에 숨어 있는, 그가 종종 '원점'(原點)이라고 불렀던 에너지가 어떻게 하면 그 표현적인 통로를 찾아 혁명적 힘으로 분출토록 할 수 있을 것인가가 그의 또 하나의 핵심적인 문제의식이었다. 그는 노동자나 '민중' 자신이 직접 글을 쓰는 문학서클 운동에서 그 가능성의 일단을 보았던 것 같다. 시나 예술은 시인이나 예술가가 하는 것이지 내가 할 일이 아니라고 밀쳐 두는 한, 표현할 방법을 찾지 못해 침묵 속에 갇혀 있는 에너지는 활성화될 수 없다고 믿었던 것일 게다. 물론 노동자 문학운동은 다니가와 간 이전에도 이미 있던 것이고, 그의 그것이 특별히 화려하게 성공했던 것도 아니다. 나아가 반드시 노동자 문학운동이어야 한다고 말하는 것도, 반드시 노동자나 민중이어야 한다고 말하는 것도 아닐 것이다. 다만 변방에 사는 사람들이, 누구도 말해 주지 않았고 자신들 스스로도 말하려고 하지 않았던 자신들의 삶에 대해, 그 삶 속에서 자신들이 체험하고 느꼈던 것에 대해 자신이 말하도록 촉발하려는 것이었을 게다. 그래서 그런 문학서클들을 만들고 그 문학서클들의 네트워크를 조직하기 위해 『서클 마을』이라는 공동의 잡지를 만든다.[29] 이런 서클들이 모여 하나의 '마을'이 만들어지기를 꿈꾼다. 그 마을을 통해 노동자나 농민, 혹은 유민들의 삶과 에너지가 모여들고 회류하면서 새로운 창조적 표현의 장을 만들어 내기를 꿈꾸는 것이다.

일본에서 '마을'이란, 근대 이전의 한국에서와 마찬가지로 공동체를 뜻한다. 지방성에 대한 다니가와 간의 사유에서 외부성이나 유목성만큼이나 공동체성이 중요함을 이미 반복하여 살펴본 바 있다. 앞서의 그것이 먹고사는 생활, 신체적인 삶의 층위와 결부된 것이었다면, 지금 '서클 마을'이란 개념을 통해서 그가 만들어 내고자 하는 공동체는 자신의 에너지를 '표현'할 적절한 '언어'를 창안하는 문제와 결부된 것이다. 그것은 사람들의 삶이, 혹은 생각이나 에너지가 서로를 촉발하고 또한 섞이면서 새로운 것이 생성되는 공동의 장일 것이다. 신체적이고 물질적인 요소들이 서로 의존하면서 공동체적 순환계가 만들어지듯이, **아직 그 표현을 찾지 못한 사고와 체험, 느낌과 감정이 서로를 촉발하며 공동으로 작동하는 표현의 공동체.** 다니가와 간이 만들고자 했던 이 표현적 층위의 '마을'에서 지방성을 사유하는 또 하나의 단서를 발견할 순 없을까?

이러한 '마을'은 서클들의 '소통'과 접속을 통해 구성되는 것이기에 그 서클들이 존재하는 지리적 공간의 제약을 벗어나 있다. 그래서 다니가와 간은 이 '마을'이 현(懸)보다 더 크다고 말한다("마을 안에 현이 있다는 역설"[30]). 규슈 전체보다도 크며, 언어가 통하는 한 일본 전역으로 확대될 수 있는 것이기도 하다. 지리적 규모의 위계를 와해시키는 역설적 명제다. 서클 마을, 그것은 **전국적 규모의 지방성**을 사유하게 해준다. 그러

---

29) 谷川雁, 「さらに深く 集団の意味を: 『サークル村』創刊宣言」, 『谷川雁セレクション I』, 296~307 쪽 참조.
30) 같은 글, 296쪽.

나 이 '전국적 지방성'은, 전국이란 이름을 빌려 항상 다른 지역들을 동일화시키고 포섭했던 '중앙의 전국성'과 달리, 중앙에서 벗어난 사유, 척도에서 벗어난 사유들이 모이고 섞여 들며 만들어지는 것이다. 그것은 중앙으로 향한 지역들의 벡터를 중앙 아닌 다른 방향으로 돌려놓고, 보편성의 이름으로 동질화되어 가는 지역적 욕망의 흐름을 이질적인 것들이 모여 뜻밖의 것을 창출하는 방향으로 흐르게 만드는 지방성일 것이다.

5. 결론

지금까지 국민국가적 모델, 도시경제의 모델, 변방의 모델이라는 세 가지 모델을 통해 지방성의 사유 방식에 대해 검토했다. 알다시피 이 가운데 지배적인 것은 국민국가적 모델일 것이다. 지방성을 사유하는 방법이 단지 앞서의 세 가지로 제한될 이유가 없지만, 일단 상이한 유형의 모델을 구별하고 복수화하고자 했던 것은, 국가적 모델을 상대화하고 그로부터 벗어날 길을 좀더 넓은 범위에서 찾을 수 있으리라는 믿음 때문이다.

　중앙의 지배에 반하여 지방성의 문제를 적극적으로 제기하는 경우에도 국가적 모델에서 벗어나지 못하는 경우가 많은 이유는, 무엇보다 지방의 '발전'에 필요한 자금을 중앙의 국가가 징수하고 사용한다는 점에 기인하는 것이겠지만, 더불어 지금 우리가 사는 근대사회에서 지방 내지 지역성이 국가적 모델에 따라 형성되었다는 발생사적 제약과도 무관하지 않을 것이다. 중앙과 지방의 분할, 유기체적 통합의 관념하에의 자리분배, 동시에 중앙에의 선망을 가동시키는 보편주의, 이 모든 것의 근저에 있는 전국적 자금(세금)의 분배 등이 이러한 국가적 모델을 구성하는 핵심적인 요소일 것이다. 중앙의 지배에 대한 반대와 분산의 요구는, 지방의 후진성에 대한 항의에서 시작하는 경우가 일반적이기에, 개발과 관련된 자금의 분배와 지역에 주어진 자리의 재분배를 요구하는 형태로 진행되기 십상이다. 좀더 근본적인 것은 지역의 후진성이라는 문제를 '현실적으로' 다루기 위해서는 그러한 후진성을 야기한 정부의 중앙주의적 태도에 항의하고 그것과 대결해야 하기 때문일 것이다.

나는 이러한 항의와 대결에 공감하지만, 그것이 반드시 국가적 모델에 따라야 하는 것인지에 대해서 질문하고 싶었다. 중앙을 선망하고 중앙을 모델로 하여 자신을 그에 맞추어 가는 식으로 지방성에서 벗어나려는 발상에 대해서, 또한 그것이 정말 '현실적인' 것인지 또한 질문하고 싶었다. 왜냐하면 자본주의적 시장을 전제하는 한 농촌이 도시에 의해 착취당하고 황폐화되는 것을 '현실적으로' 피하기 어려운 것처럼, 지방이 중앙에 의해 착취당하는 것 역시 '현실적으로' 피하기 어려운 것처럼 보이기 때문이다. 물론 피하기 어려운 것이라도 그 속도를 늦추는 것은 분명 유의미한 일이고 중요한 일이다. 카프카의 소설 『소송』에서 티토렐리가 K에게 가르쳐 준 전략처럼 '무한한 연기'가 가능하다면, 사실 종말은 피할 수 있을 것이기 때문이다. 그러나 국가도, 국가 전략에 가장 강력한 영향력을 행사하는 자본도 전지구적 스케일에서 다른 국가나 자본과 경쟁해야 한다는 조건은, 그런 무한한 연기가 '현실적으로' 가능한지 의심하게 한다. 더구나 신자유주의 이후 모든 영역, 모든 대상으로 확장되고 있는 경쟁의 개념은, 여기에 더욱더 불리한 현실을 이루는 것 같다.

사실 이런 난점은, 이미 제이콥스 자신이 지적하듯, 도시경제의 모델에서도 피하기 어려운 것이다. 국민국가가 현실적으로 지배하는 조건에서 도시경제의 발전은 국가 단위의 통화 지배와 경제정책으로 인해 적절한 피드백을 받기 어렵고, 결국 수도권이라는 특권적 도시의 중심성으로 귀착되고 만다. 이를 넘어서기 위해 도시별로 화폐를 분할하는 것은, 국민국가의 '주권'을 분할하는 것을 뜻하기에 실질적으론 불가능하며, 결국 가능한 것은 보조금 같은 '쇠퇴의 거래'를 통해 종말을 연기하는 것밖에는 없다는 것이 제이콥스의 결론이었다. 제이콥스가 훌륭한 것은 이러한 딜레마를 스스로 정확히 통찰하고 인정한다는 점일 것이다.

나는 이러한 모델과는 아주 다르게, 개발이나 경제발전이라는 척도로부터 벗어나 삶의 문제를 바탕으로 지방성의 문제를 사유하려는 시도를 다니가와 간의 예를 통해 드러내고자 했다. 변방성을 긍정할 뿐 아니라 그 변방성마저 그것의 외부를 통해 사유하려는 시도, 그 변방에서 살아갈 수 있는 새로운 삶의 방식을 창안하려는 시도, 그리고 지리적 공간의 제약을 넘어서 지방성을 사유할 가능성을 찾으려는 시도는 지방성의 문제를 사유하는 근본적으로 다른 길을 제시한다고 나는 믿는다. 그러나 그것은 경제적 풍요와 근대적 삶의 보편화된 척도를 벗어나지 않고선 받아들이기 힘든 것일 터이다. 이런 의미에서 지방성의 사유에서 가동시켜야 할 외부성의 벡터는 무엇보다 그 경제주의적 보편성의 외부를 사유하는 것이다. 그러한 척도를 갖고 있는 한 다니가와 간의 시도는 모두 '현실'의 삶을 생각하지 않는 무모한 공상이거나 출구 없는 자들의 자족적 게토에 불과한 것으로 보일 것이다.[31]

이러한 생각이 바로 우리를 반복하여 국가적 모델로 되돌아가게 만

---

31) 그런 관점을 갖고 있다면 필경 이렇게 말할 것이다. "그렇게 주장한 다니가와 간 역시 실패했고, 결국 도쿄로 돌아가지 않았는가?" 그러나 그와 함께했던 동료들의 최근 증언은 결코 그렇지 않음을 말해 주는 것 같다(米谷匡史, 「'流民'のコミューンを幻視する」, 7~8쪽 참조). 덧붙이면, 나는 어떤 실험의 '실패'가 그 실험의 무의미함을 의미한다고 생각하지 않으며, 근본적으로 실패 없는 성공이 언제 있었던가 하는 의문을 갖고 있다. 실패는 어떤 것을 다시 생각하기 시작할 때를 뜻하는 것이지, 그런 실험을 중단할 때를 뜻하는 게 아니라고 믿기 때문이다.

든다. 국민국가의 외부를 사유하는 것은, 우리가 국민국가적 체제 안에 존재한다는 이유만으로도 매우 어려운 것이 틀림없다. 따라서 도시경제의 모델마저 전제하고 있는 근대의 경제주의적 공리를 벗어나 그것의 외부를 사유하자는 제안을 받아들이기를 쉽게 기대한다면, 우리를 지배하는 세계와 권력을 너무 과소평가하는 것이다. 그것보다는 국가적 모델 안에서 지방성의 개념을 '중앙화'와는 다른 방향으로 밀고 나갈 가능성을 찾는 것이 좀더 현실적일 것 같다. 가령 지방의 고유성이나 특수성이 아닌 지방적 특이성을 구성하는 특이화의 전략은 굳이 국가적 모델을 버리지 않고서도 그것의 이중구속에서 벗어날 길을 보여 준다고 나는 믿는다. 그러나 그것 또한 지방성의 개념 안에서 외부성의 벡터를 가동시킬 것을 요구한다는 것은 분명하다. 왜냐하면 지방적 특이성이란 그 지방의 외부와의 만남을 통해 자신을 변환시키는 것이기 때문이다.

한편 도시경제의 모델은 그것을 경제학적 관념에서 벗어나게 하는 것을 통해 지방성을 사유하는 데 필요한 적극적인 요소들을 찾아낼 수 있음을 보여 준다. 거기서 나는 **외부성**과 **인접성**, **잉여성**이라는 일반화된 개념이 지방성의 사유에서 외부와 내부의 관계를 사유하는 데 유용하리라고 주장한 셈이다. 그런데 내부성의 구성을 함축하는 인접성의 개념조차 외부와의 접속과 연계 없이는 존속할 수 없다는 사실은, 그리고 잉여성이란 개념이 외부효과에 대한 대응과 관련된 것이란 점은 이 개념들 전체에서 외부성 개념이 일차적인 것임을 보여 준다고 하겠다. 다른 한편 변경의 모델에서도 지방성을 외부성의 지대로서 생각할 때조차 **그 외부마저** 또 다른 외부를 통해 사유할 수 있어야 한다는 것, 외부란 외부적 흐름들이 만나는 곳이란 것을 다시 한번 상기할 필요가 있을 것이다.

지금 가속적으로 진행되고 있는 '전지구화'는, 국가적 중앙으로부터의 탈중심화를 촉진하는 것처럼 보인다. 중앙과 지방을 전국적 단일성 속에서 통합하면서 중앙을 척도로 위계화하고, 개발/저개발, 보편/개별의 분리를 통해 개발의 보편주의로의 움직임을 만들어 내는 것과 다른 요인들이 국경을 넘어 흘러들고 있는 것이다. 그것은 중앙과 지방의 분할과 통합을 가동시키던 일차적 요인에 일정한 변화가 발생했음을 뜻한다. 중앙 아닌 다른 지향점들이 가까운 하늘에 찬란한 성좌를 그리며 펼쳐지고 있는 것이다.

그러나 이것이 비수도권의 지역들에게 좋은 방향으로 작용할 것이라고 말하기는 쉽지 않을 듯하다. 전지구화가 자본에 의해 주도되고 있는 것인 한, 그것은 자본의 보편주의에 또다시 포섭될 위험의 증가를 뜻하기 때문이다. 사스키아 사센이 지적하는 것처럼 자본의 물질적 고정성으로 인해 '글로벌 시티' 이외의 장소들은 배제와 저개발의 위험이 증가하게 되기 때문이다.[32] 이런 조건에서 보편주의는 '수도'라기보다는 글로벌 시티가 된 새로운 중심을 지향하게 되고, 그것에 포섭된 하위 파트너를 구성하려는 방향을 지향하게 된다. 그러나 그것은 이전에 비해 더욱더 가망 없고, 처음부터 자본과 노동력의 주류적(major) 회로와 구별되는 주변적(marginal) 회로를 구성할 수밖에 없다.

이런 조건에서도 세금을 거두는 것은 중앙의 국가고, 그것을 사용하는 것 역시 국가 단위라는 사실은 달라지지 않는다. 즉 국가적 투자가 중앙의 수도권이나, 글로벌 시티를 겨냥한 거대도시의 경쟁력을 위해 더욱 집중될 가능성이 더 커졌음을 뜻한다는 것이다. 그렇다고 지방 단위의 조세를 주장하는 것 역시 쉽지 않을 것이다. 이미 도시나 지역 간의 격차가

---

32) Saskia Sassen, *The Global City*, Princeton University Press, 1991, pp.189~190.

커져서 수도권 이외의 도시나 지역이 독립적 재정으로는 자립하기 어렵기 때문이다. 그것은 부와 빈곤의 격차를 체증적으로 확대할 가능성이 크다. 요컨대 경제적 관점에서 지역은 중앙과 자본에 의한 이중의 보편주의와, 더욱더 열악한 투자조건이라는 현실과 맞서야 하게 된 셈이다. 경제적 개발을 도시나 지역의 발전과 동일시하거나 그것의 전제로 삼는 경제주의적 관점을 벗어나지 못하는 한 전지구화가 보여 주는 지방성의 미래는 더욱더 어두운 것 같다.

그러나 이와 다른 층위에서 본다면 전지구화는 지방성을 국가적 내부화나 포괄적(global) 보편화와 다른 방향으로 나아가게 하는 외부성의 영역을 유례없이 확장하고 있다는 사실을 주목하고 강조할 필요가 있을 듯하다. 그것은 자본의 흐름으로 환원되지 않는 다양한 탈영토적 흐름을 전면적으로 가속화한다. 인터넷을 통한 정보의 흐름과 지식의 흐름, 그것을 통한 사람들의 활동의 흐름이 국민국가의 중심화된 수로와 국경이라는 절단기를 넘어서 범람하고 있다. 이주민의 흐름도 그렇지만, 이주노동자로 국한되지 않는 새로운 활동과 만남의 지대가 확장되고 있으며, 이는 중앙의 수도와는 다른 방향으로 열린 길들을 확장하고 있다. 가령 도시나 지역이 주도하는 몇몇 영화제나 비엔날레 등의 성공은, 비록 결코 작지 않은 그림자를 드리우고 있다고는 해도, 수도 아닌 도시에서의 활동이나 이벤트가 국제적인 시선이나 활동을 모으는 것이 가능함을 보여 주는 사례라고 할 것이다. 결코 쉽게 말할 수 있는 것은 아니라 해도, 일단 지방화가 수도의 보편주의와 다르게, 외부적이고 이질적인 흐름들이 새로운 방식으로 만나면서 특이화의 방향으로 나아갈 가능성을 발견할 수 있지 않을까? 비록 여러 가지 난점으로 성공하지 못하고 있다고는 해도, 수많은 나라의 이주노동자들의 흐름과 결합하여 '국경 없는 마을'[33]을 만들려는 안산에서의 시도는, 이런 관점에서 좀더 적극적으로 평가하고 밀고 나가야 할 하나의 실험일 수 있을 것이다.

중요한 것은 경제적 개발주의의 비관적 현실(!)과 다른 층위에서 사고하는 것일 게다. 그리하여 전지구화가 확대된 가능성의 형태로 제공하는 외부성을 통해 지방화의 벡터가 창조적 탈주선을 그릴 수 있는 잠재성의 폭을 확장하는 것일 게다. 외부적인 흐름들, 이질적이고 심지어 주변적인 성분들이 뜻하지 않은 방식으로 만나 새로운 특이성을 생성하는 변방적인 지방성에 전지구화는, 어둡다/밝다라는 단조로운 단어로는 표현할 수 없는 색조의 새로운 가능성의 장을 뜻한다고 해도 좋을 것 같다.

---

33) 박채란, 『국경 없는 마을』, 서해문집, 2004; 박천응, 『이주민 신학과 국경 없는 마을 실천』, 국경 없는마을, 2006; 오경석, 「어떤 다문화주의인가」, 오경석 외, 『한국에서의 다문화주의』, 한울, 2007; 오경석·정건화, 「안산시 원곡동 '국경 없는 마을' 프로젝트: 몇 가지 쟁점들」, 『한국지역지리학회지』 12권 1호, 2006.

10 | 대중운동과 정의
정의는 어떻게 '정의'와 대결하는가?

1. 대답에서 질문으로

결여된 것에 의해 어떤 것을 사유한다는 것은 불행한 일이다. '정의란 무엇인가'란 제목의 책이, 그 주제의 무거움에도 불구하고 그렇게 많이 팔린 것은 무언가 크게 결여되어 있다는 대중들의 느낌을, 대중들이 느끼는 그 불행의 정도를 표현하는 것일 게다. 하지만 더욱 불행한 것은 그 책이 지금 여기에서 요구되는 정의의 문제를 담기에 부적절하다는 것이 아니라, 이런 상황이 '그들'의 입을 통해 '공정사회'라는 말로 우리에게 되돌아오고 말았다는 것이다. 그것은 정의의 관념에 대해 아쉬움을 느끼던 그 커다란 결여를, 그런 아쉬움을 느끼게 만든 장본인의 입에서 나온 '공정성'이란 단어로 채움으로써 그 문제마저 외면하게 할 수 있는 것이란 점에서, 정의나 공정성에 대한 모든 대중적 문제의식을 무효화시킬 수도 있는 것이었다. 그나마 다행인 것은 대중들이 그들의 그런 언사를 반어법을 구사하는 개그맨의 그것으로, 웃음으로 받아넘겼다는 사실인 듯하다.

　그렇지만 그 이후 '정의'나 '공정성'을 논하는 것은 어느새 그 신선함을 잃어버린 건 아닐까 싶다. 그런 개념을 말하는 게, 그들과 같은 지평 위에서 시시비비를 따지는 문제가 되어 버린 느낌을 피할 수 없기 때문일 게다. 물론 그 경우 그들이 말하는 '공정사회'는 그들의 목을 향해 되돌아가는 부메랑이 될 수 있겠지만, 어차피 그 어떤 비난의 말도 감지하지 않는 저 무감각한 두꺼운 피부를 뚫고 들어갈 가능성은 그다지 없어 보인다. 다만 그들의 피부에 튕겨 나온 말들이 대중들의 분노에 또 하나의 층을 더하며 잠재화되리라고 생각할 수 있을 뿐이다.

신선함이나 절박함의 감정이 사라진 지금이기에, 어느새 잊혀져 가는 개념들을 다시 주목하고 다시 생각하는 것은 지배적인 시간(Zeit)의 흐름에 반하는 일종의 '반시대성'(Unzeitlichkeit)을 갖고 있는 것이라고 믿고 싶다. 하지만 그 반시대성이란 말에 값하기 위해선, '정의'를 둘러싼 최근의 담론들에서, 그것의 "미국적인, 너무나 미국적인" 지평에서 벗어나야 하지 않을까? 그것은 '정의'라는 개념 자체를 우리의 가시성의 범위에서 벗어나도록 밀고 가는 어떤 근본적인 질문을 통해 다루는 것이리라고 생각한다. 그것을 통해 '정의'라는 개념을 답이 아닌 문제로, 혹은 언제나 반복하여 다시 던져야 할 물음으로 바꾸어야 한다고 생각한다.

2. 정의와 공정성

'정의'를 뜻하는 말 '저스티스'(justice)는 그리스어 '디케'(Dike)의 번역어다. 그러나 그 말은 맥락에 따라 매우 다른 의미들을 갖는다. 영어나 프랑스어에서 이 단어는 정의와 유사한 '공정', '공평'이란 의미 이외에 '사법'이나 '소송', '판사'를, 또한 '응보', '징벌'이란 의미를 갖는다. 가령 하이데거가 정의에 대해 말하면서 분석하는 아낙시만드로스의 금언 "디도나이 갈 아우타 디켄 카이 티신 알레로이스 테스 아디키아스"(didonai gar auta diken kai tisin allelois tes adikias)는 통상 "그것들은 자신이 저지른 부정에 대하여 서로 벌을 받고 대가를 치른다"라는 말로 번역된다.[1] 여기서 '디케'는 불의/부정(adikias, 정의dike의 부재)에 대해 내리는 대가/징벌을 뜻하는 것이다. 정의란 불의에 대해 내리는 처벌이라는 말은, 정의가 갖는 '복수적'(復讐的) 성격을 시사한다. 니체는 이런 복수적인 성격이 법의 '기원'이라고 말한다. "눈에는 눈, 이에는 이", 응보적인 처벌을 표현하는 이 말이 함무라비 법과 같은 고대적 법전에서는 매우 직접적인 방식으로 사용된 바 있음을 우리는 알고 있다. 디케 내지 저스티스라는 말은 정의 또한 이런 응보와 복수라는 기원을 갖고 있음을 보여 주는 셈이다.

이는 저스티스가 '공정성'이나 '공평함'을 뜻하는 것으로 사용될 때에도 다른 식으로 표현된다. 공평함이란 어느 한편으로 기울지 않는 것을 뜻한다. 정의의 여신이 눈을 가린 채 저울을 들고 있는 것은, 당사자가 어떤 사람인지 보지 않고(롤스라면 '무지의 장막'이라고 했을 것이다) 동등한 기준으로 판단하는 것을 상징한다. 그런데 '공평'이나 '저울'이란 말에 어떤 등가성이 함축되어 있음을 유심히 본다면, 등가성을 뜻하는 이런 공평함이 "눈에는 눈, 이에는 이"라는 응보의 등가성을 발생적 기원으로 하고 있음을 짐작할 수 있을 것이다. 이런 등가성은 어떤 행동과 그에 대한 처벌, 즉 응과 보를 재고 계량할 수 있음을 전제하고 있다. 역으로 이런 계

---

1) 마르틴 하이데거, 「아낙시만드로스의 잠언」, 『숲길』, 신상희 옮김, 나남, 2007, 501쪽. 데리다는 『마르크스의 유령들』에서 이 문장의 번역을 다시 언급하고 있다(자크 데리다, 『마르크스의 유령들』, 진태원 옮김, 이제이북스, 2007, 63~65쪽).

량과 계산은 응과 보가 등가적이어야 한다는 요청에 의해서 나오는 것일 터이다. 따라서 계산과 계량 가능성이란 개념 또한 응보적인 복수의 이념을 그 발생적 기원으로 한다고 할 수 있을 것이다. 정의의 여신이 들고 있는 '저울'이 등가성으로 요약되는 응보의 이념과 거기서 기원하는 계량과 계산 가능성을 함축한다면, 다른 한 손에 들고 있는 칼은 이런 계산과 등가가 귀착될 처벌의 복수적 성격을 명시적으로 보여 주는 것이다.

마이클 샌델의 책으로 인해 널리 알려진 '공리주의자'의 계산적인 정의 개념이 이런 종류의 개념에 속한다는 것은 긴 설명이 필요없을 것이다. '시장자유주의자'의 정의 개념 또한 그렇다. 왜냐하면 그들은 능력만큼 일하고 일한 만큼 보상받는 것이 정의라고 본다는 점에서 '능력과 보상의 응보적 등가성'을 정의 개념이라고 정의하고 있기 때문이다. 이것이 '가해와 처벌의 응보적 등가성'과 정확히 대칭적인 것임을 아는 것은 그리 어렵지 않을 것이다.

그러나 법이나 정의가 단지 복수에 머문다면, 그것은 사적인 복수의 행위와 구별되는 어떤 '공적인' 성격을 확보할 수 있을까? 법이 단지 복수만을 뜻할 뿐이라면, 그것은 복수를 위해 행사하는 사적인 폭력과 어떤 구별도 갖지 못할 것이다. 정의가 단지 복수적인 응보를 뜻할 뿐이라면, 정의는 자신에게 주어진 가해에 대한 복수의 정념과 구별되지 못할 것이다. 그것은 정의가 정의일 수 없음을 뜻한다. 공리주의자나 시장주의자들이 비용과 이득, 능력과 보상(무능력과 처벌!)의 등가성을 보증하는 것으로 국가를 최소화하려는 것은, 그런 식의 계산이나 시장이란 개념으로 '공공영역'을 사실상 사적 경쟁의 장으로 대체하려는 것은 이와 무관하지 않을 것이다.

데리다는 이런 응보적이고 복수적인 정의의 개념에서 정의의 개념을 구해 내고자 한다. 이를 위해 그는 먼저 계산 가능성을 통해 법과 정의를 구별한다. 법은 응보적이고 계산적이지만, 정의는 그렇지 않다는 것이다. 그것은 계산을 요구할 때에조차 계산 불가능한 것을 함께 고려하고 계산하도록 요구한다. "법은 정의가 아니다. 법은 계산의 요소며, 법이 존재한다는 것은 정당하지만, 정의는 계산 불가능한 것이며, 정의는 우리가 계산 불가능한 것과 함께 계산할 것을 요구한다."[2] 가령 어떤 판사가 판결을 할 때, 그가 단지 법의 규칙만을 따른다면, 그는 판사가 아니라 단순히 법에 쓰여진 규칙을 가동시키는 계산기계가 되고 만다. 그의 판결이 정당하려면 매 경우마다 마치 자신이 규칙을 재발명하기라도 하듯이, 주어진 사안에 대해 재창설적인 해석의 행위에 의해 스스로 책임을 지고 판단해야 한다. 그러나 그가 어떤 법적인 규칙에도 준거하지 않고 판결한다면, 그 또한 정당하다 할 수 없다.[3] 이런 점에서 판결은 계산적인 규칙과 계산 불가능한 어떤 것 사이에 있고, 계산적인 법과 계산 불가능한 정의 사이에 있다.

책임이란 말로 요약되는 이러한 재창설행위의 한쪽이 계산 불가능한 것은, 정의란 바로 뜻하지 않은 타자성의 경험이고, 그러한 타자성이 본질적으로 '불가능한 것'에 속하기 때문이다. 타자는 법 이전에 있고, 법 바깥에 있다. 타자란 본질적으로 예측 불가능하고 계산 불가능한 것이다. 그게 가능하다면, 그것은 이미 타자가 아니다. 내 안에 있는 것, 주체에 의해 파악/장악된 것이고, 법 안에 있는 사례에 지나지 않는다. 동어반복적인 문형을 이용해 제시되는 "모든 타자는 전혀 다르다"(Tout autre est

---

2) 자크 데리다, 『법의 힘』, 진태원 옮김, 문학과지성사, 2004, 37쪽.
3) 같은 책, 49~50쪽.

tout autre)라는 문장은 이러한 계산 불가능성의 이유를 설명해 준다. 정의란 무한성을 갖는 이런 타자성의 경험이라고, "절대적 타자성의 경험"이라고 데리다는 말한다. 이것이 사건의 기회고 역사의 조건이다. "계산과 규칙, 프로그램과 예견 등을 초과하는 사건이 존재하는 한에서만 정의가 존재한다."[4]

    가령 미국이나 오스트레일리아의 원주민들이 백인들에게 빼앗긴 토지에 대한 자신들의 소유권을 주장하며 소송을 제기한 경우, 법관은 자신이 알고 있는 법만으로는 결코 계산하거나 판단할 수 없는 사태에 직면하게 된다. 원주민의 토지소유권을 인정하는 것은, 외부자인 우리가 보기엔 정당한 것이다. 애초에 그것은 식민주의적 침략에 의해 강탈당한 것이기에, 벌금까지 덧붙여 돌려주어야 마땅한 것이다. 그러나 샌델 같은 사람이 자기가 살고 있는 사회의 '공통된 덕목'이라고 인정할 리 없을 이런 요구에 대해 법관들이 쉽게 동의할 순 없을 것이다. 더구나 이미 자신의 선조나 부모로부터 토지를 '물려받았다'고 믿고 있는 사람들, 혹은 다른 백인들에게서 토지를 매입하여 소유하고 있는 사람들에게 그것을 돌려주라고 판결하는 것은, 법적인 관념에 익숙한 사람일수록 하기 어려운 것일 게다. 그렇다면 원주민의 주장은 그대로 무시되어도 좋은 것일까? 그것은 기존의 법조항을 이용하면 얼마든지 무시할 수 있겠지만, 토지를 빼앗길 수 있는 자를 제외한다면 그것이 결코 '정의롭다'고는 누구도 말하기 어려울 것이다. 법과 구별되는 것으로서 정의가 필요한 것은 바로 이

---

4) 자크 데리다, 『법의 힘』, 59쪽. 따라서 정의란 "이음매에서 벗어난 시간"(time out of joint)의 이음매를 회복하는 것이 아니라, 이음매의 어긋남 안에 머물러 있는 것이다. 그렇기에 해체만큼이나 정의는 해체 불가능하다고 데리다는 말한다(자크 데리다, 『마르크스의 유령들』, 71쪽).

지점에서일 것이다. 이 경우 정의는 기존의 법에서는 다룰 수 없는 것을 다루는 것이고, 기존의 법에 따라 판단할 수 없는 것에 대해 판단할 것을 요구한다. 그렇기에 아마도 판단하는 법관에 따라 다르게 판결할 것이 틀림없다. 그것은 그 법관이, 자신이 알지 못하는 영역, 자신이 서 있지 않은 영역, 자신이 아는 것으론 판단할 수 없는 저 타자성의 영역에 얼마만큼 깊이 들어갈 수 있는가에 의해 결정될 것이다.

법 이전의 역사에 속하는 것에 대해 판단할 것을 요구하는 이런 사태가 법 자체의 근간을 뒤흔드는 특별한 경우만으로 제한되는 건 아니다. 가령 반복되는 가정폭력 때문에 남편을 살해한 여성에 대한 판결, 혹은 원한에 의한 살해 같은 경우조차 사실은 마찬가지로 법적 규칙이나 계산의 영역 밖에 있는 어떤 것과 법이 만나는 접경지대에서 판단해야 한다. 가정폭력에 의해 고통받는 여성의 삶에 대해, 자신이 경험하지 못한 이 타자성의 영역에 민감하거나 열려 있는 법관과 상대적으로 그렇지 않은 법관이 이러한 사건에 대해 아주 다르게 판결하리라는 것은 분명하다. 원한에 대해서도 마찬가지일 것이다. 그 원한이 정말 살인조차 납득하게 해 줄 수 있는 것인지, 그렇지 못한 정신병적 과잉반응인지, 혹은 살해에 대한 사후적 정당화인지는 대개 법에 의해 판단할 수 있는 것이 아닐 터이다. 법과 구별되는 그 타자성의 영역, 예측 불가능하고 계산 불가능하며 경우마다 다를 그 영역이 바로 데리다가 말하는 '정의'의 영역이다.

계산할 수 없는 그것을 계산 불가능한 채 그대로 두지 않고 법적인 계산의 영역으로 끌어들여야 하는 이유는 무엇인가? 충분히 이해할 수 없을 그 타자성을 법적인 판결의 영역으로 밀고 들어가도록 하는 이유는 무엇인가? 그것은 데리다가 파스칼을 인용하여 말하듯, "힘 없는 정의란 무기력"하기 때문이다.[5] 정의는 법 없이는, 법이 제공하는 힘이나 강제, 혹은 폭력 없이는 무기력하다. 그렇기에 계산 불가능한 사건에 대해, 어떤 식으로든 우리는 판단하고 계산해야 한다는 것이다. 이런 계산 없이는, 그 계산 불가능한 타자성을 법적인 영역 안으로, '법의 힘'이 작동하는 영역 안으로 불러들이지 않고는 정의란 존재할 수 없다. 따라서 "정의는 계산할 것을 명령한다. 우선 우리가 정의와 가장 가깝게 연결시키는 것, 곧 법과 법적인 영역 …… 안에서 계산할 것을 명령한다".[6]

그러나 계산 불가능한 것을 계산해야 하고, 규칙에서 벗어난 것을 규칙에 의해 판단해야 하기에, 계산할 때마다 계산의 척도는 해체되고 판단할 때마다 규칙 또한 해체된다. 판사가 매번 규칙을 재창설할 때, 그 재창설의 행위를 통해 규칙은 해체된다. 따라서 정의란 계산 불가능성과 계산 가능성 사이에서 매번 계산의 척도를 해체하는 운동이고, 결정 불가능성과 결정의 요청 사이에서 매번 법과 규칙을 해체하는 해체적 운동 그 자체다(이렇게 데리다는 자신의 작업인 '해체'와 '정의'를 직접적으로 연결한다). 정의란 "법 안에서, 법의 역사 안에서, 정치적 역사와 역사 일반 안에서 작동 중인 해체의 운동 자체다".[7]

요약하면, 데리다가 말하는 정의는 두 가지 상이한 위상을 갖는다. 일차적으로 정의는 예측 불가능한 사건으로 도래하는 절대적 타자성의 경험이고, 이미 존재하는 법이나 계산의 바깥에서 오는 것이다. "정의는 불가능하다"라는 말은 이런 의미를 갖는다. 따라서 정의는 어떤 명시적

---

5) 자크 데리다, 『법의 힘』, 27쪽.
6) 같은 책, 60쪽.
7) 같은 책, 54쪽. 이런 해체의 운동이 법과 정의를 연결한다. 이로써 법은 자신이 정의의 이름으로 자신을 실행한다고 주장할 수 있고, 이로써 정의는 법을 통해 작동하고 법 안에 자신을 설립할 수 있게 된다(같은 책, 48쪽).

인 내용을 갖지 않는다. 명시적인 내용을 갖는 한, 그것은 이미 정의가 아니라 법이고 도덕이나 윤리며, 정치나 경제 등의 영역 내부에 들어간 어떤 요구이고 규칙일 뿐이다. 정의란, 부정신학에서의 신처럼, 차라리 그렇게 명시화된 모든 규칙이나 요구를 지우는 부정의 힘이다. 다음으로 정의는 그것이 정의로서 작동하기 위해 법 안에서, 역사·정치·윤리 등의 안에서 계산하고 명시적인 어떤 것으로 수립될 것을 요구한다는 점에서, 기존의 규칙이나 계산의 척도, 규범을 해체하는 운동이다. 기존의 규칙을 지우며 새로운 규칙을 수립하고, 기존의 윤리나 규범을 해체하며 새로운 윤리나 규범을 재수립하는 운동. 법이나 규범, 윤리를 끊임없이 갱신하게 하는 해체의 운동이 바로 정의다. 그것은 어떤 계산된 이득의 분배가 아니라 그런 분배의 해체를 통해 다른 분배를 산출하는 운동이고, 사람들에게 제시되는 어떤 덕목이나 원리가 아니라 그런 덕목이나 원리를 해체하며 다른 덕목이나 원리가 출현할 공간을 여는 운동이다.

　그 정의는 현실 속에서 어떻게 작동할 수 있을까? 정의를 현실적으로 작동하게 하는 것은 무엇인가? 데리다의 설명처럼 법에 의거하면서도 또한 법적 규칙의 기계적 적용을 넘어서는 판사와 같은 사람에 의해서 작동할 것이다. 법을 적용하면서도 그것을 넘어설 권리와 자격이 주어진, 그래서 매번 법을 새로이 재창설하는 자리에서 작동할 것이다. 기계적인 성격이 훨씬 강하긴 하지만 역시 법적 규칙에 따라 행동하되 단지 거기 머물러선 안 되는 행정가나 관료들일 수도 있을 것이다. 좀더 그럴듯한 것은 법에 의해 활동해야 하지만, 기존의 법을 고치거나 새로운 법을 만들 권한과 임무가 주어져 있는 입법가들, 국회의원들일 것이다. 혹은 데리다가 그런 정의를 '책임'이란 개념과 짝짓고 있음을 염두에 둔다면, 그러한 위치들에서 자신이 경험하는 어떤 타자성을 통해 법적 규칙을 해체하고 재수립하려는 책임감 같은 것이라고 하는 게 더 정확할지도 모른다.

그러나 지금 한국 사회처럼 정의가 법과 만나는 지점에 있는 이들이 타자성은커녕 사적인 이익을 위해, 권력자의 이익을 위해 법적 규칙을 '넘어서는' 곳에서, 혹은 권력의 불의에 저항하는 자들을 처분하고 처벌하기 위해 법을 사용하는 곳에서, 이런 정의의 개념은 어떻게 작동할 수 있을까? 법관들 대부분이 이른바 '강남 지역' 출신이고, 그렇기에 소유권이나 기업의 권익에 대해선 생각할 기회가 극히 많지만 그렇지 않은 것은 정말 '타자성'이라는 미지의 영역으로 남아 있는 상황에서, 타자성을 통해 재수립될 정의라는 개념에 어떤 기대를 할 수 있을까? —— 이런 질문을 피하기 어려운 것 같다.

좀더 근본적으로, 타자성이란 것이 문자 그대로 '알지 못하는 것', 혹은 '알 수 없는 것'이라면, 시선을 주는 순간 사라져 버리는 어떤 것이라면, 타자성으로서의 정의란 정말(!) '불가능한 것'이라고 해야 하지 않을까?[8] 이러한 무지로서의 타자성의 영역이, 어떤 예측하지 못한 사건이 도래하는 지대가 되리라고, 소유권이나 기업의 권리, 혹은 자본의 논리에 익숙한 판사나 의원들이 자신이 알지 못하는 어떤 미래를 향해 새로운 입법적 행위를 하는 영역이 되리라고 믿을 수 있을까? 심지어 2008년 촛불집회처럼 예측하지 못한 사건이 도래했음에도, 그 사건이 가라앉고 그 효과가 소멸하길 기다리는 끈기 끝에 모든 것을 무효화하고 그런 사건을 저지하기 위해 법과 치안의 권력을 사용하는 곳에서, '새로운 입법'의 권

---

8) 이는 레비나스의 윤리학적 타자 개념과 유사한 딜레마에 처하는 것 같다. 타자란 주체의 인식이나 판단 능력을 넘어서 있는 것이다. 그러나 타자에 대해 알 수 없다면 타자성에 근거한 윤리적 내지 법적 행위는 불가능하다. 계급적 행동의 제한성을 보는 데 익숙한 사람이라면, 이 경우 '불가능성'은 데리다나 블랑쇼적인 의미와 달리 문자 그대로 '불가능한 것'이라고 말할 것이다.

한을 행사하는 자들의 '책임'에 호소하는 이런 정의의 개념은 어떤 의미를 가질 수 있을까? 아니, 어떤 '힘'을 가질 수 있을까?

더욱 불행한 것은 이런 경우가 단지 지금의 한국으로 제한되지 않는다는 것이다. 지구상의 공간을 일별하거나, 길지 않은 역사상의 시간을 상기하는 것만으로도 이런 경우가 사실은 일반적이라는 것을 이해하기는 어렵지 않을 것이다. 물론 반대로 그렇기 때문에, 그런 상황일수록 법관들이나 입법자들에게 이런 정의와 책임감을 말해야 한다고 할 수도 있을 것이다. 그것은 분명하다. 하지만 우리가 정의에 어떤 희망을 가질 수 있다면, 그것을 그토록 정의나 책임감이 필요한(!) 사람들에게 맡기는 것에서 찾아선 안 될 것 같다. '정의'를 그런 '그들'의 책임을 상기시키는 윤리학이 아니라 바로 우리 자신의 삶과 행동을 통해 우리 스스로 '책임'질 수 있는 것으로, 우리 자신이 만들어 갈 희망의 이름으로 만들어야 한다.

3. 정의와 욕망

정의의 내용을 구체적으로 규정하는 것의 근본적인 난점은 분명하다. 그 것은 단지 '하나의' 정의일 뿐이며, 특정한 누군가의 정의일 뿐이다. 아리스토텔레스의 '텔로스'(telos)나 샌델의 '덕목'(virtue)이란 개념을 사용한다고 해도, 상이한 집단들, 특히 적대적인 집단들로 분할된 사회에서 그것은 단지 '하나의' 집단의 덕목이고 그들만이 동의할 수 있는 '텔로스'일 것이다. 이런 점에서 보면, 데리다의 정의 개념은 그런 특정한 정의들을 영원히 반복하여 넘어서게 만드는 부정과 해체의 운동만이, 어느 하나의 정의에 멈추지 않고 그것을 끊임없이 넘어서게 만드는 운동 그 자체만이 정의라는 말에 진정으로 부합할 수 있음을 말해 주는 것이 틀림없다.

정의는 법이 아니다. 그것은 도덕이나 윤리와도 다르다. 그것은 법이나 윤리, 기존의 규칙이나 규범을 해체하며, 그것의 새로운 형성을 방향 짓는 운동이다. 그것은 법처럼 복수적이지만 복수를 넘어선 곳을 향해 법을 해체하고 재구성해 가는 운동의 방향이다. 하지만 이런 부정적인 정의의 개념은, 특히나 전통적인 해석이 해석의 권력을 행사하는 법의 영역에서, 그리고 그러한 해석의 권력이 국가적 권력의 일부를 이루는 일반적 조건에서, 그런 부정의 운동, 해체의 운동이 어떻게 가능한지, 어떻게 작동하고 진행될 수 있는지에 답해야 할 책임이 있지 않을까? 더구나 정의보다는 불의가 지배하고, 불의가 법을 장악하고 '해체'해 가는 곳에서 정의가 작동하게 하기 위해선 어떻게 해야 하는지 답해야 하지 않을까? 공정성이나 정의라는 말마저 불의의 권력에 의해 자신의 것인양 사용되는 곳이라면, 이런 정의의 개념은 어떤 힘을 가질 수 있을까?

이런 측면을 주목한다면, 오히려 정의 개념의 국지성과 제한성마저 긍정하면서도 굳이 정의를 긍정적으로 규정하려는 시도들을 이해할 수 있을 것 같다. 적어도 그것은 '그들의' 정의에 반하여 '자신들의' 정의를 수립해야 한다는 것, 그런 정의의 내용을 통해 '그들의' 정의와 대결해야 한다는 것을 명확하게 알려주기 때문이다. 가령 한 사회가 계급적 적대로 분열되어 있음을 사고의 출발점으로 삼는 맑스주의자들이라면, 만인에게 공평한 정의 같은 것은 없다고, 오직 계급적인 정의만이 존재할 뿐이라고 말할 것이다. 공평무사한 정의, 그것은 지배계급의 정의에 덧칠된 허구에 지나지 않는다고 할 것이다.

들뢰즈와 가타리가 '정의'라는 말보다는 '사법'에 가까운 의미로 'justice'라는 개념을 사용하면서 그것의 본질을 욕망이라고 말할 때에도, 그것은 정의 개념이 갖고 있던 단일성, 공평성의 관념과 처음부터 갈라선다. "법이 있다고 믿었던 곳에 실제로 있는 것은 욕망이고 오직 욕망일 뿐이라는 것이다. 정의[사법, justice]는 욕망이지 법이 아니다."[9] 카프카의 소설 『소송』에서 법전에는 포르노 사진이 끼어 있다. 법은 그처럼 포르노 위에, 다시 말해 욕망 위에 쓰여 있는 것이다. 법이란 법화(法化)된 욕망이다. 법이 되었기에 정당화되는 욕망이다. 그것이 다른 욕망, 그것과 충돌하는 어떤 욕망과 대면하게 되는 것은, 그것이 하나의 욕망일 뿐이기 때문이다. 그것이 판단이나 판결의 기준이 되는 것은 그것이 '이미' 법화되었기 때문이다.

예컨대 소유권은 소유욕이 법화된 것에 지나지 않는다. 소유에 대한 욕망이 없던 사람들, 가령 유목민이나 북미 원주민들에게 적어도 토지에 대한 소유욕이란 이해하기 힘든 욕망이었고, 소유권이란 받아들일 수 없는 권리/법(droit)이었다. 그것이 법으로서의 강제력을 갖게 된 것은 잘 알다시피 속임수와 폭력에 의해서였다.[10] 따라서 폭력과 강제에 의해 수립된 이런 소유권(욕망)이 당연한 법적 권리가 된 것은 그 폭력과 강제의 지속에 의해 익숙해진 결과일 뿐이다. 이런 법, 이런 욕망에 반하는 다른 욕망이 출현하게 될 때, 법과의 '소송'이 발생하는 것은 피할 수 없다. 토지소유권을 돌려달라는 원주민의 소송은 소유권의 이름으로 제기되었지만, 사실은 소유권 이전에 있던 이런 욕망이 기존의 법적 장치 안에서 기존의 법과 대결하는 방식이라고 해야 하지 않을까? 이런 대결의 과정은 단지 법 안에서만 벌어지는 것은 아니다. 오스트레일리아 원주민의 토지

9) 질 들뢰즈·펠릭스 가타리, 『카프카: 소수적인 문학을 위하여』, 이진경 옮김, 동문선, 2001, 118쪽.
10) 칼 슈미트가 말하는 '법 창설적 폭력'과 '법 유지적 폭력' 모두가 동원되었다. 매우 원시적이고 노골적인 방식으로!

소유권을 인정한 '마보 판결'은, 단지 한 번의 소송에 대한 법적 인정이나 한 양심적인 판사의 용기 있는 판단이라기보다는, 법 바깥에서 이루어진 수많은 항의와 투쟁, 백인들의 식민주의적 점령에 대한 여러 가지 형태의 수많은 비판 등이 적지 않은 시간 동안 지속되어 왔기에 가능한 것이었을 것이다.

소송이란 법에 의해 그것을 위반한 사람을 판결하는 과정이 아니라, 법이 보장한 권리/욕망과 다른 종류의 욕망이 법과 다투는 쟁송의 과정이고, 의식적이든 무의식적이든 법화된 욕망에 대해 충돌의 형태로 의문을 제기하는 과정이다. 초월적인 법이 관철되는 과정이 아니라, 법의 초월성, 법화된 욕망의 초월성에 대해 의문을 제기하는 과정이다. 그렇기에 위반이 반복되고 지속되면 법이 변한다. 다른 욕망이 법화된 욕망의 자리에 올라선다. 그러나 그것은 또 다른 욕망과의 대결을 피할 수 없다. 소송은 법이 존재하는 한 계속될 것이다. '최종심의 무한한 유예'라는 카프카의 전략은 초월적 권력의 작용을 무효화하기 위한 전략이고, 그럼으로써 '심판' 아닌 과정(prozeß)으로서, 법과의 쟁송으로서 소송(prozeß)의 본질을, 소송의 끝없음을 보여 주기 위한 전략이었다고 해야 할 것이다.

정의/사법이 데리다 말처럼 어떤 것도 구체적으로 "표상케 하지 않는다면, 이는 그것이 욕망이기 때문이다".[11] 수많은 욕망들이기 때문이고, 그 많은 욕망들이 들어서는 곳이기 때문이다. 그것은 "안정적인 의지가 아니라 불안정한 욕망이다". 그렇기에 법정에서 일어나는 일 이상으로 "복도나 무대 뒤편에서, 혹은 뒷문이나 옆방에서 벌어지는 분자적인 동요"가 중요하다.[12] 피고란 법화된 욕망과 충돌하는 자의 이름이다. 기

11) 질 들뢰즈·펠릭스 가타리, 『카프카』, 121쪽.

존의 법에 의문을 제기하며 소송을 야기하는 자다. 법관만이 존재한다면 소송은 있을 이유가 없다.

들뢰즈와 가타리 혹은 카프카의 말처럼 정의/사법이 욕망들 사이에서 벌어지는 소송의 과정이라면, 이 과정을 야기하고 이 과정을 끝없게 하는 것은 법관이 아닌 피고다. 정의란 타자성을 보는 현명한 법관에 의해 수립되는 것이라기보다는, 반대로 법과 충돌하는 피고에 의해, 법화된 욕망과 충돌하는 다른 욕망에 의해 수립되는 것이라고 해야 한다. 『소송』에서 변호사 사무실의 레니가 피고에 매혹되는 것은, 그의 입을 빌려 카프카가 "모든 피고는 아름답다"라고 하는 것은 이런 이유에서일 것이다. 따라서 정의/사법은 필연이 아니라 우연을 본질로 한다. 정의의 여신이 눈먼(눈을 가린) 것은, 사사로운 것들을 보지 않기 위해서가 아니라, 우연에 의해, 날개 단 욕망에 의해 추동되는 눈먼 운명을 갖기 때문이다.[13] 정의란 법이 표상하는 필연의 개념에 따라 하나의 정해진 답을 향해 나아가는 한 방향의 과정이 아니라, 충돌하는 욕망들의 내재적 과정에 따라 때론 이리 때론 저리 나아가는 수많은 방향의 과정인 것이다.

소송으로서의 정의가 갖는 이런 양상은 법관에 의해 부정된 권리가 '피고'들의 투쟁과 쟁송에 의해 법화된 사례들을 통해 쉽게 확인할 수 있다. 예를 들면 노동조합의 파업권은 헌법에 보장된 권리임에도 불구하고, 한국에서 파업권이 실제로 보장되지 않고 있음은 잘 알려진 사실이다. 이는 단지 정치적인 판단이나 경찰적인 판단만이 아니라 법적으로도 그러한데, 이는 노조의 파업에 대해 사용자 측이 제기한 민사상의 손해배상소

---

12) 같은 책, 119쪽, 121쪽.
13) 같은 책, 119쪽.

송에 대해 법원이 내린 판결로 확인된다. 가령 한 자료에 따르면, "89년부터 94년까지 6년간 단체행동과 관련, 54개 사업장에서 63건의 손해배상 청구소송이 사용자 측에 의해 제기돼 노사합의에 의한 소취하(36건), 원고승소판결(8건), 원고패소(7건) 등으로 처리되고 있다. 현재 법원에 소송 계류 중인 사건 12건 중 서울지하철노조의 경우는 무려 51억 1천 2백만 원에 이르고 있다".[14]

이는 이후에도 지속되었고, 노조는 항상 민사상의 손해배상소송을 각오하지 않으면 파업을 할 수 없는 상황에 이르렀다. 그러나 파업은 이러한 법적 판결에도 불구하고 광범위하게 지속되었다. 법적 소송과 다른 종류의 소송이, 쟁송 내지 투쟁이 법 바깥에서 계속되었다. 이런 판결에 하나의 전환점이 된 것은 2009년 업무방해 등의 혐의로 기소된 철도노조 간부와 노조원에 대한 2011년 1월 28일 대전지방법원에서의 판결이었다. 검찰은 철도노조의 '준법투쟁'조차 '공기업 선진화' 반대, 해고자 복직, 손해배상소송 철회, 연봉제 도입 반대 등의 요구를 경영권에 속하는 것으로 해석하면서 근로조건과 무관한 정치적 사안을 요구했다는 이유로 업무방해에 해당한다고 기소했다.[15] 한편 대법원은 근로조건의 유지·개선만이 단체교섭의 대상이 되고, 정리해고나 사업조직의 통폐합 등 기업의 구조조정 문제는 '고도의 경영상 결단'에 속하는 사항으로 교섭 대상(나아가 쟁의 대상)이 될 수 없다는 확고한 태도를 견지해 왔다.

그러나 대전지법은 "경영사항에 속하는 것과 그렇지 않은 사항의 경

---

14) 「손해배상청구소송으로 노조활동 위축」, 『인권하루소식』, 1995년 4월 1일자.
15) 쟁의행위에 대해 '업무방해죄'를 적용한 다양한 사례와 판결, 그리고 그에 대한 비판은 조국, 「쟁의행위에 대한 업무방해죄 적용 비판」, 『비교형사법연구』 12권 1호, 2010 참조.

계를 찾는 것이 쉽지 않다"며 노조법의 "규정에 충실하다면 근로자의 경제적 사회적 지위에 영향을 미치는 사항으로서 사용자가 처분권을 갖고 있는 것이라면 단체교섭의 대상이 되어야 한다고 보는 것이 옳을 것"이라고 보았다. 또한 "명백한 법문의 근거도 없이 고도의 경영상 결단에 속하는 사항이라는 모호한 개념을 창설하여 쟁의행위를 처벌한다면 명확성의 원칙을 해할 수 있고, '의심스러울 때는 피고인에게 유리하게'라는 형사법해석의 공리에도 반하게 될 것"이라고 기존의 판례를 비판했고, "원칙적으로 쟁의행위는 임금, 근로시간, 복지, 해고 기타 대우 등 근로조건의 유지, 개선 등을 목적으로 하는 경우에는 모두 목적이 정당하다고 본다"며 "기존의 대법원 판례와 배치되는 것이라면 (대법원의) 재고를 요청한다"라고 판결했다. 또한 "노조 역시 하나의 이익집단으로서 특정한 정치적 목표와 지향을 갖는 것은 잘못되었다고 볼 수 없다"면서 정치적 사안 자체를 범죄시하는 검찰의 입장을 반박했다.[16]

파업을 대부분 업무방해에 해당한다고 해석해 오던 대법원조차 3·1절 철도노조 불법파업을 주도한 혐의(업무방해)로 기소된 철도노조 위원장에 대한 판결에서 "집단 파업이라고 해도 기업에 심각한 혼란이나 막대한 손해가 있을 때만 업무방해죄로 처벌할 수 있다"라고 판결하며 "근로자들이 집단적으로 근로 제공을 거부해 사용자의 정상적인 업무 운영을 저해하고 손해를 발생하게 한 행위가 당연히 형법상 위력에 해당함을 전제로 내려진 기존의 판례는 변경한다"라고 판시했다. 이에 앞서 2010년에는 "정당한 쟁의행위는 업무방해 혐의로 처벌할 수 없다"라는 헌법재판소의 판결이 있었다.

---

16) 김용국, 「철도노조 파업 '무죄'와 노동3권」, http://hook.hani.co.kr/archives/22026 참조.

법은 결코 정합적이지 않으며 논리적 일관성도 갖지 않는다. 왜냐하면 수많은 법들이 있기 때문이고, 그 법들이 만들어질 때, 다른 법들과의 정합성을 충분히 고려하여 만들어지지 않기 때문이다. 또한 상이한 이해관계, 상이한 욕망이 공존하는 한, 법들은 상이한 권리들이 충돌하는 것을 막을 수 없다. 가령 파업권은 헌법이 보장하는 권리지만, 사용자의 '경영권'이나 소유권과 대립하고 충돌한다. 그렇기에 어느 시기에는 경영권을 척도로 파업행위를 업무방해로 유죄화하지만, 다른 시기에는 파업권을 근거로 경영권을 제한하기도 한다. 소송이란 이 상충되는 권리와 욕망의 대결의 장이다. 그러나 수십 년간 인정되지 않던 파업권이 2011년 법적으로 인정될 수 있었던 것은, 현명한 판결을 한 판사의 역할이 아무리 크다고 해도, 사실은 그 기간 동안 손해배상이나 형사적인 처벌에도 불구하고 대규모로 지속되었던 노동조합의 파업과 노동자들의 투쟁 때문이었다고 해야 할 것이다. 처벌을 감수하며 끊임없이 대결했던 피고들이 없었다면 '정의로운' 판결은 없었을 것이다. 피고들이야말로 정의의 일차적인 주체다.

정의란 법화된 욕망들과 그렇지 않은 수많은 욕망들이 부딪치고 대결하는 소송의 과정이다. 하지만 이런 질문을 피할 순 없을 것이다. 계급적 이해관계에 의해서만큼이나 욕망에 의해 규정되는 정의가 과연 정의일 수 있는가? 다시 말해 공평성이나 공정성의 관념과 등진 정의가 과연 정의일 수 있는가? 정의란 상반되는 이해나 욕망을 넘어 모두에게 공평하게 적용될 때에만 정의인 것이다. 이런 점에서 정의란 필경 '단일한 것'일 것을 요구하는 것 같다. 부정적 형태로든 긍정적 형태로든 정의가 단일성을 상실하는 순간, 정의는 정의라는 개념에서 벗어나게 되는 것이다.

아마도 이런 이유 때문에 칸트는 구체적인 상황을 고려할 경우 정의란 불가능하다고 했을 것이다. 상황이나 조건과 무관하게 적용되어야 할 보편성, 그것이 함축하는 단일성, 그것이 정의란 개념의 전제조건이기 때문이다. 이런 무조건성의 전제를 롤스는 '무지의 원칙'이란 말로 재현한 바 있다. 그렇지만 그는 사회적으로 상이한 집단, 가령 강자와 약자, 부자와 빈자 등으로 분할된 상황을 무시할 수 없음을 주목하면서, 동일한 규칙이나 내용을 이 다른 집단에 그대로 적용하는 것은 부당하다고 보아 '차등의 원칙'을 제시한다. 그런데 차등의 원칙 또한 사회 전체에 대해 동일하게 적용되는 보편적이고 단일한 원칙임은 변함이 없다. 이와 다른 입장에서 샌델이 사회 전체의 '덕목'으로 정의를 정의하고 제시하려고 할 때에도, 그 역시 정의의 내용이 사회적으로 단일한 것이어야 한다는 전제는 공유하고 있다.

그러나 롤스나 샌델이 생각하는 정의의 개념이 다르고, 그들이 비판하는 공리주의자나 시장자유주의자의 정의 또한 다르다고 할 때, 그리고 이들 사이의 정의의 개념에서 어떤 단일한 합의가 도출될 가능성이 없다고 할 때, 이미 그것만으로도 보편성을 갖는 단일한 정의는 불가능한 것처럼 보인다. 가능한 것은 상이한 정의 개념을 둘러싼 논쟁과 대결뿐이다. 맑스주의자들이 정의의 내용이란 층위에서 그것의 단일성을 넘어선다면, 여기선 정의 개념 자체의 층위에서 그것의 단일성이 와해되는 것 아닐까? 요컨대 정의는 단일하지 않은 한 정의가 될 수 없다; 그러나 단일성을 가정하는 정의 개념들의 복수성으로 인해 정의 개념은 단일성에 이를 수 없다. 데리다가 말한 것보다 훨씬 곤혹스런 '불가능성'이 정의 개념의 어깨에 내려앉아 있는 것 같다.

이러한 아포리아를 넘어서기 위해선 단일성과 다수성의 대립을 넘어서야 한다. 들뢰즈와 가타리가 정의/사법을 법과 구별하여 욕망이라고 규정하면서도, 그것을 이런저런 욕망과 구별되는 내재적 과정으로 정의하는 것을 이런 맥락에서 이해할 수 있을 것이다. 정의는 복수적(複數的)이다. 왜냐하면 정의란 욕망과 다르지 않기 때문이다. 그러나 정의는 이런저런 구체적인 욕망과 구별된다. 그것은 욕망이 아니라 상이한 욕망, 유사한 욕망, 혹은 인접한 욕망들이 이어지거나 부딪치고 대결하거나 혼합되는 과정이다. 그것은 욕망만큼이나 상이한 이런저런 '정의'들이 이어지거나 부딪치고 대결하며 혼합되는 과정이다. 정의/사법이란 이처럼 욕망들이 만나고 충돌하고 뒤섞이는 "내재적 과정"이다. "이처럼 가변적인 한계를 가지고 언제나 치환되기 마련인 욕망의 연속체인 것이다."[17] 모든 사람이 정의/사법이란 장에서 벗어날 수 없는 것은, 법이 모든 사람들을 장악하는 초월성을 갖기 때문이 아니라, 그것이 바로 모든 욕망의 내재적 과정이기 때문이다.[18] 따라서 정의는 현실적으로 구체적인 층위에서 욕망만큼이나 다양하지만, 그것들이 부딪치며 뒤섞이는 과정은 단일하다. 정의는 복수이면서 단일하다.

정의란 상이한 욕망이 부딪치고 뒤섞이는 과정이다. 이러한 정의 개념에 따르면, 정의란 정의를 수호할 지위를 가진 사람들이나 법에 따라 판단하는 사람들, 혹은 법을 고치고 만들어 내는 사람들에 의해서 해체되고 재수립되는 것 이상으로, 법을 모르는 채 법에서 벗어나는 사람들, 자신의 욕망을 위해 법적인 규칙을 어기고 범하는 사람들, 법과 대결하며 법의 이름으로 진행되는 욕망의 전개에 대항하고 저항하는 사람들에 의해 수립되고 변화된다. 정의의 이름으로 진행되고 법의 힘에 의해 집행되

---

17) 질 들뢰즈·펠릭스 가타리, 『카프카』, 124쪽.
18) 같은 책, 123쪽.

는 것은 단지 하나의 정의, 하나의 욕망에 지나지 않는다. 그러한 욕망과 대결하는 욕망에 의해, 법은 '해체'의 경로를 피할 수 없고, 변경과 재수립의 운명을 피할 수 없다.

4. 정의와 정치

그러나 정의가 단지 욕망의 내재적 과정일 뿐이라면, 그 과정 속의 정의들이 단지 나름의 욕망들일 뿐이라면, 정의란 우리의 삶을, 우리의 운동을, 우리의 현실을 이끌고 인도할 방향성을 갖지 못하지 않는가? 정말 눈먼 여신처럼 그때마다의 우연에 모든 것을 맡겨야 함을 뜻하지 않는가? 대결의 끝에서 나타나는 뜻밖의 귀결, 그 우연적인 귀착을 실질적으로는 면할 수 없다고 해도, 정의를 이론적으로 사유한다는 것은 그 내재적 운동 속에서 어떤 방향을 찾기 위함이 아닌가? 지금 한국에서처럼 '공정성'의 이념마저 불의의 권력에 의해, 용납하기 힘든 자본과 권력자의 욕망에 의해 유린되는 상황에서조차 어떤 방향에 대해서도 말하지 못한 채 통상 '상대주의'라고 명명되는 것에 무력하게 미래를 내맡길 수 있을까?

'정의'에 대한 사람들의 관심이 높아졌다면, '정의'라는 말을 사람들이 많이 떠올리고 아쉬워한다면, 그것은 사람들이 타자성의 도래에 대한 무력한 기다림이나 내재적 과정에 대한 막연한 방임에 만족할 수 없음을 뜻하는 것일 게다. 무엇이 사람들의 욕망을, 혹은 정의들을 이 방향으로 끌어들이고 있는 것일까? 욕망이란 말로 상대화할 수 없게 하는 이 비대칭성은 대체 어떤 것일까? 정의에 대해 사고하고자 한다면, 내재적 과정 안에 있는 수많은 욕망들, 수많은 정의들 사이에 존재하는 이러한 비대칭성과 비등가성에 대해 사유해야 하지 않을까? 직접적으로 정의의 개념을 언급하지는 않지만, 랑시에르가 말하는 치안과 정치의 구별은 이런 욕망들, 이런 정의들 사이에 존재하는 이 비대칭성에 대해 사유하게 해준다.

랑시에르는 정치적인 것(le politique, the political)을 치안(la police)과 정치(la politique)로 구별한다.[19] 즉 정치적인 것을 이 양자의 충돌과 대결의 과정으로, 들뢰즈와 가타리 식으로 말하면 '내재적 과정'으로 이해하는 것이다. 치안이란 주어진 몫이 제대로 분배되게 하는 것이고, 어떤 것이 주어진 자리에 가 있도록 하는 것이다. 그것은 말할 자격이 있는 자가 말하게 하는 것이고, 자격 없는 자가 '부당한' 이득을 취하지 못하게 하는 것이며, 세어질 가치가 있는 것만을 세도록 하는 것이다. 반면 정치란 몫이 없는 자가 몫을 주장하는 것이고, 말할 자격 없는 자가 말하게 하는 것이며, 보이지 않는 자를 보이게 만들고, 세어질 가치가 없다고 간주되는 것을 세는 것이다. 가령 체류 자격을 상실한 이주노동자들을 추방하여 보이지 않게 하는 것이 치안이라면, 그들이 보이지 않는 어둠에서 벗어나 자신의 체류 자격을 주장하는 것이 정치다. 갯벌이나 강에 사는 수많은 생명체들처럼 목숨을 잃어도 목숨으로 세어지지 않는 것들을 목숨으로 세어지도록 하는 것, 그들이 생명을 존속할 자격과 권리를 주장하는 것이 정치다. 치안의 관점에 서는 한, 도롱뇽의 이름으로 법적 소송을 벌이는 것은 헛소리 아니면 농담에 지나지 않을 것이다. 그러나 이것만큼

---

19) "정치적인 것은 이질발생적인 두 과정의 마주침이다. 첫째는 통치의 과정이다. 그것은 사람들을 공동체로 결집하여 그들의 동의를 조직하는 것으로 이루어지며, 자리와 기능들을 위계적으로 분배하는 것에 바탕을 둔다. 나는 이 과정을 치안이라고 이름 지을 것이다. 둘째는 평등의 과정이다. 그것은 아무나와 아무나 사이의 평등 전제와 그 전제를 입증하려는 고민이 이끄는 실천들의 놀이로 이루어진다. 이 놀이를 가리키기에 가장 적합한 이름은 해방이다. …… 우리는 해방 과정에 정치라는 이름을 부여할 수 있다"(자크 랑시에르, 『정치적인 것의 가장자리에서』, 양창렬 옮김, 길, 2008, 133~136쪽).

정치적인 것이 없음을 이해하게 될 때, 우리는 비로소 정치의 영역으로 들어선 것이라고 할 수 있을 것이다.

부재하던 권리가 법적으로 존재하게 되고, 주어지지 않았던 몫이 주어지게 되는 과정 또한 법과 '대결'하는 것으로서의 소송의 과정을 통해 이루어진다. 장애인의 이동권이 한국에서 법적인 권리가 된 과정은 이 모든 것을 아주 잘 보여 주는 훌륭한 사례를 제공한다. 2001년 지하철 오이도역에서 리프트로 이동하던 장애인이 추락하여 사망한 것이 계기가 되어 2001년 11월 26일 장애인이동권연대가 보건복지부 장관을 상대로 '저상버스 도입 의무 불이행 위헌확인' 소송을 제기했다. 이에 대해 2002년 12월 18일 헌법재판소는 "장애인의 복지를 향상해야 할 국가의 의무가 다른 다양한 국가과제에 대하여 최우선적으로 배려를 요청할 수 없을 뿐 아니라, 나아가 헌법의 규범으로부터는 '장애인을 위한 저상버스의 도입'과 같은 구체적인 국가의 행위의무를 도출할 수 없"다고 판결했다. 이는 이후에도 법적으로 이어져서, 2003년 7월 4일 서울지법은 장애인이동권연대 박경석 공동대표 등 9명의 휠체어 장애인이 서울시·서울시도시철도공사·서울시지하철공사를 상대로 제기했던 손해배상청구소송에 대해 유사한 이유로 원고패소판결을 내렸다.

이에 대해 장애인이동권연대는 "장애인의 이동권리가 인간답게 살아갈 권리를 명시한 헌법에서 직접적으로 도출되지 않는다면 그러한 헌법을 부정한다"라고 선언하면서, 다양한 퍼포먼스나 쇠사슬로 몸을 묶는 점거 투쟁, 장애인의 버스타기 운동 등을 지속하면서 법적으로 주어지지 않은 권리를 요구함으로써 법적인 시선에 보이지 않는 자신들의 존재를 가시화했다. 그 결과 2005년 '교통약자의 이동편의 증진법'이 제정되면서 지방자치단체의 저상버스 의무 도입 비율이 정해졌다. 장애인의 이동권이 법적으로 인정된 것이다. 주어지지 않았던 권리, 헌법재판소에 의해 명시적으로 부정되었던 권리가, 이들의 투쟁에 의해 법화되었고, 이동하고자 하는 장애인의 욕망이 법적으로 가시화된 것이다. 치안적인 판결이 법을 부정하고 법과 대결하는 법 바깥의 투쟁에 의해 법의 영역 안에 가시화되며 법화된 것이다. 일반인에겐 보이지 않기에 법관 또한 보지 못했던 장애인의 타자성이 가시화되고 정의로운 요구가 실현된 것은 현명한 법관이 아니라 장애인 자신의 투쟁에 의해서였다.

반면 '도롱뇽의 친구들'이 습지에서 살아갈 도롱뇽이나 생물들의 권리를 주장하며 천성산 터널 공사를 중지하라며 소송을 제기한 것은, 도롱뇽은 소송의 주체가 될 수 없다는 대법원의 판결에 따라 여전히 법 바깥에 머물고 있다. 도롱뇽은 소송의 주체로는 여전히 보이지 않는 존재인 것이고, 그들의 생명권은 법적으로 인정되지 않는 권리인 것이다. 여기서는 여전히 치안과 정의라는 말로 표현될 비대칭성이, 치안의 일방적 강제 속에서 아무런 변화 없이 지속되고 있는 것이다. 이것이 변하여 도롱뇽 혹은 인간 아닌 생물들의 생명권이 인간들의 눈에 보이게 되고 그들에게 주어지지 않던 권리가 주어지게 되는 것은, 정의로운 법관을 만나는 행운 이전에, 여전히 지속되어야 할 법 바깥에서의 쟁송, 법 바깥에서의 투쟁이 지금 존재하는 문턱을 넘게 될 때일 것이다.

이런 이유에서 우리는 정의라는 내재적 과정 속에서 '치안의 정의'와 '정치의 정의'를 구별해야 한다. 치안의 정의가 기존의 법적 질서를 유지하고 보존하는 방식으로 '정의'를 지키고자 한다면, 정치의 정의는 기존의 법과 충돌하고 대결하면서 그 법을 바꾸어 가는 방식으로 정의의 내재적 과정을 지속하고자 한다. 치안이 정의라는 내재적 과정을 기성의 법 안에서 멈추게 하고자 한다면, 정치는 그 법의 바깥에서 법과 대결하면서 그 내재적 과정을 지속하게 한다. 정의가 내재적 과정이라면, 이런 변화의 과정의 중단, 내재적 과정의 중단은 정의의 중단이라고 해야 할 것이다. 그것은 정의의 죽음이다. 반대로 정치는 어떤 탁월한 법이나 규칙도 멈출 수 없게 한다는 점에서, 그 내재적 과정을 영원히 반복하여 갱신하며 지속하게 한다. 정의의 '해체 과정'을 추동하고, 정의의 내재적 과정을 중단되지 않게 하며, 그럼으로써 정의가 죽지 않게 한다. 항상 갱신되는 생명력을 갖도록 만든다. 이것이 치안과 정치가 정의의 내재적 과정에서 근본적으로 비대칭적인 위상을 갖는 이유다. 또한 이것이 정치의 정의를 특정한 정의들과 구별하여, 정의들의 정의라고 할 수 있는 이유일 것이다.

찾아보기